U0118690

自由的火種

胡適與林語堂

周質平 著

序
吞聲的紀念
胡適與中國新文化運動研討會

　　2016 年 12 月 17 日是胡適 125 歲生日紀念，北京大學歷史系主辦了一場為期兩天的「胡適與中國新文化」國際學術研討會，邀集了大陸，港臺及海外各地研究胡適和近現代中國思想史的專家學者六十人會聚一堂，來緬懷這位中國新文化運動的開路人與奠基者。

　　回首 1954 年，這位被周揚定性為「中國馬克思主義和社會主義思想的最早的，最堅決的，最不可調和的敵人」，62 年之後，居然又被請回了他所摯愛的北大，與會的學者都感到一定的欣慰。從 1950 年代初期的胡適思想批判，到七十年代晚期胡適研究的漸次開放，以至於今年在北大舉行研討會和「胡適與北大」的展覽。期間的進步是有目共睹的，這次讓胡適的「幽靈」回到北大，更有一定象徵的意義。

　　熱熱鬧鬧的研討會，設計精美的展覽不免給一般人一種錯覺，以為胡適思想已完全開放而胡適研究已無禁區和底線。但只要對胡適研究稍有涉獵的人一定都瞭解，胡適是近現代人物研究中，禁區最多，底線最高的一個人。這個禁區究竟是什麼？底線在哪裡？當道從來沒有明白的指出過。這條看似清楚，而實際模糊的底線，是碰觸不得的。正因為這條底線在顯隱之間，每個與會的人都小心翼翼地不去碰觸，結果在胡適研究的領域裡，形成

了大家心照不宣的一種戒約：「反共」固然不能談，「批胡」也不宜提。在這兩大前提下，舉凡與共產黨官方歷史抵觸的大小事件都在刪禁之列。胡適對西安事變洞徹先機的分析及史達林策略之下，中共借抗戰之名，行坐大之實的歷史都從論文中消失得無影無蹤。

為了避免「尷尬」，誰都不提當年「不愉快」的舊事。在一片「和諧」的討論中，胡適思想密移暗度，所有的「違礙」都被剔除得乾乾淨淨。這種自覺或不自覺的「自我戒約」（self-imposed censorship）往往比有形的法令規章更為嚴格。表面上放言高論，而實際上吞聲自限。整個會場的氣氛，就像那兩天北京霧霾的紅色預警，迷茫之中帶著窒息，我們什麼時候才能看到藍天白雲？

1952 年 12 月 1 日，胡適在臺北市編輯人協會歡迎會上說道：「要把自由看做空氣一樣的不可少」，這個比喻比「不自由毋寧死」更形象地說明自由在日常生活中，不可一時或缺的重要。但是一個長時生活在霧霾嚴重環境裡的人，對污染的忍受是很高的。只要我能呼吸，至於空氣新不新鮮，乾不乾淨，似乎無關緊要。對這樣的一個人來說，霧霾毋寧是「常態」，對藍天白雲則不敢奢望。我相信許多中國知識人覺得食有魚，住有房，出有車，對當前的生活充分的滿意，至於能不能批評當道，實在是很次要的事。就像籠中鳥，幾十年下來，已經失掉了翱翔的能力，而安於籠中的安逸了。胡適在同一天的講話上，還提到：

> 我說言論自由同一切自由一樣，都是要各人自己去爭取的。言論自由並不因為法律上有規定，或者憲法上有這一條文，就可以得來，就是有規定也是沒有用的。言論自由都是爭取來的。（《胡適言論集乙編》，臺北：自由中國社，1953，頁

3

自由的火種
胡適 ● 林語堂

93-94）

　　1929 年，國民黨的勢力如日中天，胡適在《新月》雜誌上發表了一系列激烈批評國民黨和孫中山的文字，而後與羅隆基，梁實秋等人的文章集印成《人權論集》，在序中他明白的指出：「我們所要建立的是批評國民黨的自由和批評孫中山的自由。上帝我們尚且可以批評，何況國民黨與孫中山？」今天，在五四新文化運動發源地的北大紀念胡適，最值得我們緬懷效法的就是這個「重新估定一切價值」的批評精神。

　　1959 年，胡適發表〈容忍與自由〉，他的警句是「容忍是一切自由的根本；沒有容忍，就沒有自由」。這話當然顛撲不破，然而有了容忍，卻未必有自由。這也是不爭的事實。容忍而不能繼之以抗爭，這樣的容忍，則反為壓迫者所用。至於「容忍」二字，需分而論之，「容」是對異己的「包容」，是大度的體現；而「忍」則是「隱忍」，是強權之下，不得已的權宜。中國老百姓「忍」有餘，而「容」不足。而當道則「容」、「忍」兩缺。

　　中國大陸學術界的「自我戒約」，很容易讓人聯想到美國人所常說的「政治上的正確」（political correctness）。表面上，這兩者有相類似的地方，都是要求人說「得體」的話。但深一層推敲，則兩者約束之所自來，卻又截然不同。中國學界的自我戒約，是對當道「旨意」的揣摩和迎合，唯恐碰觸到那條無形的底線；動機是純「政治」的；而美國人所說的「政治上的正確」，其實和「政治」是不甚相關的。主要是對長久以來輿論所形成的一種是非，不敢輕犯其鋒。這兩者對言論自由都是一種妨礙，前者是有形的，而後者是無形的。

　　這次研討會結集了一本 692 頁的論文集，堪稱皇皇巨著，就

像 2003 年安徽教育出版社出版的《胡適全集》，44 冊的等身巨構竟無一篇胡適中英文反共的力作。用這樣一手遮天的笨拙手段來處理一位負國際重望的知名學者。套用一句胡適常說的話，真是「誣古人，誤今人」！

今天我們在中國大陸紀念胡適，其意義與其說是學術的，不如說是政治的。胡適的哲學史，文學史，禪宗史，小說考證，《水經注》考證都是開山的典範巨著，但畢竟時移境異，在有些領域，已經有了後出轉精的論著。換句話說，在學術上，胡適已經盡到了歷史的責任。唯獨他在民主，自由，人權上的堅持與追求，在中國大陸始終還沒有實現過。就整個言論自由的尺度而言，今天的大陸，還不及五四時期的北洋與三十年代的國民黨。

在當代中國史的分期上，最近有所謂「兩個三十年」的說法：1949-1979 是第一個三十年，1979-2009 是第二個三十年。對這兩個三十年的評價，見仁見智。但就現代中國思想史與學術史而言，1919-1949 這三十年才是黃金時代。所有政治上的主義和學術上的論爭都在這三十年裡發生，成長。從白話文言的消長，到科學玄學的論爭，從世界語的推行到無政府主義的流行，以至於共產黨的成立，《古史辨》的出版，安陽的考古發掘。在文學上，則詩歌，小說，散文，戲劇的重要作品也都在這三十年裡出版，真有先秦「百家爭鳴」，大師輩出的氣象。

1949 年，「天下一統」之後，繼之以規模大過於「始皇帝」千百倍的「焚書坑儒」，中國的知識界，一夜之間成了真正魯迅所說「無聲的中國」。最近幾年，在大陸有所謂「民國熱」，據我的推測，有不少是婉轉曲折的表示對後兩個三十年的失望，而對 1919-1949 這三十年的追懷。胡適領導的白話文運動曾使「無聲」的舊中國變為「有聲」，今天我們在大陸紀念胡適及〈文學

自由的火種
胡適 🔴 林語堂

改良芻議〉發表百年。我們希望新中國在言論上可以由「有禁」變到「無禁」。

我有幾位北京朋友將二三十年代舊雜誌的封面翻版,用綿紙集印在一起,取名《故紙溫暖》。我將這個小冊子握在手中,溫暖之中,也有無限的辛酸。想不到當年代表黑暗罪惡「舊中國」的民國,而今竟成了不少文化人「溫暖」的追憶了。

所謂「學術無禁區」,至今是個未曾實現過的「中國夢」,這句「口頭禪」帶給人的聯想絕不是「言論自由」,而是「引蛇出洞」,是六十年前那場讓千千萬萬中國人家破人亡的「反右」噩夢。

會場上,有幸結識一位 84 歲高齡,當年被打成右派的北大哲學教授。他在論文及著作中極力推崇蔡元培,胡適兼容並包,學術獨立的辦學理念。對自己二十幾年非人的遭遇,則輕描淡寫,一筆帶過。我對他的敬意,油然而生。我看到的不只是一個個人的悲慘境遇,而是幾代中國知識份子九死一生,輾轉溝壑的歷歷在目。一個有人味的社會,是允許人有不做烈士的自由的。在這樣的言論環境裡,我們何忍再以氣節相責!

在研討會上,有一位中央黨校的老師發表〈胡適與國民黨的黨化教育〉一文,在口頭報告時,他煞費苦心的想為國民黨的黨化教育略做辯護:黨化教育並非一無是處,至少「漲了工資」。我心想:今天共產黨的黨化教育不但漲了工資,還給了汽車洋房,豈是當年國民黨所能相提並論?金錢固然買不到陳寅恪所標榜的「獨立之精神,自由之思想」;但獨立和自由卻往往可以為汽車洋房所出賣。不久前,當今知名的學者作家競以手抄〈延安文藝座談會上的講話〉以示忠誠,就是黨化教育並非「一無是處」最好的說明。

　　1931 年，梅貽琦在清華大學校長就職演說中說：「所謂『大學』者，非有大樓之謂也，有大師之謂也。」近二十年來，校園裡，「大樓」林立，而獨無「大師」，「大學」云乎哉？大師所需要的是自由的學術環境，沒有學術上的自由，何來大師？

　　五四前後的北大是全國風氣的引領者，新文學，新思想皆自北大來。而今北大是「上意」的迎合者，從「引領」到「迎合」，道盡二十世紀中國知識人的滄桑！

　　復旦大學特聘教授，中國發展模式研究中心主任張維為在2014 年作過一次〈中國人，你要自信〉的演講，在網上流傳。其實，需要有信心的並不是集體的「中國人」，而是共產黨。如果，中國，真的如張維為所說，已經是一個舉足輕重的大國，強國。那麼執政黨就應該對現有的制度充滿信心，幾個學者的發言或文章是不足以撼動社會穩定和執政黨的名聲的。所有的言論審查制度，都緣於「槍桿子」怕「筆桿子」，因此，言論的禁忌越多，槍桿子就越顯得「外強中乾」。

　　八年前，2008 年 12 月 17 日，由北京社會科學院近代史研究所與安徽績溪縣政府在績溪徽商賓館舉辦了一個紀念胡適 117 周年冥誕的小型學術研討會，與會的三十幾位胡適思想的研究者和愛好者一致認為，現在是為胡適正式平反的時候了。績溪縣政府並倡議，在胡適的家鄉成立胡適紀念館，這對許多與會的人而言，自然是件值得欣慰的事。但在我，卻還是不無擔憂的。

　　立銅像，建紀念館當然是對死者的崇敬，但紀念館所展現出來的那個人，到底有幾分是他的本來面目，就很值得商榷了。就如同 2003 年出版的《胡適全集》，只要對胡適著作稍有瞭解的人都能看出：《全集》不全。《全集》之所以不全，如果是因為有遺文軼稿散落人間，無從搜求，這自然只有從缺，但《胡適全

集》之所以不全，原因全不在此，而是出於編選者的「苦心」，對胡適思想中有所「違礙」的地方，進行梳理，篩選，所有 1949 年以後，反共的文字，無論中英文，一概在「禁毀」之列。結果，從《胡適全集》來看胡適，一個以反共名世的思想家，反共這一點，幾乎不見蹤影！

講胡適思想而不提反共，猶如講毛澤東思想而不提「階級鬥爭」，講鄧小平理論而不提「改革開放」，都忽略了關鍵和精華之所在。這豈不成了胡適在〈自由主義是什麼〉一文中所說的，「長阪坡裡沒有趙子龍，空城計裡沒有諸葛亮」，這齣戲就唱得有些荒腔走板了。

我擔心，一旦胡適紀念館成立，呈現在參觀者面前的胡適是個遠比《全集》取樣更小，尺度更嚴的胡適。這樣的胡適，容貌或許依舊，而精神全失。從這個角度來看，胡適紀念館在中國大陸至今全無蹤影，也未必是件壞事。立銅像，建紀念館多少帶點偶像化的意味，但偶像和傀儡之間往往只是一線之隔。

1926 年，亦即魯迅死前十年，他即有此了悟，在〈無花的薔薇〉中，他指出：「待到偉大的人物成為化石，人們都稱他偉人時，他已經變了傀儡了。」然而，魯迅自己卻防止不了被「傀儡化」的過程。在這一點上，胡適比魯迅幸運得多。

1937 年，毛澤東在延安陝北公學紀念魯迅逝世周年大會上講話，發表〈論魯迅〉一文，評價魯迅為「中國的第一等聖人」，與孔子相提並論，孔子是「封建社會的聖人」，而魯迅則是「現代中國的聖人」。（《毛澤東文集》北京：人民，1993，卷 2，頁 43。）並在延安成立了魯迅圖書館，開辦了魯迅師範學校。這是毛澤東計畫用魯迅來為共產黨作為「打手」的第一步。1940 年 1 月，毛發表〈新民主主義論〉，正式給了魯迅「三家五最」的「諡

號」,「三家」即「文學家、思想家、革命家」,「五最」即「最正確、最勇敢、最堅決、最忠實、最熱忱的空前的民族英雄」。從此魯迅走進了神龕。1942 年 5 月,毛發表〈在延安文藝座談會上的講話〉,魯迅成了「一切共產黨員,一切革命家,一切的文藝工作者」學習的榜樣了,這時,神龕中的魯迅表面上是頂禮膜拜的對象,而實際上,則成了共產黨手中的一個傀儡了。

反觀胡適,不但全集不全,紀念館在大陸不見蹤影,五四紀念碑上沒有他的浮雕,北大也沒有他的銅像,但是,這點身後的蕭條與冷落,正是魯迅所不可及處,也是胡適獨立自主最好的說明。

至於為胡適平反,眼下是「民逼官反」,是廣大的學術界要求當道為當年的冤案,錯案給以重新的審視。其實,胡適蓋棺已五十五年,平反與否,對死者已無任何意義,胡適的歷史地位,也不會因平反與否而有所增減。倒是當道在這個「辨冤白謗」的過程中,若真能體現知錯改錯的勇氣和魄力,是可以為自身的合法性增加一塊可觀的砝碼的。換句話說,為胡適這樣一個標誌性的人物作出正式的平反,受益的不是死者,而是當年判他有罪的當道。

《胡適全集》之不能全,胡適思想至今有所違礙,正是胡適不曾過時最好的說明,等到胡適那些民主自由的主張在中國全無違礙,成了稀鬆平常的常識的那一天,也就是胡適思想過時的時候了。我們盼著這一天很快的到來。

胡適和林語堂是現代中國思想史上自由主義的兩個代表人物,他們的思想對當今海峽兩岸都還有現實的意義。胡適的理性溫和固然是一個民主社會所必不可少的基本素質,而林語堂的幽默諷刺,為容忍與抗爭加進了潤滑劑,使容忍不致太不堪,而抗

爭不致瀕於暴力。我將過去幾年來圍繞著胡適和林語堂思想研究
文字集印成冊，正是希望這兩位上世紀自由主義的典型，還能為
海峽兩岸發展成為一個祥和樂利，多樣並存的社會起到一些引領
的作用。

本書能夠在台灣出版要特別感謝中央研究院史語所王汎森兄
的推介，和允晨文化公司廖志峰先生的支持。謹此深致謝忱。

周質平
2017 年 12 月 25 日
於普林斯頓大學

目錄

胡適與林語堂

前言

　　從現代中國思想史的角度來審視胡適與林語堂，我們可以看到自由主義的兩個面向。且不問自由主義的定義究竟是什麼，胡適和林語堂在大方向上都是以爭取個人的獨立自主，反對獨裁暴力，提倡民主自由，容忍異己為其思想的主軸。但細細分析起來，則又同中有異。胡適所爭取的自由往往是就法律和政治制度而言，[1]他透過學術研究，來說明自由民主是人類歷史發展的方向；[2]而林語堂則常在所謂「精神或心靈的自由」上著墨，他試圖從文學和哲學的角度來論證自由快樂在人類生活中的價值，和生命中的意義。胡適的取向較偏歷史，而林語堂則較偏文學。無論是「法律上的自由」還是「精神上的自由」，他們都堅信個人的自由和尊嚴，不能以「救國」「愛國」等名義，加以摧殘。

　　正因為這點基本信仰的相同，1949 年之後，兩人的際遇也有相似的地方。胡適思想受到黨國幾十年的批判，而林語堂則受到「冷藏」。胡適是「中國馬克思主義和社會主義思想的最早的，最堅決的，不可調和的敵人。」[3]「企圖從根本上拆毀馬克思主義的基礎。」[4]而林語堂則是「以自由主義者的姿態為國民黨反動統治者粉飾太平……長期從事反動文化活動」[5]的代表。「批判」

1　參看，胡適，〈自由主義是什麼？〉在《我們必須選擇我們的方向》。香港：自由中國出版社，1950。頁 25-28。

2　參看，胡適，《我們必須選擇我們的方向》，同上，頁 13-17。

3　這是周揚 1954 年 12 月 8 日說的話，轉引自胡適，〈四十年來中國文藝復興運動留下的抗暴消毒力量〉，在《胡適手稿》，第 9 集，臺北：胡適紀念館，1970。頁 493。

4　同上

5　這是《魯迅全集》編者的話，很能代表當時中國官方對林語堂的評價。北京：人民文學出版社，1981。第 4 冊，頁 571。

的目的是要「打倒」，而「冷藏」的目的則是「淡忘」。然而三十年的批判和冷藏，既不曾打倒胡適，也不曾淡忘林語堂。放眼看看當今形勢，這兩個當年的「反動派」，而今在中國的影響卻大有凌駕魯迅的聲勢。

自由主義在現代中國的發展表面上是曇花一現，除了五四前後幾年，稍成氣候以外，自由主義的思想始終沒有成為主流或主導的力量。1949 年之後，隨著中華人民共和國的成立，自由主義在一夜之間煙消雲散。許多史學家為這一發展下了定論：救亡壓倒啟蒙，社會主義取代自由主義。[6]但就最近三十年的發展看來，也許自由主義並不如想像中的那麼軟弱。在經過幾十年的風風雨雨之後，自由主義像一條潛流，當它再度湧出地面的時候，雖不至於洶湧澎湃，但卻也源源不絕。胡適，林語堂就是這條活水的兩個源頭。

胡適較近儒者，「士不可以不弘毅，任重而道遠，仁以為己任，不亦重乎？死而後已，不亦遠乎？」曾子的這幾句話是胡適畢生推崇的人生態度，也是他自己身體力行的座右銘。據他1936 年 1 月 9 日給周作人的信，他心中的「三位大神」是孔子，王安石和張居正。他有所取於孔子的是「知其不可而為之」，有所取於王安石的是「但能一切舍，管取佛歡喜。」有所取於張居正的是「願以其身為蓐薦，使人寢處其上，溲溺垢穢之，吾無間焉，有欲割捨吾眼鼻者，吾亦歡喜施與。」[7]胡適是個無神論者，但他心中的這「三位大神，」所體現的卻是極崇高的樂觀奮鬥，朝聞夕死，犧牲奉獻的宗教情操。

林語堂所嚮往的人生境界，則是老莊的逍遙自適，而非儒家

6　參看，李澤厚，《中國現代思想史論》。北京：新華，1987。頁 25-41。

7　耿雲志，歐陽哲生編，《胡適書信集》，北京大學出版社，1996。中冊，頁 680-681。

的沉毅剛健，就有宋一代而言，林語堂所景仰的人物，絕非以變法自任的政治家王安石，而是瀟灑奔放，吟嘯自如的蘇東坡。林語堂為蘇東坡立傳，對他的人格思想都備至推崇。[8]至於明代，林語堂的興趣絕不在權傾一時的張居正，而是在晚明文學中以「獨抒性靈，不拘格套」為宗旨，提倡「性靈文學」[9]的公安袁氏兄弟，而尤其屬意於排行第二的袁宏道（字中郎）。林語堂與周作人等共同提倡晚明文學，點刊《袁中郎全集》，竟使這個晚明詩人成了上世紀三十年代的時髦人物。在清代人物中，胡適對戴震，章學誠的學術思想有精深的研究，並將戴震視為清代反理學思想的代表人物。林語堂則對李漁，袁枚兩人情有獨鍾，李漁的《閒情偶寄》和袁枚的《小倉山房尺牘》曾受到林語堂多次的徵引翻譯在他的英文著作中。胡適的興趣多在儒林傳中人物，而林語堂則在文苑。

　　林語堂極重視生活的情趣，暢銷一時的英文名著 *The Importance of Living*（《生活的藝術》）就是一本專論生活情趣的作品。在他看來，沈復的《浮生六記》描述了接近理想的一種生活方式，而書中的芸娘則是中國文學裡一個最知情識趣的女人（Yun, I think, is one of the loveliest women in Chinese literature）[10]。他明確的指出：「生活的目的是真正的享受生活」。（I have always assumed that the end of living is the true enjoyment of it）.[11]胡適幾乎不談生活的情趣，他所樂道的是生命的意義，或生活的內容等這些極嚴肅的話題。他自作的白話詩「不做無益事，一日當三

8　Lin Yutang, *The Gay Genius: The Life and Times of Su Tungpo*. New York: The John Day Co. 1947.

9　袁宏道，《敘小修詩》，《袁中郎全集》，臺北：世界書局，1964。頁 5。

10　Lin Yutang tr. *Six Chapters of a Floating Life*, Beijing: Foreign Language Teaching and Research Press, 1999. p. 20

11　*The Importance of Living*, p. 120.

日，人活五十年，我活百五十。」最能體現他的生活態度，他在
1919 年寫了一篇為大眾說法的〈新生活〉短文，他給「新生活」
所下的定義是「新生活就是有意思的生活。」此處「有意思」三
個字，絕不意味著林語堂所說的「有趣味」（interesting, fun, or
enjoyable），而是「有意義」（meaningful），胡適要我們每做一件
事，都問一個「為什麼」，要是回答不出「為什麼」，就不是「有
意思」的生活。[12]在林語堂看來，這樣的生活態度很認真，也很
嚴肅，但卻未必有趣味。在生活的內容和態度上，胡適所關切的
往往是「我們應該做什麼？」而林語堂則是「我們喜歡做什麼？」
在他看來，即使我們所做的，都能對「為什麼」有一個冠冕堂皇
的回答，但我們卻絲毫不能從這樣的生活中得到樂趣，那麼，這
樣的生活依舊不是理想的生活。換言之，我們雖然回答不出「為
什麼」，但如果我們真的樂在其中，這種「受用」的本身，就是
生活的意義。他在〈中國文化之精神〉一文中，用李白「暮從碧
山下，山月隨人歸；」及程顥「雲淡風輕近午天，傍花隨柳過前
川」這幾句詩來說明「人生追求幸福的目標。」[13]這個境界體現
了山林和田園的恬淡與安詳。這種帶著山林氣田園味的生活絕不
是胡適追求的生活目標。

　　「不為無益之事，何以遣有涯之生？」這句話乍聽有些頹
廢，但「有益無益」不能是我們生活唯一的標準和選擇。在「有
益無益」之外，必須再加上「有趣無趣」，無益而有趣之事，林
語堂未必不為；有益而無趣之事，林語堂未必為之。在英譯《浮
生六記》的序中，林語堂說道：「我真誠地相信，一個謙卑渺小

12　胡適，〈新生活〉，《胡適文存》，臺北：遠東，1968（如未經特別注明版本，皆指此本）。第
　　一集，頁 724-726。
13　《林語堂散文》冊 2，河北人民出版社，1991。頁 142。

的生命能快樂地過一輩子，是宇宙間之至美」（I truly believe that a humble life happily lived is the most beautiful thing in the universe.）[14]

　　胡適望重士林，深知一言可以興邦，一言可以喪邦的嚴重性，所以立言宜慎，從不輕率為文。[15]正如他在《胡適文存》第一集自序中所說，「不曾做過一篇潦草不用氣力的文章。」行文如此，行事也頗拘謹。林語堂行文比胡適瀟灑，沒有「不用典，」「不講對仗，」「不模仿古人」[16]這一類的清規戒律。在林語堂的文章裡，古今結構並存，文言白話不分。

　　林語堂活的比胡適痛快，過的比胡適舒服。語堂有和樂的家庭，和妻子廖翠鳳有真正的夫妻生活。據他在〈八十自敘〉中說，「他對妻子忠貞，因為她容許他在床上抽煙。」[17]胡適在婚姻上，用他自己的話說，「沒有什麼大過不去的地方，」[18]但見不到他和江冬秀之間有深刻的愛情，也是事實。至於他和孩子之間，則是「我實在不要兒子，兒子自己來了」[19]的無奈。胡適的家庭生活體現了現代中國知識份子親情和愛情的雙重貧乏。胡適一生有過幾個女朋友，留下許多動人的詩篇和書信。對江冬秀雖有不忠的偶發事件，但他忠於自己對母親婚姻的承諾。

　　胡適和林語堂都喜歡辦雜誌，胡適辦過的雜誌，比較著名的有晚清的《競業旬報》，五四以後的《努力週報》，和抗戰前夕的《獨立評論》等。林語堂所辦風行一時的三個雜誌是《人間世》，《論語》和《宇宙風》。這三個雜誌和《獨立評論》幾乎同

14　*Six Chapters of a Floating Life*, p. 22.

15　胡適這番意思在他收在 Clifton Fadiman ed. *I Believe*. New York: Simon and Schuster, 1939. pp. 375-378. 中的一篇英文文章中說的最清楚。

16　胡適，〈文學改良芻議〉，《胡適文存》，1 集，頁 5-17。

17　林語堂，《八十自敘》，臺北：風雲時代出版社，1988。頁 2。

18　《胡適日記全集》，第三冊，臺北：聯經，2004。頁 298

19　胡適，《我的兒子》，胡明編，《胡適詩存》。北京：人民，1989。頁 204。

時發行，成了上世紀三十年代，中國學術界和文學界幾個標誌性的刊物。《獨立評論》主要是針對當時的時局和政治，給以嚴肅認真的分析與批評。而林語堂所辦《人間世》等三個雜誌，則是以閒適幽默的筆調談些生活瑣事，或個人的哀樂，所謂「宇宙之大，蒼蠅之微」無不可以入文。雜誌風格的不同反映了胡適和林語堂個性上的差異。胡適無時無刻不以改造社會人心自任，而林語堂則感到日常的生活已經夠單調，負擔夠沉重。他想在單調沉重之外，另立一個輕鬆愉快的典型。

從白話文到整理國故

　　林語堂與胡適訂交很早。胡適是 1917 年 7 月回到上海的，9月到北京大學任職。林語堂在悼念胡適的文章〈我最難忘的人物──胡適博士〉和〈八十自敘〉中都將這一年誤記為 1918 年了。據林語堂追憶，胡適到京的時候，他是以「清華教職員的身份」去接胡適的。那時，林語堂剛從聖約翰大學畢業，對胡適有「仰之彌高」的感覺。語堂此時在報上發表了支持白話文的文章，引起了胡適的注意。從此兩人訂交，用林語堂自己的話說「交情始終不衰。」[20]維持了近四十五年，直到 1962 年胡適逝世。林語堂的女兒林太乙則說，「胡適的確是玉堂（按：語堂原名）的真正密友。」[21]

20　參看，林語堂，〈我最難忘的人物─胡適博士〉，原刊中文版《讀者文摘》，1963 年 10 月號。
　　收入歐陽哲生編，《追憶胡適》，北京：社會科學文獻出版社，2000。頁 97-101。

21　林太乙，《林語堂傳》。臺北：聯經，1989。頁 56。

1919 年，林語堂到哈佛大學留學，胡適是關鍵人物。林語堂當時拿的是清華大學的獎學金，經過胡適作保，林語堂答應在回國後到北大任教。林語堂在國外期間，獎學金遲遲不來，而妻子廖翠鳳又開刀住院，經濟陷入困境。再由胡適作保向北大支借兩千元。度過他生活上的困境。關於這段經過，林語堂在晚年，幾次提到此事，最可以看出兩人的交情和胡適的氣度：

1920 年，我獲得官費到哈佛大學研究。那時胡適是北大文學院院長。我答應他回國後在北大英文系教書，不料到了美國，官費沒按時匯來，我陷入困境，打電報告急，結果收到了兩千美元，使我得以順利完成學業。回北平後，我向北大校長蔣夢麟面謝匯錢事。蔣先生問道：「什麼兩千塊錢？」原來解救了我困苦的是胡適，那筆在當時近乎天文數字的錢是他從自己腰包裡掏出來的。他從未對外提起這件事，這就是他的典型作風。[22]

林太乙在《林語堂傳》中，也幾次提及此事。[23]可見林語堂父女兩代，對胡適感念之深。

林語堂是 1919 年 8 月 16 日與新婚妻子廖翠鳳搭哥倫比亞號輪船赴美留學的。8 月 19 日，林語堂在船上給胡適寫了一封信，信中除了說到旅途情況之外，也表明了三年以後學成回國的一些計畫：

22　同上，頁 99。這件事又見林語堂，〈八十自敘〉。臺北：風雲時代出版公司，1989。頁 35-36。2009 年第 5 期《安徽史學》上發表了一篇吳元康〈五四時期胡適自費資助林語堂留學考〉，試圖證明 2000 元是林語堂誤記，實際數字遠低於此數。錢數多少實非此事之關鍵，林語堂終身不忘胡適之義助，才是重點。

23　林太乙，《林語堂傳》。頁 50；55。

三年以後我們可以一齊做事體了，開時還可以由我們改良天地宇宙，由人性以至於拼音字母。那話還長著呢。

我的意思，盡我的力量做白話文，在美國時候，既然讀近代文學，必定時常有論一個一個文學家的論文 essays, 我要試試用白話做，寄回來可以登印的登印，介紹近代文學於中國。未翻的書，未介紹的 authors 還多著呢。[24]

信中所說「改良天地宇宙」雖是玩笑之語，但也可以看出林語堂抱負之大與自視之高。胡適當時已是中國學界的領袖人物，白話文運動的創始者。林語堂這種平起平坐的口吻充分的顯示他的自信。在林語堂早期與胡適的通信中，白話文是個常談的話題，可見這也是兩個人共同的關懷。雖然這一時期林語堂自己寫的文字很接近口語，但他特別提醒胡適，所謂「白話」，不應該是「裸體土白之白」，換句話說，林語堂在白話文運動初期，就已經注意到白話並不完全等同於口語的問題，到了三十年代，他提倡「語錄體」，正是這一想法的發展和成熟。在一封 1920 年 1 月 6 日給胡適的信中，林語堂特別提到這一點：

留美學生中間，對於白話文學運動持反對方面的，還不少。這其中的原因是因為昧於本運動的宗旨。也無怪他，他們所主張的也有一部份的是處。所以文學革命的鼓吹，決不能堅持一面的道理，必要相容美術的，文化的要端在內。白話總不是裸體土白之白 only. 還要人去開發講明這革命的本意，

---

24 林語堂早年寫給胡適的信收入耿雲志主編，《胡適遺稿及秘藏書信》，合肥：黃山書社，1994。共 42 冊，冊 29，頁 294。

給他們明白。[25]

當時哈佛留學生當中，反對白話的主要人物是梅光迪，吳宓，陳寅恪等。梅光迪和胡適辯論白話文的書信，許多都已收入《胡適文存》和《嘗試集自序》之中，較為大家所熟知。吳宓在1919 年 8 月 31 日的日記中，對當時提倡白話文的人有極其嚴厲的批評：「今中國之妄談白話文學，或鼓吹女子參政者，彼非不知西國亦輕視此等事。特自欲得名利，而遂悍然無所顧耳。」[26]而林語堂在吳宓的筆下則是：「林君人極聰明，惟沉溺於白話文學一流，未能為同志也。」[27]吳宓對林語堂之支持白話表示了相當的惋惜。林語堂寫信時，胡適回國已近三年，白話文運動在國內已全面展開，但白話文在美國的中國留學生之間受到的阻力，遠比在國內大得多。林語堂將海外反對白話文的情形如實的回饋給了胡適。他擔心胡適所提倡的白話文「不用典，」「不講對仗，」「不避俗字俗語，」不免走向俚易淺俗，因而坐實了反對者的指控，所以特別提出要「相容美術的，文化的要端」，這是很為胡適設想的。

1920 年 2 月 19 日，林語堂收到了胡適電匯的三百元，覆信表示感謝。此時林語堂因妻子盲腸炎住院開刀，急需錢用，收款之後，如釋重負，但他說更讓他感到高興的是想到回國後可以和胡適，趙元任等人共事，「激發鼓吹本國思想文學的潮流。」[28]接著對文學革命，表達了他的看法：

25　《胡適遺稿及秘藏書信》，冊 29，頁 304。

26　《吳宓日記》，北京：三聯，1998，第 2 冊，頁 59。

27　同上，頁 73。

28　《胡適遺稿及秘藏書信》，冊 29，頁 307。

爾知道這白話文學一個潮流不是簡直到白話成立為通用而止。爾知道照外國文學史的例，應該此後有一個文學大大復興，大大出長時代。我想頭一個，要有一個天才 genius，把本國的國語 鍛鍊調和備為文學著作的用。……這國語弄好了，等他伸縮自在，真真有了本國的性質，那時候就有一個第二時代的文學昌盛。有一個人，有一個文學的官能，他必定會一面從俗話裡，一面從古文裡，所有許多可以收容的材料，把他支配處理，可以操縱自如，我們看他的榜樣，就知道中國的國語落他文學的正軌了。[29]

這段話的基本並不出胡適 1918 年發表的〈建設的文學革命論〉中所提出的「國語的文學，文學的國語」之主張，[30]換言之，白話文學的成功，和國語的提倡是分不開的。在這一點上，林語堂和胡適是一致的。但他特別強調要從「古文」中，吸收成分來豐富白話的內容，這卻是胡適所不願提的。特別值得注意的是林語堂這時所寫的中文信，讀起來，很彆扭，甚至有些詞不達意。他常在中文之後，加注英文，很可以看出他在寫中文信時，並不是很順暢的。

談到自己的白話文，林語堂是比較謙虛的，他以一個閩南人，舊學根底和當時學者相比，又是瞠乎其後，要想寫好白話文，他必須勤讀古文，練習北京話雙管齊下。他給自己下的處方是：

我自己白話很不自由，所以不敢想有所著論，也不願有所著

29　《胡適遺稿及秘藏書信》，冊 29，頁 307-308。

30　參看，胡適，《建設的文學革命論》，《胡適文存》，1 集，頁 55-73。

論。等我古文裡再去散步散步一遭兒，再到北京，同北京的
丫頭閒談胡說，才有一個白話文體 style 出來的希望！[31]

我想胡適看了這段話，可以同意「同北京丫頭閒談胡說」的
這一點，但不會同意在「古文裡散步散步」的主張。胡適自己在
古文中散過步，打過滾，但從不認為這是他能寫好白話文的原
因，恰恰相反，這成了他寫不出生動活潑白話文的「歷史包
袱」。1927 年，胡適在給浩徐先生的信中，間接的回答了林語堂
七年前的這段話：

做慣古文的人，改做白話，往往不能脫胎換骨，所以弄成半
古半今的文體。梁任公先生的白話文屬於這一類；我的白話
文有時候也不能免這種現狀。纏小了的腳，骨頭斷了，不容
易改成天足，只好塞點棉花，總算是「提倡」大腳的一番苦
心。[32]

林語堂對胡適提倡白話文是很關心，也很支持的。這在當時
留美學生當中是少數，多數是反對的。支持白話文的聲音大多來
自國內，錢玄同，陳獨秀，魯迅，周作人都非留美學生，但他們
卻是胡適白話文運動初期最有力的支持者和同志。

1920 年 4 月 13 日，林語堂在給胡適的一封信中，談到自己
看了胡適《嘗試集》自序後的感想：「前天我的弟弟寄給我一本
《新青年》，裡邊有一篇爾做的〈嘗試集自序〉，講到爾同梅光迪
等幾年的筆戰。那篇便是一個文學革命家的演化史。」這是很推

---

31 《胡適遺稿及秘藏書信》，冊 29，頁 307-308。
32 胡適，《整理國故與打鬼》，《胡適文存》，第 3 集，頁 123。

崇胡適的。林語堂對梅光迪的反對白話文是沒有多少同情的。他說「我碰見梅先生只有一次，不知道他到底是什麼本意，看爾那一篇是他的信，摸不出來他所以反對白話文的理由。」林語堂對當時反對白話文意見的總結是「不是言不由心，便是見地不高明，理念不透徹，問題看不到底。」[33] 我相信，胡適看了這樣來自美國的回應，是感到安慰的。

在一封 1920 年，5 月 22 日給胡適的信中，林語堂進一步闡釋他對白話文學發展的看法：

> 到法國去，我很希望有機會研究中國文學史。我想這倒是我們正當的事業。白話……我自揣正在胎期，在雛形時代。我很希望不久寫出一個 style 來。因為白話辭語的豐富既是無疑，而一方面，現此看得見的結果只是平淡明確的文字，還沒活活潑潑了十分流暢應用自如的白話。They can't play with it. 那種 play with it，要玩藝的功夫，自然是舊文學過重的毛病，但新文學要成文學是不能沒的。爾的意思這樣嗎？…我想白話文學運動唯一的正義只是白話能生出一等文學來。文學革命而不能生一等文學出來，那就白話不白話，革命不革命，都不相干。爾想對不對？以普及教育為白話文學唯一的目的，我想是一句褻瀆白話文的話。那真豈有此理，豈不是我們文學家被一個唯物主義世界，一班崇拜……的人欺弄嗎？……我很希望多看見創造的著作（像爾的《嘗試集》就是一類）。[34]

33　《胡適遺稿及秘藏書信》，冊 29，頁 313-315。
34　同上，頁 322-324。

自由的火種
胡適 ● 林語堂

白話文運動初起時，過分強調普及教育的功能，而忽略了這個運動最後的成果必須體現在文學上。如果在文學上交不出成績來，無論白話如何通行，白話文運動終究是失敗的。這是林語堂的特識，他在題為「The Literary Revolution and What Is Literature」〈文學革命與什麼是文學〉一文中有更進一步的說明，並一針見血地指出了早期白話文運動過分走向淺白俚易的毛病：

> 在模仿屠夫和豆腐小販的語言中找尋文學的最高境界，其危險正不下於狹隘的保守主義。降低文學標準，將語言變得容易學，容易寫，這似乎成了白話文學的唯一訴求，因而掩蓋了許多遠較易學易寫更重要，更有意義的議題。
>
> The danger of seeking literary perfection in the imitation of the language of the pork-butcher and bean-curd seller is perhaps as great as that of bigoted conservatism. A cheapening of literary standard, the making of language easy and simple to learn and write, seems to be the main argument of vernacular literature, and causes to be shrouded up many far greater and more significant issues of the movement.[35]

提倡白話文如果一味只在簡易明白上著眼，而忘了這個運動的最終目的是創造一個新文學，那麼白話文即使成了一個全國通用的文體，也無非只是一個普及教育的工具，與文學是扯不上關係的。這正是甲午之後，白話作者走上的一條歧路。如《安徽俗話報》時期的陳獨秀與《兢業旬報》時期的胡適所走的就是這個

35　Yu-tang Lin, "The Literary Revolution and What is Literature," *The Chinese Student Monthly*, Vol, XV, No. 4, p. 25.

方向。

　　留學美國時期的林語堂是個文學的世界主義者，他主張用歐洲的文學觀念來修正中國人對文學的看法。他認為中國人過分注重「音節」「文辭」之美，以至於許多文學作品徒有鏗鏘的音節聲調，而缺乏深刻高遠的思想。至於所謂「文思」與「文氣」，也無非只是一些狹隘陳腐的觀念，與現代文明是不相干的。在全文的結論中他指出：

> 我們應該用新的文學觀念對我們過去的文學成績進行再判斷，再評價，並對偉大的文學家曹雪芹和施耐庵致以最高的敬意和仰慕，大膽地用白話文進行創作，因為那是對我們的思想和感情最自然，最真實和最有力的反思。
>
> With this new conception, we may turn back to rejudge, and re-evaluate our national accomplishments in the imaginative field; in the spirit of the new wisdom, we shall stand in awe and admiration before the kings of our literature, Ts'ao Hsueh-ch'in and Ss Nai-an. Like these kings, we shall boldly employ the vernacular language in our literary productions because it is the most natural, truthful, and forceful reflection of our thoughts and emotions.[36]

　　林語堂的這篇文章是中國留美學生之中對胡適的〈文學改良芻議〉，〈歷史的文學觀念論〉等文字最熱烈的呼應，其中有批評也有建議。

　　胡適在林語堂回國之前，就已看出林是個人才，將來會有大

36　同上，頁 29。

貢獻。在耿雲志主編的《胡適遺稿及祕藏書信》中，收了一封大約是 1923 年胡適寫給時任北大校長蔡元培的殘信，請他早日寄款給林語堂，好讓他早做歸計：

> 林玉堂君今日有信來，說已得先生的信，甚感謝。但款尚未收到，故未作覆。林君之款已欠半年多，可否請會計課早為寄去？他的旅費最好亦於此時寄去，使他可早日定船。此人苦學，居然能將漢文弄的很通，他將來的貢獻必可比得馬眉叔。甚盼先生為他設法，使他可以回來。[37]

從這封信中，可以看出胡適很關切林語堂的生活，也很為他在蔡元培面前「美言」並盼望他及早回國。胡適以語帶驚訝的口吻說「居然能將漢文弄的很通，」言下當然是林語堂的漢文原來「不通」，是經過「苦學」之後才「弄通」的。這一點，我們在看了林語堂早期寫給胡適的信，就能同意胡適的說法。林語堂早年的教育是「西學為體」，進的又是教會大學，「因此把國文忽略了。」據他自己回憶，聖約翰大學畢業之後，還不知道孟姜女的故事。[38]

信中提到的馬眉叔，眉叔是清末語言學家馬建忠（1845-1900）的字，他所著的《馬氏文通》是中國第一部較全面系統的語法著作。1911 年，胡適初讀《馬氏文通》，對馬建忠有極高的評價：「讀《馬氏文通》，大歎馬眉叔用功之勤，真不可及，近世學子無復如此人才矣。若賤子則有志焉而未之逮也。」[39]此時

37　此函收入《胡適遺稿及祕藏書信》第 20 冊，頁 224 。並見耿雲志，歐陽哲生編，《胡適書信集》，上冊，頁 326，誤馬眉叔為眉權。

38　〈八十自敘〉，頁 26。

39　《胡適留學日記》，臺北：商務，1973，共 4 冊。冊 1，頁 42。

胡適把林語堂比作馬建忠，可見林語堂在胡適心目中的地位是不一般的。林語堂的博士論文是《古代中國語音學》，回國後也發表了不少這方面的文章，所以胡適以林語堂比馬建忠，但胡適所沒看到的是林語堂往後的主要貢獻並不在語音語法的研究上，而是 在小說和散文的創作上。而更重要的是他成了「中學西漸」的關鍵人物，把中國的歷史文化介紹給了英語世界。 這個轉變似乎林語堂自己都未曾料到。

　　林語堂出國之前，在《新青年》4 卷 2 號發表了一篇題為〈漢字索引制說明〉的短文，曾引起當時北大校長蔡元培和《新青年》編輯錢玄同的注意，並分別為這篇短文寫了序和跋。[40]這篇短文可視為林語堂用科學方法整理中國文字的第一次嘗試。出國以後，他在哈佛選修了不少英美文學方面的課程，但轉學到德國之後，他又將學習的重點集中到了語言學和語音學上。1923 年 3 月 30 日，林語堂在回國的船上，寫了一封信給胡適，說明自己專長所在：

> 堂此次往赴北大之聘，名雖為英文教授，而心中很願於語言學上，philology and linguistics 特別致力（而尤以發音學 phonetics 為最注意）。因堂此兩年來所研究，及此次考試博士皆以此為中心。而此學之關係研究古之經學（音聲訓詁）或是今之方音，處處都有極重要方法上及科學上之貢獻。此次我帶回四大箱德書，一半盡屬此門。[41]

40　林玉堂，〈漢字索引制說明〉，〈附蔡子民先生序〉，及錢玄同之跋，《新青年》，4 卷 2 期，1918，2，15。頁 128-135。

41　《胡適遺稿及秘藏書信》，冊 29，頁 349。

自由的火種
胡適與林語堂

　　林語堂留德期間是想透過語言聲韻的研究，對中國的經學進行科學的研究。剛回到中國的時候，很想用他的所學來做些整理國故的工作。這當然也是響應胡適的號召。1923 年 12 月 1 日，林語堂在〈晨報五周年紀念增刊〉上，發表〈科學與經書〉的長文，對胡適在〈國學季刊發刊宣言〉中倡議的「用歷史的眼光來擴大國學研究的範圍，用系統的整理來部勒國學研究的資料，用比較的研究來幫助國學的材料的整理與解釋。」[42] 表示熱烈的支持。稱胡適的「《國學季刊發刊宣言》可算是討論此問題的第一著作，我們可以說是開新學界的一個新紀元。」林語堂此時對胡適領導的整理國故運動是充滿信心和樂觀的。他指出：「科學的國學是我們此去治學的目標，是我們此去努力的趨向。」他預卜著一個「中國國學重見昌明的時代」。對胡適的考證治學的取向也表示充分的肯定：「考證的精神是科學生命所寄託。」這正是胡適寫《清代學者的治學方法》的精義之所在。林語堂在《科學與經書》一文中，呼應胡適的主張是顯而易見的。他說：

> 若以科學的思想而論，我們不能不承認戴錢王段是最有科學的精神。科學的精神無他，就是以極強猛求知的欲心同時兼著最懷疑細慎的態度，是能鑑察於考定事實與假設理論之間的精神。[43]

　　林語堂的這段話無非就是胡適「大膽的假設，小心的求證」這句口號的推衍。至於在學術研究上，胡適反對過分功利，而提倡一種「為真理而求真理」的精神，在一封 1919 年 8 月 16 日所

42　《胡適文存》，2 集，頁 18。

43　所引林語堂的文字，見〈科學與經書〉，《晨報五周年紀念增刊》，1923，12，1，頁 21-24。

寫〈論國故學—答毛子水〉的信裡，胡適特別強調：「學問是平等的，發明一個字的古義，與發現一顆恒星，都是一大功績」。[44]是這種求真精神的極致表現。林語堂在這一點上，同樣反對急功近利，他說：「急求實用的學問未必是最有幫助社會的學問；不肯做許多迂腐學問苦工的人不能於學術界有大發明；為學問而學問的精神到底於學問有益。」[45]字裡行間都不難看出胡適的影子。

　　從胡適日記和書信中，我們可以看出，林語堂回國之後，與胡適的交往並非特別密切，但胡適對林的評價是很高的。1928年，胡適寫〈入聲考〉，寫就後，林語堂是第一個看稿的人，[46]可見胡適是很重視語堂的意見的。同年 12 月 7 日日記中記有此事：

> 約了林語堂來談。我把我《與夏劍丞書稿》請他指教。他贊成我的大旨，認為不錯。我請他帶回去批評。
> 語堂近年大有進步。他的近作，如《西漢方音區域考》，如《讀珂氏左傳真偽考》，皆極有見解的文字。[47]

　　1924 年 1 月 28 日，林語堂在一封信中，抄錄了幾首他譯的 Omar 的詩，請胡適修改，在信末，再次提到《嘗試集》，他說：「你的《嘗試集》我已看過第三遍了，這些也須得當面講。這兒只能說我看完了，有『欣喜』在心。」[48]毫無疑問的，林語堂在白話文運動初期是追隨胡適，並為之搖旗吶喊的。但由於性情和

44　《胡適文存》，1 集，頁 441。
45　《科學與經書》，頁 22。
46　《胡適文存》，3 集，頁 225。
47　《胡適日記全集》，冊 5，頁 465。
48　《胡適遺稿及秘藏書信》第 29 冊，頁 357。

興趣上的差異，兩人文字上的風格是很不同的。胡適的白話文，明白曉暢，說理敘事都井井有條，是學術性文章的典範。林語堂對這種平鋪直敘式的文字，始終有所不滿，希望在文學領域中，別創新聲。在文體上，他主張文白並用，俗話，成語，典故合一爐而冶之。胡適在〈文學改良芻議〉中所提出的「不用典」，「不用陳套語」，「不講對仗」，在林語堂看來，多少有些畫地自限。

1934 年溫源寧在《中國評論週報》（ *The China Critic Weekly* ）上用英文以素描的方式發表了對胡適，吳宓等人的印象記，次年收錄其中十七人成書，以 *Imperfect Understanding* 的書名由上海別發洋行（Kelly and Walsh Ltd.）出版。林語堂將〈胡適之〉一篇翻譯成中文，發表在 1934 年 5 月 5 日出版的《人間世》第 3 期上。我仔細對比了溫源寧的英文原文[49]和林語堂的中文譯文，發現林的譯文是極自由的再敘述（paraphrase）而非嚴謹的翻譯，有些成段的文字竟完全是林語堂的創作。這些段落與其說是溫源寧對胡適的印象，不如說是林語堂筆下的胡適。在文末，林語堂意味深長的加了一句「適之寫的英文，似比他的中文漂亮。」從這一句對胡適中英文的評論中，多少可以看出，林語堂對胡適的白話文是不很佩服的。就如早年他在給胡適信中，再三說到白話文不宜走上過分淺俗的方向，在他看來，胡適的白話文太過清順明白，缺乏波瀾和曲折。在同一篇文章中，他對胡適的文筆的評論是：「他的散文，也是清順明暢，像一泓秋水一般，晶澈可愛，卻很少波瀾曲折，闡理則有餘，抒情則不足。」和徐志摩相比，胡適缺少「沉痛的悲哀與狂熱的情緒。」[50]這些都是林語堂對胡

49　Wen Yuan-ning, "Hu Shih," in *Imperfect Understanding*, Shanghai: Kelly and Walsh, Ltd., 1935. pp. 11-16. 林語堂譯，〈胡適之〉，收入溫源寧著，《一知半解及其他》，瀋陽：遼寧教育出版社，2001。頁 100-101。錢鐘書的書評在頁 102-103。

50　《人間世》，1 卷 3 期，1934，5，5，頁 42。

適極中肯的評論。對他自己所提倡的「語錄體」則是相當得意的。1936 年,他在〈當代中國期刊文學〉(Contemporary Chinese Periodical Literature)一文中說:

> 我所提倡的語錄體,其用詞之精簡與文句結構之簡潔,可使許多現代白話作家為之汗顏。
>
> In my fight for a simpler style of writing in Chinese, I went to the length of popularizing certain old, classic writers of *yulu* 語錄 type that should shame the modern writers in the vernacular by their simplicity of vocabulary and sentence structure.[51]

在不到二十年的時間裡,林語堂的漢文寫作從幾乎詞不達意到「語錄體」的建立,為白話文另立了一個典雅簡練的風格。實現了他在留學期間要寫出自己風格的期許。

在當代作家中,林語堂特別推崇吳稚暉,認為他是唯一能做到怎麼說,就怎麼寫而不怕被譏為俗陋,同時又能令人神往的作家。[52]吳稚暉曾被胡適譽為「一生最有光焰照人的中國大思想家」[53]他「實事求是,莫做調人」的思想受到胡適最熱烈的讚揚。[54]胡林兩人都欣賞吳稚暉,但其角度是不同的。胡適就其思想而言,林語堂則就其文體而言。吳稚暉在行文上,確是縱橫恣肆,方言

---

51 Lin Yutang, "Contemporary Chinese Periodical Literature, "*T'ien Hsia Monthly*, Vol. II, March, 1936, Shanghai, p. 234.

52 *Ibid.*, p. 235. The only living Chinese who writes exactly as he talks without any fear of being vulgar, and yet who always succeeds in fascinating his readers, is the veteran Kuomintang member Wu Chih-huei(吳稚暉)。

53 胡適,〈追念吳稚暉先生〉,《自由中國》,第 10 卷第 1 期,1954,1,頁 5。

54 參看,胡適,〈幾個反理學的思想家〉,《胡適文存》,3 集,頁 82-107。有關胡適對吳稚暉的看法,參看,周質平,〈胡適與吳敬恒〉,《傳記文學》,14 卷 5 期,頁 4-20。此文已收入本書。

俗語雜用，但離林語堂所謂的簡練，或「語錄體」是很有一段距離的。林氏如此推崇吳稚暉的文體，在我看來，主要還是在吳稚暉信手信筆而不矯揉造作這一點上。

從提倡白話文到整理國故，林語堂在大方向上，和胡適都是一致的，至於文字風格上的不同，只能看作是大同之中，有些小異。胡適自稱有「歷史癖」和「考據癖」，[55]林語堂對這兩點的癖好，遠沒有胡適深。但林語堂在晚年也好研究《紅樓夢》，並稍稍展露了一些他在考證上的功夫。

1957 年 7 月，林語堂寫了〈平心論高鶚〉[56]，發表在 1958 年 11 月出版的《中央研究院歷史語言研究所集刊》，第 29 本，《慶祝趙元任先生六十五歲論文集》中，文長六十頁。主要是針對胡適 1921 年發表的《紅樓夢考證》[57]中指出，曹雪芹死時，《紅樓夢》並未完稿，後四十回主要由高鶚續補而成。林語堂則認為，曹雪芹死時，一百二十卷本之《紅樓夢》基本已成稿，所謂「補，」只是「修補，」「補輯」之補，而非「增補，」「續補」之「補」。按著胡適的考證看，《紅樓夢》的作者當是兩人，前八十回是曹雪芹寫的，而後四十回是高鶚續的。林語堂則認為，《紅樓夢》的作者是曹雪芹，高鶚只作了一點補訂的工作。這是對胡適近四十年來，在《紅樓夢》研究領域內權威地位的挑戰。

胡適對林語堂的結論是很不以為然的。1957 年 9 月 12 日，胡適有信給楊聯陞，說到為趙元任祝壽的文章：「語堂先生的長文，我曾看過，很不贊成他的思路，也曾作許多夾籤指出我不贊

---

55 胡適，〈水滸傳考證〉，《胡適文存》，1 集，頁 505。

56 《中央研究院歷史語言研究所集刊》，第 29 本，頁 327-387。

57 《胡適文存》，1 集，頁 575-620。

同的一些地方。但他已走上了牛角尖，很不容易拔出來。」[58]胡
適在紅學研究上最大的貢獻是將紅樓夢研究從猜謎似的索隱，轉
向到作者生平和版本的歷史研究。林語堂的《平心論高鶚》，並
沒有提出這方面的新材料，只是在舊有的材料上進行新的解釋，
難怪胡適不能服氣。1961 年 6 月 5 日，胡適有覆李孤帆的信，李
此時正計劃編一本「紅樓夢集評」，胡適給的建議是：「有許多
文章是不值得收集的，如李辰冬，林語堂，趙岡，蘇雪林……諸
人的文字。」[59]顯然，胡適認為林語堂的《紅樓夢》研究是無價
值之可言的。

　　林語堂發表《平心論高鶚》時，胡適還健在，措詞是相當客
氣的，如「適之首發後四十回高氏偽作之論，而始終能保持存疑
客觀態度。」[60]1966 年，林語堂又將他的長篇論文改寫成了幾篇
短文發表，並作了一些增補。在〈跋曹允中紅樓夢後四十回作者
問題的研究〉一文中，提到同樣的問題，可是語氣是不同的：
「大概適之本心是要考四十回的真偽，對於後四十回雪芹未定
稿，未免有求全之毀，落了穿鑿二字。適之是我的畏友，但是此
等處穿鑿實是穿鑿。」[61]在高鶚續補《紅樓夢》的問題上，胡適
和林語堂都相當堅持己見。但「其爭也君子，」絲毫沒有影響兩
人的交誼。

　　1962 年 2 月 24 日，胡適在臺北中央研究院的酒會上心臟病
猝發逝世。3 月 3 日，也就是胡適死後一星期，林語堂在紐約寫
了一篇悼念老友的文章，發表在 1962 年 4 月 1 日出版的《海外

58　《論學談詩二十年—胡適楊聯陞往來書箚》，臺北，聯經，1998，頁 343。
59　《胡適書信集》，下冊，頁 1638。
60　《中央研究院歷史語言研究所集刊》，第 29 本，頁 331。
61　林語堂，《無所不談》，海南出版社，1993。頁 243。

論壇》上。文雖不長，但對胡適有極其崇高的評價。指出胡適無論在「道德文章」，「人品學問」上都在魯迅，郭沫若，胡風之上，「足為我輩師表」。這篇悼文的前兩段，對胡適在中國近現代學術史上的影響及貢獻有極公允的論斷：

> 胡適之先生的肉身已經脫離塵凡，他留給我們及留給後世的影響是不朽的。他是一代碩儒，尤其是我們當代人的師表。處於今日中西文化交流的時代，適之先生所以配為中國學人的領袖，因為他有特別資格：他能真正瞭解西方文化，又同時有真正國學的根底，能直繼江永戴東原的師承而發揚光大漢學的考據精神，兩樣齊全是不容易的。他有戴東原實事求是的態度；而無漢學末流公羊派的偏狹門戶之見。
>
> 適之先生在學問，道德文章方面，都足為我們的楷模。學問且不必說，在他個人人品之清高及操守之嚴謹，都不愧為我們的楷模。在精神上，又是愛國，樂觀，無黨無派，不偏不倚。他有最深的國學根底，又能領導及代表一百分接受西方文化的潮流。[62]

　　胡適逝世那年，在中國大陸依舊是一個「人人喊打」的對象。林語堂的悼文卻毫不含糊的稱胡適是當代中國第一人。兩人的交誼真可以說是君子之交的典範，在學術上從白話文到《紅樓夢》考證，兩人各行其是，各說各話，各有各的風格，各有各的路徑。既不屈己以從人，更不屈人以從己。在私人情誼上，胡適「施人不念，」而語堂「受施不忘。」兩人在學界文壇都享大名，

62　林語堂，《追悼胡適之先生》，《海外論壇》3 卷 4 期。紐約，1962，4，1。頁 2。

卻能始終保持互敬互愛，這是極其難能可貴的。

信仰，宗教與科學

胡適從小受范縝《神滅論》的影響是個無神論者。[63]留學美國期間，一度幾乎成了基督徒，但很快就覺悟到教會用「感情的手段來捉人，……深恨其玩這種把戲。」[64]從此胡適與宗教無緣。他花了大力氣研究禪宗，但他的興趣主要是在禪宗史，而非禪宗的教義。1937 年，他在哈佛大學三百周年校慶的學術研討會上發表〈中國的印度化〉（The Indianization of China: A Case Study in Cultural Borrowing），主旨在講文化轉借，說明佛教對中國文化深刻的影響，而非佛教的本身。[65]他相信「天國不在天上也不在人心理，是在人間世。」[66]他不信佛教的輪迴，也不信基督教的永生，他提倡社會的不朽，善固不朽，惡亦不朽。小我透過大我──社會，無論是販夫走卒還是帝王將相，都同樣不朽。每個人的「一舉一動，一言一笑，一個念頭，一場功勞，一樁罪過，也都永遠不朽」。[67]這樣「社會的不朽」就是胡適的宗教。表面上看來，小我不朽的意義惟有透過大我才能彰顯，然而這並不是說小我是無意義的；相反地，整個大我的功過成敗，都是由無數

63　參看，胡適，〈從拜神到無神〉，《四十自述》，臺北：遠東，1982。頁 37-47。

64　《胡適留學日記》，臺北，商務，1963。共 4 冊，冊 1，頁 49。

65　Hu Shih, "The Indianization of China: A Case Study in Cultural Borrowing, " *Independence, Convergence and Borrowing in Institutions, Thought, and Art.* Cambridge: Harvard College, 1937, pp. 219-247.

66　胡適，〈祝賀女青年會〉，《胡適文存》，3，頁 738。

67　參看，胡適，〈不朽〉，《胡適文存》，第 1 集，頁 693-702。

小我造成。所以每個小我切不可小看自己，甘心做個自了漢。在
胡適的宗教裡，既沒有教堂，也沒有廟宇，不須剃度，也不須受
洗。所有的只是一個「不朽」的信念，這個信念減輕了我們對死
亡的恐懼。「今生」有其自身的意義和價值，並不是為虛無縹緲
的「來生」服務的。胡適之所以是個無神論者，是因為有神論者
始終提不出有力的證據來證明神的存在。對他來說，這是一個必
須由科學來驗證的問題。

在胡適的思想體系中，哲學和宗教都需受到科學的制約，
1929 年 6 月 3 日，他在大同大學講「哲學的將來，」認為，「過
去的哲學只是幼稚的，錯誤的，或失敗了的科學。」[68] 這樣的界
定哲學，簡直讓哲學成了科學的附庸了。

林語堂出身在一個基督教的家庭，父親是個牧師。但他對基
督教卻有過一段反叛的時期，覺得有些基本教義是荒誕而可笑
的。在他的〈八十自敘〉中，他說，「我小小年紀便懷疑上帝是
否無所不在，是否在我頭上幾寸的地方。懷疑我們為什麼每餐要
感謝上帝。」[69]1939 年，林語堂在他成名之後，大膽的宣稱，「今
天宗教讓我特別不能接受的是對有罪的強調。我並沒有有罪的感
覺，也不覺得須遭天譴。」(What repels particularly today in religion
is its emphasis on sin. I have no consciousness of sin and no feeling of
being damned). [70] 這是對基督教「原罪論」的公開挑戰。一個人
一旦覺得「無罪，」基督教的其他教義就無立足之地了。

然而，這樣的叛逆心理並沒有讓林語堂成為無神論者，他始
終對大自然存有敬畏。他始終相信有一個「造物者」的存在。他

68　《胡適日記全集》，第 5 冊，頁 630。
69　林語堂，〈八十自敘〉，頁 14-15。
70　LinYutang, *I Believe*. New York: Simon and Schuster, 1939. p. 164.

說，仰望穹蒼，觀落日與星空之美，這已足夠說明神的存在。[71]
是否有神，在林語堂看來，不是一個「拿證據來」的問題，也不
是一個科學能夠解決的問題，而是一個人對大自然的一種感受，
一種認知。這種感受和認知是完全屬於個人的（private）。他為
科學，宗教，文學，藝術與哲學下了一個簡單的定義：

> 用最簡單的話來說，科學是對生命的好奇，宗教是對生命的
> 崇敬，文學是對生命的驚歎，藝術是對生命的品味，而哲學
> 則是在我們對宇宙有限瞭解的基礎上對生命的態度。
>
> Stated in the simplest terms, science is but a sense of curiosity
> about life, religion is a sense of reverence for life, literature is a
> sense of wonder at life, art is a taste for life, while philosophy is an
> attitude toward life, based on a greater of lesser, but always limited,
> comprehension of the universe as far as we happen to know it.[72]

至於對信仰，林語堂把它界定在美感的經驗之中，是一個人
感知上最後的歸宿。這種經驗與其說是宗教的，不如說是詩意
的。這樣的界定信仰，真可以說通情達理，免去了許多無謂的意
氣之爭。[73]

71　*Ibid.*, p. 167. And while God is there... after watching the sunset watch the twinkling stars... .I say, is enough.

72　*Ibid.* p. 158.

73　"Worship becomes a true aesthetic experience, an aesthetic experience that is one's own, very similar in fact to the experience of viewing a sun setting behind an outline of trees on hills. For that man, religion is a final fact of consciousness, for it will be an aesthetic experience very much akin to poetry."
信仰是一種真正的美感經驗，而這個美感經驗是屬於個人的，這個經驗很類似看著夕陽向山林的背後落下去。對這個人來說，宗教是感知上最後的歸宿，這種美感的經驗是很近於詩意的。
The Importance of Living. 北京：外語教學與研究出版社，1998。p. 402.

林語堂雖未加入 1923 年「科學與玄學」的論戰，但從他對宗教和哲學的態度，可以看出他是更同情張君勱的。胡適在 1923 年 5 月 11 日，寫了一篇短文〈孫行者與張君勱〉，譏諷張君勱人生觀不受科學制約的論點，指出張君勱自相矛盾處很多，跳不出邏輯的定律，就如同孫悟空跳不出如來佛的掌心。這是胡適文字中，少有的語帶譏諷而又不甚莊重的文章。[74] 林語堂看了這篇文章之後，對胡適過分崇信科學的態度不甚以為然，但對行文的風格和語氣則表示激賞，認為已有了幽默的雛形：

> 我看見你的《張君勱與孫行者》的一段文字，著實有趣。自從白話輸入以來，我已漸漸兒看見「諧摹」（擬譯 humor）的著作了。上幾期一篇在《努力》論壞詩，假詩裡頭，真有諧摹（或作詼摹）。但是胡先生你未免太信如來佛了（即賽先生）。此外你還信個文殊菩薩（即邏輯君）及一個普賢菩薩（即白話）。這位普賢菩薩作孽最深，善男信女恭奉的也最多。[75]

從這段話很可以看出胡林兩人在思想上和風格上的異同。林語堂借用胡適譏諷張君勱的筆調來說明他不同意胡適「科學萬能」的看法。指出了胡適的幾個盲點，即過分崇信科學，邏輯，與白話。這是很深刻，也很切中胡適痛處的。

從措辭和語氣中，我們也可以看出林語堂回國之初，在交誼上，與胡適已經是不拘形跡了。至於林語堂所欣賞的那點幽默，

---

[74] 胡適，〈孫行者與張君勱〉，1923 年 5 月 20 日，《努力週報》第 53 期，頁 1。在文末，胡適附了一封信給張君勱，說，「文雖近於遊戲，而意則甚莊。」

[75] 這封信寫在 1923 年 5 月 31 日。收入《胡適遺稿及秘藏書信》。冊 29，頁 352。

胡適雖不曾熱烈的支持過,但也有一定「同情的瞭解」。1923 年
4 月 2 日,胡適寫信給梁漱溟,談到自己〈讀梁漱溟先生的東西
文化及其哲學〉一文中,有些段落,行文稍欠莊重,招致梁在來
信中質問,「尊文間或語近刻薄,頗失雅度;原無嫌怨,曷為如
此?」胡適的回答是:

> 至於刻薄之教,則深中適作文之病。然亦非有意為刻薄也。
> 適每謂吾國散文中最缺乏諧諧風味,而最多板起面孔說規矩
> 話。因此,適作文往往喜歡在極莊重的題目上說一兩句滑稽
> 話,有時不覺流為輕薄,有時流為刻薄。[76]

　　林語堂和胡適都認為,中國散文太過板重,需要注入一些輕
鬆諧諧的筆調。但幽默不宜流為肉麻,1934 年 1 月 18 日,胡適
在〈再和苦茶先生的打油詩〉中有「不敢充油默,都緣怕肉麻」[77]
的句子。此處「油默」當然就是「幽默」的另一譯法,一個字的
不同,卻多了一點「油腔滑調」的意思。這兩句雖只是打油詩,
但也反映胡適對當時林語堂提倡幽默的一點看法。一個人是否幽
默,有關性情,有關學養,文章亦然,不是勉強得來的。若真把
幽默當成一件大事來提倡,在胡適看來,或許不免有些小題大
做,甚至有些「肉麻」了。

　　林語堂的文字風格雖與胡適不同,但在一些大問題上,他們
的取向是很接近的。1926 年,胡適發表〈我們對於西洋近代文
明的態度〉,是他往後談西化或現代化議題的總綱領。在文中,
他首先打破了用「精神」和「物質」的二分法來談文化或文明的

76　胡適,〈答書〉,《胡適文存》,2 集,頁 178。

77　胡適,〈再和苦茶先生的打油詩〉,胡明編,《胡適詩存》。北京:人民文學,1985。頁 333。

傳統作法。他要扭轉中國人牢不可破的一個觀念，即中國的物質
文明或許不如西方，但中國的精神文明則凌駕在西方之上。在他
看來，一個為了溫飽，而掙扎於貧病邊緣的民族是創造不出高等
的精神文明的。此文收入《胡適文存》第三集，在文後附錄了林
語堂 1928 年一篇題為〈機器與精神〉的講稿，對胡適的論點有
更進一步的闡發，林語堂反復說明，「有機器文明未必即無精神
文明」，換言之，「沒有機器文明不是便有精神文明」，最後，將
全文歸結為「機器文明非手藝文明人所配詆毀，也無所用其詆
毀」顯然，胡適在這個重大的議題上，是引林語堂為同調的。[78]

　　雖然胡適主張「多研究些問題，少談些主義」，但他自己所
談的「主義」，絕不在少數。「個人主義」就是他樂道的許多「主
義」之一。但他所提倡的「個人主義」絕不是自私自利的「為我
主義」，他借用杜威的話，把這種「只顧自己的利益，不管群眾
利益」的思想叫做「假的個人主義」。[79]他也同時反對一種獨善
的，出世的「個人主義」。在〈易卜生主義〉一文中，胡適借著
易卜生的話，語重心長的說，船沉時，最重要的還是救出自己。
但救出自己的本身，並不是最後的目的。這個得救的個人必須成
為「再造新社會的分子」這才完成了整個救出自己的意義。換言
之，「自渡」只是手段，「渡人」才是目的。[80]胡適「個人主義」
中的英雄是易卜生（Henrik Ibsen）名劇《國民公敵》（An Enemy
of the People）中的斯鐸曼醫生（Dr. Stockmann），體現出來的是
一種奮鬥的，進取的，「雖千萬人吾往矣」的大無畏精神。所謂

78　《胡適文存》，3 集。黃山書社，1996，頁 1-19。
79　胡適，〈非個人主義的新生活〉，《胡適文存》，1 集，頁 743。
80　胡適，〈易卜生主義〉，《胡適文存》，1 集，頁 643。

「世上最強有力的人就是那個最孤立的人。」[81]消極的，避世的，獨善其身的「個人主義」都在胡適反對之列。在胡適的思想中，「小我」的價值固然不可輕視，但「小我」必須透過「大我」——社會，才能達到不朽。因此，個人和社會的關係是極其緊密的。他的「個人主義」，歸根究底是很不「個人」的。

如果我們把胡適的「個人主義」歸結為一種特立獨行的人格，那麼，林語堂的所作所為是很接近於「個人主義」的。1931年，九一八事變之後，國難方殷，舉國都淹沒在救國愛國的狂潮之中，林語堂偏在此時提倡晚明小品，寫幽默閒適的文章。這與其說是一種逃避，不如說是一種抗爭。拒絕人云亦云，堅持說我自己的話，保持我自己的風格。和胡適相比，林語堂的「個人主義」更多了一點我行我素的灑脫。他把自己 1934 年出版的文集《我的話》上冊，又名曰《行素集》，取意正在於此。林語堂不出世，也不避世，他能在世俗的喧囂中，建構起自己的一個小天地，在這個小天地之中，俯仰笑傲，樂在其中，享受他自己的風雅和情趣。他未必「玩世」，但卻有些「不恭」。他沒有魯迅的橫眉冷對，沒有梁漱溟的苦思焦慮，也沒有胡適的憂國憂民。他在嬉笑怒罵之中，對家事，國事，天下事也都有所評說。

政治：熱腸與冷眼

胡適和林語堂對政治都沒有野心，也不熱衷追逐權力。但不

81　同上，頁 646。

熱衷政治並不意味著不關心國事。胡適的權力欲不大，卻有很強烈的使命感，在這一點上，他和梁漱溟有相似的地方，「吾曹不出如蒼生何？」[82]梁漱溟的這個呼籲是可以得到胡適同情的，胡適倡議「好人政治」，其用心無非是「吾曹當出」。林語堂是清流，當屬「吾曹」之一員，但在「當出」這一點上，他是全無興趣的。林語堂終其一生，除了 1927 年曾短期任職武漢國民政府外交部以外，沒有參與過其他政府工作。至於所謂「使命感」，對林語堂來說，是個太過沉重的話題。他提倡幽默閒適和胡適發動新文化運動，改造社會風氣，無論就範圍還是層次來說，都是不能相提並論的。

1933 年 4 月 8 日，胡適有信給汪精衛，推辭加入政府的邀約，他說，「只有夜深人靜伏案治學之時，始感覺人生最愉快的境界。以此種厭惡行政的心理，即使我勉強加入政府，也不過添一個身在魏闕而心存江湖的廢物，於政事無補，而於學問大有損失。」[83]其實，胡適始終不能完全忘情於政治改革，以致有學術和政治所謂《我的歧路》[84]上的掙扎。林語堂是沒有這種掙扎的。他能興之所至，做他自己想做的事。

林語堂在〈追悼胡適之先生〉一文中說，「在人格上，適之是淡泊名利的一個人，有孔子最可愛的『溫溫無所試』可以仕，可以不仕的風度。魯迅政治氣味甚濃，脫不了領袖欲。適之不在乎青年之崇拜，魯迅卻非做得給青年崇拜不可。」[85]「不在乎」三個字說的很好，能「不在乎」，才能不媚俗，不嘩眾取寵。更

---

82 梁漱溟，《吾曹不出如蒼生何》，《漱溟三十前文錄》，北京，商務，1923。頁 61-69。收入《梁漱溟全集》，卷 4，山東，人民，1991，519-537。

83 耿雲志，歐陽哲生編，《胡適書信集》。北京：北京大學出版社，1996。上冊，頁 590。

84 胡適，《我的歧路》，《胡適全集》，安徽，教育，2003。第 2 卷，頁 463-474。

85 林語堂，〈追悼胡適之先生〉，紐約：《海外論壇》，第 3 卷 4 號，1962，4，1。頁 2。

何況胡適深知，「青年人多數不站在我這一邊，因為我不肯學時髦，不能說假話，又不能供給他們低級趣味，當然不能抓住他們。」[86]「不在乎」這一點，林語堂和胡適有共通處。胡適的領袖欲雖沒有魯迅強，但胡適從五四以來，至少有二十年的時間是中國學界的領袖，卻是不爭的事實。因此，胡適的「領袖欲」雖不強，但「領袖意識」是很清楚的。林語堂在學界的影響遠遠不及胡適，少了許多舉足輕重的負擔。

胡適提倡白話文，發起整理國故，鼓吹科學民主，在歷次的運動中，他都是中心人物。因此，胡適有不少的「追隨者」，著名的像傅斯年，顧頡剛。林語堂在辦《論語》，《人間世》的時期，也有幾個志同道合的朋友，像周作人，但關係緊密的程度，是不能和胡適，傅斯年等相提並論的。就這一點來說，林語堂更獨來獨往，成不了一股力量，但也少了許多牽絆。

1929 年，胡適在《新月》月刊第 2 卷第 4 號上發表〈我們什麼時候才可以有憲法？〉，指出，「中山先生對於一般民眾參政的能力，很有點懷疑。」所以國民黨遲遲不頒佈憲法。但在胡適看來，國民的參政能力，必須從實踐中慢慢習得。任何假借訓政名義，而不頒佈憲法，都是變相的專制。他借用孫中山的話說，不但老百姓需要「入塾讀書，」蔣介石，馮玉祥這些「生平不曾夢見共和政體是什麼樣子的」大人物「也不可不早日入塾讀書。」[87]林語堂看了這篇文章之後，大樂，用吳語寫了一封信給胡適，對胡適天真的書生之見頗有揶揄。是我目前僅見林語堂的吳語文字：

---

86 胡適，《致周作人》，《胡適書信集》，中，頁 681。
87 胡適，〈我們什麼時候才可以有憲法？〉，《新月》2 卷 4 號，1927，6，10。頁 1-8。

> 昨日買本《新月》來看，看耐一篇〈倪篤 辰光才可以有憲法？〉格文章。讀起來漫有趣，想起來更加有趣。「衰衰諸公」不肯「入塾讀書，」耐末定要俚篤「入塾讀書；」「衰衰諸公」定歸勿要憲法，耐末像 有介事，談起 格憲法咯，人權咯。實在話，故歇辰光，阿要談 個憲法， 個人權保障，阿曾熱昏？ [88]

　　信寫得很長，一方面譏諷國民黨毫無頒佈憲法的誠意，一方面挪揄胡適的天真。「衰衰諸公」不肯「入塾讀書，」而胡適竟煞有其事地向他們進言，要他們讀書，要他們頒佈憲法。這在林語堂看來，簡直是發昏！從這件事上，很可以看出胡適和林語堂對政治不同的態度。胡適有的是「熱腸，」而語堂則是「冷眼。」胡適談政治，往往是書生之見，誠懇但失之天真。1945 年 8 月 24 日，胡適發電報給毛澤東，希望他放棄武力，和國民黨共組一個兩黨體制。[89]這真是「不可救藥的樂觀主義了。」當然，在這天真之中，我們看到了胡適知其不可而為之的奮鬥精神。在這一點上，林語堂比胡適世故的多。林語堂在《吾國吾民》中特立中國人的個性一章，其中「圓熟，」「老滑俏皮，」「無可無不可，」都是中國人的特點。其實這些特點在胡適身上是找不到的。

　　1931 年 2 月 19 日，林語堂在《中國評論 》（*China Critic*）發表「中國有沒有臭蟲 」（Do Bed-Bugs Exist in China?）的「小評論 」（The Little Critic），在文中，他以幽默的筆調講述了中國人在面對「家醜」時，幾種不同的態度，從辜鴻銘式的視所有野蠻

88　《胡適遺稿及秘藏書信》，冊 29，頁 359-363。

89　這通電報收入胡頌平編，《胡適之先生年譜長編初稿》，臺北：聯經，1984，共 10 冊，冊 5，頁 1894-1895。

落後的中國傳統為中國精神文明的象徵，到狹隘的民族主義者的否認中國有「臭蟲」，都進行了揶揄和諷刺，胡適在面對「臭蟲」時的態度是最積極而又務實的。林語堂是這樣描述胡適的：

> 「讓我們抓住臭蟲，」胡適博士說。「看看其他地方是不是還有臭蟲？」這種態度是會受到所有法國，日本和英國自由國際主義者的回應的，「對了，讓我們捉住這些臭蟲，無論他們在哪兒，也不管他們是那個國家的。」
>
> "Let's catch them," says Dr. Hu Shih. "And discover if there aren't more of them." To which all the French, Japanese, and English Liberal Cosmopolitans would echo, "Yea, let's catch them, no matter where they are and of what nationality they are."[90]

林語堂在面對「臭蟲」問題時，他的態度和胡適是很接近的。他們都是「自由國際主義者」，他們也都承認，中國是有「臭蟲」的，而在看見「臭蟲」時，也都主張把它抓住，而不是將它隱藏在暗處。但胡適的批評是嚴肅認真的，而林語堂則往往出之以嬉笑怒罵，表面上也許沒有胡適那麼莊重，但他不粉飾，不苟且的態度，兩人並無二致。

1925年4月7日，林語堂寫了一封信給錢玄同，發表在同年4月20日《語絲》第23期上，林語堂毫不留情地指出中國人和中國文化中種種低劣猥瑣的特點：

> 今日談國事所最令人作嘔者，即無人肯承認今日中國人是根

---

90 Lin Yutang, "Do Red-Bugs Exit in China?" in Hu Shih and Lin Yutang, *China's Own Critics*. Peiping: China United Press, 1931. p. 85.

本敗類的民族，無人肯承認吾民族精神有根本改造之必
要。……

今日中國政象之混亂，全在我老大帝國國民癖氣太重所致，
若惰性，若奴氣，若敷衍，若安命，若中庸，若識時務，若
無思想，若無狂熱。[91]

林語堂的這種態度和胡適「我們自己要認錯」的態度是若合
符節的，胡適在〈介紹我自己的思想〉一文中，指出：

我們必須承認我們自己百事不如人，不但物質機械上不如
人，不但政治制度不如人，並且道德不如人，知識不如人，
文學不如人，音樂不如人，藝術不如人，身體不如人。[92]

胡適和林語堂都是抓臭蟲的能手。「揚家醜」，雖然不是一
件愉快的事，但卻是一件必要的事。這一點，胡林兩人的認識是
相同的。

胡適和林語堂都不加入政黨，儘量保持政治上的獨立，在他
們看來，「黨」之上是有「國」的。他們兩人都提倡理性的愛國，
任人牽著鼻子走，喊口號，貼標語，這只是盲從，與愛國無關。
林語堂在〈機器與文明〉一文中，在批評中國文化之先，首先說
明愛國是什麼：

愛國本是好事，兄弟也是中國人，愛國之誠，料想也不在常

---

91 林語堂，〈給玄同先生的信〉，在劉志學主編，《林語堂散文集》（河北，人民出版社，
 1994），共 3 冊，冊 1，頁 116-117。

92 《胡適文存》，4 集，頁 618，

在報上發通電的要人之下。不過愛國各有其道，而最要一件
就是要把頭腦弄清楚。若是愛國以情不以理，是非利害不
明，對於自己與他人的文明，沒有徹底的認識，反以保守為
愛國，改進為媚外，那就不是我國將來之幸了。[93]

從這一觀點來看，「抓臭蟲」，「揚家醜」正是愛國的行為。

1931 年，林語堂「小評論」中的十二篇短文，包括〈中國
有沒有臭蟲〉，和胡適幾篇批評國民黨和中國現況的文字，如
〈我們走那條路〉、〈人權與約法〉、〈我們什麼時候才可有憲法〉
等，由湯良理（T'ang Leang-li）合編出版了一本英文書，書名是
China's Own Critics，可譯為「中國的自我批評」。編者在序言中推崇
胡適和林語堂能在國民黨高壓之下，敢於說出自己心底的話，為
充滿「幼稚的自我崇拜和自大狂」（infantile complex of self-
admiration and self-glorification）的南京政府痛下針砭。[94] 將胡適
的直言與林語堂的幽默合編為一書，對國民黨進行批評，編者的
用心是顯而易見的。

林語堂在 1935 年初版的《吾國吾民》中寫了一篇〈結束語〉
（Epilogue）。這篇結束語分四小節：〈生命的終結〉（The End of
Life），〈真實的中國〉（Real China），〈對領袖人物的追尋〉（A
Quest for Leadership），和〈出路〉（The Way Out）。1939 年，《吾
國吾民》再版時，林語堂刪了〈結束語〉，加了〈中日戰爭中我
個人的故事〉（A Personal Story of the Sino-Japanese War）一章。〈結
束語〉這一章，在往後的中譯本中都只收了〈生命的終結〉一小
節，刪除了其他部分。2000 年，北京外語教學與研究出版社重

93　《胡適文存》，3 集。黃山書社，1996，頁 12。
94　Hu Shih and Lin Yutang, *China's Own Critics*, Peiping: China United Press, 1931. p. v.

印 *My Country and My People* 英文本，也作了同樣的處理。所以，1935 年版中的〈結束語〉，對絕大多數中文讀者而言，都不知道這一章的存在。但這一章卻是林語堂在抗戰前夕對當時政局最明白的剖析，和他對 1911 年革命和國民黨領導改革的看法。對瞭解 30 年代林語堂的思想是極重要的一篇文字。他認為所有的革命都只會帶來更大的混亂和破壞。他毫不隱諱地指出：

> 中國有句老話，「寧為太平狗，莫作離亂人」。所有的中國人都盼望做個太平狗，但他們沒有這樣的福氣。我們生活在一個徹底幻滅的時代，不但對當前的革命沒有信心，對所有的革命都沒有信心。孟子說「哀莫大於心死」，此刻我們的心確實死了。1934 年憤世嫉俗的尖刻和幻滅的情緒取代了 1926 年的樂觀主義和歡快的理想主義……
>
> 緩慢而又艱難地我們瞭解到改變越多，而積澱下來改變不了的東西也越多；表面上政治制度改變了，但制度底下根本的腐敗，根本的徒勞，無能，還有徹底的絕望卻不曾改變。

> There is a Chinese saying that it is better to be a dog in peaceful times than be a man in times of unrest. All Chinese are wishing they were dogs in peaceful times, but they have not that luck. For we are living in a period of complete and unmitigated disillusionment, in a period of lack of faith, not only in the present revolution but in all revolutions. Mencius has said that the greatest sorrow is the death of the heart, and now truly the heart is dead. The optimism and cheerful idealism of 1926 have given place to the cynicism and disillusionment of 1934...
>
> Slowly and laboriously has come the realization that the more we

change, the more we remain the same; that underlying the superficial changes of government system, the essential state of things, the essential corruption, futility and incompetence remain, and the essential hopelessness. [95]

在〈真實的中國〉這一小節中，林語堂對中國的前景是相當悲觀的，他甚至懷疑 1911 年的革命是一個錯誤，他但願曾國藩在平定太平天國之後，取滿清而代之，成立一個漢人王朝，情況不可能比現在更糟。這是對孫中山革命全盤的否定。他回憶起幼時晚清的政局，滿清政府固然貪污無能，但終究還有一個制度在。而二十世紀三十年代的中國則是徹底的混亂。內戰加上苛捐雜稅，老百姓已無生路。在這樣的情況下，他讚美山東韓復榘身兼省長，縣長，法官，陪審，和律師的治理方式為開明專制（enlightened despotism）。因為他至少給老百姓一個起碼的秩序和安全。[96]林語堂渴望偉大領袖的出現。林語堂的這個想法印證了魯迅 1925 年所寫〈燈下漫筆〉中所說：中國歷史上所謂治亂，無非只是「想做奴隸而不得的時代，」和「暫時做穩了奴隸的時代」的不同。[97]

在〈領袖人物的追尋〉一節裡，胡適在林語堂的筆下與王國維，康有為，魯迅，章太炎並列為中國的好人（good men），但壞人當道，好人無力回天。林語堂引了胡適 1920 年說的一句極悲痛的話：「中國不亡，是無天理」。來說明當時胡適悲憤的心情。林語堂試圖為中國之缺乏領袖人物找出答案。他說：「中國

95 Lin Yutang, *My Country and My People*, New York: John Day, 1935. p. 349-350.
96 *Ibid.*, p. 350-351.
97 魯迅，〈燈下漫筆〉，《魯迅全集》。北京：人民，1981。冊 1，頁 213。

人作為個人來看是成熟的，但在政治上和民族上卻是幼稚的。」（In China individually men are more mature, but politically and nationally we are as mere children）．林語堂在全書的結論中不無激憤的指出，當時中國所需要的救星（Savior of China）是個偉大的「司殺者」—劊子手（Great Executioner），斬盡貪官，還中國人民以公道。[98]。

胡適沒有為《吾國吾民》寫過書評。但對林語堂在結束語中的這些觀點，卻有針鋒相對地評論。1937 年，胡適發表〈中國能存活嗎？〉（Can China Survive?）一文，對林語堂否定 1911 年革命成果和渴望救世主的心情深不以為然。胡適指出，隨著滿清帝制的崩潰，婦女纏足，科舉八股這些有著千年歷史的陋習和制度，也都在短時期之內剷除。民國以來思想上的改造，為中國人接受現代文明打下了堅實的基礎。經過新文化運動的洗禮，任何神聖的禮教和制度都不能免於批判和再評價。和日本的明治維新相比，中國的西化，不是由政府發動，而是起自民間。這樣的改變，緩慢但深刻。表面上，也許日本在工業和軍事上比中國現代化。但在思想和價值觀念上，中國的改變比日本更深刻，更徹底，也更全面，這種由下而上的改變是林語堂所沒有看到的。

胡適將這些社會上和政治上的根本改變歸功於梁啟超，蔡元培，吳敬恒和陳獨秀的領導。至於林語堂所說「個人成熟，而政治幼稚」這一點。胡適認為，只有個人不成熟的民族，才會渴望像希特勒，墨索里尼這樣的劊子手來領導，來作為救星。中國既然是個個人成熟的民族，在政治上就不會幼稚到還在仰望明君聖主。林語堂對獨裁的軍閥像韓復榘之流進行表揚，並渴望一個

98　*My Country and My People,* 1935. pp. 358-362.

「偉大的司殺者」的到來，胡適深有感慨地說，「去除舊思想真非易事！」（Truly the old mental habits die hard！）[99]

　　表面上看來，胡適是為辛亥革命和新文化運動在辯護，林語堂將這兩個在中國近代史上最重要的政治和思想的改革，輕描淡寫地一筆帶過，似乎這些改革並沒有為現代中國留下多少痕跡。這當然不是胡適所能接受的。胡適在新文化運動中是個關鍵人物，有著舉足輕重地地位。新文化運動的失敗，也就是胡適的失敗。林語堂雖然與胡適是同時代的人，但他在新文化運動中的涉入遠沒有胡適深，而其影響也遠不及胡適大。兩人觀點不同，毋寧是極自然的。

　　1939 年，林語堂出版《吾國與吾民》的修訂版，刪了 1935 年版的〈結束語〉，而代之以〈中日戰爭中我個人的故事〉（A Personal Story of the Sino-Japanese War）一章，文長七十二頁。[100] 這章有 1939 年 4 月民華的中譯本，改題為《新中國的誕生》。[101] 文章口氣一改 1935 年〈結束語〉中悲觀的論調為樂觀奮進，不但對抗戰懷著必勝的信心，對蔣介石也有好評。這一改變，未必不是受了胡適的影響。

海外的聲望及影響

　　在中國近代史上，將西學引進中國的學者不乏其人，如中國

99　Hu Shi, "Can China Survive?"《胡適全集》，37 冊，頁 290-305。此文作了一些刪節之後，另冠題 "My People and the Japanese," 發表在 The Living Age, May 1937, pp. 251-255.

100 Lin Yutang, My Country and My People, New York: The John Day Co., 1939. pp. 349-421.

101 林語堂著，民華譯，《新中國的誕生》。香港：民社，1939。

自由的火種
胡適與林語堂

第一個耶魯大學畢業生容閎，譯介西方名著的嚴復，都是引西學東漸的佼佼者。但將「中學」介紹給西方而有重大貢獻的人，則屈指可數。胡適和林語堂是少數人中最有成績的兩人。胡適的英文著作數量龐大，[102]但主要集中在思想史的研究上，因其形式多為學術論文或演講稿，影響主要在學界，二次世界大戰期間，胡適出任駐美大使（1938-1942）發表的演講和時論較多，對美國當時的外交政策發生過一定的影響，但事過境遷，現在只有少數的胡適研究者，還在看這些材料了。林語堂的英文著作，無論在數量和種類上都超過胡適，他的小說和對中國文化一般性的介紹都是為「大眾說法」，在英語世界裡，林語堂是個更為人知的中國作家，而一般西方人也把他當成哲學家。

1931 年，胡適的英文自傳入選由紐約 Simon & Schuster 出版的《生活的哲學》（*Living Philosophy*）一書，[103] 此書收了當時被 *The Forum* 雜誌編者認為世界上最有影響力的哲學家，學者和作家共二十二人所寫自傳性的文章，其中包括中國人比較熟悉的名字如出生在德國的美國科學家愛因斯坦（Albert Einstein），英國哲學家羅素（Bertrand Russell），美國哲學家也是胡適的老師約翰杜威（John Dewey），及哈佛大學文學教授，對多位中國留學生如吳宓等有過深刻影響的白璧德（Irving Babbit）。

1939 年，Clifton Fadiman 在《生活的哲學》一書的基礎上，邀請當時世界最知名的學者和作家共二十一人，各自寫一篇文章介紹自己的思想，其中唯一入選的中國人是林語堂。編者將這二十一篇文章和縮略修訂版的《生活的哲學》合編為一書，書名《我的信仰》（*I Believe*）在紐約出版。胡適和林語堂是全書入選人

---

102 參看，周質平編，《胡適英文文存》，共 3 冊。臺北：遠流，1995。

103 "Hu Shih," *Living Philosophy*. New York: Simon and Schuster, 1931. pp. 235-263.

物當中，唯一的兩個東方人。我之所以細述這段歷史，是為了說明，1930 年代，美國學界視胡適，林語堂為中國知識份子的代表，並高度推崇兩人的哲學，肯定他們有世界性的影響。中國人文學者受到西方世界如此普遍的承認，並與上列的西方大思想家和學者並列這是第一次。

在美國，胡適成名在林語堂之前。胡適的名字和中國新文化運動是分不開的，西方人一般都稱他為「中國文藝復興之父」（the father of the Chinese Renaissance）。1933 年，他在芝加哥大學所作的赫斯克爾講座（The Haskell Lectures），很受學界重視。1934 年由芝大出版的《中國的文藝復興》（*The Chinese Renaissance*）就是這次系列講座的講稿。此書 1963 年，也就是胡適死後一年，由紐約 Paragon 再次發行，並有布魯克林學院（Brooklyn College）史學教授 Hyman Kublin 寫的一篇再版新序，附於書首。在序中，他回憶二十五年前，初讀這本書時，所受到的啟發和震動。一本學術性的著作，能在三十年後再版，可見其影響歷久不衰。

1938 年，胡適出任中國駐美大使，在職四年期間，曾橫跨美加，旅行數萬里，演講近百次，發表文章數十篇，多所大學爭相邀請他做畢業典禮的演講者，並授予榮譽博士學位。1941 年 12 月，發行全國的《生活雜誌》（*Life*），以十頁長文，並附照片多張報導胡適。這段期間也是胡適在美國聲譽最隆的時候。[104]

林語堂的《吾國與吾民》在 1935 出版之後，立刻成為暢銷書，此書一版再版，行銷世界各地，除紐約之外，倫敦，多倫多（Toronto），孟買（Bombay），都發行過這本書。1937 年出版的

---

[104] 有關胡適出任大使期間的生活，參看，周質平，〈難進而易退—胡適的大使歲月〉，〈胡適的情緣與晚境〉。安徽：黃山書社，2008。頁 226-249。

《生活的藝術》引起同樣的轟動，高踞 1938 年《紐約時報》暢銷書排行達一年之久。此後，林語堂幾乎每年都有著作出版，其中比較著名的如《孔子的智慧》（*The Wisdom of Confucius*, 1938），《京華煙雲》（*Moment in Peking*, 1939），《風聲鶴唳》（*A Leaf in the Storm: A Novel of War-Swept China*, 1941），《啼笑皆非》（*Between Tears and Laughter*, 1943）等，這還不包括他發表在報刊雜誌上的文章。因此，我們可以說胡適和林語堂是二十世紀三四十年代在海外代表中國的兩個最有影響力的知識人。他們的著作也是許多英美人士認識中國的入門讀物。

胡適對成名以後的林語堂沒有作過太多的評論。在 1943 年 1 月 10 日的日記中，有一段胡適和美國國家藝文社（National Institute of Arts and Letters）的執行秘書[105]Arthur Train 之間的對話，頗堪玩味。

> Train 對我說，「有人問林語堂何以不能代表中國作家？」他問我的意見。我說，「前幾天 Charles Merz 對我說，林語堂好像總不會成熟（mature）。這話似乎有理。」

從胡適同年 1 月 3 日日記看來，這段談話與胡適推薦吳敬恒為美國國家藝文社之榮譽會員有關。在思想的深度上，胡適認為吳敬恒是中國新思想的代表人物，而林語堂只是一個作家。

胡適和林語堂在美國的言論和所造成的影響，頗引起海外左翼人士的不滿，並得到國內左派的熱烈回應。1944 年，聞一多在〈論文藝的民主問題〉一文中提到「一位美國朋友」對他說的

---

105 有關 ArthurTrain 之職務，參看，余英時，《試論林語堂的海外著述》，現代學人與學術（桂林：廣西大學出版社，2006），頁 467。

話：

> 現在在美國替中國說話的有三個人：一個是落伍的胡適之；
> 一個是國際文藝的投機家林語堂；一個是傷感的女人賽珍
> 珠。他們的文章都不能表現中國的真實。他說他每回讀到林
> 語堂的文章，描寫中國農民在田裡耕作是如何地愉快，以及
> 中國的刺繡，瓷器如何的高貴……，他就很生氣地把這位林
> 博士的著作撕毀了擲到牆角裡去。我聽到這裡，感激地向他
> 伸出手來，我說：你是我所遇到的少有的美國人。[106]

　　這段記錄很有趣，也很戲劇化。聞一多並沒有說明這位美國
朋友是誰，想必實有其人。賽珍珠不在本文討論範圍之內，置之
不論。稱胡適為「落伍,」這是就其政治觀點而言，此時胡適雖
沒有對共產黨有過直接強烈的批評，但他提倡民主自由的立場卻
是極為鮮明的。當時在左派人士看來，社會主義代表「進步」，
而自由民主則是「落伍」的。至於說林語堂是「國際文藝投機
家」，也無太多新意。自從 *My Country and My People* 在 1935 年出版
之後，成為暢銷書，「賣（取英文 my 之讀音）國賣民」成了當
時笑談中的另一個翻譯。值得注意的是這位美國朋友對胡適，林
語堂充滿成見的批評深得聞一多的激賞。這可以看出當時海內外
左派勢力互相呼應的一個實例。說林語堂是「國際文藝投機家」
是很不公允的。我們只要看看他在抗戰期間所發表的英文文章，
就能知道投機之說是站不住的。
　　聞一多這位美國朋友對林語堂的批評是，在林的筆下，一定

---

106 聞一多，〈論文藝的民主問題〉，《聞一多全集》，2，《文藝評論》，湖北人民出版社，頁225。

程度的美化了中國老百姓苦難的生活，缺乏為農民和工人的呼號。從表面上看，這個指控不是完全沒有道理的。林語堂從不道貌岸然地說教，也很少義憤填膺地控訴或揭發社會的黑暗，他往往是語帶幽默，意含譏諷的說出一些事實的真相，細心的讀者是能從字裡行間看出他的深意的。

1937 年 8 月 15 日，林語堂在《紐約時報雜誌》（*New York Times Magazine*）上發表〈被俘的北平握住了永恆中國的靈魂〉（Captive Peiping Holds the Soul of Ageless China），全文以極優美的文學筆調來描寫介紹 這座古城，文章很長，我摘譯一小部分，可以感受到全文的精神。他說：

> 北平是古老中國的靈魂所在，它像一個寬容大度的老人，胸中蘊蓄著古今。它又像一棵古木，根深葉茂。北平有如此湛藍的天空，如此姣好的月色，如此雨水潺潺的夏季，如此涼爽的秋天，如此乾爽潔淨的冬天。北平是老饕的天堂，也是購物者的樂園。無論你住在何處，居所附近都有肉鋪，雜貨店，和茶館。你可以自由自在的作你的學問，追逐你的嗜好，無論是政客還是賭徒，都能一遂所願。[107]

全文除了題目有被俘（captive）一字以外，完全不提日本人佔領下對民生的破壞，和老百姓的恐懼。但明眼人一看，當能想到：如此可愛的一個古都，而今竟在日軍的鐵蹄下，城破被俘。文章附有日軍以重炮擊毀長城的照片，讀者由此所引起的惋惜和傷痛是深刻而恒久的。對中國人的同情很自然地就會轉化為對日

---

107 Lin Yutang, "Captive Peiping Holds the Soul of Ageless China." *The New York Times Magazine*, August 15, 1937, pp. 4-5, 20. 這段引文是摘譯。

本人的鄙視和厭惡。全文最後林語堂以北京的洋車夫做結：

> 北平最迷人的所在，還是一般的老百姓。並不是正人君子和
> 大學教授，而是拉洋車的苦力。花差不多一塊錢，他可以從
> 西城拉你到頤和園，約有五里地。你以為這是廉價勞力，那
> 就對了。可是他們並不牢騷滿腹。他們一路談笑自若，喃喃
> 自語，訴說著別人的苦難，你簡直不懂，他們從何而來這樣
> 歡快的心情。
>
> 在回家的路上，你可能聽見一個老年的洋車夫，衣衫襤褸，
> 語帶幽默，優雅平和地訴說著他的悲慘的命運。如果你覺得
> 他太老了，拉不動洋車，要下車來，他會堅持把你拉回家。
> 但是，如果你跳下車，並出其不意的把全額的車資都給他，
> 他的喉頭會突出一塊來，他對你的感謝是你一生都沒經受過
> 的。

The greatest charm of Peiping is, however, the common people.
Not the saint and professors, but the rickshaw coolies. Paying
about a dollar for a trip by rickshaw from the West City to the
Summer Palace, a distance of five miles, you might think that you
are getting cheap labor; that is correct, but you are not getting
disgruntled labor. You are mystified by the good cheer of the
coolies as they babble all the way among themselves and crack
jokes and laugh at other people's misfortunes.

Or coming back to your home at night and might chance upon an
old rickshaw coolie, clothed in rags, and telling you his sad story of
poverty and misfortunes with humor, refinement and fantastic
good cheer. If you think he is too old to pull rickshaws and want

to get down, he will insist on pulling you to your home. But if you jump down and surprise him by giving the full fare, there's a lump in his throat and you are thanked as you have never been thanked before in your life. [108]

看了這一段描寫洋車夫的文字，讓我想起了羅素在 1922 年出版的《中國的問題》（*The Problem of China*）一書中，提到轎夫含笑的事。[109] 他從轎夫的笑臉中看到中國人樂天知命的一面。林語堂對洋車夫的觀察與羅素的轎夫含笑真有異曲同工之妙。他們在有意無意之間都折射了中國苦難勞動人民的善良，勤勞和誠實。

1937 年 11 月 14 日，林語堂在《紐約時報雜誌》發表〈中國將來的關鍵人物—苦力〉（Key Man in China's Future-Coolie），全文的主旨並不在為勞動人民呼號，也不是控訴社會的不平或壓迫，而是心平氣和地訴說著中國社會的底層老百姓的心理，日常生活和遭遇。他指出，「中國的苦力是人口過多，經濟情況極度困難下的產物。」（The Chinese coolie is a product of a harsh economic environment caused by overpopulation.）他們勤勞節儉，知足常樂，對主人忠誠。他們容或有些愚昧，但他們是無害的，這就是中國老百姓的多數。林語堂所沒有明言的是：如此善良的人們，竟受到日軍無情地殺害。

1939 年《瞬息京華》（Moment in Peking，或譯《京華煙雲》）完稿，林語堂有給郁達夫的信，說明他發憤寫這本表面上看來似才子佳人的小說：

---

108 *Ibid.*, p. 20.

109 Bertrand Russell, *The problem of China*. New York: The Century Co., 1922. pp. 201-202.

計此書自去年 3 月計劃……今年 8 月 8 日完篇。紀念全國在
前線為國犧牲之勇男兒，非無所為而作也。誠以論著入人之
深，不如小說。今日西文宣傳，外國記者撰述至多，以書
而論，不下十餘種，而其足使讀者驚魂動魄，影響深入者絕
鮮。蓋欲使讀者如歷其境，如見其人，超事理，發情感，非
借道小說不可。況公開宣傳，即失宣傳效用，明者所易察。
弟客居海外，豈真有閒情談說才子佳人故事，以消磨歲月
耶？[110]

這一段文字和我以上的分析是可以互相發明的。換言之，林
語堂以文學的筆法所發表的抗戰文字，是不能只從表面上來論斷
的。二戰前後有不少的英文讀者是透過林語堂的著作，第一次接
觸到中國的文化和歷史。且不論林語堂筆下的中國文化是否全面
和準確，但中國和中國文化，透過林語堂的著作，留給西方人的
印象是平和，溫文，儒雅的。和日本的侵略，強暴，嗜戰恰成強
烈的對比。

林語堂透過他的英文著作，讓西方人對中國和中國文化留下
了深刻美好而又持久的印象，最好的例子莫如瑞典皇家人文科學
院院士馬悅然（Goran Malmqvist）的自述。2006 年臺北的林語堂
紀念館和東吳大學合辦了一個紀念林語堂一百一十周年誕辰的國
際學術研討會。會中馬悅然發表了題為〈想念林語堂先生〉回憶
性的文字。馬悅然第一次接觸到林語堂的著作是在 1946 年，那
年他二十二歲。他的一個伯母借了林語堂的《生活的藝術》給他
看，六十年以後，他回憶這件事：「沒想到一位陌生的中國作家

---

110 林語堂，《魯迅之死》，臺北：德華，1980。頁 144。

會全改變我對自己的前途的計劃和希望。」[111]馬悅然原來是打算
大學畢業後，在瑞典高中教「拉丁文和希臘文的詩歌和散文」
的。林語堂的書使他走上了研究中國文學和音韻學的路，從此他
一生的研究，工作和中國有了密切的關係。據他自己的敘述看
來，說林語堂改變了馬悅然的一生是並不為過的。

正因為馬悅然對林語堂是如此的心悅誠服，他是透過林語堂
的著作去瞭解中國和中國文化的。在他紀念林語堂的文章裡，長
段的徵引了小說《京華煙雲》中對北京近乎完美的敘述。1980
年，馬悅然回到了北京，但找不到林語堂筆下的古都了。於是他
大悲慟，「〔我〕真的哭得出眼淚。那時的北京完全不像林語堂
先生所描寫的城市。」[112]這種催人淚下的力量正是林語堂在給郁
達夫信中所說的「使讀者如歷其境，如見其人。」透過這種文學
的力量，林語堂在讀者的心目中為北京的事事物物鑄就了一種永
恆的形象（perpetual images），這個形象不因時間之推移而稍有
改變。馬悅然的眼淚，一方面說明了林語堂文學技巧的成功，一
方面卻也說明了他為林語堂所誤導。當然，林語堂絕非有意的誤
導，而是讀者情不自禁的受了他的催眠。林語堂筆下的北京與其
說是某一時期真實的北京，不如說那是林語堂心中的北京。感受
和真實的存在之間當然是有距離的。

永恆的形象常使外國人懷著博物館的心理來看中國，結果真
實的中國反而成了一定的虛幻，而心中的形象反而成了真實。林
語堂的著作常能使讀者發「思古之幽情」，感到當前的種種都是
過往的一種墮落，或變形。

---

111 《跨越與前進—從林語堂研究看文化的相融／相涵國際學術研討會論文集》。臺北：林語堂
　　故居，2007。頁 1。

112 *Ibid.*, p. 5.

　　當然，對林語堂在海外的言論，國內的反應也有正面的。徐悲鴻 1938 年 9 月 15 日有信給林語堂，提到林著〈日本必敗論〉一文，可以視為國內讀者對林著的另一種反應：

　　上月得大文〈日本必敗論〉（各地大報皆轉載），其力量超越最精銳之機械化十師，前方士氣為之震（按，應作「振」），後方信念用益堅。若弟之歡忻鼓舞者盡人而然。深慶先生對外能以大著多種昭示世界，既已不脛而走，危時又根據事實發為宏論以策勵國人，宜其為人愛戴。[113]

　　〈日本必敗論〉是林語堂在 1938 年 7 月 1 日，在巴黎寫的，文長三十八頁，各地報紙轉載之後，由廣州宇宙風社以小冊子形式出版。全文對日本之敗亡做了過分樂觀的估計。林語堂在文首預計日本經濟在 1938 年「必然崩潰，」約 1939 年，日本「不得不罷兵休戰，按期退兵，空無所得。」全文就軍事，政治，經濟，外交和心理五點，作了細緻而且合理的分析，何以日本必敗，而中國終將獲得最後的勝利。在這這篇文章裡，林語堂一改他的文學筆法，幽默語調，而代之以客觀的分析，冷靜的敘述，並用了許多統計數字。持之有故，言之成理。是很能鼓舞人心的。從宇宙風出版的小冊子首頁還能看出，當時印了一萬份，每份售價國幣五分。當是一份流傳較廣的出版品。上引徐悲鴻信中的那段話，雖有些客套誇張，但林著有助於中國抗戰，卻是不爭的事實。

　　其實，林語堂嚴肅客觀報導性和分析性的抗戰文字並不比他

---

113 此信收入 Shi-yee Liu ed. *Straddling East and West—Lin Yutang, A Modern Literatus*. New York: The Metropolitan Museum of Art, 2008. p. 45.

以感性的文學筆法所寫的抗日文字少，但文學性的作品往往流傳更廣，更久，加之以他許多抗日文字都以英文在海外發表，國內知道的人就更少了。除了上面提到的〈日本必敗論〉之外，1939年，由民華翻譯，香港民社出版的《新中國的誕生》，也是較為國人所知的一本抗日小冊子。這本小冊子也就是 1939 年版《吾國吾民》新增一章的中譯。

結束語：還其本來面目

1936 年 3 月，林語堂在《天下月刊》（*T'ien Hsia Monthly*）發表了〈當代中國的期刊文學〉（Contemporary Chinese Periodical Literature）一文，這也是他主編《人間世》，《論語》，《宇宙風》三個雜誌之後，經驗的總結。他對當時雜誌出版的情形有所批評，認為中國的作家太喜歡買弄學問，又好掉書袋，全篇徵引，而缺乏自己的意見。對當下流行的白話文則多所不滿，指責為華麗，虛浮，而又難於瞭解。

對當時中國的文壇和新聞界，林語堂有極為深入的分析和批評。他認為中國雜誌水準之所以不如西方，有多方面的原因。稿酬過低，職業作家在中國無法存活，結果產生了許多所謂「亭子間作家」，終日寫無聊的文字來換取生活費。記者 往往缺乏職業道德，不願做實地考察研究的工作，閉門造車，如何能寫出一流的文字來？加以中國人又有「文人相輕」的傳統，互相傾軋。但是文壇真正的殺手則是政府的檢察制度，文網越密，則文學水準越低。林語堂給了一個有趣的比喻，檢察出版品是否合於言論尺

度，就像一個拿著刷子的官員，到博物館去參觀，任意在裸女的畫像上給添上幾片無花果的樹葉。這種做法，不但侮辱作者，也侮辱讀者。更有趣的一個例子是四川某地禁售《馬氏文通》，因把「馬氏」誤以為是「馬克思」！檢察官員之無知可以想見。[114]

林語堂在全文的最後嚴肅的指出，在這種漫無標準的檢查制度之下，「公開健康的批評轉入地下，成了酒樓茶館的閒話。結果，謠言的傳播，反而成了最可靠的消息來源。」（Open criticism is driven underground and degenerates into teahouse gossip, in which every rumour-monger is listened to with over-credulity just because there is nothing in the papers or periodicals for the people to base their judgments upon.）[115]言論自由的缺乏使「文學成了政治的丫環，…個人不再是個人，而是政治的傳聲筒，只能說黨要他說的話，想黨要他想的事。」（Literature has become a hand-maid to politics ... the individual is no longer an individual, but an ardent servant of party and clique propaganda who takes orders to tell him what to think and what to say.）[116]

雖然林語堂的這篇文章講的是二十世紀三十年代的中國，然而我們現在讀起來，卻感到驚人的熟悉。1949 年之後，至少有三十年的時間，中國成了一個幾乎只有宣傳而沒有文學的國家。所有的作家都成了黨的傳聲筒。林語堂對中國文壇的許多批評，直到今天都還有針砭的作用。八十多年過去了，今天中國的文壇和林語堂筆下三十年代的文壇，可有任何基本的不同？在文章的結尾，林語堂以少有的嚴肅並略帶悲觀的口吻說道：

114 Lin Yutang, "Contemporary Chinese Periodical Literature", *T'ien Hsia Monthly*, Vol. II, Shanghai: March, 1936. pp. 236-240.

115 *Ibid.*, p. 241.

116 "Contemporary Chinese Periodical Literature", p. 244.

讀今天期刊上的文學，讓人感到像聽到一艘沉船上人的叫
喊，像我這樣一個不屬於任何黨派，又恣意於提倡幽默的
人，感到自己只是在黑暗中吹哨而已。

Reading the periodical literature of to-day makes one feel like
hearing someone shouting in a demoralized sinking ship, and I who
indulge in humor and belong to no political party often feel myself
like one whistling in the dark. [117]

　　黑暗中的哨聲無非只是獨行時的自娛罷了，和魯迅的「吶
喊」，胡適的「努力」相比，少了幾分勇邁，多了一份悠閒。但
林語堂在獨行的哨聲中卻自得其樂，並不感到寂寞和蕭條。

　　胡適和林語堂都是反共的。但胡適在 1949 年之前對共產黨
和社會主義並沒有直接尖銳的批評，他始終寄望著能實現一個民
主的兩黨政治。[118]林語堂反共的立場比胡適表露的更早，也更直
接。1945 年 3 月 24 日，他在《國家》雜誌（*The Nation*）上發表
了題為〈中國及其批評者〉（China and Its Critics）的文章，對斯
諾（Edgar Snow）等左傾 的評論家進行激烈辯論。並毫不客氣的
指出，他們許多觀點是對共產黨帶著浪漫的幻想，而他自己對共
產黨的認識是：

第一，他們（共產黨）不是民主人士，無論就理論還是實際
來說，他們都是俄式的獨裁者，他們所謂的民主不是中國所
要的民主。第二，他們利用這次大戰，不顧國家的統一，建
立自己的政權自己的軍隊，來擴充黨的權力。他們已經這樣

---

117 *Ibid.*, p. 244.
118 有關胡適的反共思想，參看，周質平，〈胡適的反共思想〉已收入本書。

做了，而且會照著既定的計畫，繼續這樣做下去。

First, that they are not true democrats but totalitarians of the Russian type in theory and practice, and that theirs is not the democracy China wants; second, that they have taken advantage of the war to set up a separate state and separate army for expanding party power at the cost of national unity, and that they have done so and will continue to do so in accordance with a set program. [119]

這一段話，在今天中國大陸當然是犯忌諱的，但就當時情形而論，林語堂可以說是洞悉共產黨的本質和計畫的。

胡適和林語堂的著作在大陸一版再版，研究兩人的文章和專著也以千百計。這最可以看出當今人心和思想之趨向。1949 之後，對兩人的批判和冷藏，而今看不來竟成了歷史的笑柄。1955年，由北京三聯書店編輯出版的八冊《胡適思想批判》，今天除了少數研究者偶爾翻閱參考之外，可還有人問津？

在重刊的胡適和林語堂的著作中，許多反共的言論都遭到「禁燬」，結果，2003 年由安徽教育出版社出版的《胡適全集》不全，其所以不全，並不是這些文章散失，搜尋為難；更不是因為這些文章造謠毀謗。恰恰相反的是這些文章說出了真相，指出了病痛，觸到了當道的痛處。譬如 1950 年，胡適發表在《外交事務》（Foreign Affairs）上極為重要的一篇文章，〈史達林雄圖下的中國〉（China in Stalin's Grand Strategy）;1954 年，司徒雷登（John Leighton Stuart）《旅華五十年 》（Fifty Years in China）的〈前言〉（Introduction）等等，都未入選，類似的例子舉不勝舉，從

---

119 Lin Yutang, "China and Its Critics", *The Nation*, CLX, March 24, 1945. pp. 324 327.

日記到書信，從短文到演講稿，無一逃過嚴格的檢查。

林語堂重印的作品也都動了手腳。1935 年出版的《吾國與吾民》（*My Country and My People*），[120]2000 年，由北京外語教學與研究出版社重印英文版，在書首加了一個〈出版說明〉，其中有這麼一段：

> 林氏的某些觀點是與馬克思主義相違背的，這絕不代表我們作為出版者的觀點，希讀者以科學的世界觀和方法論為指導，慎審明辨。同樣的原因，我們對個別地方的刪節也請讀者理解。[121]

我仔細核對了兩個版本的異同，發現 1935 年版對共產黨稍帶批評，或僅僅是一個幽默的玩笑，在 2000 重印版中都被刪除。《胡適全集》不全，林語堂的著作不能原封不動的重印出版，這最可以說明，兩人的思想在今天中國不但沒有過時，而且還能觸犯禁忌。「犯忌」是和當前「息息相關」最好的說明。

林語堂以檢察員用油漆刷子，在博物館展覽的裸女畫像上，任意加上無花果的樹葉，來比喻言論檢察制度的荒謬，看看 2000 北京重印的《吾國與吾民》，沒想到這種荒謬竟應驗到自己的作品上。

胡適和林語堂在反共這一點上是一致的。談他們兩人的思想而不及反共，套一句胡適的話，「那就好像『長阪坡』裡沒有趙子龍，『空城計』裡沒有諸葛亮。」[122] 換句話說，今天在中國談

120 Lin Yutang, *My Country and My People*, New York: Reynal & Hitchcook, 1935.

121 《吾國與吾民》，北京外語教學與研究出版社，2000，頁 2。

122 胡適，〈自由主義是什麼？〉，《我們必須選擇我們的方向》。臺北：自由中國出版社，1950。頁 25。

胡適和林語堂，如果反共始終是個禁忌，那麼，這兩個現代中國史上最有光焰的知識人，他們的思想都只能片面地呈現出來，而被遮掩起來的那一部份，正是最能體現兩人特立獨行，不人云亦云的思想。也是今天我們重讀兩人著作最應該深思猛省的部分。此刻是還兩人本來面目的時候了！

2

胡適的反共思想

前言

　　1950 年代初期，中共在全國各階層發動了一個歷時數年的胡適思想批判運動，此後近三十年，只有胡適批判而沒有胡適研究。這個情形，最近二十年來，有了相當的改變。不但胡適著作在大陸重新出版，而且有關的傳記和研究也隨著政策的開放，而日見其多。胡適研究在中國大陸居然很有成為「顯學」的趨勢。但這並不表示胡適的著作和研究全無禁區。在現有大陸出版的胡適著作中，胡適晚年所寫重要的反共文字多未收入，[1] 而所有大陸所出有關胡適的研究著作，對胡適思想中的這部分不是輕描淡寫，就是痛下批判。因此，胡適的這方面思想在大陸始終沒有得到全面的展現和受到認真的對待。

　　這個情形也相當程度的反映在臺灣和海外的胡適研究上。形成這一現象的主要原因並不是政治上的忌諱，而是胡適重要的反共言論大多是 1949 年以後以英文發表的。這些英文發表的演講和文章翻譯成中文的只是少數，而有些講稿並未正式出版，搜求就更為困難了。

　　胡適著作在中國重新出版的重要意義正在於他的思想至今仍有違礙的地方，而這點違礙也正是「胡適幽靈」精神之所在。胡適晚年所寫文字有不少是早年作品的摘要或複述，他的反共言論卻是他晚年的「新作」。

　　中國大陸的學者，談到胡適的反共，常不假思索地用些「反

1　如 1950 年由香港自由中國出版社出版的《我們必須選擇我們的方向》一書中所收 9 篇文字，除〈自由主義〉一文，收入《胡適文集》第 12 冊《胡適演講集》（文句小有異同）外，其餘八篇都未收入。

動」等不堪的字眼加諸其身。其實，胡適的「反動」，正是他的進步；胡適的「反動」，正是他的鬥爭，他的不妥協；胡適的「反動」，也正是他的思想對二十一世紀的中國人來說，依舊光焰萬丈之所在。

胡適反共產思想的哲學基礎

就胡適思想整體而言，反共並不是它的「體」，而只是它的「用」。換句話說，一種反對意見的提出，必然是在一個人的基本信仰受到威脅或挑戰以後，被動的，甚至於是不得已的一種舉措。所以要瞭解胡適的反共思想，必須先審視他思想體系中有哪些基本信念或價值取向是和共產主義不兩立的。在有了這樣的理解之後，我們才能知道胡適的反共，絕不僅僅是他個人政治立場的表示，更重要的是在反共中體現了他的自由主義、人道主義和他對廣大眾生的悲憫。這種悲憫是來自「抗爭」，而不是「容忍」。

胡適一生服膺杜威（John Dewey, 1859—1952）的實驗主義，在社會改造上，反對徹底通盤「畢其功於一役」的革命，不相信有「包醫百病的根本解決」，而主張一點一滴的改良。這個基本信念，早在 1919 年「問題與主義」的辯論中即已明白的表示出來。[2] 胡適經常引用杜威的一句話是：「進步不是全盤的，而是零星的，是由局部來進行的。」（Progress is not a wholesale matter,

---

2　參看胡適〈問題與主義〉，《胡適文存》，冊 1（臺北：遠東，1968，共 4 冊），頁 342～379。以下所引《胡適文存》如未特別注明版本，即指遠東版。

but a retail job, to be contracted for and executed in section.）[3]這種溫和的改良態度是胡適和李大釗、陳獨秀等左派知識份子最大不同之所在，也是《新青年》團體在「問題與主義」論爭之後，分化成左右兩個營壘的根本原因。共產黨的革命主張用暴力的手段，做翻天覆地式的徹底改變，這恰是胡適主張的反面。這點基本態度的不同是胡適日後反共的哲學基礎。

1930 年 3 月 10 日，胡適寫〈漫遊的感想〉，他說：「美國是不會有社會革命的，因為美國天天在社會革命之中。這種革命是漸進的，天天有進步，故天天是革命。」[4]同年 4 月 13 日，寫〈我們走那條路〉，進一步地表示了他反對暴力的革命：

> 中國今日需要的，不是那用暴力專制而製造革命的革命，也不是那用暴力推翻暴力的革命，也不是那懸空捏造革命對象因而用來鼓吹革命的革命。在這一點上，我們寧可不避「反革命」之名，而不能主張這種種革命。[5]

胡適早在康乃爾大學留學時期，就反對急於求成的革命，在他看來，任何急進和暴力的革命，都不免是表面的、短暫的，是只有破壞而沒有建設的，因此也就成了一種浪費。他畢生所鼓吹的是：社會改革是沒有捷徑的，是必須從基礎做起的。[6]

1941 年 7 月 8 日，胡適在美國密西根大學講〈意識形態的衝

3　Quoted from Hu Shih, "The Conflict of Ideologies," in *The Annals of the American Academy of Political and Social Science* (November, 1941), Vol.218, p.32.收入周質平編，《胡適英文文存》，冊 2（臺北：遠流，1995，共 3 冊），頁 885～896。

4　胡適：〈漫遊的感想〉，《胡適文存》，冊 3，頁 29。

5　胡適：〈我們走那條路〉，《胡適文存》，冊 4，頁 14。

6　胡適 1916 年 1 月 31 日日記，《胡適留學日記》，冊 3（臺北：商務，1973，共 4 冊），頁 842～843。

突〉（The Conflict of Ideologies），他明確地指出「激進的革命與點滴的改良」（radical revolution versus piecemeal reform）是獨裁與民主的根本不同之所在：「獨裁政權的首要特徵是他們都支持激進並帶有災難性的革命，而他們對特定的改革則譏之為膚淺而無用。」（The first basic characteristic of totalitarian regimes is that they all stand for radical catastrophic revolution and that they all scorn and spurn specific reforms as superficial and useless.）[7] 1954 年 3 月 5 日，胡適在《自由中國》社歡迎茶會上講〈從到奴役之路說起〉，又提到了他在十三年前所寫的這篇文章，並引了其中的一句話：「一切的所謂社會徹底改革的主張，必然的會導向政治的獨裁。」（All social radicalism must inevitably lead to political dictatorship.）並引了一句列寧的話「革命毫無疑問的是最獨裁的東西」（Revolution is undoubtedly the most authoritarian thing in the world）。[8] 可見直到晚年，胡適沒有改變過他在〈問題與主義〉中的基本信念。

胡適思想中反共的另一個基本成分是他的個人主義。在個體與群體的關係中，他一方面強調個體需為群體服務，個體的生命必須透過群體才能達到不朽；[9] 但另一方面，他絕不抹煞個體的獨立性和特殊性。[10] 換言之，群體絕不允許假任何名義，對個體的獨立性和特殊性進行壓迫。「多樣並存，各自發展」是胡適思想中的一個重要信念。任何違背這一信念的主義和教條都在他反對之列。他在〈意識形態的衝突〉一文中，指出獨裁集權與自由

7　Quoted from Hu Shih, "The Conflict of Ideologies," in *The Annals of the American Academy of Political and Social Science* (November, 1941), Vol.218, p.31.

8　胡適：〈從到奴役之路說起〉，《自由中國》，卷 10，6 期（1954,3,16），頁 5。

9　胡適：〈不朽〉，《胡適文存》，冊 1，頁 693～702。

10　胡適：〈易卜生主義〉，同上，頁 629～647。

民主的另一個思想上的衝突是「一致與多樣。」（uniformity versus diversity）的不同。他說：「民主方式的生活基本上是個人主義的。」（The democratic way of life is essentially individualistic.）他認為：

> 嚴格的要求一致必然導致對個人自發性的壓迫，阻礙個性的發展和創造性的努力，導致不容忍，迫害，和奴役，而最糟的是導致知識上的不誠實和道德上的偽善。
>
> The desire for uniformity leads to suppression of individual initiative, to the dwarfing of personality and creative effort, to intolerance, oppression, and slavery, and, worst of all, to intellectual dishonesty and moral hypocrisy.[11]

　　1949 年以後的中國正是極端的要求一致而不允許任何人有獨立的思考和自由的意志，胡適在這段話中所指出的種種問題，顯得特別真實。

　　1955 年，胡適寫〈四十年來中國文藝復興運動留下的抗暴消毒力量──中國共產黨清算胡適思想的歷史意義〉，對民主的精義有極其獨到的解釋，最可以看出胡適思想中個體與群體的關係：「民主的生活方式，在政治制度上的表現，好像是少數服從多數，其實他的最精彩的一點是多數不抹煞少數，不敢不尊重少數，更不敢壓迫少數，毀滅少數。」[12]

　　胡適一生除了鼓吹自由民主之外，同時提倡懷疑的態度，要

11　Quoted from Hu Shih, "The Conflict of Ideologies," in *The Annals of the American Academy of Political and Social Science* (November, 1941), Vol.218, P.34.

12　胡適：〈四十年來中國文藝復興運動留下的抗暴消毒力量──中國共產黨清算胡適思想的歷史意義〉，收入《胡適手稿》，集9(臺北：胡適紀念館，1970)，頁 548。

人們不輕信任何沒有證據的東西。他在〈三論問題與主義〉中的名句是:

> 一切主義、一切學理,都該研究,但是只可認作一些假設的見解,不可認作天經地義的信條;只可認作參考印證的材料,不可奉為金科玉律的宗教;只可用作啟發心思的工具,切不可用作蒙蔽聰明、停止思想的絕對真理。[13]

在二、三十年代,胡適對馬克思主義和社會主義的批評主要並不是在內容上,而是在提倡者的武斷,和追隨者的盲從上。1931 年,他在〈我的歧路〉中指出:

> 我對於現今的思想文藝,是很不滿意的。孔丘、朱熹的奴隸減少了,卻添了一班馬克思、克洛泡特金的奴隸;陳腐的古典主義打倒了,卻換上了種種淺薄的新典主義。[14]

1930 年,胡適寫〈介紹我自己的思想〉,類似的話又重說了一次:「被孔丘、朱熹牽著鼻子走,固然不算高明;被馬克思、列寧、史達林牽著鼻子走,也算不得好漢。」[15]這些話雖然說得很嚴厲,且都不是針對馬列思想的本身,而是針對信仰者的態度而言。1953 年,胡適把這種不輕信權威的懷疑態度視為共產黨批判胡適思想的主要原因之一。[16]

13　胡適:〈三論問題與主義〉,《胡適文存》,冊 1,頁 373。

14　胡適:〈我的歧路〉,《胡適文存》,冊 2,卷 3(合肥:黃山書社,1996),頁 333。

15　胡適:〈介紹我自己的思想〉,《胡適文存》,冊 4,頁 624。

16　胡適:〈同情淪陷鐵幕的知識份子——對大陸文化教育界人士廣播〉,《胡適作品集》,冊 26(臺北:遠流,1986,共 37 冊),頁 209～210。

　　胡適一生沒有接受過馬克思的經濟理論，所謂生產方式是決定歷史發展最後和最主要的原因，在胡適看來，這至多不過是一個未經「小心求證」的「大膽假設」。胡適對歷史發展的解釋，始終強調偶然、多元，而不認為有最後和唯一的解釋。這種偶然說的形成早在他幼時讀《資治通鑒》，讀到范縝《神滅論》時，即已種下因子。[17]這一點思想的種子影響了他一生的「思想行事」，[18]使他不能輕易地接受對歷史發展所作一元的解釋。胡適並沒有寫過專論歷史發展的文字，但從他零星的論述中是可以理出一個頭緒來的。

　　1927 年 1 月 25 日，胡適和著名的美國史學家比爾德（Charles A Beard,1874—1948）談到歷史發展的問題，在日記中，有比較詳細的記錄，很可以看出胡適對這一問題所持的觀點：

> 歷史上有許多事是起於偶然的，個人的嗜好，一時的錯誤，無意的碰巧，皆足以開一新局面。當其初起時，誰也不注意。以後越走越遠，回視作始之時，幾同隔世。[19]

　　胡適向比爾德提出歷史的偶然說卻絕不偶然，比爾德以寫《美國憲法的經濟闡釋》（An Economic Interpretation of the Constitution of the United States）一書而著名一時，他是偏向於從經濟的觀點來解釋歷史發展的學者。[20]因此胡適的偶然說是針對

17　參看《資治通鑒》，卷 136，冊 9（北京：中華，1956，共 20 冊），頁 4259；胡適：《四十自述》（臺北：遠東，1982），頁 42～43。

18　同上，胡適：《四十自述》。

19　《胡適的日記》手稿本，冊 6（臺北：遠流，1990，共 18 冊），無頁碼。

20　Charles A. Beard, *An Economic Interpretation of the Constitution of the United States* (New York: The Macmillan Company, 1939).Max Lerner, "Charles Beard's Political Theory," in Howard K. Beale ed.,Charles A. Beard: *An Appraisal* (Uniersity of Kentucky Press, 1954). pp. 25～45.

馬克思的唯物史觀而提出的。

1935 年，胡適寫《中國新文學大系》的〈導言〉，對歷史發展一元的解釋，提出了批評：

> 治歷史的人，應該向傳記材料裡去尋求那多元的、個別的因素，而不應該走偷懶的路，妄想用一個「最後之因」來解釋一切歷史事實。無論你抬出來的「最後之因」是「神」，是「性」，是「心靈」，或是「生產方式」，都可以解釋一切歷史。但是，正因為個個「最後之因」都可以解釋一切歷史，所以都不能解釋任何歷史了！……所以凡可以解釋一切歷史的「最後之因」，都是歷史學者認為最無用的玩意兒，因為他們其實都不能解釋什麼具體的歷史事實。[21]

馬克思的經濟史觀，在 1920 年代，被許多中國知識份子認為是歷史發展的科學解釋，也是唯一解釋。接受這個理論，往往是信仰共產主義的先決條件。胡適根本不承認歷史發展的一元解釋，就更不必說接受馬克思的經濟史觀了。

胡適實驗主義的態度一方面使他不能相信有包醫百病的萬應靈丹；但另一方面，也因為這種「有幾分證據說幾分話」的科學態度，使他不能在社會主義還沒有確切實驗結果之前就妄下判斷。1926 年，胡適發表〈我們對於近代西洋文明的態度〉，對社會主義有過極高的評價，他說：

> 十八世紀的新宗教信條是自由、平等、博愛。十九世紀中葉

21　胡適：〈導言〉，趙家璧主編《中國新文學大系》，冊 1（上海：良友，1935，共 10 冊），《建設理論集》，頁 17。

以後的新宗教信條是社會主義。這是西洋近代的精神文明，
這是東方民族不曾有過的精神文明。[22]

　　這個態度和他 1917 年在美國留學時初聞俄國革命時的歡快
心情是類似的。他當時認為「新俄之未來」是「未可限量的」，
並曾有「拍手高歌，新俄萬歲」的詩句。[23]

　　1954 年，胡適對自己二十七年前對社會主義的高度評價有
過「公開的懺悔」。[24]當然，這個「公開懺悔」也是胡適對社會
主義的「晚年定論」。

　　胡適一點一滴溫和的改良主義，主張多樣並存，發展自我的
個人主義，不輕信任何權威的懷疑精神，對歷史發展多元偶然的
解釋，這種種都使胡適思想與共產主義格格不入。這些哲學上的
基本信念是胡適反共思想的基礎。

對共產勢力的錯估與低估

　　胡適對共產黨在中國的發展，有過一段時間的低估和錯估。
在 1928 年 5 月 18 日的日記裡，記了他和吳稚暉的一段談話，吳
稚暉認為：「共產黨要大得志一番，中國還免不了殺人放火之
劫。」胡適「卻不這麼想」。[25] 1953 年 11 月 24 日，胡適寫〈追

22　胡適：〈我們對於近代西洋文明的態度〉，《胡適文存》，冊 3，頁 10。

23　胡適：《胡適留學日記》，冊 4（臺北：商務，1963，共 4 冊），頁 133。

24　胡適：〈從到奴役之路說起〉，《自由中國》，卷 10，6 期，頁 4～5。

25　《胡適的日記》手稿本，冊 7。

念吳稚暉先生〉又重提了這件二十五年前的舊事，承認自己的錯誤，佩服吳稚暉的遠見。[26]

直到抗戰勝利，胡適還懷著一種天真的想法，希望毛澤東能放棄武力，與國民黨合作，在中國成立一個兩黨政治。1945 年 8 月 24 日，胡適從紐約發了一個電報給當時在重慶的毛澤東，力陳此意：

> 潤之先生：頃見報載，傅孟真轉述兄問候胡適之語，感念舊好，不勝馳念。二十二日晚與董必武兄長談，適陳鄙見，以為中共領袖諸公，今日宜審察世界形勢，愛惜中國前途，努力忘卻過去，瞻望將來，痛下決心，放棄武力，為中國建立一個不靠武力的第二政黨。公等若能有此決心，則國內十八年之糾紛一朝解決；而公等二十餘年之努力，皆可不致因內戰而完全消滅。美國開國之初，吉佛生十餘年和平奮鬥，其所創之民主黨遂於第四屆大選獲得政權。英國工黨五十年前僅得四萬四千票，而和平奮鬥之結果，今年得一千二百萬票，成為絕大多數黨。此兩事皆足供深思。中共今日已成為第二大黨，若能持之耐心毅力，將來和平發展，前途未可限量。萬萬不可以小不忍而自致毀滅！[27]

從這通電報最可以看出胡適在政治上的天真，和他「不可救藥的樂觀主義者」的個性。1954 年，他為司徒雷登（John Leighton Stuart, 1876—1962）的回憶錄《旅華五十年》（Fifty-Years

---

26　胡適：〈追念吳稚暉先生〉，《自由中國》，卷 10，1 期（1954，1，1），頁 6。

27　這一電稿收入胡頌平，《胡適之先生年譜長編初稿》，冊五（臺北：聯經，1984，共 10 冊），頁 1894～1895。

in China）寫〈前言〉（Introduction）時對馬歇爾（Marshall）和曾任美國駐中國大使的司徒雷登有所批評，認為馬歇爾所主張的國共和談是個實現不了的空想，（The Marshall Mission failed because of its inherently impossible objectives.）但胡適同時指出當時他自己和司徒雷登是同樣的幼稚：

> 其實，在那理想主義橫溢的年代裡，我也是一個國內事務和國際政治上的生手。我竟然如此天真，在日本投降後不久，發了一通長電到重慶轉交給我從前的學生毛澤東，嚴肅而又誠懇的向他說明，現在日本既已投降，共產黨已沒有任何理由繼續維持一個龐大的私人部隊……當然，我至今沒有收到回音。
>
> In fact I, too, was just as naive a tyro in national and international politics in those days of expansive idealism. So naive, indeed, was I that shortly after V-J Day I sent a lengthy radiogram to Chungking to be forwarded to my former student Mao Tse-tung, solemnly and earnestly pleading with him that, now that Japan had surrendered there was no more justification for the Chinese Communists to continue to maintain a huge private army...Of course, to this day I have never received a reply.[28]

直到 1947 年胡適才真正感到共產黨在世界上對自由民主所造成的威脅，在〈兩種根本不同的政黨〉一文中，把「俄國的共

---

28 Hu Shih, "Introduction," to John Leighton Stuart's *Fifty Years in China*. New York: Random House, 1954. p,xix.收入《胡適英文文存》，冊 3，頁 1446。胡適這通電報是 1945 年 8 月 24 日發的，日本正式投降的日子是一九四五年 9 月 2 日。胡適在寫〈前言〉時，在時間上也許誤記了。

產黨」、「義大利的法西斯黨」和「德國的納粹黨」歸為同一類
的政黨。並指出：這類政黨「有嚴密的組織」，「黨員沒有自由」；
「有特務偵察機關」，監視人民的言論、思想和行動。「他們不惜
用任何方式取得政權；既得政權之後不惜用任何方法鞏固政權，
霸住政權」。這類政黨「絕對不承認，也不容許反對黨的存在。
一切反對力量，都是反動，都必須徹底肅清剷除。」雖然，胡適
在這篇文章中所描述的並不是中國共產黨，而是俄國共產黨，但
是在這篇文章發表兩年以後，取得政權的中國共產黨，其集權卻
更遠甚於胡適所說。[29]我相信胡適在寫這篇文章時，已清楚地感
到共產黨在中國已是「山雨欲來，風滿樓」的形勢了。

1947 年 8 月 1 日，也就是在〈兩種根本不同的政黨〉發表之
後十二天，胡適在北平中央廣播電臺，廣播〈眼前世界文化的趨
向〉，他明白的指出：

> 我是學歷史的人，從歷史上來看世界文化上的趨向，那是民
> 主自由的趨向，是三四百年來的一個最大目標，一個明白的
> 方向。最近三十年的反自由、反民主的集體專制的潮流，在
> 我個人看來，不過是一個小小的波折，一個小小的逆流。我
> 們可以不必因為中間起了這一個三十年的逆流，抹煞那三百
> 年的民主大潮流、大方向。[30]

這個時候，胡適已清楚地感覺到這股「反自由、反民主」的
逆流逼人而來了。胡適發表這篇文章，也無非是在逼人的逆流之

29　胡適：〈兩種根本不同的政黨〉，《我們必須選擇我們的方向》（香港：自由中國，1950），頁
　　3。
30　胡適：〈眼前世界文化的趨向〉，《我們必須選擇我們的方向》，頁 11。

下，希望大家對民主自由維持住信心，但他似乎還沒估計到這股逆流竟能在兩年之後席捲中國。

在〈眼前世界文化的趨向〉發表之後二十三天，胡適又寫了〈我們必須選擇我們的方向〉一文。在文末，他語重心長的呼籲：

> 我們中國人在今日必須認清世界文化的大趨勢，我們必須選定我們自己應該走的方向。只有自由可以解放我們民族的精神，只有民主政治可以團結全民的力量來解決全民族的困難，只有自由民主可以給我們培養一個有人味的文明社會。[31]

這是胡適在反自由，反民主的逆流席捲中國的前夕，所做再一次的努力。但終究是言者諄諄，而聽者藐藐，兩年以後，中國人作出的選擇，恰是胡適誘導的反面。

1948 年 3 月 21 日，胡適在給周鯁生的長信中，表示了他對蘇聯徹底的失望，並指出：「戰後的蘇聯可能是一個很可怕的侵略勢力。……可能比德國日本還更可怕。」雅爾達密約簽訂之後，使胡適「不能不承認有一大堆冷酷的事實，不能不拋棄我二十多年對新俄的夢想」。[32]

從上引胡適 1947 和 1948 年發表的四篇文字來看，他的心情真是一篇緊似一篇。雖然他已經清楚地指出共產黨所代表的是集權專制和侵略，但他的批評卻始終是圍繞著國際共產黨或蘇聯共產黨，而未及中國共產黨一字。這絕不是他還沒看出中國共產黨有奪取政權的野心和企圖，而是他仍然想在國共兩黨的鬥爭中，

---

31 胡適：〈我們必須選擇我們的方向〉，同上，頁 17。
32 胡適：《國際形勢裡的兩個問題——給周鯁生先生的一封信》，同上，頁 19～23。

保持一定的超然。作為一個無黨派自由主義者,他仍然對兩黨政治懷著一定的夢想。胡適對中國共產黨的直接批評是在 1949 年以後。

從思想史上反共

反共是胡適晚年思想中極重要的一部分,也是他的一個新使命。在一篇大約是 1955 年手寫的中文殘稿中,胡適把原來擬好的題目〈胡適是應該被清算的〉改成〈我是根本反共的〉。[33]雖然這只是一篇殘稿的題目,但卻很有意義。顯然胡適認為反共是他「根本」的態度。他對這個態度不但不迴避,而且以此自任。

1955 年,也正是批判胡適思想進入最高潮的時候。胡適寫了〈四十年來中國文藝復興運動留下的抗暴消毒力量——中國共產黨清算胡適思想的歷史意義〉長文。在這篇文章中,他指出:「我在這三十多年之中,從沒有發表過一篇批評或批判馬克思主義的文字。」然而,在批胡運動中,胡適卻被認定是「馬克思主義的死敵」,「馬克思主義戰線上最主要、最狡猾的敵人」,「企圖從根本上拆毀馬克思主義的基礎」,周揚則宣稱胡適是「中國馬克思主義和社會主義思想的最早的、最堅決的、不可調和的敵人」。[34]這些「罪名」,或許也曾聳動一時,但現在看來卻成了胡

---

33 這篇不到一頁的殘稿藏臺北中央研究院胡適紀念館(以下稱「紀念館」),編號為「7-4 13,美國 1」,寫了下面這段話:「自從去年十一月以來,大陸上的共產黨報紙發表了許多篇批判胡適思想的文字。有幾篇是我的老朋友或者學生寫的。我早就說過,在共產黨的統治之下,人民沒有說話的自由,也沒有不說話的自由。所以我的老朋友被逼迫寫的罵我或批評我的文字,我看了只感覺同情的惋歎,誠心的諒解,決沒有絲毫的責怪。」

34 參看胡適〈四十年來中國文藝復興運動留下的抗暴消毒力量——中國共產黨清算胡適思想的

自由的火種
胡適🔴林語堂

適在中國近現代思想史上偉大的業績了。胡適不但是反共的,而且是共產黨思想上的頭號敵人!

胡適的反共是從兩個層面來進行的。其一是從他終身研究的中國哲學史中,來闡發自老子以來的自然主義與以孔子為代表的理性人文主義,是幾千年來中國思想的正宗和基底。這個崇尚自然和理性的思想基本上是反獨裁、反暴力的,任何帶著宗教狂熱的迷信和暴力都不能輕易征服中國知識份子的心。這個理性的人文主義不但是佛教和基督教在中國遇到的最大阻力,也是共產黨思想控制所遇到的「抗暴防腐」力量。

在一篇五十年代所寫冠題為〈共產主義,民主與文化形態〉(Communism, Democracy, and Culture Pattern)的英文打字稿中,胡適提出了一個問題:在共產黨的統治之下,中國思想和文化之中有沒有什麼成分是集權和暴力所不能摧毀的,而這個成分終將成為推翻暴政的最後力量。作為一個終身從事中國思想史和文化史的研究者,他認為至少有以下三點能有效而且長期的抵抗共產主義:

1. 一種近乎無政府主義對所有政府干預的極度厭惡。
2. 一種愛好自由與為自由而戰的悠久傳統——尤其是對知識、宗教和政治批評的自由。
3. 傳統對個人權利和對懷疑態度的推崇——即使是對最神聖的事物的懷疑。

1. An almost anarchistic aversion for all government interference.
2. A long tradition of love for freedom and fight for freedom-especially for intellectual freedom and religious freedom, but also

---

歷史意義〉,收入《胡適手稿》,集9(臺北:胡適紀念館,1970),頁 493～495。

for the freedom of political criticism.

3. A traditional exaltation of the individual's right to doubt and
   question things-even the most sacred things.

胡適用《老子》的自由放任與漢初的「無為」政治來說明第
一點。共產黨的集權統治是中國兩千年來「天高皇帝遠」無為傳
統的反面。五十年代的共產黨幹部深入到村莊裡的每一戶人家，
從食物上的控制進而干預到言談舉止，甚至於生活上的每一個細
節。胡適寫道：

> 我不相信，由有意識的哲學與兩千年來無意識的生活方式，
> 所培養灌輸而成的根深蒂固的個人主義與無政府主義的心
> 態，可以在幾個月，甚至於幾年之內，就被無所不在的集權
> 統治所肅清。
>
> I cannot believe this inveterate individualistic and anarchistic
> mentality inculcated by conscious philosophy and especially by 20
> centuries of unconscious living could be liquidated by a few
> months or even a few years of all-pervading totalitarian rule.

說到第二點「愛好自由的傳統」，胡適用先秦諸子、百家爭
鳴的歷史來作為例子，並引了《論語》、「士不可以不弘毅，任
重而道遠。仁以為己任，不亦重乎？死而後已，不亦遠乎？」和
《孟子》：「自任以天下之重」來說明中國知識份子兩千多年來所
形成的使命感。一種「天下興亡，匹夫有責」的責任感，使知識
份子不能坐視一個政權過分偏離道德和理性。

至於第三點，胡適用歷代敢於直言的忠臣義士來說明在
「理」與「勢」的鬥爭中，政治權勢或可有一時之披靡，但「理」

終將得到最後的勝利。[35]

我們今天重讀這篇胡適寫在五十年代的英文舊作，或許覺得他未免高估了中國傳統思想中無為放任和追求自由的力量，把古代的哲學思想看作了抵抗強權和暴政的武器，而同時又低估了共產政權借著現代的科技，在控制人民思想上，有前人意想不到的效率。試看 1957 年反右之後和文化大革命十年之中，中國知識份子所受到的磨難真是空前悲慘。至少到目前為止，我們還看不到這個自先秦以來即深植人心的自由傳統，在反抗強權和暴力上，可曾起過多少作用。

然而從這個角度來批評胡適的看法，也許是過分短視的。共產黨統治中國還不到七十年，以七十年與三千年相比，則七十年只是一瞬。一個史學家和哲學家所能看到的往往是一般人所不及見的。胡適爭的是「千秋」，不是「朝夕」。我們不能因為共產黨對知識份子摧殘迫害之一時得勢，就輕易懷疑幾千年傳統的失去作用。

在中國受到強權侵凌，和中國知識份子受到暴力摧殘的時候，胡適常以英文發表文章闡述中國歷代思想中自由民主和科學的傳統。1941 年正當中國抗日進入最困難的時期，時任駐美大使的胡適，發表英文論文〈民主中國的歷史基礎〉（Historical Foundations for a Democratic China），他從社會學和史學的觀點來說明民主這個概念對中國人並不是全然陌生的，它有一定本土的根，他特別提出三點作為民主的歷史基礎：

1. 徹底平民化的社會結構；

35　Hu Shih, "Communism, Democracy and Culture Pattern," 原稿藏紀念館，編號為「六 6-1 8，美國 1」。

2.兩千年來客觀的考試任官制度；

3.歷代的政府創立了一種來自本身的批評和監察的制度。

First, a thoroughly democratized social structure; secondly, 2000 years of an objective and competitive system of examinations for civil service; and thirdly, the historic institution of the government creating its own "opposition" and censorial control.[36]

　　胡適提出的三點是否能視為中國民主的基礎，容或有可以商榷的地方，[37]但胡適希望為民主找到一個中國思想的根，這個用心是顯而易見的。從思想的根源上來說明暴力和獨裁之不適用於中國，是胡適從學術研究上來進行反共。

　　1954年，胡適在第六屆遠東學會年會發表英文論文〈中國古代思想中懷疑的權利〉（The Right to Doubt in Ancient Chinese Thought）。他把自老子以來的自然主義和孔子「未能事人，焉能事鬼」的人本懷疑精神，以至於漢朝王充在《論衡》中所提倡「疾虛妄」的求真態度，都視為中國民主思想的根源，他把1949年以後共產黨在中國大陸的集權統治叫做「由軍事上的征服所帶來暫時的野蠻」（temporary barbarization brought by military conquest），他在文末充滿信心地說：

　　　中國這種懷疑的精神，這種智識上與生俱來的懷疑與批評的權利，最後終能把中國從目前暫時的野蠻境況中解救出來。

36　Hu Shih, "Historical Foundations for a Democratic China," in *Edmund J. James Lectures on Government: Second Series*. Urbana: University of Illinois Press, 1941, pp. 1～12.收入《胡適英文文存》，冊2，頁867～878。

37　有關這三點的討論，參看周質平，〈胡適對民主的闡釋〉，在《胡適與中國現代思潮》（南京大學出版社，2002）頁229-249。

I may also add that it will be this Chinese spirit of doubt—this Chinese intellectual birthright to doubt and criticize—that may yet ultimately save China from her present state of temporary barbarization.[38]

從上引的這幾段話中,我們可以看出:胡適把自先秦以來的自然主義和人本主義看作抵禦強暴最後的,也是最有效的辦法。胡適在死前不到兩年所寫的一篇重要的英文論文〈中國的傳統與未來〉(The Chinese Tradition and the Future)中,充滿信心地說:「這個『人本主義與理性主義的中國』的傳統並不曾遭到摧毀,也是在任何情況下都毀滅不了的。」(I believe the tradition of the"humanistic and rationalistic China" has not been destroyed and in all probability cannot be destroyed.)[39]

這種從思想史上追根溯源的反共作法,可以解釋為胡適在文化上的民族主義。論者談到民族主義往往只注意到它的政治意義而忽略了它的文化內涵。在我看來,文化認同才是民族主義的最後歸宿。胡適在前引〈共產主義,民主與文化形態〉一文中,把共產黨的獨裁稱作「非中國的非理性與暴力的獨裁」("un-Chinese" dictatorship of unreason and violence)。在這句話裡,「非中國的」這個詞是特別值得注意的。換句話說,1949 年以後的共產黨集權統治,是不符合中國傳統,而且沒有「中國特色」的。而胡適自五四時期以來所宣導的自由民主和科學,從歷史上

---

38 Hu Shih, "The Right to Doubt in Ancient Chinese Thought," in *Philosophy East and West* (January 1963), Vol.12, No. 4, pp. 295～299. 收入《胡適英文文存》,冊 3,頁 1449～1456。

39 Hu Shih, "The Chinese Tradition and the Future," in *Sino-American Conference on Intellectual Cooperation: Reports and Proceedings*. University of Washington, Department of Publications and Printing, 1962, P.22。《胡適英文文存》,冊 3,頁 1578。

追溯，反倒是符合中國國情的。

　　無論胡適曾經如何激烈的批判過中國文化，指出中國文化中不人道的禮教桎梏，但這種種都絲毫不影響他對這個文化的依戀和愛護，他一生的工作和努力是和中國前途分不開的。如果我們將「中國」這個成分從「胡適」這個名詞中抽離，「胡適」立即成了一個虛幻。胡適的功也好，過也好，唯有在「中國」這個大前提之下，才有意義。胡適始終不是一個鮮明或典型的民族主義者，但他畢生為中國前途和中國人民的民主與自由所作出的貢獻卻又遠在一般典型的民族主義者之上。

　　胡適在他晚年所寫文章中所再三致意的是，以自然主義與人本思想為基底的中國傳統是反對一切狂熱和一切暴力的，而1949 年以後，共產黨的統治，卻又是在狂熱和暴力這兩點上表現得特別突出。因此，共產集權統治的最後敵人正是這個悠久的傳統。

對中共政權的直接批評

　　除了從思想史上指出獨裁暴力不適合於中國國情之外，胡適反共的另一個方式是對中共政權直接的批評。1949 年以後，胡適對中共政權從未有過任何幻想，他自始就清楚地知道共產黨當權之後，絕無民主自由之可言。在一篇 1950 年 11 月所寫題為〈自由世界需要一個自由的中國〉（The Free World Needs A Free China）的英文講稿中，胡適指出 1949 年的政權轉移不但使全體中國老百姓失去了自由，就是中共政權的本身也失去了自由。他

自由的火種
胡適◉林語堂

在文中指出：

> 不只是中國人不自由，更重要的是自由世界要瞭解中國政權本身也是不自由的。毛澤東、中國共產黨，還有整個中國共產政權都是不自由的：他們都在蘇聯所加於它衛星國的枷鎖之下。他們一向是聽命於克里姆林宮的，因為他們深知共產中國會繼續依賴蘇聯軍事和工業的力量，所以他們必須繼續聽命於克里姆林宮。

> But it is not the Chinese people alone who are not free. It is more important for the free world to understand that the Chinese regime itself is not free, Mao Tse-tung, the Chinese Communist Party, and the entire Chinese Communist Government are not free: they are all under the bondage, which the USSR imposes on the satellite countries. They have always taken orders from the Kremlin, and they must continue to take such orders because they are fully conscious that Communist China has been and will long continue to be dependent on the military and industrial power of the Soviet Union.[40]

在這篇文章中，胡適對「自由的中國」一詞特別有所說明，他所說「自由的中國」並非僅指當時的臺灣，而是相對「受制於蘇聯的中國」而言。他對這一詞的界定是：

> 我所說的「自由的中國」是指極大多數的中國人雖然生活在

40　這篇英文稿藏紀念館，編號為「6-1 10，美國 1」。有胡適手改的筆跡。

鐵幕之中，受難於鐵索之下，但是他們在心智上和感情上都是反共的。

By "Free China," I mean the vast majority of the Chinese people who are mentally and emotionally anti-Communist even though they are physically living and suffering under the iron yoke and behind the Iron Curtain.

在文末，胡適堅定的指出：

自由的中國的存在是個事實，目前在所有被世界共產主義征服的民族中，中國人是文明最高的，他們生活在一個以個人主義知名，千百年來為知識、宗教和政治自由而戰的文明裡。我的同胞不能長期的受制（於共產集權）。

這不是一個被稱之為中國不可救藥的樂觀主義的哲學家一廂情願的想法。這個結論是一個終生研究中國思想和歷史的學者經過仔細研究所作頭腦清楚的判斷。要是歷史和文明不完全是荒謬的，那麼，自由的中國就將永存。

Free China exists as a reality because, of all the peoples conquered by World Communism so far, my people are the most civilized and have lived under a civilization noted for its individualism and its century-long fights for intellectual, religious and political freedom. My people cannot long remain captive.

This is no wishful thinking on the part of a Chinese philosopher who has been called the incurable optimist of China. No, this conclusion is the studied sober judgement of a life-long student of Chinese thought and history. If history and civilization means anything at all, there shall always be a free China.[41]

胡適在這篇文章中所說的「自由的中國」並不是一個政治實體，而是中國人長久以來所養成的為自由而戰的傳統精神。歷史和文明終究不會是完全荒謬的，任何暴政和集權都不能永遠的壓制住人民爭取自由的意願。胡適對這個歷史的通則是絲毫沒有任何懷疑的。

1949 年 10 月 1 日之後，多少海外中國知識份子對毛澤東「中國人民站起來了」這句話充滿了浪漫的幻想，為建設社會主義的新中國而紛紛回國，這些熱情熱血的愛國青年，在往後幾年的清算鬥爭之中，幾乎無一倖免。他們的愛國熱忱是可敬的，但是對共產黨的天真浪漫的想法，卻是可憫的。

當時對共產黨的革命抱持天真浪漫想法的也不只是中國知識份子而已，試看日後成為美國近代中國研究領袖人物的費正清（John King Fairbank, 1907～1991）在 1982 年出版的回憶錄〈中國行：五十年的回憶〉（Chinabound—A Fifty-Year Memoir），在〈發現左翼〉（Discovering the Left）一章中把延安說成是「閃耀在遠方的一顆星」（Yenan glowed in the distance）[42]，其態度與斯諾（Edgar Snow, 1905—1972）在《紅星照耀中國》（*Red Star Over China*）中對共產黨的嚮往並無二致。費正清在 1944 年從中國回到華盛頓，當時他「深信共產黨的革命已深植在中國人的生活之中，此一革命已非 CC 系或戴笠的警察所能壓制。而革命的理想則體現了對農民的解放與自五四以來科學與民主的傳統。」（The

---

41　這篇英文稿藏紀念館，編號為「6-1 10，美國 1」。有胡適手改的筆跡。

42　John King Fairbank, *Chinabound-A Fifty-Year Memoir* (New York: Harper & Row Publishers, 1982), p. 266.

primary conviction that I took back to Washington in 1944 was that the revolutionary movement in China was inherent in the conditions of life there and that it could not be suppressed by the provocative coercion of the CC clique and Tai Li police, The ideals of liberation for the peasantry and of science and democracy inherited from the May Fourth era twenty years before were patriotic and kinetic.）[43]這些西方的學者不但沒有看出，這樣的政權一旦當政，有走上集權和獨裁的危險，反而還說這個革命體現了科學民主的傳統。一個著名的史學家竟犯這樣的錯誤，真是令人費解！

　　正是因為許多中外學者都在為共產黨革命而歡呼之際，胡適能在 1947 年多次指出：共產黨代表的是集權獨裁，並認定 1949 年是中國和中國人失去自由，而不是獲得解放的一年，這不能不說是他的特識。[44]

　　1949 年以後的中國知識份子不但沒有「站起來」，而且還倒下了、摧毀了，並且受到了亙古所未曾有過的侮辱和迫害。這段歷史至今是中國大陸學者所諱言的，而研究胡適的大陸學者竟無人提到胡適當年在海外曾為這批苦難的中國知識份子有過呼號和聲援。1952 年 4 月 29 日，胡適在「中國知識份子救援會」（Aid Refugee Chinese Intellectuals, Inc.）上作了演說，題目是〈鐵幕裡苦難的中國知識份子〉（The Suffering Chinese Intellectuals Behind the Iron Curtain），其中對中國知識份子在共產政權之下所受到的磨難，有極為動人的描述。演講之前，胡適首先向救援會的主席伍爾特・傑德博士（Dr. Walter Judd）及其同事為救援逃離共產集

43　同上，P.286.

44　1950 年初，胡適曾勸阻當時正打算回中國的史學家王毓銓。見胡適 1950 年 1 月 4 日，8 日日記，《胡適的日記》手稿本，冊 16，無頁碼。

權統治的中國知識份子致謝，接著他沉痛地指出：

> 這是一個不容否認的事實──也是一個過分低估的說法──
> 在我們悠久的歷史上，沒有任何時代像今天的知識份子在共
> 產中國之下受到如此道德和精神上的荼毒。
> 即使在長達幾世紀的統一大帝國之下，帝王有無限制的權
> 力，也不及紅色中國每天對知識份子無所遁形而又無所不在
> 的迫害。
>
> It is an undeniable fact, —and an understatement—that in the long
> history of my people, there has never been a period in which the
> intellectuals are subjected to so great moral and spiritual torture as
> they are today in Communist China.
> Not even in the long centuries of the unified empire under the
> unlimited powers of the absolute monarchy, was there such
> universal and inescapable oppression of intellectuals as is daily and
> everywhere practiced in the Red-controlled mainland today.

　　胡適在講演中接著說道，古代中國既沒有如現在龐大的軍
隊，也沒有無所不在的秘密警察和密探，人們至少還有沉默的自
由，而今連沉默的自由都沒有了。父子夫婦互相告發是政府所鼓
勵的，在這樣嚴密統治之下，還有什麼個人自由和尊嚴之可言。
他用胡思杜在報上公開批判胡適是「人民的公敵」為例，說明
「沒有沉默的自由」是如何的可怕！[45]最後他指出中共取得政權

45　胡適次子胡思杜，1950 年 9 月 22 日，在香港《大公報》發表〈對我父親──胡適的批判〉，
　　文中有「他（胡適）是反動階級的忠臣、人民的敵人」的句子。這篇文章顯引起海外輿論的
　　注意，《時代》雜誌(Time)曾訪問時在紐約的胡適，並以《沒有沉默的自由》(No Freedom of
　　Silence)為題在 1950 年 10 月 2 日刊出這篇訪問。參看 1950 年 9 月 23、24、26 日《胡適的日

之後的兩年半之內是要把知識份子轉化成一種「自動的口號傳聲筒」（slogan-mouthing automation）。[46]

胡適所提出的「沉默的自由」是遠比「言論自由」更基本的一種人權。「沉默的自由」也就是一個人有不表態的權利，等到連這個權利都被剝奪的時候，那麼，一個人也就沒有不說假話的自由了。當時美國人對中共政權的瞭解是非常有限的，胡適大量的演說和文章揭露了五十年代共產黨對知識份子的兇殘嘴臉。直到今天，在大陸上指出共產黨血腥鎮壓殘害知識份子的這段歷史，依舊只能輕描淡寫。胡適許多英文的文章為這段悲慘的歷史作了海外的見證。

胡適在 1950 年 9 月 24 日的日記裡，貼了一份英文剪報報導胡思杜撰文批判胡適的事，這篇文章對胡適表示了深切的同情，並嚴厲指責共產黨這種下流而又荒誕的作法。胡適在剪報旁邊寫了幾個字：「兒子思杜留在北平，昨天忽然變成了新聞人物！此當是共產黨已得我發表長文的消息的反應」。[47]如果胡適的猜測不錯，讓共產黨如此不安的「長文」是發表在 1950 年 10 月號《外交事務》（*Foreign Affairs*）季刊上的〈史大林雄圖下的中國〉（China in Stalin's Grand Strategy）。這篇文章的主旨在指出共產黨在中國的成功並非如一般所說是因為共產黨的政策深得人心，其主要原因還是紅軍在蘇聯國際共產的支助下，在抗戰八年期間武力上有了迅速而驚人的擴大，加上西安事變和雅爾達密約等種種的歷史事件造成了國民黨的失敗。[48]胡適在 1950 年 9 月 6 日寫給傅斯年

記》手稿本，冊 16。

46　講稿藏紀念館，編號為「4-2 6，美國 1」，Aid Refugee Chinese Intellectuals, Inc.發了新聞稿。

47　《胡適的日記》手稿本，冊 16。

48　Hu Shih, "China in Stalin's Grand Strategy，" in *Foreign Affairs* (Oct. 1950), Vol. 29, No.1.pp. 11～40.有聶華苓翻的中譯本，〈史大林策略下的中國〉（臺北：胡適紀念館，1967），頁 1～48。

的一封信中提到這篇文章：「主旨要人知道中國的崩潰不是像 Acheson 等人說的毛澤東從山洞裡出來，蔣介石的軍隊就不戰而潰了，我要人知道這是經過二十五年苦鬥的失敗。」[49]從歷史上來更正一部分史實，是胡適學術反共的另一手段。

　　胡適反共正如他當年領導新文化運動，是從思想和文化的層面著手，而不是泛泛的從政治上立論。他一方面說明共產集權為什麼應該反，但另一方面他也從歷史和思想的角度來解釋為什麼社會主義在近代中國能吸引如此眾多的優良知識份子。在一篇 1950 年代所寫，題為〈中國為了自由所學到的教訓〉（China's Lesson for Freedom）的講稿中，他對這個問題有所闡釋。他認為以馬克思列寧為標籤的共產主義之所以能在中國風靡一時，主要是基於以下三點原因：

1. 至今未曾實現過的烏托邦理想的吸引；
2. 對激烈革命過度的憧憬，以為革命可以改正一切的錯誤和不公正；
3. 最後，但絕不意味著最不重要的一點是：一些抽象的、未經清楚界定的名詞發揮了魔幻而神奇的效力。（如「無產階級專政」、「人民民主專政」、「人民共和國」、「人民政府」等等，都屬於這一類的名詞。）

1. the idealistic appeal of a hitherto unrealized Utopia,
2. the emotional appeal of the power of a radical revolution to right all wrongs and redress all injustices, and
3. last, but not least, the magic power of big and undefined words.

49　《胡適致傅斯年夫婦》，在耿雲志、歐陽哲生編，《胡適書信集》，冊 3（北京：北京大學，1996，共 3 冊），頁 1197。

　　從過去幾十年和國際共產主義鬥爭的過程之中，中國所學到的教訓也有三點：

1. 對未經考驗的目標和理想盲目地崇拜，並缺乏對達到這一目標和理想的過程進行必要的思考，結果不可避免的導向一種不道德的哲學，那就是目的可以使手段變得合理。

2. 對社會和政治思考缺乏耐心，結果總是導向對暴力革命給以理論上和意識形態上的辯護，這種暴力革命必然導向獨裁、集權和對自由的破壞。

3. 別小看一些大字眼的魔幻力量。這些大字眼到了現代獨裁者的手中，就成了他們最有力的工具。唯一的解毒丹是少許的懷疑，幾盎司的不輕信，和少量把思想搞清楚的嚴格訓練。

1. That blind worship of an untried or unchallenged "end" or "ideal" without due consideration or the necessary means of achieving it inevitably leads to the immoral philosophy of the end justifying the means.

2. Impatience in social and political thinking invariably leads to theoretical or ideological justification of violence and violent revolution, which tends necessarily towards dictatorship, despotism, and destruction of freedom.

3. Do not belittle the magic power of big words which are the most important stock of trade in the hands of modern tyrants and despots. The only antitoxin is a little measure of doubt, a few ounces of incredulity, and a little rigid merited discipline to

make ideas clear.[50]

在這篇文章的結論中，胡適沉痛地指出：「成千上萬的人已遭到謀害，上億的人民受到奴役，而一個「人間地獄」已在我至愛的中國造成——這種種都只是為了一個不可知的上帝——對烏托邦社會的盲目崇拜。」（So millions and tens of millions have been murdered, and hundreds of millions have been enslaved and a "living hell" has been created in my beloved China—all in the name of an unknown god—the blindly worshipped ideal of a utopia society!）[51]

1953 年 4 月 1 日，胡適在遠東學會第五屆年會上發表英文論文〈共產中國思想改造的三個階段〉（The Three Stages of the Campaign for Thought Reform in Communist China），[52]在這篇文章中，胡適對所謂「洗腦」和「思想改造」作了最嚴厲的指控，這種在「暴力和威嚇」（force and intimidation）之下所進行的「坦白」、「自我批評」和「自我批評的批評」都是對人格尊嚴和獨立思考所作最徹底的侮蔑和摧毀。胡適以馮友蘭、周培源、金岳霖、梁思成等北大和清華的著名教授為例，說明他們當時所作的自我批評是如何的不可思議又慘不忍睹。

1952 年 12 月 7 日，胡適在北大同學歡迎會上，講到當時正在進行的胡適思想批判，他對那些辱罵他的老朋友、老學生，非但沒有半點責備，而且還寄予最深切的同情：

所有這些公開否認胡適思想，檢討蔡元培思想的朋友，都是

50　Hu Shih, "China's Lesson for Freedom." 英文打字稿，後半為手稿。藏紀念館，無編號。

51　同上。

52　原稿藏紀念館，編號為「6-1 7，美國 1」。

在非人環境中，被壓迫而這樣做的。我們應該基於深刻的同情，知道他們沒有說話的自由，也沒有不說話的自由，我們應該體諒，他們所坦白的，絕不是他們心中要說的。

胡適同時指出「清算胡適思想，等於溫習胡適的書」，因此「這正是替我作無代價的宣傳，我很感到高興」。[53]

這種悲憫哀矜的態度也正是胡適在 1950 年 1 月 9 日寫〈共產黨統治下絕沒有自由〉的心情，這篇文章的副題是「跋所謂陳垣給胡適的一封公開信」。陳垣給胡適的公開信是 1949 年 4 月 29 日寫的，發表在同年 5 月 11 日的《人民日報》上，在信裡，陳垣說到共產黨的思想改造是如何的成功，而自己在改造的過程中獲益是如何的深切，並向胡適進行統戰。胡適對陳垣不但不以氣節相責，而且還從語法用字多方面來證明這封信絕非陳垣手筆。[54]他深知在這樣暴力集權的統治之下，對任何知識份子相責以氣節，都不免是為那個殘暴的政權在作開脫。

胡適在文末指出：陳垣「在共產黨軍隊進入北平之後三個月就得向天下人公告，他的舊治學方法雖然是『科學的』，究竟『是有著基本錯誤的』！他得向天下人公告，他已初步研究了辯證法唯物論和歷史唯物論，確定了今後的治學方法！」還有什麼能比這個更能說明「共產黨統治之下絕沒有學術思想的自由」。[55]

53　胡適：〈北大同學會歡迎會上講話〉，《胡適言論集》，（乙編）（香港：自由中國，1950），頁61～62。

54　陳垣致胡適的信收入陳智超編注《陳垣來往密信集》（上海：古籍，1990），頁191～195。胡適的答書題為〈共產黨統治下絕沒有自由——跋所謂陳垣給胡適的一封公開信〉，原刊《自由中國》，卷2，3期，收入胡適〈我們必須選擇我們的方向〉（臺北：自由中國，1950），頁57～61。

55　同上。

結語

　　過去三十年來，中國的學術界熱衷於整理研究胡適的著作和思想，每年都重版胡適舊作並出版為數可觀的有關研究。在北京幾個重要的書店裡，還有「胡適專櫃」的設立。這不但說明胡適的思想受到學術界的重視，並且也為廣大讀者所歡迎。換句話說，在已是二十一世紀的今天，胡適在中國大陸不但沒有為人所忘記，並大有捲土重來之勢。當年人人喊打的「胡適幽靈」、「帝國主義的走狗」、「馬克思主義的死敵」，而今竟成了一個「暢銷書作家」，在學術殿堂中，高踞首席。這個轉變絕不只是意味著胡適思想在中國的消長，更重要的是：胡適所一再強調的，自先秦以來即已深植人心為自由而戰的悠久傳統，畢竟不能長久的受到壓制。

　　1953 年 1 月 14 日，胡適對大陸文化教育界人士廣播，在廣播中曾虛白問胡適：「共產黨清算您的思想可以成功嗎？」胡適的回答是：「我相信他們清算我的思想是要大失敗的，古人說得好『野火燒不盡，春風吹又生』。共產黨是不會明白這一點點的常識的。」[56]三四十年的烈火終究燒不盡胡適思想中那點追求自由和民主的根，二十一世紀的春風終將使那個久經摧殘的種籽發芽茁壯。

　　1998 年，北京社會科學院文學所的胡明編輯出版了十六卷本的《胡適精品集》，包裝的紙盒上印著「現代中國的文化宗師，『當今孔子』的巨著」。雖然這只是書商的廣告用語，但多

---

[56] 胡適：〈同情淪陷鐵幕的知識份子——對大陸文化教育界人士廣播〉，《胡適作品集》，冊 26，頁 210。

少還是反映了胡適思想在中國過去五十年裡「九地之下」與「九天之上」的轉變。我把這十六冊書和 1955 年出版的八冊《胡適思想批判》[57]並排地放在書架上，我感到有些困惑也有些傷感。讓我感到傷感的倒不是胡適個人身後名的浮沉，而是這些浮沉所反映的整個中國所經歷的錯亂、迷失和瘋狂。在打倒胡適的那個歲月裡，被打倒的又何止是胡適一人，所有的中國知識份子都受到了最不堪的侮蔑和淩辱。然而，讓人感到欣慰的是胡適崇尚自由、民主與科學的思想終究沒有被暴力和集權所摧毀。近半世紀的批判和誣衊只使得胡適思想在九十年代重現時，顯得更光彩奪目。

胡適研究在當今中國成為顯學，所顯示的另一層意義是中國在自由民主的尺度上至今還沒有趕上五四。胡適的許多「卑之無甚高論」的意見，在二十一世紀的中國依然是「駭人聽聞」。胡適思想的精義，對當今中國人而言，不但是在「容忍」上，更是在「抗爭」上。

多年來，許多中國大陸的學者把胡適的反共歪曲成是為了討好國民黨來打擊共產黨。這是對胡適最大的誣衊。在胡適的思想中，「黨」之上是有「國」的；「國」是「千秋」，而「黨」只是「朝夕」。胡適的反共和他畢生為民主自由而奮鬥的精神是完全一致的。他的反共不只是政治上的，更是文化上的，他是為了人性的尊嚴、人格的獨立和學術的自由而反共的。

胡適從六十年前「帝國主義的走狗」到如今成了「現代中國的文化宗師」、「當今孔子」，這個轉變已經遠遠超出了「政治平反」的意義，而是顯示著中國大陸的學術研究在經過近半世紀的

---

57 《胡適思想批判》（北京：三聯，1955，共 8 冊。）

自由的火種
胡適 與 林語堂

「黨化」之後，終於露出了一點新生的曙光，雖然這點曙光是如此的微弱，但在久經沉暗的中國大陸天際，這一線光明很可能正是燎原的星火。

3

林語堂的抗爭精神

前言

從提倡小品文到爭取言論自由

民主自由與反共

前言

　　提起林語堂（1895, 10, 10-1976, 3, 26），一般人和這個名字聯想在一起的，不外是「幽默，」「閒適，」「小品文，」「生活情趣」等這類不動干戈，不傷和氣的字眼。這樣的聯想當然是其來有自的，在他等身的著作中，林語堂毫不諱言快樂是無罪的，而追求快樂是生活的目的。[1]如果我們僅從這個角度來論林語堂，「抗爭」這兩個字幾乎和他扯不上關係。但是，林語堂一生在幽默閒適之中始終帶著一種對正統道學的鄙視，這種鄙視，正是一種抗爭。他之所以對蘇東坡，袁中郎等人大致其景仰之意，並為東坡立傳，[2]一方面固然是聲氣相通，但另一方面，也因為這些古人多少見擯於道統之外，他們又何嘗沒有抗爭的一面呢？今人論林語堂往往突出他的幽默閒適，而忽略了他「與世相違」的一面，其實，這一面才是林語堂特立獨行之所在。

　　林語堂研究和他同時代的人物相比，研究者「各取所需，」和「以偏概全」的問題可能更嚴重一些。由於林語堂思想的多面性，他稱自己是「一捆矛盾」（A bundle of contradictions），[3]他有幽默閒適的一面，也有激揚奮厲的一面；他是個享樂主義者，也是個愛國主義者；他批評中國文化，絲毫不留情面，但他為中國文化辯護時，卻又不遺餘力。正因為他的多面性，研究者很容易

1　Lin Yutang, *The Importance of Living* (New York: Reynal & Hitchcock, 1937; reprinted Beijing: Foreign Language Teaching and Research Press, 1998), pp. 119-128. "I have always assumed that the end of living is the true enjoyment of it." (p. 120)

2　Lin Yutang, *The Gay Genius —The Life and Times of Su Tungpo* (New York: The John Day Company, 1947).

3　Lin Yutang, "Memoirs of an Octogenarian, "《華岡學報》，第 9 期，1973，pp. 322.

「取其一端以概全局。」更何況，林語堂是個身負許多著名「標籤」的人物，如「幽默大師，」如「小品文大師」等標籤等都伴隨了他一生。標籤的好處是入眼入耳易，但缺點是 標籤容易掩蓋全面。 任何用標籤來論說林語堂的企圖，都很難避免不把他說窄了，說偏了。

林語堂把英文的 humor 翻譯成「幽默，」從此「幽默」成了現代漢語中為大家所接受的音譯外來語，而意亦在其中。這是他的大成功。然而，「幽默大師」成了林語堂的「標籤，」卻未必是他的幸事，因為「幽默」只是一種態度，並沒有實質的內容，和「幽默大師」聯想的一起的，往往只是幾個充滿機智詼諧的小笑話，更糟的則是流入輕薄油滑。至於「小品文大師，」也只是一種文章風格，聯想在一起的往往是「性靈文學」或閒適的個人筆調。1936 年去國之前，林語堂由於在這兩方面特別成功，其聲名掩蓋了他在其它方面的成就。他在語言學和中國古音韻研究上的成績 和他的小品文相比，知道的人就少得多了。

出國以後，《吾國吾民》（My Country and My People）與《生活的藝術》（The Importance of Living）兩本英文著作，暢銷一時。林語堂在海外的形象又一變成了中國文化的代言人。林語堂寫這兩本書，對中國歷史文化，有他自己的偏好和取捨，大體言之，他重老莊而輕孔孟，突出傳統中國文人生活中，山林田園的情趣和韻致；對儒家傳統中堅毅勇邁的一面，則不甚措意。孔子固然很欣賞曾點「暮春三月，浴乎沂，風乎舞雩，詠而歸」的人生態度，但孔子真正讓人敬仰並對中國士人造成深刻影響的是「士不可以不弘毅，任重而道遠，仁以為己任，不亦重乎，死而後已，不亦遠乎」以一己任天下的擔當和胸襟。在中國文人中，讓林語堂特別傾倒並大力介紹給西方讀者的是陶淵明，蘇東坡，袁宏

道，張潮，金聖歎，李漁，袁枚這類瀟灑疏放而不受傳統禮法約束的詩人墨客。但必須指出的是：宋代除了蘇東坡，還有王安石；明代除了袁中郎，還有王陽明；清代除了袁枚，還有章學誠等。這些都是中國歷史上有擔當，有識見，有膽略的政治家，思想家，學者。但因為他們的思想行徑不合林語堂的脾胃，在林著中的所受到的關注遠不能和前一組的人相提並論。

林語堂在介紹中國文化時，有他的篩選，取樣，反映了他的興趣，偏好和學養。這是無可厚非，也是不可避免的。然而，林語堂有意無意的「軟化」了中國文化，這卻也是不爭的事實。有趣的是，近年來，許多有關林語堂的研究，由於避談政治，不談反共，結果，就不免只能在幽默閒適，生活瑣事上著墨。林語堂固然「軟化」了中國文化，研究林語堂的人又何嘗不「軟化」了林語堂呢。

林語堂研究之所以出現「軟之又軟」的局面，一方面固然是受中國大陸政策的限制，「軟處理」不犯忌諱；另一方面，則因為林語堂許多抗爭和反共的文字都以英文發表，國內讀者搜求不易。談他的抗爭精神往往僅止於他早年語絲時期和段祺瑞執政府的那一段。至於他和左派文人之間的衝突，以及 1936 年出國之後和海外左派知識份子之間的鬥爭，則往往採取廻避的手法，如有論及，則不免將這一段視為林語堂的「污點，」不是值得惋惜，就是應該批判。

從提倡小品文到爭取言論自由

在有意無意軟化林語堂的過程當中，最常用的手法是拉開林語堂和政治的距離。如果我們只看他的《生活的藝術》和幽默閒適的小品，把林語堂裝點成一個優遊林下，不問世事的享樂派是並不困難的。但以這樣的形象來概括林語堂未免「誣古人，誤今人。」

林語堂對中國人「莫談國事」的傳統是極其痛恨的，他認為「『勿談政治，』『閉門讀書』等的美字眼，實不過蓋藏些我們民族的懶惰性與頹喪性而已。」他痛切的指出：「我們不但要反對人家的提倡勿談政治主義，我們應該積極的提倡，凡健全的國民不可不談政治，凡健全的國民都有談政治的天職。」[4]林語堂一方面極痛恨中國人明哲保身的畏葸思想，另一方面卻又極厭惡將「愛國」「救國」等字眼時時掛在筆端口頭。在〈方巾氣研究〉及〈今文八弊〉兩篇文章中對當時文壇，如何濫用「救國」「愛國」等字眼，有深刻的指陳。[5]林語堂也正是有鑒於說空話大話的虛浮之風充斥著當時的文學作品，他才創辦《論語》，《人間世》，《宇宙風》三個雜誌，提倡寫個人筆調的小品文。

林語堂在《吾國吾民》一書中談到 1930 年代中國文學的情形是非常悲觀的，他指出，當時的作家「喪失了穩定而又整體的來看待生活的能力，文學完全被籠罩在政治低下，作家們分成兩個營壘，一個以法西斯主義，另一個以共產主義來作為醫治社會

4 　林語堂，〈讀書救國謬論一束〉，《有所不為》（北京，群言，2010），頁 52；55。

5 　林語堂，〈方巾氣研究〉，《我行我素》（北京，群言，2010），頁 195-200；〈今文八弊〉，《且行且歌》（北京，群言，2010），頁 105-116。

百病的萬應靈丹。」We have lost the gift of seeing life steadily and seeing life whole. Today literature is clouded by politics, and writers are divided into two camps, one offering Fascism and other offering Communism as a panacea for all social ills. [6]這兩個處方，在林語堂看來，不但救不了中國文學萎靡疲弱的現況，反而會把中國文學進一步推向政治的附庸。使文學徹底的墮落到了政治的宣傳工具和傳聲筒。他之所以抬出晚明公安袁氏兄弟的作品來作為小品文的典範。正是著眼於袁宏道在《序小修詩》中的兩句話：「獨抒性靈，不拘格套。」[7]「獨抒性靈」是就內容而言，強調詩人以獨特的手法，表現一己之性情，所謂「非從自己胸臆流出，不肯下筆」[8]所重在真實；「不拘格套」是就形式而言，說明創作不當為格律所縛束，所重在自由。林語堂之有取於公安派，全在真實，自由這兩點上。

公安派崛起於十六世紀後期，其意義絕不僅於介紹一種重視趣韻，清新流利的小品文。更重要的是袁氏兄弟對前後七子「文必秦漢，詩必盛唐」的陳規所造成的剿襲模擬文風的反抗。袁宏道大膽的宣稱，「野語街談隨意取，懶將文字擬先秦。」[9]這樣的寫作態度，在仿古剿襲成風的晚明，毋寧是帶著戰鬥精神的。《四庫全書總目提要》也肯定公安三袁在文風的轉變上有革命性的貢獻：「〔三袁〕詩文變板重為輕巧，變粉飾為本色，致天下耳目於一新。」[10]1932 年，周作人在〈中國新文學的源流〉一文

6　Lin Yutang, *My Country and my People* (New York: John Day, 1935), p. 280.

7　袁宏道，《敘小修詩》，《袁中郎文鈔》，《袁中郎全集》（臺北：世界書局，1964），頁 5，

8　同上。

9　袁宏道，《齋中偶題》，《袁中郎全集》，《詩集》，頁 142。

10　《四庫全書總目提要》，卷 179，《集部》，32，《別集類存目》6（萬有文庫本，第 36 冊，頁 26，上海，商務，1931）。

中將公安派視為二十世紀新文學的源流，也正取意於此。[11]

在此，我無意將林語堂所提倡的幽默閒適的小品文比擬為十六世紀末期的公安派，但在動機和看法上，林語堂與三袁兄弟確有許多偶合，暗合之處。論者談到三十年代的小品文往往和性靈，抒情等詞聯想在一起，而忽視了晚明小品中也有一種憤世和抗爭的精神。[12]

魯迅在〈小品文的危機〉一文中曾以「小擺設」比喻小品文，而它的作用則是「靠著低訴或微吟，將粗獷的人心，磨得漸漸的平滑。」[13]也就是說，三十年代的小品文起著一種麻痺人心的作用。1935 年，魯迅發表《雜談小品》，很尖銳地指出，林語堂等人當時所提倡抒寫性靈的小品，「有明末的灑脫，無清初的所謂悖謬，有國時，是高人，沒國時還不失為逸士。逸士也得有資格，首先即在超然，『士』所以超庸奴，『逸』所以超責任。」[14]魯迅雖未明言，但明眼人不難看出，此處所謂「高人逸士，」是有林語堂的影子的。這樣的提法，當然有魯迅獨到深刻的觀察。但若將這個一般性的論斷加到林語堂的身上，卻又未必公允。必須指出的是明末的小品也未必全是「灑脫，」而毫無「悖謬，」若真毫無「悖謬，」李贄，三袁，鐘惺，譚元春的集子又何至於被指為「間雜謬妄感憤之語，為風俗人心之害」而列入《禁燬書目》呢？我們現在重讀林語堂，不同時期的作品都有各自的「灑脫」和「悖謬，」有魯迅所謂的「有不平，有諷刺，有攻擊，有

11　周作人，《中國新文學的源流》（北平，人文書店，1934），頁 92；104。

12　有關公安派的文論及其對當時的影響，參看，周質平，《公安派的文學批評及其發展》（臺北：商務，1986）頁 3-47；95-121。Chih-ping Chou, *Yuan Hong-tao and the Kung-an School* (Cambridge: Cambridge University Press, 1988), pp. 1-70.

13　魯迅，〈小品文的危機〉，《魯迅全集》（北京：人民文學出版社，1982，共 16 卷），卷 4，頁 574-575。

14　魯迅，《雜談小品文》，《且介亭雜文二集》，《魯迅全集》，卷 6，418。

破壞。」[15]

　　林語堂在談小品文時，強調個人的性靈，閒適的筆調；而不強調作家的社會責任。正是因為當時整個中國文壇彌漫著誇大虛浮之風，表面上個個談愛國，救國，而實際上無補於民生。小品文是要作者從千篇一律之中，解放出來。因其解放的重心在突出個人，而非群眾；解放的途徑取幽默閒適，而非沉痛悲壯。無怪乎左派文人對他的批評集中在「小布爾喬亞」不知民間疾苦，消磨鬥志，麻痹民心士氣等。其實，林語堂的用心是要將文學從泛政治的氛圍中解放出來，使文學不再成為政治的工具，政治的附庸。若從這點來看，提倡小品文又何嘗不是對當時文壇的一種抗爭呢？1935 年，林語堂在《宇宙風》雜誌的創刊號上，發表〈且說本刊〉，對當時的文壇，有痛切的指陳：

> 吾人不幸，一承理學道統之遺毒，再中文學即宣傳之遺毒，說者必欲剝奪文學之閒情逸致，使文學成為政治之附庸而後稱快。凡有寫作，豬肉熏人，方巾作祟，開口主義，閉口立場，令人坐臥不安，舉措皆非。[16]

　　我在〈林語堂與小品文〉一文中，指出他之所以提倡寫個人筆調的小品文，主要是想將文學從政治的籠罩下拉出來，「他不僅要向一個政權爭取言論自由，他也要向興論爭取言論自由。他敢於說自己確信但不合時宜的話；他也敢於說自己確信但不得體的話。」[17]

15　這也是魯迅論明末小品的文字，見〈小品文的危機〉，《魯迅全集》，卷 4，頁 576。
16　林語堂，〈且說本刊〉，《且行且歌》，頁 135。
17　周質平，〈林語堂與小品文〉，《現代人物與思潮》，（臺北，三民，2003），頁 7。

　　1936 年，繼《吾國吾民》之後，林語堂出版了《中國新聞輿論史》*A History of the Press and Public Opinion in China*, 在美國由芝加哥大學出版 The University of Chicago Press，在上海則由 Kelly and Welsh, Limited 出版。此書為一嚴肅的學術性著作，並未引起廣大的注意，1949 年之後幾乎已被國人遺忘。1994 年，余英時先生發表〈試論林語堂的海外著述〉，在文中特別推重此書，認為「今天不少人談中國的公共空間問題，此書仍有可以借鑑之處。」[18]這才又引起一部分有心人的注意。2008 年，劉小磊中譯此書，就是受了余先生文章的影響。[19]

　　《中國新聞輿論史》是林語堂在追求言論自由過程中的力作。「言論自由」在林語堂看來，是「民主政治真正的基礎」a true basis for democracy[20]。沒有言論自由，就沒有民主政治。中國數千年來，雖在專制政體統治之下，但士人從未放棄過對政府的諫言，從古代歌謠的徵集到東漢太學生的清議，魏晉士人的放誕，佯狂，北宋太學生的積極干預時政，明末東林，復社諸君子與閹黨的鬥爭，在在都顯示了中國士人不畏強權，奮起抗爭的精神。與其說林著是「新聞史，」不如說是輿論和當道鬥爭的歷史。

　　林語堂在書中多次提到中國歷代的言官制度，認為這個來自政府內部的監察制度起了一定制衡的作用。1941 年，胡適發表英文論文，〈民主中國的歷史基礎〉（Historical Foundations for a Democratic China），也極重視中國歷史上言官的彈劾制度，稱之為「歷代政府創立了一種來自本身的批評和監查的制度」The historic institution of the government creating its own opposition and

---

18　余英時，〈試論林語堂的海外著述〉，《歷史人物與文化危機》（臺北，東大，1995），134。

19　劉小磊譯，林語堂著《中國新聞輿論史》（上海，世紀出版集團，2008），188-189。

20　Lin Yutang, *A History of the Press and Public Opinion in China*,（Shanghai: Kelly and Walsh, Limited, 1936），p. 1.

censorial system.這種禦史監查制度被胡適視為「中國民主的歷史基礎」之一。[21]這個看法和林語堂的提法是相同的。

在此,必須指出的是:這種來自政府內部的禦史檢查制度,碰到一個廣開言路的英主如唐太宗,當然能起相當的制衡作用;但如不幸碰上一個剛愎自用的昏君如明武宗,上疏者受到流放,廷杖,甚至於處死的例子是並不少見的。因此,林語堂一針見血的指出,這種靠著士人的道德勇氣和責任感來達到諫言目的的監查制度,若沒有法律上的保護,則一切都是徒勞。[22]他把言官「寧鳴而死」的精神等同于現代新聞記者揭發政治黑暗的勇氣。[23]中國的言論自由不能只靠知識份子不怕死的脊樑來撐,在「寧鳴而死」的時代來「鳴。」林語堂提出用法律來保護言論自由,要的是「鳴而不死。」

林語堂在第五章〈魏晉清談〉提出來的結論是值得推敲的。他試圖為魏晉名士不問世事的放誕行徑作些解釋:

> 許多中國的史學家都說,清談之風導致國勢積弱,並引發晉朝末年胡人入侵中國北方,這也許是對的。但是理解能帶來寬恕。士人和清議者在沒有法律的保護下,我們不能僅僅教人「勇敢正直」來關心政治,冒著生命危險來干犯統治者的

---

21 Hu Shih, "Historical Foundations for a Democratic China," in *Edmund J. James Lectures on government: Second Series*. Urbana: University of Illinois Press, 1941. p. 1.

22 Lin Yutang, *A History of the Press and Public Opinion in China*.（Shanghai: Kelly and Walsh, Limited, 1936）, p. 58.
   "If this study has any moral, it is that the greatest moral courage and the most heroic sacrifice of scholars trying to maintain the purity of politics was futile unless there was legal protection of civil right."

23 *Ibid.*, p. 63. "It will be possible to understand the spirit of Martyrdom if one studies the political background and condition of affairs that impelled these scholars to willingly face death by their criticism of the authorities. For these impeachments were really in the nature of exposes of corruption, which is a function of the modern Press."

盛怒。人只有有了自由和法律保護，生命有了尊嚴和價值的時候，才會對政治持一個積極的態度。

Perhaps it was true that the fashion for "pure conversations" brought about China's national weakness and the invasion of Northern China by barbarian hordes towards the end of Chin Dynasty, as most Chinese historians say, but to understand is to forgive. In the absence of constitutional protection for scholars and critics, man could not be made to take a positive attitude towards politics by merely being told to go ahead and be "brave and upright" and risk the rulers' wrath and their own lives. Man could be made to take a positive attitude towards politics only when there was freedom and protection with the law and there was more dignity and value attached to human life. [24]

這段話特別引起我的注意，因為「清談誤國」是大家所熟知的，但「小品誤國，」「幽默誤國」也曾甚囂塵上。[25]林語堂在三十年代所提倡的幽默閒適，是不難和魏晉名士的優遊林下，放浪不羈聯想在一起的。林語堂在為魏晉名士開脫的時候，何嘗又不是在為自己作解釋呢？林語堂是「不責人以死」的，他也不勸人做烈士。因為他知道「惡死為人之常情，設身處地，也未敢自信必能慨然就義。」[26]森嚴的文網，嚴密的檢查制度，那是個不能有為的時代，佯狂縱酒都是不得已！

林語堂在《中國新聞輿論史》中往往用借古喻今或借古諷今

24　*Ibid.*,p. 45.

25　林語堂，《今文八弊（下）》，1935 年 6 月 5 日，《人間世》第 29 期，收入《且行且歌》，頁111-116。

26　同上。頁 111-112。

的手法來對當時的中國政府做出針砭。在講宋代太學生請願的那一章裡，他語重心長的說道：「政府真正的威望來自領導國家，有效的反映民意，而不是和民意相左，或不得已的跟隨民意。」Real dignity in government comes from taking leadership of the nation and giving effective expression to the will of the people, and not by going against it and then taking the choice of suppressing public criticism or being forced into line with it. [27]

雖然書經中早有「天視自我民視，天聽自我民聽，」的古訓，但當道諸公卻又往往視「俯順民意」為軟弱，林語堂的這段話在告訴當道，「俯順民意」不但不是軟弱的表現，反而是政府英明和信心的佐證。

和五四運動前後，由北京大學學生所領導的輿論力量相比，林語堂對 1931 年，九一八之後，中國新聞界所表現出來的溫馴與軟弱，表示了極大的失望與憤慨。[28]認為輿論的軟弱變相的鼓勵了日本人肆無忌憚的暴行。民意和輿論，如果運用得當，在林語堂看來，是可以讓入侵的敵人有所忌憚的。他語帶譏諷的指出，許多人天天頌念總理遺囑，卻不知道拯救中國的第一步需從「喚起民眾」入手。[29]當然，「喚起民眾」是領導輿論者的責任。這番意思，林語堂在〈關於北平學生一二九運動〉的短文中也曾表示過，可以總結為一句話，「民眾力量如火燎原，比中國軍界尤足畏也。」[30]

27　Lin Yutang, *A History of the Press and Public Opinion in China*. p. 53.

28　*Ibid.*, pp. 121-122 "Compared with the power of public opinion in those days (i.e. around the May Fourth Period), the present quietude and resigned submission of contemporary press in China in the face of actual aggression offers a sad contrast."

29　*Ibid.*, pp.122-123.

30　林語堂，〈關於北平學生一二九運動〉，《且行且歌》（北京：群言出版社，2011），202。原文發表在《宇宙風》第 8 期，1936，1，1。

民主自由與反共

　　林語堂是個帶著濃重個人主義色彩的自由主義者，在他的價值系統中，個人的自由和獨立是高於一切的。1936 年，他舉家移民美國之前，很少直接評論政治。他沒有參與從 1933 年到 1937 年，在胡適，丁文江，蔣廷黻，錢端升等知識份子之間有關民主與獨裁的討論。但從他對人生的態度，我們可以推論出，林語堂在政治上是不可能支持獨裁的。胡適在 1930 年 2 月 11 日的日記中，為我們提供了一個佐證：

> 平社在我家中聚餐，討論題為民治制度……林語堂說，不管民治制度有多少流弊，我們今日沒有別的制度可以代替他。今日稍有教育的人，只能承受民治制度，別的皆更不能滿人意，此語極有道理。[31]

　　此處所謂的「民治，」也就是「民主。」林語堂既然相信「民治」是一個比較合理而又可以接受的制度，「言論自由」就成了他終身的追求，也是他提倡和擁護的基本人權。他對言論自由的界定是「喊痛的自由。」[32]這樣簡單樸素的界定言論自由，使它擺脫了許多哲學和法律上不必要的糾纏。「喊痛」是人與生俱來的本能，因此林語堂反對「民生」比「民權」更重要的提法。換句話說，所謂「生存權」並不比「人權」來得更基本，一個掙扎在凍餓邊緣的人，一樣要有說話的自由。言論自由並不是填飽了

31　《胡適日記全集》（臺北：聯經，2004），卷 6，99。
32　林語堂，〈談言論自由〉，〈行素集〉，《我行我素》（北京：群言出版社，2010），95。

肚子以後才有的一種奢侈或追求，而是與生俱來，呼痛的自由。
在他看來，言論自由基本上也是一個筆桿子與槍桿子的鬥爭。槍
桿子是「當道，」而筆桿子則是輿論。他直截了當地說，「所謂
人權保障，言論自由，就是叫筆端舌端可以不受槍端的干涉，也
就是文人與武人之爭。」[33]

林語堂在 1933 年 1 月 1 日出版的《論語》半月刊第八期上
發表了題為〈又來憲法〉的短評，對「民權」兩字有了清楚的界
定：

> 憲法第一要義，在於保障民權。民權何自而來，非如黃河之
> 水天上來。凡談民治之人，須認清民權有兩種：一種是積極
> 的，如選舉，複決，罷免等。一種是消極的，即人們生命，
> 財產，言論，結社，出版自由之保障。中國今日所需要的，
> 非積極的而係消極的民權。選舉複決之權，乃是民眾做官之
> 權，結果未中選時是民，中選後是官，仍然與吾民無與。保
> 障人民性命財產自由之權，乃真正的民權。此種民權，所以
> 難於實現，非民不願享，乃官不願與。蓋民權與官權，暗中
> 成為正面衝突。百姓多享一種權利，則官僚剝奪一種自由。
> 言論可自由，則報館不能隨時封閉；生命可自由，則人民不
> 得非法逮捕；財產可保障，則政府不得隨意沒收。故民自
> 由，則官不自由，官自由則民不自由。故今日中國民治之真
> 正障礙，官也，非民也。[34]

林語堂這樣的界定「民權，」真可以說是「卑之無甚高論

---

33 同上，98。
34 林語堂，〈又來憲法〉，《我行我素》，204。

了。」但即使這樣起碼的一點自由和尊嚴，在上世紀三十年代的中國，固然沒有保障，八十年過去了，中國老百姓都享有這些自由了嗎？在國民黨氣焰如日中天的三十年代，林語堂敢於向當道提出民治與民權，其勇氣是值得佩服的。1949 年之後，大陸論者多指林語堂為「軟弱，」甚至說他「為國民黨反動統治粉飾太平，」[35]這樣的批評是有欠全面，也有欠公道的。

1940 年，林語堂將過去幾年在《小評論》和其他刊物上所發表的短文集印成冊，書名 *With Love and Irony*，中譯《諷誦集》。書前有 Pearl Buck 賽珍珠的序，在序中，賽珍珠特別稱許林語堂《小評論》中所表現無畏的精神，她說：

〔小評論〕這個專欄一貫對日常生活中，政治，社會各方面給以新鮮，尖銳，準確的評論。首先讓我佩服的是它無所畏懼的精神。在那個批評當權者真有危險的時代，《小評論》卻能進行勇敢而無所顧忌的批評，我相信是他（林語堂）在表達時的幽默和機智，使他免禍。

The column was unvaryingly a fresh, keen, accurate comment on some aspect or occurrence of daily life, political or social. What won my first admiration was its fearlessness. At a time when it was really dangerous to criticize those in power, The Little Critic criticized boldly and freely, saving himself, I am sure, only by the humor and wit with which his opinions were expressed. [36]

1936 年林語堂出國之前，對社會主義或共產黨的批評是比

---

35 見《魯迅全集》，卷 4，頁 571。

36 Lin Yutang, *With Love and Irony* (New York: John Day Company, 1940). p. ix.

較籠統概括，缺乏特定的方向的，而其口吻則往往出之以嘲諷。如在一篇題為〈馬克斯風〉的短文中，對追隨馬克思主義者的盲從跟風，極盡其揶揄之能事，以至於有「馬克思生理學家，」「馬克斯列寧自然科學，」「提倡算學上黨的精神，」「擁護外科上的馬克斯，列寧學說之純正」等種種可笑而又不科學的說法。至於強分「帝國主義」和「馬克斯主義，」林語堂也有他有趣的比喻：「大馬路的西風，從靜安寺吹來，便是帝國主義風，由閘北貧民窟吹來的北風，便是馬克斯風，可以受之無愧。」[37]

又如在〈我不敢再游杭〉一文中，把共產黨人的道德假面撕得粉碎。林語堂說：此時是春天，景色絕佳，很想赴杭一遊，然而不敢，因怕遇上共產黨。他筆下的共產黨是這樣的：

> 我之所謂共產黨，不是穿草鞋戴破笠拿槍桿殺人的共產黨，乃是文縐縐吃西洋點心而一樣雄赳赳拿槍桿殺人的革命文人。雖然明知這班人牛扒吃的比我還起勁，拿起鋤頭，彼不如我，那裡共什麼黨，革什麼命，其口誅筆伐，喊喊大眾，拿拿稿費，本不足介意，但是其書生罵書生英勇之氣，倒常把我嚇住。[38]

從這段話可以清楚的看出林語堂如何鄙視當時表裡不一的左派文人，此時的林語堂與其說他是政治上反共，不如說他是文學上反共。他反的是左派文人的假道學，也就是他所常說的「方巾

37　林語堂，〈馬克思風〉，《語堂文集》2（臺北，開明，1978），頁356。此文大陸所出林語堂文集均未收。

38　林語堂，〈我不敢再游杭〉，《語堂文集》（臺北，開明，1978），頁1160。此文首刊 The Little Critic: I Daren't Go to Hangchow, *The China Critic*, VIII (March 28, 1935), 39-40.

氣，」他認定「方巾氣道學氣是幽默之魔敵。」[39]林語堂也常以取笑的口吻譏諷左派文人之缺乏胸襟和常識，如視欣賞「清風明月」為「不革命，」「不關心民瘼，」於是作〈清算月亮〉一文。認為「清風明月」將與天地同在，左派文人即使反對風月也無法「把月亮一筆勾消。」[40]這一時期，林語堂雖然厭惡共產黨，但並沒把共產黨視為一種威脅。他深信中國傳統放任無為的哲學和自由閒適的生活方式和共產黨制式獨裁的統治是格格不入的，而中國傳統的人文主義對共產黨有一定抵制的作用。

1935 年，《吾國吾民》在美國出版，在〈人生之理想〉Ideals of Life 這一章中，林語堂明確的指出：「國家是為個人而存在的，個人並不是為國家而存在的。」the state exists for the individual and not the individual for the state.[41]他將孔子的人文主義和中庸之道 The Doctrine of the Golden Mean 視為中國人的基本信仰之一，而這些信仰與共產主義是無法並存的。他說個人在共產主義國家只是一個階級或國家機器中的小零件，這對信仰儒教生命意義的中國人來說是沒有吸引的。[42]在林語堂看來，中國人視追求快樂為最基本的人權，一個法西斯的中國政府很難說服中國人，一個強大的國家比個人的幸福更重要。[43] 在林語堂的價值系統中，個人的權利和尊嚴，不能借集體的名義而加以剝削或侵奪。

39　林語堂，〈方巾氣研究〉，《我行我素》，頁 195。

40　林語堂，〈清算月亮〉，《且行且歌》，頁 81-83。此文有英文版，"Let's Liquidate the Moon,"收入，*With Love and Irony*, (New York: The John Day Company, 1940). pp. 190-194.

41　Lin Yutang, *My Country and My People* (New York: John Day, 1935). Pp. 112-113

42　*Ibid.*, p. 113. "A Communist state in which the human individual is regarded but as a member of a class or a state organism would at once lose its attractiveness by the Confucian appeal to the true end of human life."

43　*Ibid.*, p. 113. "A fascist China would have a hard time persuading the Chinese gentleman that the strength of the nation is more important than all the welfare of the individual."

他認為共產主義在中國最終必然失敗 Communism must fail in China，其原因是過分的制度化和不人道 too systematized and inhuman。[44] 林語堂過分強調中國人生活中的人情和散漫，並將這一傳統看成抗拒獨裁統治最後的防線，這固然有其「所見，」但也有其「所蔽。」從 1949 年的變局來看，林語堂顯然高估了中國傳統哲學中抗拒獨裁的力量，而低估了共產黨對中國人的吸引。他似乎忘了，他在 1932 年 10 月 1 日曾發表《中國何以沒有民治》的短文，激賞魯迅將中國歷史分為「想做奴隸而不得的時代，」和「暫時做穩了奴隸的時代。」[45]中國人的放任與自由終究不敵中國人的奴性！

1937 年 4 月 16 日，林語堂抵美之後不久，在紐約寫了一篇題為〈自由並沒死〉的通信，發表在《宇宙風》第 43 期上，講述他抵美後觀察之所得，主要是想糾正國人對自由民主之喪失信心：「所謂自由沒有死一語，蓋吾國青年，眼光太狹且好趨新逐奇，右有法西，左有普羅，震於其名，遂謂德謨克拉西已成過去贅瘤，自由已化僵屍，再無一談之價值。」[46]此處所謂的「法西，」指的是當時橫掃歐陸的希特勒，墨索里尼的獨裁，而「普羅」則指當時在中國正方興未艾的共產勢力。中國青年在這兩股勢力的夾擊之下，不免對民主自由大為動搖。覺得民主自由只是已經過時的政治虛幻。林語堂將這一情況歸咎於「留美留英學生太不努力之過，也是吾國青年好學而不深思之過。」[47]當然，林語堂自己就是留美留歐的學生，發表這篇文章，未嘗不含著些補過的苦

---

44 *Ibid.*, p. 113

45 林語堂，〈中國何以沒有民治〉，《我行我素》，頁 216。魯迅的文章見〈燈下漫筆〉，《魯迅全集》，卷 1，頁 213。

46 林語堂，〈自由並沒死〉，《且行且歌》，271。

47 同上。

心。在文章末尾，他不忘為民主叫好：「吾到國外，留心此點，視察大局變遷起伏之機，始知德謨克拉西健在，非如國中讀物所與一般印象也。」[48]

林語堂在 1939 年《吾國吾民》的修訂版中，對中國政局的發展作了大膽的預估，認為中國政局將來的發展是民主和社會主義的一個混合體。他極具信心的指出，在國共鬥爭中，「在中國文化包容傳統的驅使下，中國的政局將會在獨裁與共產主義之間妥協，而發展出一種中國所特有的民主社會主義。」Chinese cultural tradition of toleration will force a political compromise between dictatorship and communism and will produce a type of democratic socialism which is peculiarly China's own. [49] 這一說法，不能不讓我們想到改革開放之後所提出來的所謂「有中國特色的社會主義。」

林語堂接著分析道：由於蔣介石領導抗戰的功績，戰後必然獲致崇高的個人威望，他將不只是印度甘地似的道德領袖，而是掌有實際軍政大權的統帥。他不會放棄孫中山的三民主義，更不會公然宣告獨裁，但實際上卻大權獨攬。這段話大體是符合蔣介石在抗戰勝利之後所享有的威權，但好景不常，那只是曇花一現，中國很快進入了全面內戰，國民黨退守臺灣。

1939 年，林語堂對國共合作，還抱著不切實際的幻想，完全低估了共產黨在抗日戰爭中坐大並奪取政權的野心。他說：「就今天形勢來看，左派人士已經放棄了清算地主的共產黨計畫，而採取了民主的立場，有意在現有民主的框架下，以一個合法政黨的形式來運作。他們有遠見地認識到蔣的領導對這一代中

48　同上。

49　Lin Yutang, *My Country and My People* (New York: John Day, 1939), p. 416.

國人是不可或缺的。」As the matter stands today, the leftist have abandoned their specifically Communist program of expropriation of landlords, and have taken the stand for democracy, intending to work as a legal party within the democratic frame work. Recognizing with far sight that Chiang's leadership is indispensable to China for this generation.[50]

在林語堂的筆下，當時的共產黨完全成了一個民主政體下的反對黨，他們所堅持的只是言論自由，集會自由和批評國民黨的自由。Rights of free speech and assembly and the right to criticize the Kuomintang 兩黨合作競爭的結果，左派會形成一股健康的力量維護民主的政體而防止一黨獨裁的出現。The net result will be that the leftists will constitute a healthy influence for preserving the democratic pattern and machinery against any tendency toward one-party totalitarian rule.[51]

林語堂在 1939 年還期望國共兩黨的合作能出現一個互相制衡的民主政體，現在看來，當然是近乎天真的樂觀。但這樣的看法，在當時，代表自由主義者一廂情願對民主的渴望。胡適到了 1945 年 8 月 24 日還從紐約發電報給毛澤東希望他能放棄武力，與國民黨合作，成立一個兩黨政治。[52]現在看來，這都不免是「書生之見」了！

林語堂反共的另一個理論基礎，是從中國思想史上，來說明共產主義之不適合中國人。他在 1939 年修訂版的《吾國吾民》中，全書的結論是：

50　*Ibid.*, p. 417.

51　*Ibid.*, p. 417.

52　這一電稿收入胡頌平編，《胡適之先生年譜長編初稿》（臺北，聯經，1984，共 10 冊），冊 5，頁 1894-1895。

最讓人欣慰的是，古老人文的中國理性哲學會防止一個國家走向極端的行為和意識形態。自由主義在西方固然不曾沒落，在中國也不會死去。在這個基礎上，我極有信心，中國的人文主義和理性的精神是中華民族最大的財富。也正是因為這個精神使蔣介石不像歐洲獨裁者（案：指希特勒，墨索里尼）那麼獨裁。這個精神也能保證所有獨裁的方法和秘密警察，加諸於中國人民的時候是注定要失敗的。

But, best of all, the old humanistic Chinese philosophy of reasonableness will prevent the nation from rushing into extremes of action and ideology. Liberalism will not be dead in the West and liberalism will not be dead in China. Of this I am confident. After all, Chinese humanism and the spirit of reasonableness are the greatest assets of the Chinese nation. It is this spirit which makes Chiang Kaishek less of a dictator than the dictators in Europe, and which guarantees that the methods of autocracy and the secret police, when applied to the people of China, will always be doomed to failure. [53]

在這一章的結論中，林語堂不忘提到自己在出國前所提倡的幽默。他信心十足的寫道：「人文主義和理性的精神是和幽默與和諧相關聯的，這個精神摒棄所有狂熱和激進。中國過去的文明和中國人公私生活所賴以維繫的就是在這個理性精神的基礎上，我們可以確信將來任何狂熱和激進都會受到摒棄，而任何合情合理的東西都會被中國人接受。」For humanism and the spirit of

---

53 Lin Yutang, *My Country and My People*, 1939 edition, p. 420.

reasonableness are associated with the sense of humor and the sense of proportion, and rule out fanaticism of all sorts. Upon this basis of the spirit of reasonableness the Chinese civilization and Chinese private and public life were based in the past, and we can be sure that whatever is fanatical will be ruled out and whatever is reasonable will be accepted by China in the future. [54]

　　林語堂《吾國吾民》修訂版出版十年之後，共產黨統治了全中國，至少有三十年的時間，中國人經歷了歷史上空前的獨裁，暴力，血腥的統治，對毛澤東的個人崇拜則達到了宗教性的狂熱。中國文化中的中庸，平和不曾發生任何作用，儒家思想在「批林批孔」的狂潮中被擊得粉碎。如就這一時期的發展而論，林語堂的分析和預估錯得離譜。胡適在 1950 年代，也曾多次發表文章試圖從中國思想史上找出反共的根。在這一點上，胡適和林語堂是很接近的。他們兩人都認為：自老子以來的自然主義與儒家的理性人文主義，基本上是反獨裁，反暴力的。任何帶著宗教狂熱的迷信和暴力都不容易征服中國人的心。[55] 如果我們僅從 1949 年的變局來看胡適和林語堂的推論和預測，則不免覺得他們兩人都高估了孔老思想的力量，但如就中國的歷史來看，共產黨統治中國至今不到七十年，七十年和五千年，畢竟還是「朝夕」與「千秋」之比。我相信，就長遠來看，現代中國的兩位哲人還是有其見地的。

　　林語堂對共產黨的認識是有一個過程的，早期他所厭惡的是左派文人「救國救民」的假道學，到了 1939 年則認為共產黨或許是制衡國民黨的一個反對勢力，但並不覺得共產黨對國民黨的

54　*Ibid.*, p. 421
55　參看，周質平，〈胡適的反共思想〉，此文已收入本書。

統治能造成威脅。1943 年 9 月 22 日林語堂從邁阿密 Miami 啟程飛往重慶，1944 年 3 月 22 日，回到紐約。在中國停留了近半年，從重慶到西安，經華山回到成都，看到了戰時中國的西北，西南，接觸了各個階層，訪問了不同職業的人士。回美後出版了《枕戈待旦》（*The Vigil of a Nation*），記此行的所見所聞。此行之後，林語堂對共產黨的看法，有了本質上的改變，此時，他已清楚的感覺到共產黨是國民黨最大的威脅，也是戰後中國統一的主要問題所在。

在 1945 年 9 月 1 日所寫《枕戈待旦》英國版和加拿大版的序言中，林語堂寫道：「此書出版於美國反重慶，親共黨宣傳的高潮時期」This book was published in America during the high tide of anti-Chungking and pro-Communist propaganda.他對當時許多外國記者在共產黨嚴密的安排下，完全靠著翻譯，在共軍佔領區，走訪三四個星期，回來後就儼然以中國專家自居，併發表親共的報導，有很深的反感。因為這與他所見實際的情況有很大的距離，他覺得有必要將他的所見所聞發表出來。[56]

在〈內戰〉The Civil War 一節中，他指出，所謂國共聯合抗日，實際上是共產黨借抗日之名，行坐大之實。文中歷歷舉證在多次戰役中，共軍不但不與國軍並肩抗日，反而利用各種機會削弱國軍，打擊國軍。他借用毛澤東自己的話，共產黨是經過「流血」和「武裝鬥爭」來擴大勢力的，但在流血和武裝鬥爭的過程中，受害的並不是日本人，而是中國人。他很痛心的說：「這段兄弟相爭的歷史是中國戰爭史上最不光彩的一個章節，我絲毫無意要讓日本人幸災樂禍。不幸的是日本人早就知道整個故事的內

---

56 Lin Yutang, *The Vigil of a Nation* (London & Toronto: William Heinemann Ltd., 1946). Pp. vii-viii. First published, New York: The John Day Company, 1944.

幕了，並在慶祝國共兩軍的互鬥。」The history of this fratricidal conflict constitutes the most inglorious chapter of the China war, and I have no desire to let the Japanese gloat over it. Unfortunately, the Japanese already know the full story and have been known to "celebrate" frictions between Central and Communist troops.[57]

　　在敵人面前揭自己的瘡疤，這是痛苦並且難堪的。但林語堂有感於整個美國輿論界當時受到左傾勢力的蒙蔽和壟斷，他有義務指出真相。最明顯的例子莫如斯諾（Edgar Snow）等美國記者對延安政權過分的美化，他們只聽到共產黨人大聲疾呼的批評重慶的國民政府沒有言論自由，並要求國家統一，而看不到共產黨的坐大才是導致國家分裂的真正原因。林語堂一針見血的指出，「中國此時最重大的問題就是國家的統一，誰在戰時破壞統一，誰就是全國的罪人。」The paramount question for China is national unity. Who sins against unity in time of war sins against the nation as a whole.[58] 林語堂在文末指出，即使最親共的人士如斯諾和宋慶齡也不能否認延安是個沒有思想言論自由的獨裁政權，但他們卻指責重慶的國民政府沒有言論自由，要求民主憲政。這樣言行不一的做法卻能引起國際的視聽。然而，林語堂在文中不得不承認「朱德是一個中國最優秀軍事戰略家，而毛澤東則是一個最優秀的政治宣傳家。」One must admit that General Chu Teh is one of China's best military strategists, and Mao Tsetung one of the best tacticians in political propaganda.[59]

　　從 1939 年林語堂修訂《吾國吾民》到 1944 年《枕戈待旦》

57　*Ibid.*, p. 115.「中國的內戰」一節曾轉刊於 Lin Yutang, "The Civil Was in China,"*The American Mercury*, No. 60 (January 1945). Pp. 7-14.

58　*Ibid.* p. 129.

59　*Ibid.*, p. 121.

的出版，共產黨在林語堂的筆下，從一個國民黨的反對黨一變而成了一個叛國的集體，阻礙中國的統一。

1955 年 4 月 4 日出版的《生活》（*Life*）雜誌上，發表了林語堂〈共產黨與孔子〉（Communists and Confucius）一文，他指出，1952 年之後，在中國所有獨立的思想都已受到扼殺，孔孟思想則被視為「毒草，」就如同基督教被看作是窮人的鴉片。所有的古書都是有毒的，給學生讀的歷史都作了全面的改寫。[60]在中國生活過的西方人覺得難以置信，重情理，講中庸，在生活上溫良平和的中國人，怎麼竟會在一夜之間成了馬克思主義狂熱的信徒 zealots and fanatic followers of Marxism[61].

林語堂提出了一個問題：在現代中國社會裡，孔子的人道主義和老子的自由放任主義到底佔著怎樣的地位？來自中國本身的哲學能否強化孔孟之道？他又把這個問題一分為二，其一是：馬克思主義和儒教之間能否妥協？亦即儒教中的中庸和重視人倫的傳統能否影響或改變將來的共產主義？其二則是儒教和道教在今日中國是否還站得住腳？他對自己提出來的第一個問題，回答是否定的。因為當時共產黨正在徹底的毀壞並剷除孔孟的傳統。維繫中國社會最主要的是來自家庭的人倫觀念，共產黨要根本改變這個關係。政府有計劃有組織的鼓勵十三四歲的孩子清算自己的父母。這樣的孩子在遊行中被視為模範公民。他舉了燕京大學校長陸志韋在受到公審清算時的供詞，說自己如何盡心盡力的為美國的文化侵略作幫兇，並殘害了無數中國的青年學子。在一次公審中，他的女兒陸瑤華站起來，用手指著她的父親說道，「我為什麼不能像抗美援朝戰爭中的志願軍一樣的站起來和你鬥

60　Lin Yutang, "Communists and Confucius," *Life* XXXVIII (April 4, 1955), p. 81.

61　*Ibid.*, p. 84.

爭？」Why can't I rise up and fight you, like Korean volunteers? 凡是對中國知識份子在 1949 年之後所遭受的悲慘境遇稍有認識的人，看了這樣記錄能不有深切的感動嗎？林語堂「不容青史盡成灰！」他的紀錄為那個吞聲的時代留下了幾許血痕。[62]

至於他自己提出來的第二個問題，儒道兩教在今日中國是否站得住腳？他的回答是比較樂觀的：

> 一般說來，道德上的導師〔其影響〕是會超越政治人物的。甘地的影響將比尼赫魯久遠，而孔子和老子會超過毛澤東。儒教中的中庸思想一定會存活下來。老子的妙語雋言，和深刻的反偶像思想都將有助於人們心靈的探索。無論在怎樣的政治迫害下，老子柔弱勝剛強的教訓將和〔《聖經》中的〕山上寶訓，同其不朽。

> Generally, moral teachers outlast politicians. Gandhi will outlast Nehru and Confucius and Lao Tzu will outlast Mao Tse-tung. The Confucian golden rule must survive. As for the witticisms of Lao Tzu, his depth, his brilliance and his profound iconoclasm will always recommend themselves to the searching human mind. His teachings on gentleness and humility will always stand as the Sermon on the Mount will always stand, irrespective to political

---

62 林語堂的這篇文章在當時是引起了一定的反響的。1955 年 4 月 25 日的《生活》雜誌刊出了幾封對林文讀後的讀者來信，其中有來自 Logan, Utah, D. W. Pittman 的讀者投書，對林語堂在《共產黨與孔子》一文中所提到有關燕京大學校長陸志偉的事，表示極大的震驚。"In Lin Yutang's 'Communists and Confucius' I was shocked to read of the denunciation of President Lu Chih-wei of Yanching University by his daughter Yao-hua and of his confession to having carried out an American cultural invasion at Yanching U."(p. 20)從投書中可以看出，Pittman 曾短期在燕大與陸志偉共過事，他清晰的記得，陸是如何小心謹慎的將歐美的影響降到最低，但即便如此，他還是難逃共產黨的清算鬥爭。

persecutions.[63]

近年來，國內許多高校，如北京師範大學，悄悄地移走了巨大的毛像，代之以孔子塑像，清晨偶爾也能看到學生，在孔子塑像四周高聲朗誦《論語》，而國學研究所的成立，也成了高校裡的熱門話題。林語堂 1955 年說的這段話，似乎正在慢慢的應驗。

在過去近百年來，中國歷史上升沉起伏最大的一個人物，既不是五四運動的領袖陳獨秀，胡適，李大釗，也不是政治上的風雲人物，孫中山，蔣介石，毛澤東，而是出生在 2500 多年前的孔子。

「打倒孔家店」是五四新文化運動中最響亮的一個口號，孔子在一夜之間，從「萬世師表」，成了「吃人禮教」的教主。從譚嗣同的「沖決網羅」，到魯迅的《狂人日記》，胡適的《我的兒子》，矛頭全都指向在孔教基礎上所建立起來的「綱常名教」。「孔老二」幾乎成了人人喊打的「過街老鼠」。除了梁漱溟在《東西文化及其哲學》中為孔子所作的辯護，稍稍引起近代學者注意以外，其他為儒學辯護的聲音幾乎全都淹沒在革命的洪流中，並冠之以「反動」和「保守」的罪名。

孔子的黴運並不因「五四」的結束而過去，文化大革命後期的「批林批孔」，把孔子捲進了一場莫名其妙的政治鬥爭之中。這次孔子所受到的屈辱遠比五四時代的「打倒孔家店」更甚千百倍。兩相比較，五四時代的「打倒孔家店」是很文明，很理性，很克制的。那只是打筆墨官司，是「文鬥」。到了「批林批孔」，

63　Lin Yutang, "Communists and Confucius," *Life* XXXVIII, p. 84.

那全是誣告栽贓，深文周納，無所不用其極。孔子由「吃人禮教的創始人，」一變而成了「不齒於人民的臭狗屎」了。從《三字經》到《論語》，只要和孔子，儒教沾到一點兒邊的著作都難逃全國各階層人民的痛批，辱罵和唾棄。砸孔廟，燒經典，由五四時期的「文鬥」一變而成了「武鬥」。這回連當年替他做過辯護的梁漱溟也噤聲不語了。三十年代寫《中國哲學史》，以孔子為第一人的馮友蘭，做了不少落井下石的工作，寫詩作文，改寫中國哲學史，努力迎合著「上意」，將孔子裝點成一個「封建剝削階級低代言人」[64]。

　　然而，孔子畢竟是不容易打倒的。這個千年老人歷經多少風霜，看過無數興亡，絕不是「只手打孔家店的老英雄」[65]吳虞所能打倒的。甚至不是舉國若狂的「批林批孔」所能動搖的。五四時期，被錢玄同視為萬惡之源的孔教，被吳稚暉丟進茅坑的線裝書，批林批孔時期，被指為「孔孟毒汁」，「封建糟粕」，「毒害勞動人民」的「害人經」《論語》，近年來，透過現代媒體的傳播，竟大行其道，成了中國文化的新商標。好在中國人健忘，對許多歷史事件都不加追究，否則，孰是孰非，真要感到錯亂了。林語堂在〈共產黨與孔子〉一文的文末語重心長的寫道：

> 思想和觀念就像一顆埋藏在地下的種子，在氣候變好的時候，會再度破土而出。至於這將在何時發生，中國人能公開的回歸儒教及老子的容忍，這和國際政治有關。然而，作為一個中國人，我希望能在我有生之年〔看到這個改變〕。
>
> But thoughts and ideas are somewhat like seeds. They have a way

---

64　馮友蘭，〈孔子思想研究〉，《三松堂全集》第13卷（河南人民出版社，1994），頁51。
65　胡適，〈吳虞文錄序〉，《胡適文存》1集（臺北：遠東，1968），頁797。

of lying dormant underground until a more favorable climate brings them again to life. As to when and how this will happen and the Chinese people return openly to Confucian ideals and the tolerance of Lao Tzu, that is a matter of international politics. But, as a Chinese, I hope that it will be within my lifetime. [66]

　　林語堂死在 1976 年 3 月 26 日，中國還籠罩在批林批孔和文革的肅殺恐怖之中。林語堂有生之年終究沒有看到他所期盼的轉變。林語堂辭世已四十一年，回看他自己在 1955 年前提出來的問題，儒道兩教在今日中國是否能站得住腳？這卻不是容易回答的。可以斷定是：與其說中國人回歸孔老取決於國際政治的動向，不如說取決於共產黨的政策。

　　我看著孔子塑像一個一個的建立，孔子學院一所一所的揭牌，於丹《論語》上百萬冊的銷售，表面上看來，儒學大有復興的跡象，但我總覺得孔子還有些失魂落魄，在高大塑像的裡面到底有多少內容？形式是嚴整的，但內容卻是貧乏的。儒學的重建，豈是塑銅像，立學院就能奏功的？儒學中剛健弘毅的人生態度，溫柔敦厚的行為舉止，不但是從學習中來，更重要的是由實踐中來。學生雖日頌《論語》《孝經》，到考試的時候則抄襲舞弊，連最起碼的誠實都做不到，讀經歸讀經，作人歸作人。這樣的儒學復興不但不能轉移社會的風氣，反徒增了虛偽和浮誇。余英時先生在〈現代儒學的困境〉一文中以「遊魂」比擬今日之儒學，[67]真是再恰當不過了。

　　孔子是個兩千五百多年前的古人，今世名聲的浮沉對他已毫

66　Lin yutang. "Communists and Confusius", *Life*, XXXVIII, P.84
67　余英時，〈現代儒學的困境〉，《現代儒學的回顧與展望》（北京：三聯，2004），頁 56。

無意義。無論是妖魔化，還是神聖化，他都已不能再發一言；對他的歷史地位也絲毫無所損益。但有多少活人也在這 近百年的風風雨雨中，隨著孔子名聲的起伏，接受了一次又一次的革命洗禮。但願已成「遊魂」的儒學，還能在它的故土，找到歸宿。

林語堂在他晚年（1973），寫了〈八十自敘〉（Memoirs of an Octogenarian），總結自己一生。在第一章裡，他開宗明義的說明自己「對法西斯和共產黨人一向沒有好感」Always unimpressed by fascists and communists。接著在第 11 章他指出：「周恩來在重慶以土地改革者的面目取信於世人的時候，我是唯一的中國人聲嘶力竭的為蔣介石在反共的鬥爭中出力。」I was the only Chinese working for Chiang Kai-shek, in an anti-Communist campaign, when Chou En- lai, then in Chungking, masqueraded as the agrarian reformer and made the world believe him. I shouted my throat hoarse as it were.[68]

〈八十自敘〉是林語堂過世前三年，盤點自己一生所寫的一篇回憶性的文字，他把自己精彩豐富的一生濃縮在一篇六十頁的文章裡，什麼收，什麼不收，當然是有所取捨的。從上引這兩段文字中，我們可以清楚的看出。他是要後人知道，他曾經在反共的鬥爭中做出過努力。他不但沒有因為蔣介石 1949 年的潰敗，而後悔自己站錯了邊，而且還要將他曾經支持蔣的一段過往，用相當誇張的文字，公諸於世。顯然，在他垂暮之年，他對這一段歷史是很引以為自豪的。換句話說，他晚年寫回憶錄時，覺得反共是他自己思想中不可忽略的一部分，林語堂少了反共，就不成其為林語堂了。在他的著作中往往「法西斯」和「共產黨」並舉，在他看來，這兩者是暴力和獨裁的代表；而反對暴力獨裁，追求

---

68 Lin Yutang, "Memoirs of An Octogenarian," 《華崗學報》，No. 9 (Oct., 1973), pp. 263-324. 此文有中譯本，〈八十自敘〉（臺北：風雲時代，1989）。此處中譯，出自周質平。

民主自由是林語堂畢生的志業。

近年來，有關林語堂的研究和傳記在中國大陸大量出版，對他的人生哲學，文學，東西文化觀等各方面都有比較深入的研究，唯獨對他的反共，則諱莫如深。即使偶一提及，也必取批判的態度，認為這是林語堂一生的錯誤。輕則惋惜，重則痛批。當然，這樣的情形是可以理解的，近代人物的研究，在中國至今不曾脫離過政治的籠罩，近現代思想史的研究也始終只能在政治的條條框框中打轉，學者們的自我檢查（self-imposed censorship）往往比有形的法律更嚴格，真所謂「不敢越雷池一步。」結果，吳敬恒，胡適，傅斯年，這些中國現代思想史上最有光焰的反共的思想家和學者，不但在重刊他們著作時，將反共的文字剔除的乾乾淨淨，在傳記和相關的研究中，對反共這點，也都採取迴避的手法。其結果造成了一個二十世紀中國沒有人反共的假像，似乎共產黨受到所有知識人的熱烈歡迎和擁抱。

「反共」在中國大陸，是個帶有濃厚道德色彩的政治議題。一個人反共，不但在政治上「落伍，」在道德上也是一個「污點。」因為共產黨不僅代表政治上的「進步，」也代表道德上的「崇高，」和「正確，」這種政治和道德混為一談的情形，長期以來，使中國近現代思想史研究出現了一種只論左右，不論是非一凡左皆佳，無右不劣一的局面。這個情況在最近二十年雖有相當的改變，但離學術獨立，不受政治干預的境界還有一大段的距離。

4. 張弛在自由與威權之間：胡適林語堂與蔣介石

前言

胡適（1891-1962）和林語堂（1895-1976）是二十世紀中國自由主義陣營中最知名的兩個代表，晚年都終老埋骨於蔣介石（1887-1975）治下的臺灣。引用一句 1947 年儲安平說的話，「我們現在爭取自由，在國民黨統治下，這個『自由』還是一個『多』『少』的問題，假如共產黨執政了，這個『自由』就變成了一個『有』『無』的問題了」[1]。在「有無」與「多少」之間，自由主義者選擇了蔣介石，這毋寧是極近情理的事。雖然，民主自由在蔣的手上，也少得可憐，但比起毛的「絕無」，這少得可憐的一點自由，是當時中國知識份子唯一的寄望。這個選擇是「兩害相權，取其輕」。其中有多少辛酸和不得已！

自從蔣介石日記自 2006 年由斯坦佛大學胡佛研究所分四批逐年公開之後，胡蔣關係，一時又成了熱門的話題。其中蔣在日記中對胡適的評點成了研究者爭相引用分析的材料，其結論大致不出：臺灣時期的蔣介石對胡適在表面上，禮賢下士，優禮有加，而實際上則恨之入骨，視胡為心頭大患。而胡則始終只是蔣手中的一顆棋子，任蔣玩弄於股掌之間。蔣的虛偽，胡的軟弱成了近幾年來胡蔣關係研究的主調。[2]然而，同樣的材料，從不同的角度分析，也可以得出不同的結論。蔣在公開場合和日記中對胡適截然不同的兩種態度，固然可以解釋為表裡不一，但也不

1　儲安平，〈中國的政局〉，《觀察》第 2 卷，第 2 期（1947，3，8），頁 6。

2　這個論調可以汪榮祖，〈當胡適遇到蔣介石：論自由主義的挫折〉一文為代表，收入潘光哲主編，《胡適與現代中國的理想追尋—紀念胡適先生 120 歲誕辰國際學術研討會論文集》（臺北：秀威資訊科技，2013），頁 24-49。參看，陳紅民，段智峰，〈差異何其大—臺灣時代蔣介石與胡適對彼此交往的紀錄〉，《近代史研究》（中國社會科學院近代史研究所），182 期（2011），頁 18-33。

應該忽略，蔣以一個政治領袖對一個知識份子的容忍和克制，從中也可以看出蔣對胡是相當忌憚的。胡絕不是任蔣玩弄的一顆棋子，而是一粒「雷丸」，蔣對胡的處置絲毫不敢掉以輕心。當然，胡也從不濫用他特有的地位和清望。胡有他的容忍，也有他的抗爭。但容忍和抗爭都有一定限度，他從不是一個「玉碎派」，從留學時期，在中日交涉上，他就不主張「以卵擊石」。「以卵擊石」，在他看來，不是「壯烈」而是「愚蠢」。[3] 這也可以理解為「顧全大局」。當然，所謂「顧全大局」往往也是妥協的另一種說法。這是胡適被視為軟弱的主要原因。胡在面對蔣時，有他溫和持重的一面，不能讓看客痛快的叫好。但試問在同時代的知識份子當中，還有誰能如此不卑不亢的向蔣介石進言，向國民黨抗議的？還有誰能讓蔣徹夜難眠，讓他覺得當眾受辱的？（詳後文）除了胡適，我還真想不出第二人來。胡是溫和的，但溫和未必軟弱，更未必無能。胡有他堅持的原則，他從不做「政府的尾巴」，從不隨聲附和，也從不歌功頌德。

　　論胡蔣關係，如不和其他人進行比較，則不免失之片面和主觀。有了與蔣介石，林語堂關係的比較之後，就不難看出，胡適和他同時代的人相比，在面對政治威權時，表現了中國知識份子少有的獨立和尊嚴，在中國近代史上，堪稱第一人。而蔣的人格也可以透過胡適和林語堂的描述，而浮現出一個更清楚的形象。這三個在中國近代史上有過重要貢獻和影響的人物，1949 年之後，都被「糟蹋」得不成人樣，希望每次隨著新史料的出現，在一點一滴重構和重塑這些歷史人物的過程中，讓我們更接近他們的「本相」。

3　1915 年 3 月 19 日，《胡適留學日記》（臺北：商務，1973），頁 591-596。

胡、林筆下的蔣介石

1932 年，胡適 初見蔣於武漢[4]，兩人的關係一直維持到 1962 年胡適逝世，整三十年。在兩人見面之前，胡已在不同的場合對國民黨、孫中山有過多次的批評，尤其以 1929 年在《新月》上發表的幾篇文字最為激烈，[5]和國民黨有過正面直接的衝突。

1940 年，林語堂初見蔣於重慶[6]，此時，林已是國際知名的作家，在《吾國吾民》（*My Country and My People*，1935）和《生活的藝術》（*The Importance of Living*，1937）出版之後，林在海外的聲望，幾乎等同中國文化的代言人，並已在美國發表了不少支援中國抗戰的文字。至於對蔣個人的評論，林已視蔣為中國最高之領袖。林、蔣的關係一直維持到 1975 年蔣介石逝世。

自五四新文化運動以來，到 1949 年國民黨遷台，胡適始終是中國學術界的一個中心人物，同意他也好，反對他也好，他的存在卻是不容否認的一個事實。這個影響，1949 年之後，在臺灣依舊可以清楚的感覺到。由胡適創意成立的《自由中國》半月刊是國民黨遷台之後，言論自由和民主的象徵，對拓寬五十年代臺灣的言路有歷史性的貢獻。但蔣介石的容忍終究是有限的，1960 年，雷震以「通匪叛國」罪名入獄，《自由中國》停刊，乃

4　胡適日記，1932 年 11 月 28 日：「下午七時，過江，在蔣介石先生寓內晚餐，此是我第一次和他相見。」《胡適日記全集》（臺北：聯經，2004），冊 6，頁 632。胡適第一次見到蔣在 1927 年上海，蔣宋的婚禮上，見胡 1928 年，5 月，18 日日記。大概只是觀禮性質，故胡把第一次相見，定在 1932。參看，陳紅民，〈蔣介石與胡適的首次見面—蔣介石日記解讀之九〉，《世紀》（2011，7，10），頁 48-50。

5　如〈人權與約法〉、〈我們什麼時候才可有憲法〉、〈新文化運動與國民黨〉、〈知難，行亦不易〉，收入《人權論集》（上海：新月，1930）。

6　林太乙，《林語堂傳》（臺北：聯經，1988），頁 197。

至稍後在臺灣學界轟動一時的中西文化論戰，都和胡適有千絲萬縷的關係。雖然這一論戰發生在胡適身後，但「胡適的幽靈」卻繼續在海峽兩岸飄蕩。

林語堂在國內的影響沒有胡適那麼大，但他代表的是知識份子在憂國憂民之外，也可以有幽默閒適的個人空間。在學界的影響，林不能與胡相提並論；但林的幽默小品可能更受一般大眾的歡迎。而胡、林兩人都身負國際重望，他們選擇回台終老，對蔣介石來說，自然是最直接有力的支持。

林語堂和蔣介石的關係，沒有胡適和蔣那麼有實質的內容，但蔣曾多次出現在林的著作中，是林最關注的近代中國的政治領袖。他早年對蔣的評論帶著一定的揶揄和調侃，1932 年發表在《論語》第 2 期上的〈蔣介石亦論語派中人〉這則短評，是這一時期的代表。林覺得蔣說話平實，不高談主義，平日也還看些王陽明，曾國藩的書，並指出蔣「若再多看看《資治通鑑》,《定盦文集》,《小倉山房尺牘》,《論語半月刊》, 我們認為很有希望的。」[7]行文之間，帶著居高臨下指導性的口氣。在同一期《論語》中，還有一則署名「語」的隨感，〈一國三公〉，也是林語堂的手筆，對蔣介石、汪精衛、胡展堂三人有扼要的評述，他認為：蔣的所長是「善手段」,「機斷」,「會打機關槍」；而其所短則是「讀書太少」。[8]這一時期，蔣在林的眼中無非只是一個讀書不多，而又擅耍手段的「行伍」，談不上有太多敬意，但也沒有什麼惡感。[9]

蔣介石在林語堂的筆下，隨著國內形勢的更迭，和蔣氏權力

7　林語堂,〈蔣介石亦論語派中人〉,《論語》, 2 期（1932, 10, 1）, 頁 2-3。

8　林語堂,〈一國三公〉,《論語》, 2 期, 頁 1。

9　有關林語堂與蔣介石的關係，參看，錢鎖橋,〈誰來解說中國〉,《21 世紀》(2007 年 10 月號) 頁 62-68;〈林語堂眼中的蔣介石和宋美齡〉,《書城》(2008 年 2 期), 頁 41-47。

的確立而有所改變。1935 年版的《吾國吾民》，在結束語
（Epilogue）一章中，對中國之現況和前景都是相當悲觀的，對山
東軍閥韓復榘能集省長、縣長、法官、陪審於一身的作法則表示
欣賞，因為他至少給治下的老百姓一個生活的秩序，而這點起碼
的秩序，對當時中國老百姓來說，是可望而不可及的。「甯為太
平犬，莫做離亂人」（It is better to be a dog in peaceful times than be
a man in times of unrest）[10]這句老話，道盡了中國百姓的辛酸。在
〈領袖人物的追尋〉（A Quest for Leadership）一節中，林語堂提
出了「中國好人究竟在哪兒？究竟有幾個？」的問題。他把中國
描繪成：「一個有四億生靈的國家淪為像一群沒有牧者的羊，一代
一代的傳下去」（a nation of four hundred million souls is condemned to
carry on like a flock without a shepherd）[11]。此時（1935），他顯然沒
把蔣介石視為四億人口的「牧者」；而他心目中中國的「救星」
（Savior）是一個「大司殺者」（The Great Executioner），他寫道：
「大司殺者懸正義之旗於城樓，過往行人都必須向正義之旗俯
首。並告示全城，有敢違抗法律，拒不向正義之旗俯首者，斬。」
（The Great Executioner nails the banner of Justice on the city wall, and
makes every one of them bow before it as they pass. And a notice is
posted all over the city that whoever says he is above the law and refuses
to bow before the banner will be beheaded）[12]當然，林語堂的筆觸
是帶著激憤的，在他看來，一個被面子（face）、命運（fate）和
人情（favor）統治了幾千年的民族，[13]只有「斬」之一字，可以

10　Lin Yutang, *My Country and My People*, New York: John Day, 1935. p. 349-350.

11　Lin Yutang, *My Country and My People*, New York: John Day, 1935. p. 356.

12　Lin Yutang, *My Country and My People*, New York: John Day, 1935. p. 362.

13　*Ibid.*

稍剎貪污腐敗。只要稍加分析，就不難看出，林語堂此時所期盼的無非是一個「開明的獨裁者」。他對中國現況的改變，幾乎全仰仗在一個領袖的身上。

林語堂在 1939 年版的《吾國吾民》的短序中指出：1934 年是近代中國最黑暗的時刻，日本侵略的威脅，加上領袖人才的缺乏，中國正在走向破敗和滅亡；但 1936 年的西安事變，使他由悲觀轉向樂觀，他認為國共的合作是中國轉機的開始，也是中國走向團結和復興的起點。[14]1939 年版的《吾國吾民》，刪掉了 1935 年版的〈結語〉，而代之以〈中日戰爭之我見〉（A Personal Story of the Sino-Japanese War）一文。此文對抗戰有許多過分樂觀的估計，並視蔣介石為中國復興最關鍵的人物。他說：「中國最有希望的一點是有一位領袖，他有常人所不及的冷靜和頑強，他深知這場戰爭就如一場二十回合的拳擊比賽，勝負取決於最後一擊。」（The best hope of China is that she has at present an inhumanly cool-minded and inhumanly stubborn leader, who knows what all this is about, and who views it as a twenty-round match, knowing that it is the final knock-out that counts.）[15]他極力為蔣介石「攘外必先安內」的政策辯護，把 1932-1935 這四年時間，看作厚積抗戰實力的準備時期。蔣在他筆下是一個「雖全國人之以為非，無礙我之以為獨是」（He was also a man who knew he was right, even if the whole nation condemned him and even if he stood all alone），[16]並敢於抗拒群眾壓力的領袖人物。這種「雖千萬人吾往矣」的精神是對蔣最高的評價。並指出「蔣比吳佩孚、袁世凱更

---

14 Lin Yutang, *My Country and My People*, New York: John Day, 1939. p. xv .

15 Lin Yutang, *My Country and My People*, 1939, p. 346.

16 *Ibid.*, p. 349.

現代，做到了吳、袁兩人做不到的在軍事上統一中國。」（He was more modern than Wu P'eifu and Yuan Shihk'ai and succeeded in doing what these two men had failed in the military unification of China under the Republic）.[17] 蔣在林的筆下是「意志堅定、掌控全域、頭腦清楚、富於遠見、果斷、頑強、冷靜、殘酷、工算計、聰明、具野心，並真正愛國」的一個領袖。（He was self-willed, masterly, astute, far-sighted, determined, stubborn, cool, ruthless, calculating, wily, ambitious and truly patriotic.）[18]

林語堂在〈中日戰爭之我見〉中，最大的錯估是真以為西安事變是國共聯合抗戰的開始，並進一步鞏固了蔣氏的領導。[19]他甚至認為，共產黨的崛起是中國民主的基石（the Chinese Communists will become the bedrock of Chinese Democracy）.[20]這些看法，在 1946 年出版的《枕戈待旦》（The Vigil of a Nation）中，都已全面改觀了。

在國難外患空前嚴重的三十年代，許多人都憧憬著一個「超人」來解決所有的問題。加上德國和義大利在希特勒和墨索里尼獨裁的領導下，快速崛起。許多留洋歸來的知識份子如丁文江、錢端升、蔣廷黻、吳景超等，此時對民主制度的信心，也不免發生動搖，而轉向支持獨裁。[21]林語堂雖未參加這次民主與獨裁的

17　*Ibid.*, p. 367.

18　*Ibid.*, p. 368.

19　如他說："the Sian revolt may be said to have truly paved the way for a united stand, and united front... without the Sian incident, it could not have been brought about and China would not be ready for a war of resistance." (*My Country and My People*, 1939, p. 364-365).

20　*Ibid.,* p. 395.

21　參看，丁文江：《民主政治與獨裁政治》，《獨立評論》，133 號，頁 4-7；《再論民治與獨裁》，《獨立評論》，137 號，頁 19-22。蔣廷黻：《革命與專制》，《獨立評論》，80 號，頁 2-5；《論專制並答胡適之先生》，《獨立評論》，83 號，頁 2-6。瑞昇（錢端升）：《民主政治乎？極權國家乎？》，《東方雜誌》，31 卷 1 號，頁 17-25。
　　有關民主與獨裁的辯論，參看，周質平《胡適對民主的闡釋》，《光焰不熄—胡適思想與現代

辯論，但他顯然是較同情於主張獨裁的。

　　無論是錢端升所說的「有能力，有理想的獨裁」，蔣廷黻所主張的「開明的專制」[22]，抑或林語堂所指的「司殺者」或「中國的救星」。他們心目中的候選人當然就是蔣介石。胡適則不然，他認為，中國當時所需要的是政治制度上的變革，而非某一個個人在朝在野能起得了作用的。他明確的表示，無論國難如何深重，「中國無獨裁的必要與可能。」[23]胡適斷然指出：「我不信中國今日有能專制的人，或能專制的黨，或能專制的階級」[24]。至於將國家大小諸事，都仰仗於一人，這決非現代政治應有的現象：

> 一切軍事計畫，政治方針，外交籌略，都代決於一個人，甚至於瑣屑細目如新生活運動也都有人來則政舉，人去則鬆懈的事實。這都不是為政之道。世間沒有這樣全知全能的領袖，善作領袖的人也決不應該這樣浪費心思目力去躬親庶務。[25]

　　1934年，蔣介石在南昌發起「新生活」運動，要老百姓在生活上講些禮貌，注意衛生。在原則上，胡是贊成的，因為「蔣先生這回提倡的新生活，也不過是他期望我們這個民族應該有的一個最低限度的水準。」[26]但胡同時指出，「我們不可太誇張這種

中國》（北京：九州，2012），頁288-303。
22　胡適，〈中國無獨裁的必要與可能〉，《獨立評論》，130號，頁2-6。
23　胡適，〈中國無獨裁的必要與可能〉，《獨立評論》，130號，頁2-6。
24　胡適，〈再論建國與專制〉，《獨立評論》，82號，頁4。
25　胡適，〈新年的幾個期望〉，《胡適全集》（安徽：教育，2003），卷22，頁527。
26　胡適，〈為新生活運動進一解〉，《獨立評論》，95號，頁18。

新生活的效能」，這裡面既沒有「救國靈方」，也沒有「復興民族的奇跡」，更不是什麼「報仇雪恥」的法門。過分誇大這個運動的功效是會「遺笑於世人的」。生活的改變，不僅僅是一個教育問題，一個道德問題，更基本的是一個經濟問題，「許多壞習慣都是貧窮的陋巷裡的產物。人民的一般的經濟生活太低了，決不會有良好的生活習慣」。[27] 這樣的「為新生活運動進一解」，多少是在給蔣介石潑冷水，讓他清醒清醒，別把生活細節上的改變，當成復興民族的靈丹妙藥。更何況，生活細節改變，需要有經濟和物質上的基礎，一個在凍餓邊緣上的民族，是談不上「夜不閉戶，路不拾遺」的。這雖然只是「倉廩實，而知禮義」的現代翻版，但看在蔣的眼裡，多少還是掃興的。

在這篇文章裡，胡對蔣的個人生活有比較高的評價：在胡的筆下，蔣是個嗜欲不深，生活儉樸，又嚴於律己的人：

> 蔣介石先生是一個有宗教熱誠的人；幾年前，當國內許多青年人「打倒宗教」的喊聲正狂熱的時代，他能不顧一切非笑，毅然領受基督教的洗禮。他雖有很大的權力，居很高的地位，他的生活是簡單的，勤苦的，有規律的。我在漢口看見他請客，只用簡單的幾個飯菜，沒有酒，也沒有捲煙。[28]

胡適自己是個徹底的無神論者，但他對蔣的受洗成為基督徒，持肯定的態度，並認為入基督教對蔣的人格有重大的影響。1950 年，胡適寫〈在史達林策略裡的中國〉（China in Stalin's Grand Strategy），說到 1936 年蔣在明知張學良有謀叛之心的前提

---

27 同上，頁 18-20。
28 胡適，〈為新生活運動進一解〉，《獨立評論》，95 號，頁 18。

下，為什麼依舊率領著各級將官深入西安？要想為這個問題找出答案，胡認為必須先認識到「蔣在成年之後，有過從一個紈絝子弟轉化成為清教徒的這一過程。」（Chiang was a prodigal son turned Puritan Christian at a mature age, and the world must try to understand him in that light.）[29]這是一個極有趣的觀察。胡適認為，蔣之所以冒險入西安，是帶著一定宗教上的「感化」的用心的。如這一分析不誤，那麼，蔣之不殺張學良，或許也多少是基督教寬恕精神的體現。林語堂也注意到這一點，但他並沒有從信仰基督教的角度進行分析。他在《中日戰爭之我見》一文中，認為蔣之所以能逃過西安一劫，在於他抗日的決心和誠意感動了張學良。[30]

林語堂在《枕戈待旦》一書中，特別提到，除了 1927 年的清黨，蔣介石不殺與他共同革命起家的功臣，這不但不同於中國歷代的帝王，也不同於蘇聯或德國式的大規模誅殺異己。蔣介石處置異己的方式往往是軟禁一段時間之後，予以釋放。胡漢民和陳銘樞就是兩個好例子。至於收編其他軍閥如馮玉祥、閻錫山、白崇禧、李宗仁、唐生智、蔡廷鍇等，這在林語堂看來，應當歸功於蔣所特有的容忍與對時機的掌握。[31]當然，能讓這許多割據一方的軍閥在短時期之內「歸順」，蔣在人格上一定也有相當的感召力量。

胡適對蔣介石日常生活的觀察和林語堂在 1943 年底到 1944 年初，六次見蔣的印象是相近似的。蔣在林的筆下也是一個近乎

---

29 Hu Shih, "China in Stalin's Grand Strategy," *Foreign Affairs* (October, 1950), p. 28.

30 Lin Yutang, *My Country and My People*, 1939. P. 349.
"Chiang Kaishek could not have survived at Sian had he not been able to convince his captors of his sincerity in deciding to resist further foreign aggression, an idea which was firmly and clearly actively in his mind, but which he has refused publicly to declare to the nation as a whole."

31 Lin Yutang, *The Vigil of a Nation* (London and Toronto: William Heinemann Ltd., 1946), pp. 62-63.

斯巴達苦行主義（Spartan asceticism）的自律者：無論冬夏，每天五點或五點半起床，起床後，早課或沉思一小時，簡單的早餐後，八點開始批閱公文，十一時和僚屬開會。他大概在十二點半或一點進午飯，飯間和來自各省的訪客交談。餐後休息，閱讀或習書法。林特別指出，蔣的書法「四平八穩，一筆不苟」可謂「字如其人」（[His calligraphy] is sharp and square and with full concentration on every stroke）。下午五時，再接見訪客，有時也與訪客共進晚餐。每晚十點，準時就寢。林語堂在相當長的一段文字中，特別強調蔣的準時、愛整潔和吃苦耐勞。並追憶 1934 年夏天，在牯嶺軍官培訓班上，蔣在烈日下，站著連續講演兩小時。有一回，汪精衛也在這樣的一次演講中，覺得苦不堪言。[32]林語堂有時也用他所慣用的小說筆觸來描述蔣。如他說：

> 我特別喜歡看他徐徐搔首的模樣，因為這表示一個人在思考，而手指在頭上滑動則表示心中有許多主意。我覺得我能看到他心思是如何運轉的。就好像看到愛因斯坦用粗短的手指理他一頭的亂髮。
>
> I especially like the way he scratched his close-cropped head and gently rolled his fingers over it, means the mind is roving over ideas. I felt I was seeing his mind visibly in operation. It was like seeing Albert Einstein clutching his bushy hair with his stout fingers. [33]

類似這樣帶著文學筆觸，稍顯輕佻、諂媚的文字，在胡適描

32　Lin Yutang, *The Vigil of a Nation* (London and Toronto: William Heinemann Ltd., 1946), pp. 60-66.
33　*Ibid.*, p. 61.

寫蔣的文字中是絕對沒有的。

林語堂對蔣介石少數的批評之一是他好親細事，他建議蔣學老子的無為，他用英文說：The best rider should hold his reins as if he didn't.[34] 我且用「老子體」，把這句話翻譯成「善馭者若不執轡」。換句話說，一個真正善騎的人，並不總把韁繩死死地握在手中。看似放手讓馬驅馳，而坐騎又全在其掌握之中。林指出蔣需要幾個得力的助手，給予信任，委以全權。這樣他才能真正成為一國之領袖。林語堂的這點觀察和胡適 1935 年在〈政制改革的大路〉中所說，如出一轍：

> 蔣介石先生的最大缺點在於他不能把自己的許可權明白規定，在於他愛干涉到他的職權以外的事。軍事之外，內政，外交，財政，教育，實業，交通，煙禁，衛生，中央和各省的。都往往有他個人積極干預的痕跡。其實這不是獨裁，只是打雜；這不是總攬萬機，只是侵官。打雜是事實上決不會做得好的，因為天下沒有萬知萬能的人，所以也沒有一個能兼百官之事。侵官之害能使主管官吏不能負責做事。[35]

胡適始終認為，中國政治的出路不在某一個個人的升沉，而是民主法制的建立。他特別反對的是「黨權高於一切」。在他看來，「人民的福利高於一切，國家的生命高於一切。」[36]早在 1935 年，他就呼籲：「為公道計，為收拾全國人心計，國民黨應該公開政權，容許全國人民自由組織政治團體。」這幾句話即使移用

---

34 *Ibid.*, p. 62.

35 胡適，〈政制改革的大路〉，《獨立評論》，163 號，頁 8。

36 胡適，〈政制改革的大路〉，《獨立評論》，163 號，頁 4。

到今日中國，依舊是「政制改革的大路」。[37]其實，這也是 1951 年胡適提出「毀黨救國」這一主張的濫觴。

林語堂論蔣介石的幾段文字收在他的戰時遊記《枕戈待旦》之中，書是用英文寫的，又在海外出版，口氣接近記者的報導，褒遠多於貶。而胡適的文章發表在《獨立評論》，這是抗戰前夕反映輿論最主要的刊物之一。文章的口氣嚴肅而認真。

1936 年 12 月 12 日，張學良挾持蔣介石，發生了震驚中外的西安事變。胡適在 12 月 17 日對美聯社（United Press）發表講話，認為張學良所為是親痛仇快的賣國行為（Marshal Chang's action is universally condemned by the nation as a betrayal of national cause which must be most gratifying to our national enemy.）並指出，由於這次事變，作為國家的領袖，蔣的重要性從未如過去一周那樣，為全國各階層的人民所認知。在一份大學校長聯合申明中指出：蔣若被殺害，中國的進步將倒退二十年。（Gen. Chiang's importance as the national leader never has been so fully realized by all classes of Chinese as during the last week—since he has been a prisoner.. ..Here in Peiping, educational center of the nation. ... University presidents, in a joint statement, have declared that Generalissimo Chiang's loss might set back national progress for 20 years.）

接著，胡適指出：西安事變清楚的說明了，共產黨員並非真民族主義者，他們所廣為宣傳的抗日口號，只是無恥的騙術。（The rebellion in Sian-Fu merely has demonstrated most clearly that the Communists never have been truly nationalistic and that their much-

---

37　胡適，〈政制改革的大路〉，《獨立評論》，163 號，頁 4。

advertised anti-Japanese slogan has been only a shameless subterfuge.）

胡適認為，在西安事變中，共產黨唯一感興趣的是製造一個可以渾水摸魚的環境。但此後他們已無法再欺騙老百姓了。（The Communists were interested only in creating a situation so that they could fish in troubled waters. Henceforth they no longer can deceive the people.）

在談話的最後，胡適指出：蔣如能安然脫險，從這次事件中，他本人和全國人民所應該學到的教訓是將所有的權利集中於一人是極其危險的。（If Generalissimo Chiang is delivered safely from his present predicament he should learn a lesson──or, if he does not, the nation should. That lesson is: It is always dangerous to center all power in a single individual.）[38]

西安事變之後，胡適即刻給張學良發了一通電報，與美聯社的這一報導兩相互看，更可以看出胡適當時對蔣與張的評價：

> 陝中之變，舉國震驚。介公負國家之重，若遭危害，國家事業至少要倒退二十年。足下應念國難家仇，懸崖勒馬，護送介公出險，束身待罪，或尚可自贖於國人。若執迷不悟，名為抗敵，實自壞長城，正為敵人所深快，足下將為國家民族之罪人矣。[39]

張學良最後親自護送蔣回到南京，與胡適的這通電報或不無關係。

---

38 *The Washington Post*, December 18, 1936.

39 《胡適之先生年譜長編初稿》，冊 4，頁 1545。據編者胡頌平說，這份電報當寫於 1936 年 12 月 12 14 日之間。

自由的火種
胡適與林語堂

　　胡適對西安事變的評論不多，以上這段對美聯社所作的講話，是少數評論中比較全面的。而尤其值得注意的是，他直截了當的指出，共產黨當時所謂的抗日，只是無恥的謊言。1937 年 1 月 4 日，傅斯年在給蔣夢麟、胡適、周炳琳的一封信中說：「抗日與上弔不同，中國共產黨所迫政府者，是上弔，非抗日也。」[40] 這句話一針見血地指出了當時共產黨口口聲聲要與國民黨聯合抗日的實質內容。

　　在胡適的中文著作中，尤其是 1949 年之前的政論和時評中，從未如此直接的批評過共產黨。1936 年 12 月，距盧溝橋全面抗戰的爆發還有半年多，胡適已洞悉共產黨假抗戰之名，行坐大之實的陰謀，並為之揭露。這一作法是很值得玩味的。胡適在英文著作中反共的態度表露得比較早，也比較直接。作為一個自由主義者，胡適在國人的面前，在政治上，希望維持一個比較中立的立場，並對共產黨始終懷著一種不切實際的幻想，即國共兩黨和平共處，使中國能走向一個兩黨的民主政制。上引這一段 1936 年 12 月 18 日的談話湮滅在歷史中八十年，在共產黨大舉慶祝抗戰勝利七十年之際，特別值得我們的關注，省思和緬懷。到底是誰走上了歷史的「虛無主義」？

　　兩個星期之後，1937 年 1 月 3 日，胡適在天津《大公報》發表星期論文，〈新年的幾個期望〉，對他在《華盛頓郵報》上的最後一點建議，有更進一步的說明。這也是西安事變之後，胡對蔣的進言。基本上還是他初見蔣時，贈蔣《淮南王書》的用心，要他不親細事，不攬庶務。此外並提出憲政和守法：

40　王汎森、潘光哲、吳政上編，《傅斯年遺箚》（臺北：中央研究院歷史語言研究所，2011），共 3 卷，卷 2，頁 767。

我們期望蔣介石先生努力做一個「憲政的中國」的領袖。今
年因為軍事的需要和外患的嚴重，大家漸漸拋棄了民國初元
以來對行政權太重的懷疑；又因為蔣介石先生個人的魄力與
才能確是超越尋常，他的設施的一部份也逐漸呈現功效使人
信服，所以國內逐漸養成了一種信任領袖的心理。最近半個
多月中，全國人對他安全的焦慮和對他的出險的歡欣慶祝，
最可以表示這種信任領袖的心理。但是那半個多月全國的焦
慮也正可以證明現行政治制度太依賴領袖了，這決不是長久
之計，也不是愛惜領袖的好法子。[41]

這種過分信任領袖的心理正是走向獨裁的一個重要誘因。

2013 年，臺北陽明山林語堂故居理出了一批林語堂的書
信，其中有幾件是寫給蔣介石和宋美齡的，這幾封信為我們進一
步瞭解林、蔣關係提供了新材料。1944 年 4 月 24 日，林語堂在
一封致蔣的長信中，痛陳中共在海外宣傳成功之原因，及國民黨
在這方面進退維谷的困境，從中很可以看出一個自由主義者如何
為當時重慶的中央政府抱屈，林語堂的分析也可以為《紅太陽是
怎麼升起的》[42]加一來自海外的注腳：

美國輿論失其平衡，袒護叛黨，以共產為民主，以中央為反
動，荒謬絕倫，可笑亦復可泣……且自去年，中國稍有美國
援助軍火之希望，中共誠恐中央勢強，迫彼屈服。故處心積
慮，盡逞離間，使華府與陪都日愈冷淡。冀引國外勢力，自
挽危機。成則可以分沾利益，敗亦可稍限中央實力。是故定

---

41 胡適，〈新年的幾個期望〉，《胡適全集》（安徽：教育，2003），卷 22，頁 527。
42 參看，高華，《紅太陽是怎樣升起的》（香港：中文大學出版社，2000）。

其方策，爭取「民主」二字招牌，同時加中央以法西斯蒂罪
名，此其宣傳大綱也。[43]

這時林語堂對中共的看法，已大不同於 1939 年寫《中日戰
爭之我見》時的心境了，他已清楚的看出：共產黨已成國民黨之
心腹大患。在給蔣的信中，他接著指出，中央在宣傳上的困境：

中央雅不欲宣傳共黨違背宣言，割據地盤，破壞抗戰事實；
共黨卻極力宣傳中央封鎖邊區。中央不肯宣佈共黨拘捕國民
黨；共黨極力宣傳國民黨拘捕「前進」「愛自由」青年。故
共黨趁機主攻，中央連自辯無由自辯。中央以家醜不可外
揚，不欲宣佈邊區政府之假民主行專制，及其思想統治，禁
止自由。中共愈得機自冒民主招牌，故中央始終無法自辯。
今日軍事上及思想上，確有國共衝突，故有防共事實，若不
宣佈共黨陰謀，則不能宣佈何以防共之苦衷，不能宣佈防共
之苦衷，則無法聲辯防共之事實，故對於此點，須稍改方
針。[44]

林語堂一針見血地指出，中央對外極力粉飾全國團結，一致
抗戰，以博取同情和外援。對共產黨借抗戰之名，行坐大之實的
陰謀，成了有苦難言，百口莫辯的局面。而共產黨則利用這一局
面，完全以被壓迫者的姿態出現在宣傳上，以博取美國左翼人士
的同情與支持。因此，他建議鼓勵外國記者視察陝北，並做較長

---

43 原件藏林語堂故居。
44 原件藏臺北林語堂故居。

時間勾留，「免致為所愚」[45]。這封信寫得非常懇切，他指出國共之爭，國民黨是敗在宣傳上，這是很有見地的。

林語堂的這點觀察和分析，在司徒雷登（John Leighton Stuart）1954 年出版的回憶錄《在華五十年》（*Fifty Years in China*）中，得到了最有力的證實。1945 年 12 月 15 日，馬歇爾（Marshall）以杜魯門（Truman）總統特使的身份銜命來華調停國共內戰的前夕，杜魯門給馬歇爾一紙訓令，其中清楚的指出國共和談，籌組聯合政府，停止內戰是獲得美援的先決條件：

> 在你和蔣介石以及其他中國領袖談話的時候，我授權你毫不含糊地把話說清楚。經濟上中國所期盼的貸款，技術和軍事援助（我基本上已批准派一軍事顧問團），一個分裂和內戰的中國不是我們考慮這些援助的合適物件。
>
> In your conversation with Chiang Kai-shek and other Chinese leaders you are authorized to speak with utmost frankness. Particularly, you may state, in connection with the Chinese desire for credits, technical assistance in the economic field, and military assistance (I have in mind the proposed U. S. military advisory group which I have approved in principle）, that a China disunited and torn by civil strife could not be considered realistically as a proper place for American assistance along the lines enumerated.[46]

林語堂對中國共產黨的公開批評比胡適早，對由國共兩黨組成一個民主政府的夢想，破滅的也比胡適早。直到抗戰勝利，胡

---

45 同上。

46 John Leighton Stuart, *Fifty Years in China* (New York: Random House, 1954), p. 315.

適還懷著天真的想法，希望毛澤東能放棄武力，與國民黨合作，在中國出現一個兩黨政治。1945 年 8 月 24 日，胡適從紐約發了一個電報給當時在重慶的毛澤東，力陳此意：

> 潤之先生：頃見報載傅孟真轉述兄問候胡適之語，感念舊好，不勝馳念。二十二日晚與董必武兄長談，適陳鄙見，以為中共領袖諸公，今日宜審察世界形勢，愛惜中國前途，努力忘卻過去，瞻望將來，痛下決心，放棄武力。準備為中國建立一個不靠武力的第二政黨。公等若能有此決心，則國內十八年之糾紛一朝解決，而公等二十餘年之努力，皆可不致因內戰而完全消滅。美國開國之初，吉福生十餘年和平奮鬥，其所創之民主黨遂於第四屆大選獲得政權。英國工黨五十年前僅得四萬四千票，而和平奮鬥之結果，今年得一千二百萬票，成為絕大多數黨。此兩事皆足供深思。中共今日已成第二大黨，若能持之以耐心毅力，將來和平發展，前途未可限量，萬萬不可以小不忍而自致毀滅！以上為與董君談話要點，今特電達，用供考慮。
>
> 胡適三十四年八月二十四日[47]

　　胡適要相信「槍桿子裡出政權」的毛澤東放棄武力，這無異是「與虎謀皮」。將林語堂 1944 年給蔣介石的信與胡適 1945 年給毛澤東的電文對看，胡、林兩人此時都已看出共產黨是國民黨的主要競爭對手，但似乎都沒有料到在短短四五年之內，就可取

47 　所錄電文是根據胡適紀念館所藏有胡適手跡改正的〈從紐約發給毛澤東的無線電文〉，此稿與臺北聯經版《胡適之先生年譜長編初稿》冊 8，頁 1894-1895 所錄略有出入，當以此稿為准。

國民黨而代之。胡、林兩人都承認現有的政治制度，但都低估了共產黨的野心和實力。共產黨所要的是全盤推翻現有的制度，重新構建一個體制。這也是當時自由主義者與左翼知識份子之間最不可調和的矛盾。一個是漸進改良，而一個是流血革命。

胡適是 1938-1942 中華民國官方駐美大使，而林語堂則是民間大使。當時正是中國抗戰最艱難的時期，能有這樣兩位身負國際重望的學者仗義執言，對爭取到海外之同情與援助是功不可沒的。他們兩人對蔣都有相當的敬意，並願意就其所知，向蔣進言。1947 年 6 月 2 日，胡適在寫給北大學生鄧世華的信中，對蔣有比較持平的論斷：

> 蔣介石先生有大長處，也有大短處。但我在外國看慣了世界所謂大人物，也都是有長有短，沒有一個是天生的全人。蔣先生在近今的六個大巨頭裡，夠得上坐第二三把交椅。他的環境比別人艱難，本錢比別人短少，故他的成績不能比別人那樣偉大，這是可以諒解的。國家的事業不是一個人擔負得起的。[48]

這樣的評價是帶著「同情的瞭解」的。

48　〈胡適致鄧世華〉，《胡適全集》，卷 25，頁 257。

宋美齡

　　林語堂給宋美齡的信都是英文寫的，有的比給蔣的信更有實質的內容，顯然，林知道，寫信給宋可能是影響蔣更直接的途徑。

　　1941 年 4 月 24 日，林有信給宋美齡，談到宋出訪美國的計畫和安排，其中有這樣的句子，「您知道美國是個由女人統治的國家，她們對一個知名女子而能達到男人最高的成就，有著近乎瘋狂的〔崇拜〕。」（You know America is ruled by women who are crazy about a woman celebrity who has achieved things on a par with the best of men.）[49]這句話也許帶著林語堂特有的幽默，不宜深究。但 1920 年美國總統大選，全國女子才有選舉權。說 1941 年的美國是「一個由女人統治的國家」，未免誇大失實。至於訪問美國的安排，林的建議是「當然，邀請必須來自白宮，而整個行程的安排需是皇家或半皇家的規格，就如伊莉莎白女皇訪美。」（... of course, you will come on the invitation of the White House. The visit will be arranged on a royal or semi-royal scale, like the visit of Queen Elizabeth.）這樣的口氣當然能迎合宋美齡好講排場的習氣。

　　宋美齡訪美，在胡適駐美大使卸任後不久。在胡適日記有限的紀錄中，他對宋美齡的作風印象極壞，與林語堂討好迎合適成強烈的對比：

49　原件藏林語堂故居。

1943 年 3 月 1 日

　　今天蔣夫人到紐約，市長 La Guardia 在市政府招待，我去了一去。這是我初次會見這位太太。五年半沒有看見她了。[50]

　　這條日記很短，但言外之意是不難看出的。「我去了一去」，多少表示，去看宋有一定的不得已，禮貌上得去，但又實在不很情願，所以去了就走。至於用「這位太太」，就中文的遣詞而言，是缺乏敬意的。胡適在日記中，遣詞用句都是很講究的，在稱呼上也從不馬虎，就如他在 1942 年 5 月 19 日日記中，記宋子文的擅權，並清楚的說明：「記此一事，為後人留一點史料而已。」[51] 以下兩則，更可以看出胡適「為後人留史料」的用心了。

1943 年 3 月 2 日

　　晚上到 Madison Sq. Garden 聽蔣夫人的演說。到者約有兩萬人。同情與熱心是有的。但她的演說實在不像樣子，不知說些什麼！[52]

1943 年 3 月 4 日

　　今早黃仁泉打電話來，說蔣夫人要看我，約今天下午五點五十分去看她。我說，于總領事的茶會五點開始，她如何能在五點五十分見我？黃說，她要到六點十五分才下去（！）我下午去見她，屋裡有林語堂夫婦，有孔令侃，有鄭毓秀（後來）。一會兒她出來了，風頭很健，氣色很好，坐下來就向孔令侃要紙煙點著吸！

50　《胡適日記全集》，冊 8，頁 153。紐約市長的名字，誤拼成了 Lagnardia。
51　《胡適日記全集》，冊 8，頁 125。
52　《胡適日記全集》，冊 8，頁 153。

在這些人面前,我如何好說話?只好隨便談談。她說,她的演說是為智識階級說法,因為智識階級是造輿論的。(指她前天的演說)原來黃忠馬失前蹄的古典是為智識階級說的!她一股虛驕之氣,使我作噁心。

我先走了,到下面總領事的茶會,來賓近千人,五點就來了,到六點半以後,主客才下來,登高座,點點頭,說,謝謝你們,就完了。有許多人從 Boston 來,從 Princeton 來,竟望不見顏色![53]

胡適把宋美齡這兩天在紐約兩場活動的時間,地點,人物和舉止記得如此確切翔實,並連用驚嘆號(!),他對宋美齡的惡感和鄙視已溢於言表了。在胡適五十六年的日記中,讓他感到「作噁心」的事,我竟還想不起第二樁來。

宋美齡這次訪美,可以說是備極風光。不但受到羅斯福總統的款待,並在國會發表演說。1943 年 3 月 1 日的《時代》(*Time*)週刊,紐約的美國中國協會(The China Society of America)7 月號的《中國》雜誌(*China*)都以宋美齡為封面人物,配以多幅照片,報導這次訪問。一般人對宋美齡這次訪美的瞭解大多來自當時媒體,若沒有胡適的這兩則日記,又如何能知道這位權傾一時的「第一夫人」,還有如此「虛驕」的一面呢?

1942 年 6 月 15 日,胡適以中華民國駐美大使的身份受邀到韋斯理女子學院(Wellesley College)作畢業演說,這一年恰逢宋美齡 1917 級畢業班的二十五周年紀念,校長 Mildred Helen McAfee 在畢業典禮上宣佈成立宋美齡基金(The Meiling Soong

---

53 《胡適日記全集》,冊 8,頁 153-154。

Foundation）。胡適在講詞中稱揚韋斯理學院為中國教育出了幾個傑出的女子，尤其是宋美齡。韋斯理學院所給予宋的教育，和她對美式生活的理解，使她成了中國政府在民主化過程中的一個重要力量。這段話與其說是寫實，不如說是胡適對宋的期許。胡適在講演中，語重心長的引了宋美齡在當年在 5 月號《大西洋》（*Atlantic*）雜誌上所發表的文章，〈中國的成長〉（China Emergent），中的一段話：

> 進一步說，在一個真正的民主制度中，少數黨是不應該被忽略的。我（案：宋美齡）反對任何制度給某一個黨以永久絕對的權力，那是對真正民主的否定。思想自由與進步是民主所不可或缺的，而一黨政治對這兩點都予否認。
>
> Furthermore, in a true democracy the minority parties should not be left out of consideration. I am opposed to any system which permanently gives absolute power to a single party. That is the negation of real democracy, to which freedom of thought and progress are essential. A one-party system denies both. [54]

宋美齡的這篇文章相當長，分作三節，第一節講戰後中國將尊重私有財產，採行累進稅制，推廣國民教育並實行三民主義；第二節講中國自古有「天視自我民視，天聽自我民聽」，「民貴君輕」的民主觀念；第三節則強調中國的民主不能照搬美國的民主，而應有其本身的特色。[55] 胡適之所以不引其他段落，而獨引

54　Hu Shih, "Commencement Address at Wellesley College", 周質平，《胡適未刊英文遺稿》（臺北：聯經，2001），頁 321-324。

55　Madame Chiang Kai-Shek, "China Emergent," *The Atlantic* (May 1, 1942). 電子版全文，見 http://www.theatlantic.com/magazine/archive/1942/05china-emergent/306450/ 另有專文討論此論文，參

這一段，意在說明：無論如何美化當時國民黨的政治制度，一黨專政與民主是不可能並存的。他用宋美齡的話來說明這一點，真是煞費苦心！胡適任大使期間應邀所作畢業典禮演說不少，韋斯理學院這篇講詞，雙行間隔的打字稿，不到兩頁半，大約 5-6 分鐘就能講完。是我目前所見胡適畢業典禮講稿之中，最短的一篇。在整篇講稿中，我們見不到胡適對宋美齡有任何失實過當的讚譽，更沒有阿諛奉承的言辭，他藉著這個機會，對中國的民主自由再進一言。

1945 年 11 月 26 日，在一封林語堂寫給宋美齡報告近況的信中，有如下一段，很可以體現當時林語堂和蔣介石交往的心境：

> 長久以來，我一直想請您（宋美齡）幫我一個忙，就是向委員長求幾個字。如您所知，在我們國家和政府遭到親共宣傳誣衊的時候，我曾為我們國家和政府仗義執言，我自己也遭到了他們的譭謗。您看到 Randall Gould[56] 的評論，《解剖林語堂》了嗎？就是因為我現在還支持重慶，並不稱揚共產黨的武裝叛變。結論是我的每一個道德細胞都已敗壞。這些我都不在乎，我是以一個老百姓的身份來說這些話的，並沒有什麼不可告人的動機，或想求得一官半職。我所要的只是委員長「文章報國」四個字，有了這四個字，我死而無憾。這也是我畢生最大的榮幸，無論我身在何處，這四個字都將高懸在我家裡。這個請求可能有些不自量力，可是您知道我將如何珍視這四個字。此事不急，只要我能盼著有這麼一天。

看，Matt Schiavenza, "What a 71-Year-Old Article by Madame Chiang Kai-Shek Tells Us about China Today," Oct. 11, 2013, 見 http://www.theatlantic.com/magazine/archive/2013/10/

56 1943-1945 American editor, *Shanghai Evening Post and Mercury*. 上海《大美晚報》編輯。http://www.oac.cdlib.org/findaid/ark:/13030/tf9v19p0f7/entire_text/

這將是對我戰時工作的肯定。只要是委員長的手筆，字的大小無所謂。

There is another favor I wish to ask from you for a long, long time, and that is an autograph from the Generalissimo. You know I have spoken up for our country at a time when our country and the government were being slandered by pro-communist propaganda, and got slandered myself by the same sources. Did you see Randall Gould's editorial "Post-mortem on Lin Yutang"? Just because I still supported Chungking and did not praise the Communists for their armed rebellion. It was concluded every moral fiber in my being was corrupted. All that I do not mind and I have done so as a private citizen without ulterior motive, or looking for political jobs. All I want is four words from the Generalissimo 文章報國，and with that I shall die content. It will be the highest honor for me and I shall hang it in my house no matter where I am. I may be making a presumptuous request, but you will understand how I shall cherish it. There is no hurry so long as I can look forward to it someday. It will be a recognition that I have done my part during the war. The size of the characters does not matter, so long as they are in his handwriting.[57]

寫這封信的時候，抗戰已經勝利。戰時，林語堂在美國確實為中國寫了不少文章，《吾國吾民》和《生活的藝術》兩本暢銷書影響尤其大，他對中國文化的介紹和闡釋，容或有見仁見智不

---

57 原件藏林語堂故居。

同的看法，但中國文化在林的筆下，絕非好勇鬥狠，黷武好戰，而是懂得生活情趣，閒適幽默兼而有之的。這樣的取向，是能引起美國人對中國的好奇和同情的。換言之，他在給宋美齡的信中，提到戰時自己的貢獻，並無不當，但看了這樣一封信，還是不免讓人有「邀功討賞」之嫌，因而失去了一個平等的地位。這和他在 1932 年發表〈蔣介石亦論語派中人〉時居高臨下的態度，恰成有趣的對比。在胡、蔣多次的通信中，胡始終自居於與蔣平等的地位，從沒有要蔣肯定自己的工作。胡適相信自己的功過，當由歷史評說。

臺灣歲月—胡適：以道抗勢

　　1949 年之後，反共是胡適、林語堂和蔣介石三人能走在一起最主要的原因。蔣打著民主自由的旗幟進行反共，但「反共」絕不等同於「民主自由」。林語堂對這一點看得很清楚，1966 年移居臺北之後，幾乎絕口不提民主自由，所以可以和蔣維持一個相對和諧的關係。胡適並非不知蔣的用心，但他「不可救藥的樂觀主義」，始終不能讓他放棄改造國民黨和蔣介石的努力。也正是因為有此一念，胡適 1958 年回台之後，出任中央研究院院長不到四年的時間裡，成了他和蔣介石關係最緊張的一段時期。1952 年 12 月 13 日，蔣介石日記中有如下一段，最可以看出胡蔣兩人對民主自由根本不同的見解：

　　十時，胡適之來談，先談臺灣政治與議會感想，彼對民主自

由高調，又言我國必須與民主國家制度一致，方能並肩作戰，感情融洽，以國家生命全在於自由陣線之中。餘特斥之。彼不想第二次大戰，民主陣線勝利而我在民主陣線中犧牲最大，但最後仍要被賣亡國也，此等書生之思想言行，安得不為共匪所侮辱殘殺。彼之今日猶得在台高唱無意識之自由，不自知其最難得之幸運，而竟忘其所以然也。同進午膳後別去。[58]

對胡適來說，實行自由民主，是反共最有效的方法，此其所以在 1949 年與雷震等人發起創辦《自由中國》半月刊，正如他在發刊宗旨中第一條所說「我們要向全國國民宣傳自由與民主的真實價值，並且要督促政府（各級的政府），切實改革政治經濟，努力建立自由民主的社會。」這條宗旨是 1949 年 4 月 14 日胡適在赴美的海輪上寫的，[59]確實體現了他一生不懈的努力。1951 年 8 月，胡適為國民黨干涉《自由中國》社論〈政府不可誘民入罪〉，請辭《自由中國》發行人，他在寫給雷震的公開信中說：「《自由中國》不能有言論自由，不能有用負責態度批評實際政治，這是臺灣政治的最大恥辱。」[60]陳誠以行政院院長的身份發表公開信，向胡適有所解釋，並對他的「遠道諍言」表示感激。[61]

胡適在 1952 年見蔣時，想必又力陳此時臺灣必須實行自由民主的必要。但此時談自由民主，對蔣而言，卻能鉤起「成事不

58　《蔣介石日記手稿》，1952 年 12 月 13 日。藏 Hoover Institute, Stanford University.

59　胡頌平編，《胡適之先生年譜長編初稿》（臺北：聯經，1984），冊 6，頁 2107。

60　胡適，〈致本社的一封信〉，《自由中國》5 卷 5 期（1951，9，1），頁 5。

61　陳誠，〈陳院長致胡適先生函〉，《自由中國》，5 卷 6 期（1951，9，16），頁 4。

足，敗事有餘」的慘痛回憶。抗戰時期，共產黨的喉舌如《新華日報》、《解放日報》也經常以不夠自由民主來批評重慶的中央政府。[62]1952 年，蔣介石退守臺灣，驚惶未定，胡適自由民主之「高調」又如何能不引發他的惡感和隱憂呢？

1953 年 1 月 16 日，胡適在日記中記錄了他和蔣的談話：

> 蔣公約我晚飯，七點見他，八點開飯。談了共兩點鐘，我說了一點逆耳的話，他居然容受了。
> 我說，臺灣今日實無言論自由。第一，無人敢批評彭孟緝。第二，無一語批評蔣經國。第三，無一語批評蔣總統。所謂言論自由，是「盡在不言中」也。
> 我說，憲法止許總統有減刑與特赦之權，絕無加刑之權。而總統屢次加刑，是違憲甚明。然整個政府無一人敢向總統如此說！
> 總統必須有諍臣一百人，最好有一千人。開放言論自由，即是自己樹立諍臣數百人也。[63]

蔣介石在次日的日記中，也記了與胡適會面談話的事，口氣是包容並帶感激的：「〔昨〕晚課後，約胡適之先生單獨聚餐，談話二小時餘。對余個人頗有益也……其他皆為金石之言，余甚感動，認其為余平生之錚〔諍〕友也。」[64]從蔣介石的這段日記

---

62 這種例子很多，如 1941 年 5 月 26 日《解放日報》社論，〈天賦人權不可侵犯，切實保障人民權利〉；1944 年 11 月 15 日，《新華日報》社論〈沒有民主，一切只是粉飾〉，其結論是：「只有忠於民主制度，堅決地依靠著民主主義這『生命的活力』的人，才能夠在民主制度下繼續存在；反之，害怕民主制度的人就是背離了這偉大的生命的活力，而終於會陷於死亡的絕境。」

63 《胡適日記全集》，冊 9，頁 3。

64 《蔣介石日記手稿》，1953 年 1 月 17 日。轉引自陳紅民，《臺灣時期蔣介石與胡適關係補正》，頁 144。

中，可以看出，至少，蔣對胡當天的直言是虛心接受的，並視胡為其「諍友」。關於總統不得任意加刑這一點，在 1954 年 4 月 1 日出版的《自由中國》社論上有進一步的申說，[65]胡適在反駁吳國楨指控臺灣全無民主和自由的的文章中，特別提到這篇社論，認為是當時臺灣言論自由進步的證明（詳下文）。[66]

胡適對退守臺灣的國民黨和蔣介石，始終抱著一種近乎理想主義的期盼，希望蔣氏在痛定思痛之後，能改弦更張，把臺灣建設成一個真正的「自由中國」，用臺灣的民主自由來突顯大陸的專制極權，以兩種制度優劣的強烈對比來爭取全國的民心，這才是「反共復國」應走的道路。但蔣氏此時的心態則是「維穩」第一，言論的開放往往被視為對穩定的威脅和破壞。正因為看法上有如此基本的不同，也就難怪胡、蔣兩人在許多議題上各說各話，甚至格格不入了。

胡適覺得在臺灣國民黨獨大是阻礙民主發展最主要的原因，他在 1951 年 5 月 31 日有信給蔣建議「國民黨自由分化，分成幾個獨立的新政黨」，而首要的條件是「蔣先生先辭去國民黨總裁」。[67]其實，讓國民黨分化，並不是一個新議題，早在 1935 年陳之邁發表〈政制改革的必要〉時，就已提出「承認國民黨裡各種派別，讓他們組織起公開的集團，在孫中山先生遺教的大前提底下，提出具體的應付內政外交的策略出來」。[68]胡適是同意這一提法的。在〈政制改革的大路〉一文中，胡適不但主張「黨內有派」，更進一步提出「黨外有黨」。[69]1948 年 4 月 8 日，胡適直

65　〈敬以諍言慶祝蔣總統當選連任〉，《自由中國》，10 卷 7 期（1954，4，1），頁 1。

66　Hu Shih, "How Free Is Formosa?", *The New Leader*, Vol. 37, #33, p. 18.

67　《胡適日記全集》，冊 8，頁 589。

68　陳之邁，〈政制改革的必要〉，《獨立評論》，162 期（1935，8，4），頁 3。

69　胡適，〈政制改革的大路〉，《獨立評論》，163 期（1935，8，11），頁 4。

接向蔣提出「國民黨最好分化作兩三個政黨」。[70]這一提法和以黨治國，思想統一的國民黨傳統作法，背道而馳。到了 1956 年，胡適放棄了讓國民黨分化的念頭，轉而傾向於更激進的「毀黨救國」，在 1957 年 8 月 29 日給雷震的一封信中，對這一轉變有較詳細的敘述：

> 我前幾年曾公開的表示一個希望：希望國民黨裡的幾個有力的派系能自由分化成幾個新政黨，逐漸形成兩個有力的政黨。這是我幾年前的一個希望。但去年我曾對幾位國民黨的朋友說，我對於國民黨自由分化的希望，早已放棄了。我頗傾向於「毀黨救國」，或「毀黨建國」的一個見解，盼望大家把眼光放得大一點，用國家來號召海內外幾億的中國國民的情感心思，而不要枉費精力去辦黨。我還希望國民黨的領袖走「毀黨建國」的新路。[71]

　　胡適要蔣介石辭去總裁並解散國民黨，這一想法和他在 1945 年要毛澤東放棄武力，如出一轍，他不可救藥的樂觀真是愈老彌篤，這裡面有他的天真也有他的勇氣，孟子所說「說大人，則藐之」，充分的體現在胡對蔣的態度上。如前所述，他的基本信念是：「人民的福利高於一切，國家的生命高於一切」，[72]「黨」是為「國家」存在的，「國家」不是為「黨」存在的。「黨」可滅，而「國」不可亡。當「黨」的存在成為「國家」發展的阻礙時，「毀黨」成了「建國」或「救國」的先決條件。現代漢語

70　《胡適日記全集》，冊 8，頁 356。

71　〈胡適致雷震〉，萬麗鵑編注，《萬山不許一溪奔》（臺北：中央研究院近代史研究所，2001），頁 116。

72　胡適，〈政制改革的大路〉，《獨立評論》，163 期，頁 4。

中有「黨國」一詞，早期國民黨和 1949 之後的共產黨一律通用，
積久成習，不但「黨」、「國」不分，而且「黨」在「國」上。
只要這一觀念一日不破，則中國之民主一日無望！胡適「毀黨救
國」的提法，是打破一黨專政，釜底抽薪之法。但是這一提法，
看在蔣的眼裡，就成了亡黨亡國的捷徑了。對此，他在日記中表
示了極大的震驚和憤怒：

> 至於毀黨救國之說，聞之不勝駭異。中華民國本由國民黨創
> 建，今遷臺灣，全名亦由國民黨負責保全，如果毀了國民
> 黨，只有拯救共匪的中華人民共和偽國，如何還能拯救中華
> 民國乎？何況國民黨人以黨為其第一生命，而且視黨為其國
> 家民族以及祖宗歷史所寄託者，如要我毀黨，亦即要我毀我
> 自己祖宗與民族國家無異，如他認其自己為人而當我亦是一
> 個人，那不應出此謬論，以降低其人格也。以上各言，應由
> 辭修（陳誠）或岳軍（張群）轉告，予其切戒。[73]

　　蔣在 1958 年 6 月 6 日的日記中，將胡適「毀黨救國」一說
比之「共匪」迫害知識份子的政策尤更慘毒：「其毀黨救國之說
是要其現在領袖自毀其黨基，無異強其自毀祖基，此其懲治，比
之共匪在大陸要其知識份子自罵其三代更慘乎，可痛！」[74]在蔣
介石看來，「黨」之於「國」是祖孫關係，先有國民黨，後有中
華民國，他所不瞭解的是這只是時間上的先後，並不是血緣上的
承繼。更何況「中華民國」絕不能等同於有數千年歷史的「中
國」，從「中國」的這個概念來立論，那麼，「國家」是「千秋」，

73　《蔣介石日記手稿》，1958，6，3。
74　《蔣介石日記手稿》，1958，6，6。

而國民黨只是「朝夕」。為了一黨的短視近利，而毀了國家的千秋大業，這不是胡適所能同意的，「毀黨救國」正是著眼於這一點。但這樣的深心遠慮，豈是視國民黨為中華民國「祖基」之蔣介石所能理解？這也就無怪乎蔣視胡較「共匪」尤為兇殘了。

令人啼笑皆非的是 1950 年代初期，共產黨發動全國各階層對胡適思想展開批判，視胡為「馬克思主義的死敵」、「馬克思主義者在戰線上最主要，最狡猾的敵人」、「企圖從根本上拆毀馬克思主義的基礎」。[75] 胡適既不見容於共產黨，也不見容於國民黨，這是他獨立自主最好的說明。他真是一個「不能呢呢喃喃討人家的歡喜」的「老鴉」。[76] 可惜，近代中國「老鴉」太少，而「喜鵲」太多！

在胡蔣關係中，最讓蔣介石覺得「受辱」的是 1958 年 4 月 10 日，胡適在中央研究院院長就職典禮中的一番話。胡適出任中研院院長，對蔣介石而言，是胡適以最高的學術領袖來輔佐他的「反攻復國」大業，因此，他在致詞時除了對胡適的道德文章備至推崇之外，並說到中研院的使命：

> 中央研究院不但為全國學術之最高研究機構，且應擔負起復興民族文化之艱鉅任務，目前大家共同努力的唯一工作目標，為早日完成反共抗俄使命，如果此一工作不能完成，則我人一切努力均將落空，因此希望今後學術研究，亦能配合此一工作來求其發展……期望教育界、文化界與學術界人士，一致負起恢復並發揚我國固有文化與道德之責任。[77]

---

75 胡適，〈四十年來中國文藝復興運動留下的抗暴消毒力量─中國共產黨清算胡適思想的歷史意義〉，《胡適手稿》（臺北：胡適紀念館，1970），第 9 集，頁 492-493。

76 胡適，〈老鴉〉，《嘗試集》（臺北：胡適紀念館，1971），頁 133。

77 胡頌平編，《胡適之先生年譜長編初稿》（臺北：聯經，1984），頁 2662。

當時臺灣一切以「反共抗俄」「反攻大陸」為最終最高之目標，在這樣的歷史背景下，蔣介石以總統的身份，對中研院將來的工作方向有所指示，是可以理解的。但這番話在胡適聽來，不免和他畢生所追求的「學術獨立」、「言論自由」背道而馳。在學術研究上，他一向認為「發明一個字的古義，與發現一顆恒星」[78]有同樣的價值。換句話說，胡適主張「為學術而學術」，學術是沒有服務的對象的。至於「恢復並發揚我國固有文化與道德」更與胡適自五四以來所努力的方向截然異趣。蔣的這番話是希望胡在就任中研院院長之後，發揮「以道輔政」的作用，但胡適畢生所提倡的則是「以道抗勢」，[79]學術絕不是政治的工具。正因為有這些基本價值的不同，胡適在聽了蔣的致詞之後，不得不作些更正：

> 剛才總統對我個人的看法不免有點錯誤，至少，總統誇獎我的話是錯誤的……談到我們的任務，我們不要相信總統十分好意誇獎我個人的那些話。我們的任務，還不祇是講公德私德，所謂忠信孝悌禮儀廉恥，這不是中國文化所獨有的，所有一切高等文化，一切宗教，一切倫理學說，都是人類共同有的。總統對我個人有偏私，對於自己的文化也有偏心，所以在他領導反共復國的任務立場上，他說話的分量不免過重了一點。我們要體〔原〕諒[80]他，這是他的熱情所使然。我個人認為，我們學術界和中央研究院挑起反共復國的任務，

---

78 胡適，〈論國故學—答毛子水〉，《新潮》，2 卷 1 號（1919，10），頁 56。

79 「以道抗勢」，參看，余英時，〈道統與政統之間—中國知識份子的原始形態〉，《士與中國文化》（上海：人民出版社，1987），頁 84-112。

80 《胡適之先生年譜長編初稿》有一手寫鉛印本，此處作「原諒」，出版時政作「體諒」，手稿鉛印本應是實錄。胡頌平編，《胡適之先生年譜長編初稿》，手稿鉛印本，第 18 冊，165 頁。

我們做的工作，還是在學術上，我們要提倡學術。[81]

上引胡適的這段答詞，並無太多新意，「四維八德」並非中國所獨有的說法，是 1929 年〈新文化運動與國民黨〉中的老話。[82] 在 1934 年〈再論信心與反省〉一文中，他認為：把「四維八德」說成中國所獨有，是孫中山用來「敷衍一般誇大狂的中國人」，並被「一般人利用來做復古運動的典故」。[83] 這種藉復古來提倡民族主義的做法，幾十年來，始終是胡適批評和剷除的對象。而今，蔣竟把恢復中國固有文化，說成了中央研究院的使命，胡適豈能不辯？除此之外，胡適大講芝加哥大學和約翰霍普金斯大學創校的歷史，其用意是在說明：對中研院而言，提高學術正是救國復興的正途，並非在提倡學術之外，別有途徑。蔣介石原來是去「致訓」[84]的，結果成了「聆訓」。蔣在當天的日記中有一段很痛切憤慨的記錄：

> 今天實為我平生所遭遇的第二次最大的橫逆之來。第一次乃是民國十五年冬—十六年初在武漢受鮑爾廷宴會中之侮辱。而今天在中央研究院聽胡適就職典禮中之答辭的侮辱，亦可說是求全之毀，我不知其人之狂妄荒謬至此，真是一妄人。今後又增我一次交友不易之經驗。而我輕交過譽，待人過厚，反為人所輕侮，應切戒之。為仍恐其心理病態已深，不久于人世為慮也……因胡事終日抑鬱，服藥後方可安眠。[85]

81　胡頌平編，《胡適之先生年譜長編初稿》（臺北：聯經，1984），頁 2663；2665。

82　胡適，〈新文化運動與國民黨〉，《人權論集》（上海：新月，1930），頁 129-135。

83　胡適，〈再論信心與反省〉，《胡適文存》（臺北：遠東，1968），頁 466。

84　胡頌平在《胡適之先生年譜長編初稿》中，就是以「總統訓詞」作為標題的。頁 2662。

85　《蔣介石日記手稿》1958 年 4 月 10 日。陳紅民、段智峰，〈差異何其大—臺灣時代蔣介石

次日，4 月 11 日，「夜間仍須服藥而後睡著，可知此一刺激太深，仍不能澈底消除，甚恐驅入潛意識之中」。第 3 天，4 月 12 日，蔣宴請中研院院士，在日記中有如下記錄：

> 晚宴中央研究院院士及梅貽琦等。胡適首座，余起立敬酒，先歡迎胡、梅同回國服務之語一出，胡顏色目光突變，測其意或以為不能將梅與彼並提也，可知其人狹小妒嫉，一至於此。今日甚覺其疑忌之態可慮，此或為余最近觀人之心理作用乎？但余對彼甚覺自然，而且與前無異也。[86]

這段日記充分說明蔣極其在乎胡適的一舉手一投足，甚至於一個表情，一個目光，都細細分析，揣摩他的用心。與其說胡「疑忌」太過，不如說蔣過分敏感。

1958 年中央研究院院長就職典禮的那一幕，時隔一年，在「光復大陸設計委員會」的年會上，又不同程度的重演了一次。最可以看出，胡適對所謂「恢復固有的民族精神，固有道德」這些議題是絲毫不敷衍妥協的。1959 年 12 月 25 日，胡適致函《中央日報》編輯，要求更正頭一天的報導：

> 原稿說：「胡適說，總統指出『三民主義的思想教育，最基本的方針，第一是要恢復我們固有的民族精神，亦即首先要恢復我們民族傳統的倫理道德。』對於這點，我特別要舉起雙手贊成，擁護總統所說的話。」

與胡適對彼此間交往的記錄〉，及汪榮祖〈當胡適遇到蔣介石：論自由主義的挫折〉二文中都曾引用這段日記，但都不曾細校原文。原文作「妄人」，不作「狂人」。另有誤引多處，不一一指出，都已更正。

86　《蔣介石日記手稿》，1958，4，12。

這幾句話，我沒有說。

我舉起雙手贊成擁護的是總統……他後來說的「並不是以三民主義的思想來排斥其他思想，更不是以三民主義的思想來控制其他思想」，和「其他思想皆當並存不悖，……殊途同歸」的容忍精神。[87]

　　從這一封要求更正的信可以看出：無論是中研院院長就職典禮上，蔣介石對胡適的期勉也好，還是《中央日報》對會議發言的報導也好。在關鍵的議題上，胡適絲毫不以蔣介石的旨意為依歸。充分的體現了一個知識份子在強權政治底下的獨立自主。

　　2011年，陳紅民在《近代史研究》第5期上，發表〈臺灣時期蔣介石與胡適關係補正〉一文，補正他和段智峰同年在《近代史研究》第2期上發表的〈差異何其大—臺灣時代蔣介石與胡適對彼此間交往的記錄〉一文，他搜檢臺北國史館所藏《蔣中正總統檔案》，從1951到1955，四年之間，蔣介石透過俞國華，匯款給胡適的電文，每次匯款，美元五千元，共九筆，得款四萬五千美元。陳紅民稱這幾筆款為「嗟來之食」，[88]汪榮祖在2012年〈當胡適遇到蔣介石：論自由主義的挫折〉一文中，轉引了同樣的材料，並以「暗中接受蔣私下金錢的饋贈」來描述撥款的經過。[89]把整個的過程都推向胡適「無功受祿」，為蔣介石所收買的方向。這樣的處理，多少失之片面。

　　為了解釋蔣介石匯款的緣由，須先瞭解胡適1949年4月再度訪美的性質，他在同年1月8日的日記中寫道：

87　胡適，《致中央日報編輯》，

88　陳紅民，〈臺灣時期蔣介石與胡適關係補正〉，《近代史研究》，2011年第5期，頁146。

89　汪榮祖，〈當胡適遇到蔣介石：論自由主義的挫折〉，《胡適與現代中國的理想追尋》，頁47。

蔣公今夜仍勸我去美國。他說：「我不要你做大使，也不要
你負什麼使命。例如爭取美援，不要你去做。我止要你出去
看看。」[90]

胡適是 4 月 21 日到達三藩市的，27 日到紐約。蔣介石在 5
月 28 日有親筆信給胡適，說明胡適此行主要的任務是：「此時所
缺乏而急需於美者，不在物資，而在其精神與道義之聲援。故現
時對美外交之重點，應特別注意於其不承認中共政權為第一要
務。至於實際援助，則尚在其次也。」[91]正是在這個基礎上，胡
適 1952 年 12 月 28 日在〈自由中國雜誌三周年紀念會上致詞〉
時說，「當民國三十八年初，大陸危急的時候，政府要我到國外
去。」[92]換句話說，胡適 1949 年赴美，並非以私人的身份前往，
而是「奉派出國」。所以胡適抵美之後，幾乎立刻走訪華盛頓的
舊識，如國務院的洪北克（Stanley K. Hornbeck）等，希望能為
中華民國爭取到一些同情和支持。對於胡適這一時期工作，余英
時先生在他的長文〈從日記看胡適一生〉中，有極精當的分析，
可以參看。[93]

胡適在這一時期發表了一系列反共的演說和文章，讓學界、
政界乃至於一般美國人對中共政權的興起和二十世紀五十年代血
腥殘暴的統治，有了比較符合歷史事實的瞭解。如 1950 年 11 月
有〈自由世界需要一個自由的中國〉（The Free World Needs a Free
China）的講稿。胡指出：1949 年的政權轉移，不但使全體中國

90　《胡適日記全集》，卷 8，頁 376。

91　此函藏胡適紀念館。

92　胡適，〈自由中國雜誌三周年紀念會上致詞〉，《自由中國》，7 卷 12 期（1952，12，16），頁
4。

93　余英時，〈從日記看胡適的一生〉，《重尋胡適歷程》（臺北：聯經，2004），頁 113-128。

老百姓失去了自由，就是中共政權的本身也失去了自由。他所說
「自由的中國」並非僅指當時的臺灣；而是相對「受制於蘇聯的
中國」而言。

1952年2月4日在新澤西州（New Jersey）西東大學（Seton-
Hall University）發表〈雅爾達密約七年以後的中國〉（China
Seven Years After Yalta），他回顧過去七年來，這一密約對中國及
世界局勢所造成的傷害。為了讓蘇聯出兵介入太平洋戰爭，美國
的羅斯福總統及英國的邱吉爾首相以出賣中國的利益為條件，致
使半個韓國與整個中國陷入了共產黨的統治。

1953年4月1日，胡適在遠東學會第五屆年會上發表〈共產
中國思想改造的三個階段〉（The Three Stages of the Campaign for
Thought Reform in Communist China）對所謂「洗腦」和「思想改
造」作了最嚴厲的指控。[94]這類文章很多，都收在我編的《胡適
英文文存》與《胡適未刊英文遺稿》中。

其中影響較大的是1950年發表在《外交事務》（*Foreign
Affairs*）上的〈在史大林戰略裡的中國〉，此文的「主旨」，據胡
適在給傅斯年的一封信中說：

> 要人知道中國的崩潰不是像 Acheson 等人說的毛澤東從山洞
> 裡出來，蔣介石的軍隊就不戰而潰了，我要人知道這是經過
> 二十五年苦鬥以後的失敗。這段二十五年的故事是值得提綱
> 挈領的說一次的。[95]

94　以上所舉3文，參看，周質平編，《胡適未刊英文遺稿》（臺北：聯經，2001），頁329-342；
　　372-381；399-412。

95　《致傅斯年夫婦》，耿雲志、歐陽哲生編，《胡適書信集》（北京：北京大學出版社，
　　1996），冊3，頁1197。

　　胡適的這篇文章把中國共產黨如何借抗日之名，行坐大之實的這段歷史，細細道來，使共產黨的許多宣傳不攻自破。蔣介石看了這篇文章之後，是很感激的：「中〔正〕以為此（案：指《在史達林戰略裡的中國》）乃近年來揭發蘇聯對華陰謀第一篇之文章，有助於全世界人士對我國之認識非鮮，豈啻敘史翔實謹嚴而已」。[96] 顯然，蔣是知道這篇文章的價值和影響的。

　　又如 1954 年 8 月發表在《新領導》（The New Leader）週刊上的〈福爾摩莎有多自由？〉（How Free is Formosa?）一文是反駁同年 6 月吳國楨發表在《展望》（Look）雜誌上題為〈你的錢為福爾摩莎建成了一個警察國家〉（Your Money Has Built a Police State in Formosa）一文。「福爾摩莎」是葡萄牙人對臺灣的舊稱。

　　吳國楨的文章是典型的「告洋狀」，極力把蔣氏父子描畫成用秘密警察恐怖手段來統治臺灣。臺灣在表面上反共，而蔣經國實際上所受的訓練和運用的手段則全是蘇聯共產黨的嫡傳：吳是這樣把蔣經國介紹給美國讀者的：

> 他是蔣介石的長子，今年四十五歲，並非宋美齡所出，而是委員長和第一任妻子所生，他和一個俄國共產黨女人結婚。二戰前，他成年後，在蘇聯生活了十四年，在那兒他接受了徹底的共產黨式的行政和組織的訓練。他已證明是一個極具危險性而聰明的學生。今天他已全盤掌控執政的國民黨；他把軍隊完全當成自己權利鬥爭的工具；作為秘密警察的頭子，他正迅速多方面地仿效共產政權來建設〔臺灣〕；他甚至仿效希特勒的青年團和共產黨的共青團成立了青年〔反共

96　《胡適日記全集》，第 8 冊，頁 612。

救國〕團。

This first-born son, a man of 45, the child, not of Madame Soong Chiang, but of the Generalissimo's first wife, is married to a Communist Russian woman. He himself spent 14 of his adult years before World War II in the U.S.S.R., and there received thorough instruction in the organization and administration of government of the Communist state. He has proved to be a dangerously adept student. Today, he has virtual control over the ruling Kuomintang party; he has complete control over the army and seeks to make it entirely a personal instrument of power; as head of the secret police, he is fast building up a regime that in many ways follows exactly the pattern of a Communist government; he has even organized a Youth Corps modeled after the Hitler Youth and the Communist Youth.[97]

1950 年代初期，美國政府之所以援助臺灣，是希望蔣介石把臺灣建設成一個民主法治的反共堡壘，防止共產黨向東南亞繼續擴散。吳國楨的策略則是把臺灣描畫成與共產黨統治的大陸並無根本的不同，都是一丘之貉；吳國楨把自己則裝點成一個民主、法治、人權的鬥士。他說：蔣之所以起用他，只是利用他的民主做法，來作為獲得美援的誘餌（My democratic measures were used by Chiang as bait to get U.S. money）.[98] 這篇文章對當時風雨飄搖中的臺灣是極具殺傷力的。胡適看了吳國楨的文章之後，在

---

97 K.C. Wu, "Your Money Has Built a Police State in Formosa," *Look*, Vol. 18, No. 13, June 29, 1954. p. 40.

98 同上，頁 42。

1954 年 8 月 3 日，有信給吳，對他許多不實的指控表示憤怒：「我很驚異於你所作的許多項存心說謊，用來欺騙美國的民眾！並且用來侮蔑你自己的國家和政府。」[99]

胡適反駁吳國楨的文章曾受到 1954 年 8 月 16 日出版的《時代》(*Time*) 週刊的報導，並引用了胡適的話說：

> 「爭取自由和民主從不靠一個怯懦自私的政客在當權時噤聲不語，失勢之後，安全的離開了自己的國家，開始肆意的譭謗自己的國家和政府，而他自己是不能自外於每一個錯誤和失職的行為，更難逃道德上公正的評判。」
>
> The battle for freedom and democracy has never been fought and won by craven and selfish politicians who remain silent while they enjoy political power, and then, when out of power and safely out of the country, smear their own country and government, for whose every mistake or misdeed they themselves cannot escape a just measure of moral responsibility.[100]

這段話說的很重，但切中了吳國楨的身份和角色。當他任臺灣省政府主席兼臺灣保安司令的時候（1949 年 12 月—1953 年 5 月），不見他對國民政府有任何批評，出走美國之後，在海外開始揭露國民政府的種種黑暗，難道他忘了自己也曾是造成這些黑暗的「幫兇」嗎？

雖然胡適在這篇文章中錯估了蔣經國接任總統的可能，但他

99　《胡適與吳國楨，殷海光的幾封信》，《中華月報》，695 期（1973，8），頁 37。此信原為英文，原件未見。

100 "Formosa Rebuttal," *Time* (August 16, 1954), p. 25. 原文見，Hu Shih, "How Free Is Formosa?", *The New Leader*, Vol. 37, number 33, p. 19.

對蔣經國的觀察卻是相當準確的：

> 我認識蔣經國多年了。他是個工作非常努力的人，誠懇而有
> 禮貌，愛國並強烈的反共。他知識上的視野比較有限，這主
> 要是因為他長期居留在蘇聯。像他父親，他不貪污，因此，
> 難免有些自以為是（這點也像他父親）。他真相信對付共產
> 黨最有效的辦法，是以共產黨對付其反對者的殘酷的手段，
> 還諸其人。
>
> I have known Chiang Ching-kuo for many years. He is a very hard
> working man, conscientious and courteous, patriotic and intensely
> anti-Communist. His intellectual outlook is rather limited, largely
> because of his long years in the Soviet Union. Like his father, he is
> free from corruption and therefore not free from self-righteousness
> (again not unlike his father). He honestly believes that the most
> effective way in dealing with the Communists is to be as ruthless
> with them as they are with anyone opposing them. [101]

　　胡適在文章中指出：從 1949-1951，臺灣在共產黨滲透和通
貨膨脹高度的威脅下，遠遠沒有達到法治與民主，但 1952-54，3
年之間則有比較明顯的進步，臺北和嘉義兩市市長的選舉，國民
黨的候選人都落選了，這不就是地方民主選舉公正的證明嗎？
1950 年代初期，臺灣並非如吳國楨所指控，完全沒有民主選舉
和言論自由，這一點，卻是事實。[102]

---

101 Hu Shih, "How Free Is Formosa?" *The New Leader*, Vol. 37, number 33, p. 20.

102 有關胡適與吳國楨的這段爭辯，參看〈胡適與吳國楨，殷海光的幾封信〉，《中華月報》，
　　695 期（1973，8），頁 36-39。

　　胡適發表反駁吳國楨的文章，與其說是為蔣氏父子辯護，不如說是不忍看到臺灣也淪入共產黨的控制，使全中國一無例外的關進「鐵幕」。蔣氏父子所統治的臺灣，其民主法治無論是如何的不能滿人意，畢竟還是中國民主唯一的希望—這點希望無論是如何的渺茫，胡適有生之年，從未放棄過。現在回看這段歷史，我們不得不說，國民黨早期的獨裁，帶來了臺灣幾十年的穩定和經濟發展，使後來的民主變得可能。而吳國楨筆下秘密警察的頭子蔣經國，竟是臺灣走向民主的奠基者。胡適畢生的努力終究沒有白費。印證了胡適常說的「功不唐捐」。

　　五十年代，胡適影響最大的一次演講，是 1957 年 9 月 26 日在聯合國第十二次全體代表大會上（The Plenary Meeting of the Twelfth Regular Session of the General Assembly of the United Nations），以中華民國代表的身份，發表〈匈牙利抗暴對中國大陸人民的影響—共產黨至今沒有贏得青年人的心〉（Repercussions of Hungarian Uprising On Mainland Chinese—Communists Have Not Won Over the Minds and Hearts of the Young），反對中共成為聯合國的會員國。10 月 14 日的《時代》週刊特別報導了胡適這次演說，並配以照片，照片下方引了胡適的名言：中國大陸「甚至沒有沉默的自由」（Not even the freedom of silence）。稱胡適為「現代中國最傑出的哲學家和最受尊敬的學者」（modern China's most eminent philosopher and most respected scholar）。[103] 一星期之後，10 月 20 日，也就是匈牙利抗暴周年紀念的前夕，由美國民間組織的「百萬人委員會」（The Committee of One Million），在《紐約時報國際版》（*The New York Times*, International Edition, Sunday,

---

103 *Time*, October 14, 1957，p. 34-35.

October 20, 1957）上，以一整版的篇幅摘要刊出胡適講稿。並印成小冊分送世界各地。這一演講對臺灣保留住聯合國的席位，並反對中共入聯合國起了重大的影響。在臺灣風雨飄搖，危在旦夕的時候，胡適在海外為中華民國講幾句公道話，這對臺灣在外交和國際上形象的影響，絕非四萬五千美元所能買到的。

我之所以舉出這些例子，是要說明，即使蔣介石定期匯款給胡適，全屬事實，這並不是什麼「私人饋贈」，更不需要「暗中接受」，這是他應得的報酬。用「嗟來之食」這樣不堪的文字，完全有昧於歷史事實。

胡適一生中最後的四年在臺灣度過，他和蔣介石的關係可以用「短兵相接」，「驚濤駭浪」來描寫，在所謂「白色恐怖」籠罩臺灣的年代，胡適在打開言路上，所作出的貢獻是可圈可點的。如果我們審視林語堂回台之後與蔣的關係，兩相比較之下，更可以看出胡適的特立獨行是如何的不容易了。

林語堂：以道輔政

1936 年，林語堂舉家遷美，往後三十年，除偶爾回國短期訪問，基本上是在海外度過。1966 年，林語堂七十一歲，決定回台定居。此後十年，直到他逝世，在臺灣度過了，相對說來，比較安定的晚年歲月。這十年，在林語堂一生中，自成段落。

年過七十的林語堂，中英文著作等身，在海內外享有盛名，回台之後受到各界熱烈歡迎，蔣介石為他在臺北近郊，風景秀麗的陽明山麓，建了一所宜閒居遠眺的樓房。1967 年 9 月 15 日，

新居落成之後，林語堂給蔣介石寫了謝函。對蔣感激備至：「語堂回國定居，備承眷顧，兼賜居宅，以為終老之所，不勝惶愧感激之至」。[104] 這話不全是客套，林語堂在去國三十年，歷遍歐美各國之後，很想稍停行腳，找一息肩之所。臺灣雖非故鄉，但與福建漳州，一水之隔，閩南話更是處處可聞，林語堂頗有老年回鄉之感，消解了不少鄉愁。

1966 年 4 月 5 日，他在香港看女兒林太乙的時候，曾向香港移民局局長（Director of Immigration）W. E. Collard，寫過一封信，徵詢申請永久居留（permanent residence）的可能。[105] 臺灣緊鄰香港，兼有政府的禮遇和女兒的照顧，是「終老之所」最理想的選擇。

七十歲以後的林語堂進入了自己所常提到的「秋天的況味」，1973 年，他寫〈八十自敘〉，又引用了自己 1935 年在《吾國吾民》〈結尾〉（Epilogue）中，所說的「早秋精神」（the spirit of early autumn），但我們細看他生命最後的幾年，不得不說，他多少已有了一些晚秋的蕭瑟，而不再是早秋的繽紛了。

回台之後，他恢復了中斷多年的中文寫作，臺灣中央社《無所不談》專欄的定期發表，和各大中文報刊的爭相轉載，多少帶給了他三十年代，《論語》，《人間世》，《宇宙風》當年盛況的一些回味。

從他這一時期發表的文字中，可以看出，他早年深感興趣的語言文字問題，此時依舊是他的主要關懷之一；對二十世紀，六七十年代的臺灣社會和生活有他敏銳風趣的觀察和體會。他的批

---

104 本文所引林語堂各函，如未特別注明出處，皆來自 2013 年 3 月 4 日林語堂故居整理編印之《林語堂故居所藏書信複印稿》共 2 冊，無頁碼，編號 M27。

105 同上。

評比較集中的體現在臺灣的教育制度和語文現象上。對他當年的舊友像蔡元培、胡適、魯迅、周作人等歷史人物也有追憶的文字。林語堂晚年有意作些學術研究，寫一些考據述學的文字，1958 年發表在《中央研究院歷史語言研究所集刊》上的〈平心論高鶚〉，就是這一時期的力作。回台以後發表的文字當中，也有一些是當年《吾國吾民》和《生活的藝術》章節的改寫，修訂，翻譯或重刊。1972 年。林語堂主編的香港中文大學《當代漢英詞典》的出版，則是他長期以來關懷中國語文改革的具體成績。

在政治上，臺灣時期的林語堂比起早年，顯得更謹慎小心，《語絲》、《論語》時代，他對自由，人權，這些議題是很關切的，如 1926 年 3 月 29 日發表在《語絲》週刊 72 期上的〈悼劉和珍、楊德群女士〉，1933 年 3 月 16 日發表在《論語》第 13 期上的〈談言論自由〉，1936 年 1 月 1 日，發表在《宇宙風》第 8 期上的〈關於北平學生一二九運動〉，這些文字對當時政府的殘暴腐敗都有極嚴厲憤激的批評。1936 年由芝加哥大學出版社（The University of Chicago Press）出版的《中國新聞輿論史》（*A History of the Press and Public Opinion in China*），則是對中國知識份子爭取言論自由與當道鬥爭所作歷史的研究。這段時期，他也曾是「中國人權保障同盟」的成員之一，晚年在回憶蔡元培的文字中對這段經歷，有一定的追悔，發現「蒙在鼓裡，給人家利用」此處所謂「人家」主要是宋慶齡和「共產小姐」史沫特萊（Agnes Smedley，1892-1950）。[106] 這一時期的林語堂是很富「抗爭精神」的。我另有專文，可以參看。[107]

到了臺灣之後，林語堂雖然發表了為數可觀的文字，但在打

---

106 林語堂，〈記蔡孑民先生〉，《無所不談》（臺北：開明，1974），頁 547。
107 周質平，〈林語堂的抗爭精神〉，此文已收入本書。

開言路這一點上，和胡適相比，是談不上有什麼貢獻的。居台
10 年，林語堂主張反共，絲毫不減當年，但很少談及民主自
由。這一方面當然與當時臺灣國民黨的政策有關，六七十年代的
臺灣，反共是「國策」，而談民主，自由，人權則是犯忌諱的。
另一方面，共產黨的倒行逆施，到了文革十年，可以說達到了巔
峰，1949 年之後，無數次的政治運動，繼之以三年的人為災
害，十年的文化大革命，中國人，尤其是知識份子，已經喪失了
做人最起碼的尊嚴，救死尚且不遑，還談什麼民主自由！此時臺
灣、大陸兩相比較，臺灣毋寧成了人間福地，即使自由主義者如
林語堂，也不忍再以民主自由來苛責蔣介石了。

　　1967 年，林語堂回台第二年，蔣介石有意請他出任考試院
副院長。[108] 在林語堂故居整理出來的書信中，存有一封 1967 年
12 月 22 日他親筆懇辭的信稿，此稿雖未呈上，但很可以看出當
時林、蔣之間的關係：

總統蔣公鈞鑒：語堂才疏學淺，不足以匡輔時世，惟好學不
倦，日補不足。回國以來，專寫中文，與國內讀者相見，以
補前愆而符我

公文化復興之至意。誠以國內學界，或專重考據，而忽略文
化之大本大經；或抱殘守闕，與時代脫節。青年學子旁皇歧
途，茫無所歸。是以著書立論，思以救正其失，由中央社分
發全世界華文日報，讀者當有三四十萬。不無少補。仰我

公為天地存心，為生民立命，凡有設施皆堂私心最景慕之
處。或有差遣，豈敢方命。第思在野則回應之才較大，一旦
居職，反失效力。況時機亟變，反攻不遠，或有再向西人饒

---

108 林太乙，《林語堂傳》，頁 310。

舌之時。用敢披肝瀝膽，陳述愚誠，仰祈明察至忠誠之志，始終不渝，專誠肅達，不勝惶悚屏營之至。

民五十六年十二月二十二日林語堂敬上

考試院副院長在當時臺灣，幾乎是個閑缺，蔣介石邀林語堂出任，或許只是出於禮貌性的邀請，這和 1937 年敦促胡適出使美國是不同的。胡適就不就職有政治和外交上的意義；林語堂是沒有這方面的影響的。有趣的是林語堂請辭的理由則和胡適相同，都是說在野更能發揮自己的作用。[109]在這封短信中，另一點值得注意的是林語堂自視之高。他真以為自己在報刊上所寫的那些短文小品能移風易俗，改變學風。這一方面或許可以說他「老驥伏櫪，志在千里」；但另一方面，卻也不免是老邁的表現，似乎少了一些自知之明。從這份信稿中，可以清楚地看出：林語堂完全自居於「以道輔政」的地位，這和胡適「以道抗勢」的態度是截然不同的。

1966 年，蔣介石八十歲生日，林語堂發表〈總統華誕與友人書〉，對蔣介石推崇備至，甚至以「睿智天縱」歌頌蔣。在賀詩中則有「北斗居其所，高山景行止」的詩句[110]。這和錢穆的〈蔣先生七十壽言〉中「論蔣先生之所遇，實開中國歷史元首偉人曠古未有之一格；而蔣先生之堅毅剛決，百折不回之精神，誠亦中國曠古偉人之所少匹也」。[111]這些都是同一類歌功頌德的應景文字，絕非林語堂當年提倡的「性靈文學」。我相信耄耋的蔣介石

---

109 參閱〈胡適致傅斯年〉，收入《胡適來往書信選》（香港：中華，1983），下冊，頁 175。
110 林語堂，〈總統華誕與友人書〉，《無所不談》（臺北：開明，1974），頁 706-707。
111 錢穆，〈蔣先生七十壽言〉，《中國學術思想史論叢（十）》（北京：九州，2011），頁 39。

看了這樣的祝壽文，多少覺得自己真是「民族的救星」了。

　　拿林、錢兩人的祝壽文字和胡適 1956 年〈述艾森豪總統的兩個故事給蔣總統祝壽〉相比，就可以看出林、錢的世故，與胡適的天真，胡把蔣「婉辭祝壽，提示問題，虛懷納言」的客套，當了真，並「坦直發表意見」了。說艾森豪在二戰期間曾是同盟國聯軍的統帥，「那是人類有歷史以來空前最大的軍隊」，但艾森豪只需接見三位將領。艾氏出任哥倫比亞大學校長之後，拒絕接見由副校長替他安排的六十三位各院系的負責人，因為艾氏承認自己並不懂各院系的專門知識，見各院系的領導，只是浪費大家的時間。另一個故事則是艾森豪如何信任他的副手尼克森，許多事都由尼克森代決。在文章的結尾處，胡適點出了祝壽文的題旨：

> 我們的總統蔣先生是終身為國家勤勞的愛國者。我在二十五年前第一次寫信給他，就勸他不可多管細事，不可躬親庶務。民國二十二年，我在武漢第一次見他時（按：胡適誤記了，應為 1932 年 11 月 28 日，見《日記》），就留下我的一冊《淮南王書》，托人送給他，盼望他能夠想想《淮南主術訓》裡的主要思想，就是說，做一國元首的法子是「重為善，若重為暴。」重是不輕易。要能夠自己絕對節制自己，不輕易做一件好事，正如同不輕易做一件壞事一樣，這才是守法守憲的領袖……
> 怎樣才能夠「乘眾勢以為車，禦眾智以為馬」呢？我想來想去，還只能奉勸蔣先生要徹底想想「無智，無能，無為」的六字訣。我們憲法裡的總統制本來是一種沒有行政實權的總統制，蔣先生還有近四年的任期，何不從現在起，試試古代

哲人說的「無智，無能，無為」的六字訣，努力做一個無智
而能「禦眾智」，無能無為而能「乘眾勢」的元首呢？[112]

這是一篇很煞風景的祝壽文字，首先胡適指出蔣介石的領導
能力遠不及艾森豪，在知人善任上，蔣應向艾學習。而二十五年
來，蔣在領導的作風和能力上，缺乏改變進步，因此，胡只能重
提二十五年前的老話。胡適語重心長的指出，他希望蔣要「絕對
節制自己」，做一個「守憲守法的領袖」，而他的任期，剩下不
到四年了。結尾處的幾句話已經為 1960 年胡適反對蔣的違憲連
任，埋下了伏筆。

最值得注意的是：蔣在胡的眼裡，始終只是一個民選的總
統，而不是「明君聖主」。民選的總統必須受憲法的約束，這是
胡適民主法制理念的實踐。林語堂和錢穆祝壽的文字，未必不誠
懇，但他們對蔣始終有種崇拜，有些仰望，這在胡是絕不存在
的。林、錢二人將中國之希望多少寄託在「明君聖主澄清天
下」，如錢穆在〈蔣公八秩華誕祝壽文〉中有「如公者，誠吾國
歷史人物中最具貞德之一人。稟貞德而蹈貞運，斯以見天心之所
屬；而吾國家民族此一時代貞下起元之大任，所以必由公勝之
也。」[113]一國之興亡系乎一人之身，這在胡適看來，正是民主制
度中不該有的現象，絕不是一件值得歌頌的事。胡適將中國之希
望寄託在民主法制的建立上，而不是放在某一個個人的身上。此
其所以對蔣之三度連任總統，期期以為不可。1959 年 11 月 15
日，胡適眼看著蔣介石違憲連任已勢在必行，而中華民國憲法之

---

112 胡適，〈述艾森豪總統的兩個故事給蔣總統祝壽〉，《自由中國》，15 卷 9 期（1956，10，
    31），頁 8。

113 錢穆，〈蔣公八秩華誕祝壽文〉，《中國學術思想史論叢（十）》（北京：九州，2011），頁
    42。

法統也將受到考驗。他請張群向蔣轉達以下幾點：

1 明年二三月裡，國民大會期中，是中華民國憲法受考驗的時期，不可輕易錯過。

2 為國家的長久打算，我盼望蔣總統給國家樹立一個「合法的，和平的轉移政權」的風範。不違反憲法，一切依據憲法，是「合法的」。人人視為當然，雞犬不驚，是「和平的」。

3 為蔣先生的千秋萬世盛名打算，我盼望蔣先生能在這一兩個月裡，作一個公開的表示，明白宣佈他不要作第三任總統，並且宣佈他鄭重考慮後盼望某人可以繼他的後任；如果國民大會能選出他所期望的人做他的繼任者，他本人一定用他的全力支持他，幫助他。如果他作此表示，我相信全國人與全世界人都會對他表示崇敬與佩服。

4 如果國民黨另有別的主張，他們應該用正大光明的手段明白宣佈出來，決不可用現在報紙上登出的「勸進電報」方式。這種方式，對蔣先生是一種侮辱；對國民黨是一種侮辱；對我們老百姓是一種侮辱。

胡適何嘗不知，在當時臺灣的政治環境中，這番話是完全不合時宜的。狂瀾既倒，也不是他隻手能夠挽回的，但他只是憑他「自己的責任感」，盡他的「一點公民責任而已」。[114]

1960 年 1 月 1 日，王世杰在日記中說：「在臺灣惟有胡適之曾直率託張岳軍向蔣先生建言，反對蔣先生作第三任總統」。2

---

114 《胡適日記全集》，冊 9，頁 457-458。

月 11 日日記又指出:「向蔣先生當面喊過萬歲的人,後來做了他的第一個叛徒(張治中),而反對他的人,卻不一定是他的敵人」。[115] 這話是很深刻的。可惜,蔣介石似乎看不到這一點。否則,在胡適逝世之後,蔣也不至於在日記上有如此的記載:「胡適之死在革命事業與民族復興的建國思想言,乃除了障礙也」。[116]嗚呼!一個「為學術和文化的進步,為思想和言論的自由,為民族的尊榮,為人類的幸福而苦心焦慮,敝精勞神以至身死的人」[117]竟成了蔣介石「革命事業」與「民族復興」的「障礙」!

王世杰 1960 年 2 月 13 日日記,有如下記載:

> 我於今晨晤適之,勸以勿再發表談話(案,即反對蔣違憲連任的談話)。……我在紐約時,曾告適之說,「你盡可堅持你的立場,但臺灣現時國際地位太脆弱,經不起你與蔣先生的公開決裂。」[118]

從這段記錄可以推測出,在蔣介石違憲連任總統這件事上,胡適曾經有過抗爭到底,不惜與蔣決裂的打算,而王世杰則是親歷其事的人。胡最後的妥協與其說是對蔣個人的屈服,不如說是為了保全在臺灣的中華民國作為反共和推行民主的基地。

1959 年 9 月,時在香港的錢穆赴台為國防研究院講「民族與文化」,蒙蔣召見,蔣以總統連任事,面詢錢穆意見。錢 1950 年

---

115 王世杰,《王世杰日記手稿本》(臺北:中央研究院近代史研究所,1990),共 10 冊,冊 6,頁 344-345;358。

116 《蔣介石日記手稿》,1962 年 3 月 3 日,《上星期反省錄》。

117 這是由毛子水執筆的胡適墓誌銘上的話。見《胡適之先生年譜長編初稿》,頁 3903-3904。

118 王世杰,《王世杰日記手稿本》(臺北:中央研究院近代史研究所,1990),共 10 冊,冊 6,頁 359-360。

初到香港，曾為文勸蔣下野，豎立一個「功成身退」的榜樣。這次蔣又舊事重提，問錢「對此次選舉之意見？」，錢誠惶誠恐的回答道：「今已時移境易，情況大不同。此待蔣公英明，內定於一心，斷非他人所能參預其意見……多數國人，終不許蔣公不繼續擔負此光復大陸之重任。擔負此重任之最適當人物，又非蔣公莫屬。」蔣聽了這番話之後，「屢頷首」。[119] 把蔣錢的這次對話和胡適力持違憲連任之不當對看，我們不能不佩服胡適「威武不能屈」的「大丈夫」風骨。

1984 年，錢穆發表〈蔣經國總統就職慶典獻言〉，有如下幾句話：「今國人或以尊憲法為爭，或以改定憲法為爭。要之，重『法』不重『人』，依然一西方傳統。中國傳統，則重人猶在重法之上。」[120] 在錢穆看來，胡適當年對修憲期期以為不可，不免還是西化過了頭。中國傳統重人而不重法。第三任總統自然非蔣莫屬了，這是符合中國傳統的。胡適在臺灣反對蔣之違憲連任，真是孤掌難鳴啊！有關胡適反對蔣介石違憲連任及其為雷震案兩人之間的衝突，論者已多，茲不再贅。[121]

據林太乙在《林語堂傳》上說：「1975 年 4 月，總統蔣公崩逝，父親聽了消息後跌倒在地上。起來之後，許久沒有言語。」[122] 這段話，應是實錄。一位八十歲的老人聽到另一位八十八歲老人的死耗，竟至跌倒在地，久久不能言語。八十八歲的老人辭世，對一般人而言，應是意料中事，而林語堂的反應竟如此強烈。或

---

119 錢穆，〈屢蒙蔣公召見之回憶〉，《錢穆先生全集》，《中國思想史論叢》10，（北京：九州，2011），頁 82.

120 缺文字。

121 參看，范泓，《雷震傳—民主在風雨中前行》（桂林：廣西師範大學出版社，2013），頁 355-428。

122 林太乙，《林語堂傳》，頁 346。

許他真有「國之安危系乎蔣氏一身」之感。林語堂晚年對蔣氏的
態度，我想和他的宗教信仰或不無關係。胡適是個徹底的無神論
者，他不信宇宙間的秩序有一個最高的創造者或指揮者。林語堂
則不然，他從小會用真實世界的情況來解釋宗教上的一些儀式。
他幼時不解為何在吃飯之前需先禱告，但他隨即以「人民在太平
盛世感謝皇帝聖恩來做比方」，於是他的「宗教問題也便解決
了。」[123] 這種「感恩」「謝恩」的心理，在宗教層面和真實世界
之間，互為影響，這一點在林語堂晚年對蔣的態度上是時有表露
的。

雖然蔣對胡也有特別關照的地方，如 1948 年底，北平已成
圍城，蔣派專機將胡接出。但胡似乎不曾在公開場合，對蔣表示
過感激，這也是令蔣極為不滿的一點。蔣在 1958 年 4 月 12 日日
記「上星期反省錄」中特別提到此點：

> 在星六晚招宴席中，以胡與梅貽琦此次由美同機返國，余乃
> 提起三十八年初，將下野之前，特以專派飛機往北平來接學
> 者，惟有胡、梅二人同機來京，脫離北平危困。今日他二人
> 又同機來台，皆主持學術要務，引為欣幸之意。梅即答謝，
> 當時余救他脫險之盛情，否則亦如其他學者陷在北平，被匪
> 奴役。其人之辭，殊出至誠。胡則毫不在乎，並無表情。[124]

蔣把（民國）三十七年末的事誤記為三十八年初了。十年
後，舊事重提，並對胡之未作公開道謝，耿耿於懷。可見蔣很在
意胡是否有所謂「感恩圖報」之心。其實，胡適有信給蔣，對派

---

123 林語堂，《林語堂自傳》，《無所不談合集》（臺北：開明，1974），頁 719。
124 《蔣介石日記手稿》，1958，4，12。

機營救出險表示感謝。1960 年 12 月 19 日，胡在收到蔣致贈的「壽」字之後，有信致謝：

> 回憶卅七年十二月十四夜，北平已在圍城中，十五日，蒙總統派飛機接內人和我和幾家學人眷屬南下，十六日下午從南苑飛到京。次日就蒙總統邀內人和我到官邸晚餐，給我們作生日。十二年過去了，總統的厚意，至今不能忘記。[125]

「報」在中國文化裡是很重要的一個成份，楊聯陞曾有專文論述。[126]胡適並非不知「報」，不言「報」。只是胡適之「報」不體現在個人層面，而是就國家，就學術而言。他在 1958 年決定回臺灣出任中央研究院院長一職，與其說他是圖報蔣救他出險之恩，不如說他是為維持學術獨立，不受政治干預而努力。這一點，余英時先生在他〈從日記看胡適的一生〉的長文中有詳細的分析，可以參看。[127]胡適這種繼「學統」於不墜的用心，恐非蔣氏所能瞭解。

結束語

我們在論胡、蔣關係時，往往對胡適寄望過高，似乎真要他「以一人敵一黨」，「以一人敵一國」，以一個知識份子敵一個獨

---

125 胡頌平編，《胡適之先生年譜長編初稿》，頁 3415。按編者自注：「先生是十二月十五日下午離開北平的，晚年誤記作『十六』了」。

126 楊聯陞，《中國文化中報，保，包之意義》（香港：中文大學出版社，1987），頁 5-12。

127 余英時，〈從日記看胡適的一生〉，《重尋胡適歷程》（臺北：聯經，2004），頁 142-146。

裁者。胡適畢竟只是一個手無寸鐵的讀書人，和他同時代的任何一個知識份子相比，他對中國的現代化，對民主自由的堅持和推進都毫無疑問的是第一人。蔣介石日記的公開，進一步證實了胡適從不自昧其所知，並敢於犯顏直諫，是蔣和國民黨真正的諍友，而蔣對胡的容忍和克制，也值得大書特書。看了蔣介石因胡適中研院院長就職演說，而感到受辱失眠的日記，讓我想起，1953 年 9 月 16 日到 18 日，毛澤東在中央人民政府委員會第二十七次會議期間，因梁漱溟的發言與毛的意見不和，毛當眾 對梁潑婦似的破口大罵，[128]並繼之以大規模的批判；而蔣則僅在日記上發些牢騷，吐些怨氣，表面上還得若無其事的和胡適應酬周旋。蔣的雅量風範豈是毛所能望其項背？

蔣的「禮賢下士」固然有一部分是刻意做出來的，但這點「刻意」也正是政治人物對讀書人表示敬意之所在。1975 年，蔣介石逝世之後，錢穆發表〈屢蒙蔣公召見之回憶〉。其中有一段最能體現蔣在應對讀書人時，有他的一些「老規矩」：

> 某一次（案，據上下文，當在 1950 年代初期），由經國先生陪赴官邸，蔣公尚在總統府未歸。稍後至，我起立敬禮後，蔣公未就坐，逕返內室，換穿長袍馬褂再出。我心慚惶無地。因我初到香港，僅有隨身舊袍，間或改穿短裝西服。此次之見，已不記是長袍或短裝，要之未備袍褂禮服。蔣公是日，本穿中山裝返邸，乃改易袍褂見我，我何以自容？[129]

---

128 毛澤東，〈批判梁漱溟的反動思想〉，《毛澤東選集》第 5 卷（湖北：人民，1977），頁 107-115。

129 錢穆，〈屢蒙蔣公召見之回憶〉，〈中國學術思想史論叢〉10，在《錢穆先生全集》（北京：九州出版社，2011），頁 81。

「易服相見」這樣一件小事，讓錢穆「慚惶無地」，「何以自容」，「懷憶無窮」。這是蔣的「禮數」也好，「權術」也好，但確能籠絡一部分學者的心，並為之俯首。這不能不說是蔣的魅力之所在。

幾十年來共產黨企圖將胡適描畫成國民黨蔣介石的「御用文人」，蔣氏日記的公開為胡適作了最徹底的洗刷。

胡適常給人題〈晏子春秋〉的兩句話：「為者常成，行者常至。」[130]這也是他樂觀哲學的基本信念。其他人不可及胡適處，並不在他的「成」和「至」，而是在他的「常為而不置，常行而不休」。這一點尤其體現在他對自由民主的追求和執著上。他在1929年寫〈我們什麼時候才可有憲法〉，就已指出：「生平不曾夢見共和政體是什麼樣子的」蔣介石「不可不早日入塾讀書」，[131]他何嘗不知與蔣介石談民主自由，不免是「對牛彈琴」。但只要有機會，他就認真的談，試著開導他，從不敷衍。這種知其不可而為之精神和1945年勸毛澤東放棄武力，1951年建議蔣分化國民黨，乃至「毀黨救國」，1960年反對蔣介石違憲連任是一致的。

胡適在對蔣介石犯顏直陳的時候，他只是「憑我自己的責任感，盡我的一點公民責任而已。」這無非也就是王陽明所說的「良知」。「良知」的本身，並沒有道德意義，只有在實踐—「致良知」的過程中，才能體現其道德意義。換言之，「致良知」的意義不在成敗，而在其致與不致，為與不為。這也是今天論胡、蔣關係，不能不三致其意之所在，至於蔣介石到底因胡適改變了多少，相形之下，反而是餘事了。

---

130 《胡適日記全集》，1953年10月7日，冊9，頁55。
131 胡適，〈我們什麼時候才可有憲法〉，《人權論集》（上海：新月，1930），頁30。

5

林語堂：在革命
與懷舊之間

前言

　　五四這一代知識份子所不缺的是對中國傳統文化激烈的批評。陳獨秀（1880-1942），魯迅（1881-1936），胡適（1891-1962），錢玄同（1887-1939），吳虞（1872-1949），吳敬恒（1866-1953）這一批開啟中國思想現代化的先驅學者，對中國的傳統從語言文字到文學，藝術，戲劇，孝道，家庭制度，無一不持批判的態度。陳獨秀創辦了《青年》雜誌（自 1916 年第二卷起，改為《新青年》），成了傳播新思想的主要刊物；魯迅在《吶喊》自序中，以「鐵屋」來象徵中國的黑暗和封閉；胡適則沉痛的指出：「中國不亡，是無天理」[1]；吳敬恒要大家把線裝書丟進茅廁[2]；錢玄同更主張廢滅漢字，徑用世界語取代之[3]；吳虞則被胡適譽為「只手打孔家店的的老英雄」[4]。

　　林語堂（1895-1976）在這樣一個批判舊傳統的大環境裡，有他極特殊的地位。他對中國文化的態度，既不是極端的激進，也不是守舊衛道，而是表現出一定的依戀和欣賞。這種依戀和欣賞，在上面所提到的一批新派知識份子當中是極少見的。當然，林語堂的依戀或欣賞並不是毫無選擇的，他和陳獨秀，魯迅，胡適有許多類似的地方，認為中國固有的文化中，有許多不近情理的禮教習俗，需要西方文化的衝激和洗刷。但是他的態度和關懷是不同的。

1　胡適，〈信心與反省〉，《胡適文存》，4 集，（安徽：黃山書社，1996），頁 338。

2　吳敬恒，〈箴洋八股化之理學〉《吳敬恒選集，哲學》（臺北：文星，1967），頁 134

3　參看，錢玄同，《新青年》5 卷 2 號（1918，8，15），〈通信〉，頁 177-178。

4　胡適，〈吳虞文錄序〉，《胡適文存》，1 集，頁 584。

陳獨秀，胡適，魯迅開啟了一個新時代，他們所談的大多是救國救民的大關懷，陳獨秀創辦了《新青年》，成立了中國共產黨，介紹了馬克思主義；胡適提倡了白話文，把自由，民主，科學注入了新思潮，魯迅立志用小說和雜文來拯救中國人的靈魂。他們很少談個人哀樂，身邊瑣事。在林語堂的著作中，我們看不到太多「大關懷，」他是以談「小情趣」見長的。

在充滿新舊衝突和東西文化矛盾的大環境裡，我們經常看到的是，「打倒舊禮教，」「廢滅漢字，」「文學革命，」「全盤西化」這類帶著相當「殺伐之氣」的字眼。林語堂很少橫眉豎目的要「革命，」要「打倒。」他能從新舊之間看出調和共存的可能，而不是互相傾軋，你死我活。

林語堂對英語讀者影響最大的著作是《吾國與吾民》（*My Country and My People*）[5]，在這本書裡，他經常表現出對舊中國的一種追懷；和他對身處當代中國的一種無奈。他往往透過古今的對比，來說明現世的墮落。林語堂的烏托邦不是在將來，而是在過去。在晚明袁宏道（字中郎，1568-1610），張岱（1597-1679）等人的小品裡，他不但找到了文章的範本，也找到了，在他看來，是合理的生活內容和人生態度。

快樂是無罪的

在中國傳統禮教下成長的人，往往對快樂有一定程度的罪惡

[5] Lin Yutang, *My Country and My People* (first published, New York: Reynal & Hitchcock, 1935; reprinted Beijing: Foreign Language Teaching and Research Press, 2000)

感，似乎一個成大功，立大業的人，必須先經過一番苦難，孟子所謂「天將降大任於斯人也，必先苦其心志，勞其筋骨，餓其體膚，空乏其身，行拂亂其所為，所以動心忍性，增益其所不能」。這種思想千百年來深入人心，「苦難」已不再是個中性的詞語，而是帶著一種道德上的崇高。一種舒適愉快的生活，則有可能被視為墮落的開始。所以「享樂主義」，在中文詞彙中，多少帶著頹廢或不道德的意味。然而，人誰不圖舒適，誰不圖享樂。給苦難以一種道德的含義，往往是鼓勵偽善，不能坦然的承認人性是貪圖舒適和享樂的。

在林語堂的作品中，他謳歌快樂，追求生活的舒適，在他看來，這是人欲，也是天理。他絲毫不掩飾人性中的欲念，也絲毫不以有此欲念為羞恥。他雖然不提倡縱欲，但也不主張節欲。欲可導，而不可抑。在《生活的藝術》（*The Importance of Living*）一書中，特立〈生命的盛宴〉（The Feast of Life）[6]一章，提出快樂並不分精神與物質兩種，這兩者是一物的兩面，是合而為一的。而所謂精神上的快樂並不高於所謂物質上的快樂，就如欣賞音樂和抽煙斗，究竟何者是精神，何者是物質，是無從分起的。在他看來，強分快樂為精神和物質，「是徒增紛擾，是不智的，也是不真實的」。（Is it possible to regard the enjoyment of music which we call art, as decidedly a higher type of pleasure than the smoking of a pipe, which we call material? This classification between material and spiritual pleasure is therefore confusing, unintelligible and untrue for me）.[7] 打破精神和物質的二分法，也就能對理欲，情色給以更合

6　Lin Yutang, *The Importance of Living* (New York: Reynal & Hitchcock, 1937; reprinted Beijing: Foreign Language Teaching and Research Press, 1998), p. 119-142.

7　*The Importance of Living*, p. 119.

乎人性的界定。他在 1929 年寫〈機器與精神〉一文時，就已提出：「大凡說哪一方面是物質文明，哪一方面是精神文明，都是過於籠統膚淺之談，無論何種文明都有物質與精神兩方面。」[8]這種「心物合一」，「靈肉一體」的看法，是林語堂人生哲學的基本觀點。

在林語堂的哲學裡，特別看重「情」字，他在《生活的藝術》中，多次徵引張潮（1650-1707）《幽夢影》中「情之一字，所以維持世界，才之一字，所以粉飾乾坤。」這句話。[9]他說：「除非我們有情，否則無從開始我們的生命。情是生命的靈魂，星辰的光輝，音樂和詩歌的韻味，花朵的愉悅，禽鳥的羽翼，女子的趣韻，和學問的生命。」For unless we have passion, we have nothing to start out in life with at all. It is passion that is the soul of life, the light in the stars, the lilt in music and song, the joy in flowers, the plumage in birds, the charm in woman, and the life in scholarship.[10]

林語堂從來沒有這樣充滿感情的陳述過「理」在生命和生活中的意義。因為他瞭解一個人與自己的本能戰是無謂的（the futility of warring against his own instincts）.[11]他說，「我一向認為，生活的目的是真正的享受生活」（I have always assumed that the end of living is the true enjoyment of it）。[12]

在〈人類的快樂是感官的〉（Human Happiness Is Sensuous）一節中，他直接了當的指出，「所有人類的快樂都是生物性的快

---

8 林語堂，〈機器與精神〉，收入《胡適文存》，3 集（安徽：黃山，1996），頁 15。

9 這句話見張潮，《幽夢影》（附在陳繼儒，《小窗幽記》）（上海：古籍，2000），頁 201。林語堂在 *The Importance of Living*(reprinted)中引用了兩次，頁 94，329。它的英文翻譯是：Passion holds up the bottom of the universe and genius paints up its roof.

10 *The Importance of Living*, p. 94.

11 *The Importance of Living*, p. 167.

12 *The Importance of Living*, p. 120.

樂。這個說法是絕對科學的。為了免受誤解，我必須把話說得清楚些：所有人類的快樂都是感官上的快樂。」（All human happiness is biological happiness. That is strictly scientific. At the risk of being misunderstood, I must make it clearer: all human happiness is sensuous happiness.）接著他指出，所謂精神狀態也無非就是內分泌在起作用。而「所謂快樂，對我而言，大部分是和消化相關的。」（Happiness for me is largely a matter of digestion.）最後他很風趣的歸結於「一個人要是大便暢通，他就快樂，要是不暢通，就不快樂。」（If one's bowels move, one is happy, and if they don't move, one is unhappy）.[13] 林語堂用這種近乎粗鄙的語言來說明快樂的定義，是帶著一種反道學的精神的。他善於將最神聖或神秘的感覺，用最平常的字眼來進行分析和解釋。讓人領受一種「說穿了稀鬆平常」的快意。

林語堂提倡享樂，但並不頹廢，他珍視生活中的每一個小情趣，《生活的藝術》第九章專講生活的享受，無論躺在床上，坐在椅子上，談話，喝茶，抽煙，熏香，喝酒，酒令，食物都專立一節，來討論這些日常生活的樂趣。因此，林語堂的享樂不同於「今朝有酒，今朝醉」的頹廢。他痛恨說大話，說假話，他只是說：快快樂樂的活，舒舒服服的過，沒什麼罪過。看林語堂《生活的藝術》，總讓我想起李漁（1611-1680）的《閒情偶寄》。《閒情偶寄》中，也有專講「居室」，「器玩」，「飲饌」，「種植」，「頤養」的篇章[14]。林語堂受了李漁的啟發是很顯然的。這樣的人生哲學並不來自西方，而是從中國傳統中滋養出來的。

13　*Ibid.*, p. 123.
14　李漁，《閒情偶寄》（上海：古籍，2000），參看〈居室部〉,〈器玩部〉,〈飲饌部〉，頁180-260。

從十九世紀末到二十世紀三十年代，「個人主義」在中國是個時髦的思想，個人的價值和自由受到空前的重視，許多知識份子批評傳統大家庭制度是個人發展的阻礙，「家」不但不是一個溫暖和快樂的所在，反而成了痛苦和罪惡的淵藪。從康有為《大同書》中，「去家界為天民」[15]，到胡適所主張的「不婚」，「無後」，都是圍繞著打破家庭這個組織而立論的。巴金在三十年代出版的暢銷小說《家》，更是為一個年輕人如何打破家庭的桎梏而找到自由，做了最浪漫的敘述。在這樣的風氣之下，家庭生活對許多新派知識份子來說，是不屑追求，也是不屑營造的。

林語堂在他同時代的人物中，是極少數有溫暖家庭生活的。他在《生活的藝術》中，特立〈家庭的快樂〉（The Enjoyment of the Home）一節，明白宣稱：夫婦關係是人倫之始，而天倫之樂則是人生之中最基本的快樂。生育子女是夫婦的天職，男女生活在一起而不生育，在他看來，是「不完全的」。他很嚴肅的指出：

> 在我看來，無論是什麼理由，一個男人或一個女人在離開這個世界的時候，竟然沒有留下孩子，那是對他們自己犯了最大的罪孽。
>
> My point of view is, whatever the reason may be, the fact of a man or woman leaving this world without children is the greatest crime he or she can commit against himself or herself.[16]

這一看法，完全符合「不孝有三，無後為大」的傳統中國禮

---

15 參看康有為，《大同書》（臺北：帕米爾，1989），頁 225-352。
16 *The Importance of Living*, p. 167.

教。

　　正因為林語堂是如此的重視家庭生活，他對所謂婦女解放的看法也不同於同時代的新派知識份子。自從 1918 年 6 月，《新青年》出版了〈易卜生專號〉，胡適寫了〈易卜生主義〉[17]之後，易卜生名劇〈玩偶之家〉（A Doll's House）中的女主角，娜拉（Nora），成了中國婦女解放的象徵人物，而娜拉在劇中，離家出走的那一幕，幾乎與婦女獲得獨立自由有同等的意義。林語堂則認為女子首要的責任是妻子和母親，他不相信所謂事業上的成功能取代做母親的快樂，他甚至認為婚姻就是女人最好的事業。[18]這在今天看來，幾乎有歧視女性的危險了。他絲毫不含糊的指出：

> 女人最崇高的地位是作為一個母親，要是一個妻子拒絕作母親，她立即就會失去尊嚴，別人也不把她當回事，因而有成為玩物的危險。對我來說，妻子而沒有孩子，只是情婦，而情婦有了孩子，就是妻子，且不管他們的法律地位是什麼。
>
> I insist that woman reaches her noblest status only as mother, and that a wife who by choice refuses to become a mother immediately loses a great part of her dignity and seriousness and stands in danger of becoming a plaything. To me, any wife without children is a mistress, and any mistress with children is a wife, no matter what their legal standing is.[19]

17　胡適，〈易卜生主義〉，《胡適文存》一集，頁 455-468。

18　*The Importance of Living*, p. 172-174。林語堂用反問的語氣寫道：「難道婚姻不是女人最好的事業嗎？」（Is it not true that marriage is the best profession for women? (p. 174)

19　*The Importance of Living*, p. 179.

　　這樣的提法，不免是以男子為中心，但也符合林語堂所一再強調的自然界的生物現象。

　　要瞭解林語堂家庭生活的和樂，可以參看他三個女兒所寫的日記，1939 年在紐約出版，書名就是《吾家》（Our Family），有賽珍珠（Pearl S. Buck）的序。這些日記是孩子們的手筆，真實的反映出了林語堂的日常生活，和其樂融融的家庭[20]。他的二女兒林太乙寫了一本《林家次女》，也可參看。[21]在同時代知識份子中，有這樣家庭生活的是極少數，只有趙元任有類似的家庭樂趣。[22]

　　1947 年，林語堂在紐約出版《蘇東坡傳》，英文的書名是 *The Gay Genius—The Life and Times of Su Tungpo* 蘇東坡是林語堂最崇拜的詩人，在字裡行間我們不難看出林語堂對東坡的學識，才情，為人，處世，真是心嚮往之，有時我們甚至分不清林語堂是在寫東坡還是寫自己。東坡令林語堂最為傾倒的一點是他的 gay, gay 這個字，在中文詞彙中，不易找到一個完全對等的翻譯。它的本義是一種充滿活力，近乎放肆的快樂和愉悅。Gay 在晚近的英文裡成了同性戀的同義詞，林語堂用的是它的本義。其實，用 gay 這個字來描述林語堂自己也是再恰當不過了。

　　1955 年，林語堂出版小說《遠景》[23]，同年 5 月 24 日的《紐約時報》（*The New York Times*）有 Orville Prescott 所寫的書評，也特別提到林語堂提倡享樂的人生哲學，並引了書中所說最理想的生活是：「住有美國暖氣的英國木屋，有個日本妻子，法國情

20　Adet and Anor Lin, *Our Family* (New York: The John Day Company, 1939)

21　林太乙，《林家次女》（上海：學林，2001）

22　參看，楊步偉，《雜記趙家》（臺北：傳記文學，1985）。

23　Lin Yutang, *Looking Beyond* (New York: Prentice-Hall, Inc., 1955)

婦，和中國廚子」（to live in an English cottage, with American heating, and have a Japanese wife, a French mistress and a Chinese cook）。[24]這樣的提法，當然有玩笑和幽默的成分，但林語堂所謂的理想生活是不排斥口腹和聲色之娛的，也是不爭的事實。

在現實情況極端苦難，言論控制十分嚴密的大環境裡，提倡享樂主義，是有可能被指摘為逃避現實，或麻痹青年的。但我們也不難看出，林語堂的文章往往帶著正話反說的譏諷。正如同魏晉名士的放浪，對當前惡劣的形勢，有一定的反抗。郁達夫在1935為《中國新文學大系》所寫〈現代散文導論〉中，說林語堂「耽溺風雅，提倡性靈，亦是時勢使然，或可視為消極的反抗，有意的孤行。」並指出這種性格是「隱士和叛逆者」的混合[25]。這段評論，很體現了林語堂思想和個性上的特點。

林語堂與魯迅

1981 年，由北京人民文學出版社所出十六卷本的《魯迅全集》中，提到林語堂的地方不少。對林語堂的官方論斷是這樣的：

三十年代在上海主編《論語》，《人間世》，《宇宙風》等刊物，提倡性靈，幽默，以自由主義者的姿態為國民黨反動統

---

24 Orville Prescott, Books of the Times, *The New York Times*, May 24, 1955.

25 郁達夫，〈現代散文導論〉下，收入《中國新文學大系導論集》（上海：上海書店，1982），頁 219。「隱士和叛逆者」原出周作人，《澤瀉集序》，原文作「叛徒與隱士」。《周作人全集》（臺北：藍燈，1992），卷 1，頁 131。

治者粉飾太平。1936 居留美國，1966 年定居臺灣，長期從
事反動文化活動。[26]

這短短的一段話，可以視為 1949 年之後，共產黨對林語堂
的定評。其實林語堂一生除了 1927 年曾短期任武漢國民政府外
交部秘書以外，沒有參與過政府的工作，1936 年之後，長期居
留海外，主要以英文發表著作，很少具體的評論國內事務。究竟
是什麼原因共產黨給以如此的酷評呢？這還需從林語堂與魯迅的
一段交往談起。

1932-1935 是林語堂在中國最活躍，影響最大的幾年，他所
主編的《論語》《人間世》和《宇宙風》三本雜誌，暢銷一時，「幽
默，」「閒適」成了一時風尚。由於林語堂，周作人等人以晚明
小品作為文章典範，許多在清代遭到禁毀的明人集子，重新受到
三十年代中國知識份子的注意。林語堂在 1934 年出版了包括
《袁中郎全集》在內的《有不為齋叢書》，這些重刊的書籍，都
是明末清初「專抒性靈」的作品。[27]但與此同時的是以魯迅為首
的左翼作家的興起，大力提倡無產階級文學，由此引發了魯迅與
梁實秋之間「文學有沒有階級性」的辯論。[28]林語堂在這次論戰
中，雖未直接參與，但顯然較同情梁實秋，文學並無階級性的說
法。

林語堂所嚮往的是傳統中國文人精緻典雅悠閒的生活，這與
魯迅此時所熱衷的無產階級文學是不同調的。這一點在他的名著
《生活的藝術》中，表現的最為清楚，晚明文人袁宏道，張岱的

---

26 《魯迅全集》，卷 4，頁 571。類似的注，散見各集，文字略有異同。

27 林語堂，〈有不為齋叢書序〉，《有不為齋隨筆》（臺北：德華，1978），頁 4。

28 有關這次辯論，參看黎照編，《魯迅梁實秋論戰實錄》（北京：華齡，1997）

山水小品，明末清初李漁的《閒情偶寄》，張潮的《幽夢影》，
都受到林語堂高度的欣賞和評價，其中許多片斷收入《生活的藝
術》一書中。

從五四到三十年代，那一代的作家中，無論是小說還是散
文，大多強調中國的苦難，列強的侵凌，禮教的束縛，繼而要同
胞們奮發，努力，改革不合理的制度。陳獨秀發表在《新青年》
上的文章，魯迅的短篇小說，胡適的社會評論可以說無一例外。
林語堂是少數在那個苦難的時代裡，敢於提倡生活的情趣，並帶
著相當享樂主義的色彩，提出「快樂無罪」的看法。也正是在這
樣的基礎上，魯迅說「〔林語堂〕所提倡的東西，我是常常反對
的」。[29]

1933 年 6 月 20 日，魯迅有信給林語堂，對《論語》的作風，
已經不甚滿意，但語氣還是平和的：

> 頃奉到來箋並稿。前函令打油，至今未有，蓋打油亦須能有
> 打油之心情，而今何如者。重重壓迫，令人已不能喘氣，除
> 呻吟叫號而外，能有他乎？
> 不准人開一開口，則《論語》雖專談蟲二，恐亦難，蓋蟲二
> 亦有談得討厭與否之別也。天王已無一枝筆，僅有手槍，則
> 凡執筆人，自屬全是眼中之釘，難乎免於今之世矣。

據《魯迅全集》注，「蟲二」是「風月」兩字去其邊，因此，
「蟲二，」亦即「風月無邊」之意。所謂「天王，」指的是「國
民黨。」[30]

29　魯迅，〈論語一年〉，《魯迅全集》，卷 4，頁 567。
30　魯迅，〈致林語堂〉，《魯迅全集》，卷 12，頁 187-188。

　　林語堂何嘗不知，九一八之後，中國真是到了存亡的關頭，何嘗不知「重重壓迫，已不能令人喘氣」。他之所以在此時寫打油，談風月，正是要在這樣惡劣的環境之下，為中國人提供一處在政治上比較中立的空間，在那方園地裡，也還能喘喘氣，還能在「呻吟叫號」之外，有些微吟低唱。他在〈有不為齋叢書序〉中，很風趣的說明了這樣的心情：

> 難道國勢阽危，就可不吃飯撒尿嗎？難道一天哄哄哄，口沫噴人始見得出來志士仁人之面目嗎？恐怕人不是這樣的一個動物吧。人之神經總是一張一弛，不許撒尿，膀胱終必爆裂，不許抽煙，肝氣終要鬱結，不許諷刺，神經總要麻木，難道以鬱結的臟腑及麻木的神經，抗日尚抗得來嗎？[31]

　　林語堂曾說，要做文人，須先做人[32]，同理，要做一個愛國的人，也必須先做人。沒有一個連人都做不好的人，而能做好一個文人，或一個愛國的人。林語堂拒絕依附黨派，拒絕捲入政治鬥爭，並不是不關心政治，不關懷社會。在他看來，知識份子在政治上扮演的角色，不是顧問，而是質疑者。一旦成了顧問，也就是所謂國師，那就免不了得為當道謀劃獻策，林語堂為中國的將來既沒有畫過藍圖，也沒有指出過方向。也沒有魯迅要用文學來為中國人治病的雄心。

　　1933 年，魯迅發表〈小品文的危機〉，把林語堂所提倡幽默閒適的小品文比作文人雅士案頭的清供和書房中的小擺設，指出提倡者的用心是想「靠著低訴微吟，將粗獷的人心，磨得漸漸的

31　林語堂，〈有不為齋叢書序〉，《有不為齋隨筆》，頁 4。

32　林語堂，〈作文與做人〉，《林語堂散文》，卷 3，頁 137-146。

平滑」[33]。魯迅的這一論調,後來成了共產黨對林語堂官方「定評」的底本。魯迅認為,當時中國所需要的是「匕首和投槍,要鋒利而切實,用不著什麼雅」而林語堂所提倡的小品文則缺「掙扎和戰鬥」的精神和內容[34]。全文的總結是:

> 生存的小品文,必須是匕首,是投槍,能和讀者一同殺出一條生存的血路的東西;但自然,它也能給人愉快和休息,然而這並不是小擺設,更不是撫慰和麻痺,它給人的愉快和休息是休養,是勞作和戰鬥之前的準備。[35]

魯迅在 1933 到 1935 之間,曾多次撰文或指名,或暗諷林語堂所提倡的小品文。如 1933 年的《「滑稽」例解》[36],1935 年的《論俗人應避雅人》[37],都是針對林語堂而發。

1935 年,《宇宙風》首刊,林語堂在〈且說本刊〉一文中,提出了他對當時文壇的觀察和批評,與魯迅的說法有針鋒相對的地方:

> 吾人不幸,一承理學道統之遺毒,再中文學即宣傳之遺毒,說者必欲剝奪文學之閒情逸致,使文學成為政治之附庸而後稱快,凡有寫作,豬肉熏人,方巾作祟,開口主義,閉口立場,令人坐臥不安,舉措皆非。[38]

33　魯迅,〈小品文的危機〉,《魯迅全集》,卷 4,頁 575。

34　同上。

35　同上,頁 576-577。

36　《魯迅全集》,卷 5,頁 342-344。

37　《魯迅全集》,卷 6,頁 204-207。

38　林語堂,〈且說本刊〉,《林語堂散文》,卷 1,頁 226。

　　這段話說出了林語堂與左派文人之間，對文學功能根本不同的看法。在林語堂看來，文學除了為作者自己服務以外，沒有其它服務的對象。他經常拿晚明袁宏道所說「獨抒性靈，不拘格套，」[39]作為寫作的原則。「獨抒性靈」是就內容言，亦即文學的功能只是在抒發作者的情性，哀樂，癖好。至於是否有益世道人心，能否勸世救國，以至於為無產階級服務，都與文學不相干。「不拘格套」則是就形式言，好的作品必須在形式上有充分的自由。所以他說「文學亦有不必做政治的丫環之時」。[40]

　　這番話當然也是響應胡風在 1934 年發表的〈林語堂論〉，胡風對林語堂從二十年代《剪拂集》的「凌厲風發」，退居到了三十年代的「幽默閒適」，不但深致惋惜，並有嚴厲的批評，認為林語堂所提倡表現「個性」的小品，是脫離實際，缺乏社會關懷。而林語堂所謂的「個性，」「既沒有一定的社會土壤，又不受一定的社會限制，渺渺茫茫，從屈原到袁中郎都沒有分別。」[41]在林語堂看來，屈原和袁中郎雖然在時間上有近兩千年的距離，一個生在戰國，一個生在明末，但文學是反映作家個性的這一點，卻是共通的。胡風則認為文學不只是反映作家的個性，也必須是社會的一面鏡子，起一種改造社會的作用。

　　林語堂在《翦拂集》的序裡，對自己由凌厲風發一變而為幽默閒適，做了一定的交代，亦即在不可有為的時代，寧可有所不為，以「有不為」名其齋，取意正在此。有所不為，還可以保持一定的獨立和人格，在不可有為的時代，而企圖有所作為，則不

39　這兩句話原出，袁宏道，〈敘小修詩〉，〈文鈔〉，《袁中郎全集》（臺北：世界，1964），頁 5。
40　林語堂，〈且說本刊〉，《林語堂散文》，卷 1，頁 226。
41　胡風，〈林語堂論〉，在梅林編《胡風文集》（上海：春明書店，1948），頁 53。

免淪為政治的宣傳[42]。加入「左聯」以後的魯迅不正是如此嗎？魯迅在死前一年，寫信給胡風，說到蕭軍應不應該加入「左聯」的事。他直截了當的回答道：

> 我幾乎可以無須思索，說出我的意見來，是：現在不必進去。最初的事，說起來話長了，不論它；就是近幾年，我覺得還是在週邊的人們裡，出了幾個新作家，有一些新鮮成績，一到裡面去，即醬在無聊的糾紛中，無聲無息。以我自己而論，總覺得縛了一條鐵索，有一個工頭在背後用鞭子打我，無論我怎麼起勁的做，也是打，而我回頭去問自己錯處時，他卻拱手客氣的說，我做得好極了。真常常令我手足無措，我不敢對別人說關於我們的話，對於外國人，我避而不談，不得已時，就撒謊。你看這是怎樣的苦境？[43]

連魯迅進入「左聯」之後都覺得身不由己，更不要說其它身份地位不如魯迅的作家了，一旦加入了「左聯」，整個人就成了政治的工具。林語堂在寫作中始終要保持他的獨立和自由，拒絕成為任何人，任何主義，任何教條的工具。

林語堂曾以「寄沉痛於悠閒」論周作人詩[44]，也許我們可以說林語堂的小品文「悠閒有餘，沉痛不足」，或甚至於「但有悠閒，而無沉痛」但這一點在林語堂看來，並不足為病。三十年代，在「左聯」無產階級文學的狂瀾之下，幾乎成了只要是文學就必須「沉痛」的局面，林語堂在此時，敢於站出來說，「沉痛」

---

42 林語堂，《翦拂集》（上海：北新，1928），頁 I-VI。

43 魯迅，〈致胡風〉，《魯迅全集》，卷 13，頁 211。

44 轉引自胡風，《林語堂論》，頁 58。

固然是文學，「沉醉」也未嘗不是文學。一個作家在「沉痛」之餘，也有「沉醉」的權利。這樣的看法，與其說是他跟不上時代，不如說是時代跟不上他。我在〈林語堂與小品文〉一文中曾經指出：林語堂在三十年代，國難深重的時刻，提倡寫幽默閒適的小品，他的精義還是在爭取言論自由。「他所一再強調，一再表明的是：即使國難當前，我有不談救國的自由；即使國難當前，我還要有做我自己的自由。」[45]

魯迅發表〈小品文的危機〉之後，梁實秋曾為文聲援林語堂，1933 年 10 月 21 日，梁在天津《益世報文學週刊》，發表了〈小品文〉一文，指出魯迅太過「霸道，」小品文應該允許有不同的風格，並不千篇一律的「有不平，有諷刺，有攻擊。」即使有些小擺設，也不致消磨青年的革命志氣。[46]

魯迅批評《論語》，《人間世》的小品文確有太過「霸道」的地方，但他指出，二十世紀三十年代的中國，究竟不是晚明，在當時提倡明季山人墨客的生活，不免有效顰學步之譏。這一點確實道出了林語堂在三十年代提倡幽默閒適的病痛所在。魯迅在 1934 年 6 月 2 日，給鄭振鐸的一封信裡寫道：

> 小品文本身本無功過，今之被人詬病，實因過事張揚，本不能詩者，爭作打油詩；凡袁宏道，李日華文，則譽為字字佳妙，於是而反感隨起。總之裝腔作勢，是這回的大病根。其實文人作文，農人掘鋤，本是平平常常，若照像之際，文人偏要裝作粗人，玩什麼「荷鋤帶笠圖」，農夫則在柳下捧一本書，裝作「深柳讀書圖」之類，就要令人肉麻。現已非

---

45 周質平，〈林語堂與小品文〉，已收入本書。
46 梁實秋，〈小品文〉，收入，黎照編，《魯迅梁實秋論戰實錄》，頁 535。

晉，或明，而《論語》及《人間世》作者，必欲作飄逸閑放
語，此其所以難也。[47]

　　閒適幽默，講究生活情趣，是一種心境，一種態度，不可時
時掛在筆端口頭。在生活細節上努力做出閒適風雅，唯恐落入俗
套，結果卻不免成了「一說便俗」的尷尬處境。雅人自有深致，
不需時時說出。魯迅發表〈論俗人應避雅人〉，取意也正在此。
　　林語堂以晚明文人的作品和生活形態，來作為二十世紀中國
知識份子的某種典型，一方面如魯迅所說，忽略了時代的不同，
九一八以後的中國畢竟不是萬曆後期的明代；另一方面，明季的
山人墨客，表面上，風雅自適，而實際上，有許多欺世盜名之
徒，風雅閒適只是幌子，爭名奪利毫不多讓。
　　山人名士，特盛于明季，沈德符（1578-1642，字景倩）在
《萬曆野獲編》中，特立〈山人〉一節，可以看出山人在當時氾
濫墮落的一般：「此輩率多儇巧，善迎旨意，其曲體善承，有倚
門斷袖所不逮者」[48]。林語堂在文章中經常提到的陳繼儒（1558-
1639，字仲醇，號眉公），自稱「山人」，而實周旋於官紳之間，
以此而名利兼收。蔣士銓（1725-1785，字心餘）在《臨川夢》一
劇中譏評陳繼儒「裝點山林大架子，附庸風雅小名家。終南捷徑
無心走，處士虛聲盡力誇。獺祭詩書充著作，蠅營鐘鼎潤煙霞。
翩然一隻雲間鶴，飛來飛去宰相衙。」[49]這說的雖是陳繼儒，也
實是晚明山人的眾生相。林語堂在推崇袁宏道，陳繼儒這批晚明

47　《魯迅全集》，卷 12，頁 443。

48　沈德符，《萬曆野獲編》（北京：中華，1959），頁 587。

49　蔣士銓，《隱奸》，《臨川夢》，在《紅雪樓九種曲》（臺北，藝文，無出版年月），卷上，頁
　　6 上。

文人的時候，多少也助長了一些附庸風雅的虛驕之氣。[50]

小品文是晚明那個特殊時代的產物，反映的是十六，十七世紀中國部分文人墨客的生活。二十世紀三十年代，既沒有晚明的生活，更沒有晚明的社會，在九一八之後，提倡寫晚明小品，這又何嘗不是林語堂經常譏諷的假古董呢？

1934 年 8 月 13 日，魯迅在給曹聚仁的一封信中，提到他曾建議林語堂少寫小品，多作一些翻譯，或許更能有益於中國：

> 語堂是我的老朋友，我應以朋友待之，當《人間世》還未出世，《論語》已很無聊時，曾經竭了我的誠意，寫一封信，勸他放棄這玩意兒，我並不主張他去革命，拼死，只勸他譯些英國文學名著，以他的英文程度，不但譯本於今有用，在將來恐怕也有用的。他回我的信是說，這些事等他老了再說。這時我才悟到我的意見，在語堂看來是暮氣，但我至今還自信是良言，要他於中國有益，要他在中國存留，並非要他消滅。他能更急進，那當然很好，但我看是決不會的，我決不出難題給別人做。不過另外也無話可說了。
> 看近來的《論語》之類，語堂在牛角尖裡，雖憤憤不平，卻更鑽得滋滋有味，以我的微力，是拉他不出來的。[51]

在魯迅看來，林語堂的小品是「無聊的玩意兒，」於中國無益，也無法存留下來。有益無益，我們無法確知，但七八十年過去了，林語堂的作品還在繼續重印，卻是事實。當然，七八十年在歷史上只是一瞬，語堂小品，能否傳之後世，而今，言之過

50　參看，周質平，《公安派的文學批評及其發展》（臺北：商務，1986），頁 80-90。

51　魯迅，〈致曹聚仁〉，《魯迅全集》，卷 12，頁 505-506。

早,即使魯迅的作品是否能夠不朽,也還未知。但有一點,魯迅是對的,林語堂沒有變得更急進。至於說鑽牛角尖是林語堂自己也承認的。他在《我的話序》中說:

> 信手拈來,政治病亦談,西裝亦談,再啟亦談,甚至牙刷亦談,頗有走入牛角尖之勢,真是微乎其微,去經世文章遠矣。所自寄者,心頭因此輕鬆許多,想至少這牛角尖是自己的世界,未必有人要來統治,遂亦安之。孔子曰:汝安則為之。我既安矣,故欲據牛角尖負隅以終身。[52]

魯迅用「牛角尖」似有貶義,而林語堂則坦承不諱,並以鑽牛角尖而自命,自樂。

1936 年 10 月 19 日,魯迅死在上海,時林語堂在紐約,十三個月之後,林語堂發表〈魯迅之死〉,悼念這位老朋友,對他們兩人的交誼離合,作了回顧和分析。講到有關小品文的那段爭執,林語堂是這麼說的:

> 《人間世》出,左派不諒吾之文學見解,吾亦不肯犧牲吾之見解以阿附,初聞鴉叫自為得道之左派,魯迅不樂,我亦無可如何。魯迅誠老而愈辣,而吾則向慕儒家之明性達理,魯迅黨見愈深,我愈不知黨見為何物,宜其剌剌不相入也。[53]

林語堂和魯迅之交惡,全在「黨見」二字。林語堂所提倡的小品文是「以自我為中心」的,這一點,正是「個人筆調及性靈

---

52 林語堂,《我的話》(上海:時代書局,1934)
53 林語堂,〈魯迅之死〉,《魯迅之死》,頁6。

文學之命脈」所在。[54]林語堂的小品文在現代中國文學史上之所以有一席地，正在他能獨樹一幟，而沒有隨著左派俯仰。這點缺乏黨見，在共產黨官方的評論看來，自然是一種遺憾，但就客觀的立場而論，則正是林語堂二十世紀三十年代在中國文壇的貢獻。

夏志清在英文本的《近代中國小說史》上，對林語堂小品文，作了這樣的評價：

> 檢視林語堂在這段時期所寫的中文小品，我們發現，那些尖銳又語帶譏諷的短文是很精彩的，但那些英國式的小品文則是刻意的怪異，而沒能達到性靈較高的境界。
>
> If one examines Lin Yutang's Chinese writings of this period, one finds that, while his pointed, paradoxical epigrams are often brilliant, his essays written in the British familiar style are only studiedly whimsical without ever attaining the higher reaches of *hsing-ling*.[55]

夏志清所說「刻意的怪異」，和魯迅所說的「裝腔作勢」，或郁達夫「有意的孤行」，有類似處，晚明小品除了「獨抒性靈，不拘格套」以外，也很注重「信手信腕，皆成律度」[56]。林語堂的語錄體，文字上簡練是他的長處，但正因為過分簡練，讓人覺得，不是信手偶得之作，這是他不能達到較高性靈境界的另一個原因。夏志清接著說道：

---

54 林語堂，〈說自我〉，《諷頌集》（臺北：志文，1966），頁 220。

55 C. T. Hsia, *A History of Modern Chinese Fiction 1917-1957* (New Haven: Yale University Press, 1961), p. 134.

56 袁宏道，〈雪濤閣集序〉，〈文鈔〉，《袁中郎全集》，頁 7。

在與左派作家的對抗中，林語堂當然用了西方的傳統。但他並沒有嚴肅的文學或知識上的標準，而只是激發了一些不很相干的個人熱情。林語堂在讓讀者偏離共產主義這一點上，作的比他同時代的任何作家都多，但他自己卻走進了一條享樂主義的死胡同，而未能為純粹的藝術追求給以關鍵的動力。

Lin Yutang of course draws upon the Western heritage. But instead of serious literary or intellectual standards, he invokes only an assortment of unrelated personal enthusiasms... Lin Yutang did more than any other writer of his time to alienate readers from Communism, but he ended in the blind alley of hedonism, unable to provide the necessary critical incentive for the disinterested pursuit of art.[57]

這段評論可稱公允，企圖用幽默閒適來與當時席捲中國的社會主義抗衡，不免是螳臂擋車，必無勝算。夏志清所謂「享樂主義的死胡同」，意即在此。這點是今天共產黨的評論家也會同意的。至於讓讀者偏離共產主義這一點，在夏志清看來，是林語堂的功績，在共產黨的評論家看來，就是他的罪狀了。

1991 年，河北人民出版社，出版了《林語堂散文》三冊，卷首有徐學所寫，冠題為〈孔孟風骨，幽默文章〉的序言，他對林語堂在現代文學史上的貢獻，基本上是肯定的，並給以相當高的評價。但認為林語堂「在政治立場和觀點上有偏差與失誤，」他說對林語堂的「藝術修養與藝術手法，」不可因政治立場的不

---

57 C. T. Hsia, p. 134.

同而「一筆勾銷」。[58]換句話說，政治觀點和藝術成就，必須「一分為二，」不可混為一談，這樣的態度在表面上看來，是很公允的，但稍一推敲，就不難發現，林語堂之所以有他的藝術修養與手法，正是因為他在政治上有一種自由主義，和個人主義的基本信念。沒有個人主義和自由主義作為思想的基砥，就不可能產生「獨抒性靈，不拘格套」的文學作品。所以「藝術成就」和「政治立場」是有一定關係的。一個心中充滿著「無產階級，」「工農大眾，」「鬥爭，」「革命」的作家是很難寫出富有性靈，閒適，幽默的作品的。

中國大陸自從改革開放以來，對五四時期和三十年代的知識份子，進行重新評價，對許多在五十年代，被定為反動學者，像胡適，傅斯年等人，在出版他們作品的時候，大多在序言中要申明，在肯定他們學術成就的同時，必須指出，他們政治上的觀點是有錯誤的。其實，「政治反動，」往往是學術進步的先決條件，沒有「獨立之精神，自由之思想，」何來學術上的進步？

從白話文到簡體字

1917 年胡適在《新青年》上發表〈文學改良芻議〉之後，白話文的發展非常迅速，短短五年之間，小學的語文課本，就由文言改成了白話。林語堂基本上是支持白話文運動的。但在他看來，文白之間，並非壁壘分明，而是可以互相補足的。他自己的

---

58 徐學，〈孔孟風骨，幽默文章〉，《林語堂散文》（河北：人民出版社，1991），頁 1-8。

文體，就充分體現了文白夾雜的特點，他寫作的時候，不拘泥於
文言口語，也不拘泥古今詞彙，只要能表達他所思所感的，無不
可以入文。他提倡寫晚明小品，或語錄體的文字，這樣的文字，
當然可以視為不徹底，不純粹的白話，但也正因為如此，林語堂
體的白話，大大的拉近了古今文體的距離，緩和了文言和白話之
間的斷層現象，減輕了白話文過分冗逯辭費的問題。他在〈怎樣
洗煉白話入文〉中說：「須知吾之擁戴語錄，亦即所以愛護白
話，使一洗繁蕪綺靡之弊，而復歸靈健本色之美。」[59]

換句話說，林語堂之提倡語錄體，是要文言為白話服務，而
不是白話為文言服務。這和晚明公安袁氏兄弟，選用一些街談巷
語入其詩文，欲其詩文有些本色靈動之美，是有根本上的不同
的。袁氏兄弟的主張，其最後之目的，還在救五七言之窮，並非
用白話寫詩作文。而林語堂則是用文言來救白話的繁蕪。

林語堂對當時文體的批評，並不是嫌文體過白，恰恰相反的
是當時的白話文有惡性西化的傾向，所謂白話只是一種說不出，
又看不懂的書面語。所以他「深惡白話之文，而好文言之白」[60]。
他一針見血的指出：

> 故欲糾正今日文字之失，仍是大家先學做好白話文。須知今
> 日之病，不在白話自身，而在文人之白話不白而已。[61]

因此，他理想中的白話文「乃是多加入最好京語的色彩之普

59 林語堂，〈怎樣洗煉白話入文〉，《林語堂散文》，卷1，頁270-271。
60 同上，頁270。
61 同上，頁271。

通話也。」[62]這一看法，在他晚年有進一步的闡發，他在〈論言文一致〉一文中說：

> 我們的目標，是要做到「語文一致」，並非專講「引車賣漿者流」的口語，也非要專學三代以上的文章。要寫得出來，也念得出來。這樣才可以算是理想的白話文學。要念得出，聽得懂，這才是文人的國語。[63]

胡適提倡白話文，林語堂是支持的，但對白話的定義，兩人並不完全一致，胡適側重在文白之異，在〈文學改良芻議〉中，開宗明義的說明，「不模仿古人」，「不用典」，「不講對仗」[64]。而林語堂則認為，「國語中多文言遺產，為何不可享受？」[65]側重在文白的融合。

1961 年 1 月 16 日，林語堂在美國國會圖書館講〈五四以來的中國文學〉，他指出：

> 「文學革命」並不只是一個語言的革命。在社會和文化方面，它也意味著與過去的決裂。它代表一種「激進主義」的情緒─對過去的反叛。我特地用「激進主義」來形容它，因為五四運動直接導向今日中國的左傾情勢。[66]

---

62 同上，頁 278。

63 林語堂，〈論言文一致〉，《林語堂散文》，卷 3，頁 247-248。

64 胡適，〈文學改良芻議〉，《胡適文存》，一集，頁 4。

65 林語堂，〈怎樣洗煉白話入文〉，頁 272。

66 林語堂，〈五四以來的中國文學〉，在林太乙編，《讀書的藝術，語堂文選下》（臺北：聯經，1994），頁 224。

　　林語堂這個論斷是公允的，文學革命和五四運動的基本精神
是與傳統決裂，而林語堂在這個激進的大浪潮裡，無論是語言或
思想，都代表一種對舊有傳統的依戀和不捨。

　　對於漢字的改良，林語堂也有極獨特的觀點，他不像錢玄同
提出廢滅漢字漢語而逕用「世界語」（Esperanto）取代的極端主
張[67]，林語堂對漢字漢語的態度是：漢字雖不理想，但卻是唯一
可行的一套書寫工具，至於漢語，則必須推行國語，來作為這個
多方言國家的共同語。換句話說，他是要在現有的基礎上，進行
改良，而不是全盤推翻。他發明新的檢索方法，積極的參與國語
羅馬字制定的工作，提倡俗字。

　　如何讓漢字更便利的適用于現代中國，是林語堂終其一生的
關懷。他在 1917 年 12 月寫了〈漢字索引制說明〉，發表在《新
青年》第四卷第二號，他指出中國傳統的檢索方法是極不科學，
極不便利的。他提出了以筆劃之先後，為檢索的基礎。計得首筆
二十八種，約略相當於英文之二十六個字母。當然，這只是一個
極粗略的系統，但至少為漢字之檢索，提出了一個全新的概念。
得到當時北京大學校長蔡元培的激賞，為他短短不到四頁的文
章，寫了一篇序，並許之為「其足以節省吾人檢字之時間，而增
諸求學與治事者，其功效何可限量耶！」錢玄同為林語堂此文寫
了跋語，說這一構想，「立法簡易，用意周到」。林語堂當時才
二十二歲，能得到學界兩位領袖的支持是很不尋常的。[68]

　　1924 年林語堂首先提出給不同筆劃以號碼的構思，王雲五
即在這個基礎上，發表了他的「四角號碼檢字法」。說林語堂是

67　參看，錢玄同，《新青年》5 卷 2 號（1918，8，15），《通信》，頁 177-178。
68　林語堂，〈漢字索引制說明〉，《新青年》4 卷 2 號（1918，2，15），頁 128-135。

漢字自動化的先驅是一點都不為過的。[69]

1933 年，林語堂在《論語》發表〈提倡俗字〉一文，他對漢字的改革，有非常通情達理的見解，比之今日許多漢字衛道者，其開明進步之程度，真不能以道理計。他一方面了然漢字存在的必要，另一方面則不排斥俗字和簡字。他指出：

> 今日漢字打不倒，亦不必打倒，由是漢字的改革，乃成一切要的問題。如何使筆劃減少，書寫省便，乃一刻不容緩問題。文字向來由繁而簡。人類若不能進化，我們今日仍應在寫蝌蚪文籀文之類，反對漢字簡化的守古之士，我們只好問他何不寫蝌蚪文。[70]

林語堂對秦始皇統一文字的運動，給以極高的評價，並指出整個書同文的歷史，是小篆取代籀文，隸書取代小篆，「俗字打倒正字」的過程。他對當時國民政府教育部在這個議題上，不能當機立斷，提倡簡體字，感到相當不耐，他說：

> 這種比較徹底的改革，非再出一個秦始皇，李斯，下令頒佈，強迫通用，不易見效。如果有這樣一個秦始皇，我是贊成的。[71]

在文章結論中，他將提倡俗字的主張歸結為幾點，其中包括：「現行俗體省體之簡便者，皆可採錄，」如「灯，」「万」等

69　Lin Yutang, "Invention of a Chinese Typewriter," *Asia* (Feb. 1946), p. 60.

70　林語堂，〈提倡俗字〉，《林語堂散文》，卷 2（河北人民，1991），頁 386-387。

71　同上。

字,「古字之簡省者,亦可採用,」如「礼,」「众」等字;「行草書之省便者,應改為楷書筆劃,」如「欢,」「观」等字;「在白話中特別常見之字,尤應顧到,」如「边,」「这」等字。他同時指出「教員有教學生寫省筆及行書之義務。」在看完這幾點之後,我們不得不說,林語堂的簡體字方案,比起中國語言文字改革委員會在 1958 年提出來的方案,整整早了二十五年。

1940 年代,林語堂將他的精力財力,傾注於發明一種全新構思的中文打字機,取名為「明快打字機」。這個打字機的構想,已有了漢字自動化處理的初步設計。1946 年 2 月,林語堂在英文《亞洲》(*Asia*) 雜誌上發表了〈中文打字機的發明〉("Invention of a Chinese Typewriter,")一文,在文中,他為自己的新發明,作了扼要的說明:

> 過去一年來,我荒廢了自己在文學方面的工作,集中精力來完成我過去差不多三十年來,不斷在改善中的一個為我所珍愛的計畫。我現在發明了一個和標準美國打字機同樣大小的機子,這個機器是為沒有受過任何訓練的人而設計的。這個打字機可以直接打印出五千個左右整個的漢字,加上漢字部件的組合,理論上可以打印出差不多九萬個漢字。在中國語文裡,只有約四萬三千個漢字。任何知道書寫中文的人,都能馬上坐下來開始打字,因為它的鍵盤標示得很清楚,一如美國的打字機。不需要學習,也不需要記憶。

> In the past year, I have deserted my literary activities to concentrate on bringing to fruition a cherished plan that I have been perfecting for about thirty years. I have now developed a machine the size of a standard American typewriter, which is designed for everybody's

use without previous training. It prints about 5,000 whole characters, and by combination of elements, a theoretical total of about 90,000 characters. There are only about 43,000 characters in the whole Chinese language. It is a machine at which any one who knows the Chinese writing can sit down and start typing at once, because the key-board is self-evident like the keyboard in the American typewriter. There is nothing to learn, nothing to memorize.[72]

1947 年 8 月 21 日，林語堂在家裡舉行了記者招待會，宣佈明快打字機製造成功，第二天（8 月 22 日）《紐約時報》報導了這條新聞，在標題上說，秘書原需一天才能完成的工作，現在只需 一 小 時（Invention of Dr. Lin Yutang can do a secretary's Day's work in an hour）。[73]「明快打字機」雖未大量生產，但基本上已經完成。這些工作都是在為「漢字的現代化」作出貢獻。[74]

林語堂對漢語漢字的態度是很接近趙元任的，他們不奢談「漢字革命」，或推行「世界語」，但他們卻努力的為漢字制定一套現代化的拼音系統，讓漢字的標音由反切轉化到拼音，由民族形式轉化為國際形式，並為統一國語做好基礎工作。這樣的做法，遠比提倡「世界語」或拉丁化，更實事求是，具體可行。

1967 年，林語堂受聘為香港中文大學研究教授，負責編纂《林語堂當代漢英詞典》，1972 年正式出版，編纂這本詞典，可

72　Lin Yutang, "Invention of a Chinese Typewriter," *Asia* (Feb. 1946), p. 60.

73　*New York Times*, 1947, 8, 22. p. 17.

74　有關明快打字機，參看，Micah Efram Arbisser, "Lin Yutang and His Chinese Typewriter", A senior thesis submitted to the East Asian Studies Department of Princeton University in partial fulfillment of the requirements for the degree of Bachelor of Arts, April 23, 2001.

視為林語堂晚年整理中國語文一項大規模的工作。在序言中，他概略的敘述了這本詞典的特點，就範圍而言，他文白兼收，「凡當代國語中通用的辭語，報紙雜誌及書籍可以見到的一概列入。」在「定辭」這一點上，他認為是這本詞典的「基要工作，」並指出：「國語有多少辭語，到現在無人曉得。這個悲慘的局面，是作者發憤負起重大責任的原因。」這本詞典的第三個特點是將每一個詞，透過不同的情景，說明其語用和語法的差異。[75]林語堂早年的訓練就是語言學，後來由於他在文學創作上的名聲達於巔峰，他在語言文字上的貢獻，反而少有人提及了。

林語堂筆下的孔子與儒教

林語堂對白話文和漢字的包容溫和也反映在他對孔子和儒教的態度上，五四前後，「非孝反孔，」「打倒孔家店，」幾乎是一時風尚，吳虞，陳獨秀，胡適，魯迅，或寫文章，或作小說，對所謂「吃人的禮教，」進行各方面的攻擊。林語堂在這一點上，也並未隨眾人之後，進行反孔。他的作法是努力還孔子以本來面目。這裡所謂的本來面目是未經宋儒染指的孔子，他在晚年所寫〈論孔子的幽默〉一文中，總結他一生對孔子的看法：

> 需知孔子是最近人情的，他是恭而安，威而不猛，並不是道貌岸然，冷酷酷拒人於千里之外。但是到了程朱諸宋儒手

75　林語堂，《當代漢英詞典緣起》，《林語堂當代漢英詞典》（香港中文大學，1972）頁 x-xiii.

中，孔子的面目就改了。以道學面孔論孔子，必失孔子原來
的面目。[76]

　　在還原孔子本來面目的過程中，林語堂努力把孔子「人化，」
突出「聖人與我同類」之所在。把孔子從孔廟的神龕裡請下來，
這樣才能得大家的同情與瞭解。1928 年，林語堂在《奔流》發
表《子見南子》獨幕劇，根據《論語》與《史記孔子世家》部分
史實，參之以自己的想像，編寫了這齣充滿幽默的歷史劇。孔子
在衛靈公夫人南子的面前，是個極開明通達的儒者，在男女的交
際上，也無任何拘泥造作。[77]此劇發表後，曾引起很大爭議，認
為是對至聖先師的大不敬。林語堂筆下的孔子，首先是個「人，」
然後才是「聖人。」而非一旦成了「聖人，」即失掉了「人」的
本性。聖人是在你我之間，而不是在你我之外，或你我之上。
　　這層意思，在他 1938 年以英文發表的《孔子的 智慧》（*The
Wisdom of Confucius*）[78]一書中有進一步的闡發。本書共十一章，除
書前之長序外，其餘為儒家經典之英譯。第三章「孔子的生平」
（The Life of Confucius），林語堂採用了司馬遷《史記》中的〈孔
子世家〉。他之所以用《世家》原文英譯來闡釋孔子的一生，是
基於兩點考慮：〈孔子世家〉是中國最早的孔子傳，司馬遷不但
是偉大的史學家，也是偉大的文學家。司馬遷去孔子生時，僅三
百年，並曾訪孔子故里，詢之耆舊，文獻足徵。第二點是司馬遷
未曾將孔子作為一個聖人來立傳，而只是把他看作一個人。林語

76　林語堂，〈論孔子的幽默〉，《無所不談》，（海南，1993），頁 20。

77　林語堂，《子見南子》，林太乙編，《論幽默—語堂幽默文選，上》（臺北：聯經，1994）頁
　　63-90。有關此劇爭論的文字，頁 91-115。

78　Lin Yutang, *The Wisdom of Confucius*, (Toronto: Random House, 1938). 本書有張振玉中譯，《孔子
　　的智慧》（臺北：德華，1982）。本文所有中譯，出自我手。

堂指出：

> 司馬遷心胸開闊，不帶成見，是個嚴格的史學家，而不是儒
> 教的提倡者，在議題上他採取中立的態度。他極度崇敬孔
> 子，但他不是個狹隘的孔門信徒。他所描繪的孔子是個人，
> 而不是個聖人。
> Szema Ch'ien (Sima Qian) was thoroughly open-minded and
> unbiased; he was strictly an historian and not an advocate of
> Confucianism, taking sides in questions. While he expressed his
> intense admiration for Confucius, he was not himself a strict
> adherent of the narrow Confucian school. The result was, he gave
> us a picture of Confucius the man, rather than Confucius the
> saint.[79]

　　這不只是司馬遷對孔子的態度，也是林語堂所要刻畫的孔
子。他在翻譯〈孔子世家〉時，對「紇與顏氏女野合而生孔子」
這句話中，「野合」一詞，特別加了一個長注，認為就本義言，
所謂「野合」，是在野地裡交合。但林語堂把它譯為「非婚生子
女」（extra-marital union，亦可譯為婚外關係），換句話說，孔子
是個私生子。他認為為「野合」一詞作任何曲為廻護的解釋，都
不免穿鑿附會。林語堂不以孔子之為聖人，而掩蓋他是私生子的
事實。因為這樣作，在林語堂看來，是無損孔子聖人形象的。
　　林語堂在把孔子介紹給西方讀者的同時，不但把孔子通俗化
了，而且也賦予了孔子哲學以現代的意義：

79　*Ibid.*, p. 53-54.

今天儒學所面臨的更大挑戰，不是基督教，而是由工業化時代所帶來整個西方思想，生活方式，和新的社會秩序。在現代政治學和經濟學的發展下，重建儒教封建的社會秩序，很可能已經過時了。但儒學作為人文主義文化，和日常生活與社會行為的規範，仍有它自身的價值。

Today, Confucianism meets a still greater rival, not Christianity, but the entire system of Western thought and life and the coming of a new social order, brought about by the industrial age. As a political system aiming at the restoration of a feudal order, Confucianism will probable be put out of date by the developments of modern political science and economics. But as a system of humanist culture, as a fundamental viewpoint concerning the conduct of life and of society, I believe it will still hold its own. [80]

尤其值得注意的是林語堂認為儒學是中國人在思想上反共的基底，它可以轉化共產思想（modify Communism in China），正如同孟子曾在兩千多年前和楊墨異端學說有過鬥爭，並獲勝利是相同的。[81] 林語堂能在 1938 年，提出這樣的論調，可以看出他對整個中國思想界左傾的敏銳觀察，和對儒學人文傳統的深具信心。當然 1949 年的變局，可以看作是林語堂預言的反面，但看看二十一世紀以來，儒學在中國的復興，孔子塑像在大學校園裡取代毛澤東塑像的變遷。不得不說林氏的觀察是深刻而帶有遠見的。

80　*Ibid.*, p. 4-5.

81　*Ibid.*

從異端到基督徒

　　五四新文化運動的基調是民主與科學，在「科學萬能」思潮
的衝擊之下，宗教往往成了打倒或剷除的對象，許多進步的知識
份子都以「無神論者」自居。在這樣的思潮之下，宗教與迷信成
了同義詞。這是新文化運動中的一個大問題，因此有蔡元培「美
學代宗教」的倡議，胡適則提出「社會的不朽」來作為一種新的
宗教。陳獨秀在 1920 年，已經看出了新文化運動中的這個重大
缺失，他指出：

> 現在主張新文化運動的人，既不注意美術，音樂，又要反對
> 宗教，不知道要把人類的生活弄成一種什麼機械的狀況，這
> 是完全不曾瞭解我們生活活動的本源，這是一椿大錯，我就
> 是首先認錯的一個人。[82]

　　林語堂從小生長在一個牧師的家庭，進的是基督教的學校，
對基督教有過親切的體會和觀察。他不曾受過傳統的私塾教育，
在他成長的過程中，幾乎一向是「西學為體，」即此一端，他的
教育背景和他同時代的知識份子是截然異趣的。但這樣的家庭生
活，並沒讓成年以後的林語堂成了一個基督徒，1912 年，他進
了上海的聖約翰大學，這段期間，他對基督教的教義，起了相當
的懷疑和反動，1959 年，他在〈從人文主義回到基督信仰〉的
文章中，回憶到這段往事：

82　陳獨秀，〈新文化運動是什麼？〉《陳獨秀著作選》（上海人民出版社，1993），共 3 冊，卷 2，
　　頁 125。

我到上海進大學之初，自願選修神學，準備參加教會工作。可是神學上的許多花槍很使我厭煩。我雖然相信上帝，卻反抗教條，於是我離開了神學和教會。[83]

從此以後，他在宗教信仰上，開始了一個「大迂迴」（grand detour）。他在《生活的藝術》中特立〈與神的關係〉（Relationship to God）一章，第一節講〈宗教的重建〉（The Restoration of Religion），他對宗教有了新的界定：

「信仰是一種真正的美感經驗，而這個美感經驗是屬於個人的，這個經驗很類似看著夕陽向山林的背後落下去。對這個人來說，宗教是感知上最後的歸宿，這種美感的經驗是很近於詩意的。」

Worship becomes a true aesthetic experience, an aesthetic experience that is one's own, very similar in fact to the experience of viewing a sun setting behind an outline of trees on hills. For that man, religion is a final fact of consciousness, for it will be an aesthetic experience very much akin to poetry.[84]

宗教，在林語堂看來，應該限制在道德的範圍之內，而不能輕易插手在天文，地質，或生物學之中。這樣，宗教可以少犯許多愚蠢的錯誤，而受到人們更多的尊敬。[85] 這樣的看法，是非常通達的。

---

83 林語堂，〈從人文主義回到基督信仰〉，原載《英文讀者文摘》，1959 年 10 月號，中文稿為許牧世所譯，收入《魯迅之死》（臺北：德華，1980），頁 114。

84 *The Importance of Living*, p. 402.

85 *Ibid*。

在〈我為甚麼是異端〉（Why I Am a Pagan?）一節中，他幾
近戲虐的嘲諷基督教中許多不近情理的教義，如亞當之偷吃「禁
果」所帶來的「原罪」觀念，如「處女懷胎」，如「耶穌復活」
等等，都提出了尖銳而風趣的批評。林語堂對基督教的批評是集
中在僵硬的教義，很有點反抗「吃人的禮教」的精神。他雖說自
己有很長一段時間是「異端」，但「異端」並非「無神論者」，
這是他和五四時期許多新派知識份子在宗教信仰上不同的所在。

在他 1959 年所出《從異端到基督徒》（_From Pagan to Christian_）
一書中，對自己在基督教信仰上的「大迂迴」有相當詳細的說
明。林語堂在孔孟，老莊，佛教，禪宗，各個領域中，上下求
索，但都不能在宗教的問題上，找到歸宿。他終於又回到了他童
年時期，與他共同成長的基督教[86]。他是如此說明這個轉變的：

> 三十多年來我唯一的宗教乃是人文主義：相信人有了理性的
> 督導已很夠了，而知識方面的進步必然改善世界。可是觀察
> 二十世紀物質上的進步，和那些不信神的國家所表現出來的
> 行為，我們現在深信人文主義是不夠的。人類為著自身的生
> 存，需與一種外在的，比人本身偉大的力量相聯繫。這就是
> 我回歸基督教的理由。[87]

就這樣，林語堂從「異端回到了基督徒」，為中國的知識份
子在人生的道路上，樹立了另一個典型。《從異端回到了基督徒》
這本書，與其說是林語堂個人在宗教信仰上的一個自述，不如說

86　Lin Yutang, _From Pagan to Christian_ (Cleveland and New York: The World Publishing Co., 1959), pp. 33-177.

87　〈從人文主義回到基督信仰〉，頁 113。

是他對孔孟，老莊，佛教和禪宗的體驗與心得。林語堂在向英語世界介紹中國文化時，他的取向和胡適，馮友蘭是不同的。胡適和馮友蘭也寫了大量的英語著作，介紹中國哲學，但他們的角度往往是對中國哲學進行客觀的學術上的分析與闡釋，是旁觀者在說明問題。林語堂則是就其親身的經驗，談他的體會和了悟，給人的感覺是過來人，而非旁觀者。

林語堂對大自然始終懷著相當的敬畏，在他的著作中，見不到「人與天鬥，」或「征服自然」這一類的話，在天人的問題上，林語堂是更偏向於老莊的。在《生活的藝術》一書中，他的基本精神是要體現人與自然如何和諧的共存，科學的功能是在發現自然的奧秘，並指出它的規律，而不是企圖用人為的力量來扭曲自然。所謂科學征服自然，在林語堂看來，與其說是「征服」，不如說是科學符合了自然的規律。

6

胡適林語堂與傳記文學

前言

　　在現代中國傳記文學的領域裡，胡適（1891-1962）是個中心人物。他有關這方面的論文，序跋受到論者再三徵引，他對傳統中國傳記的批評也受到多數學者的認同。與他同時代的林語堂（1895-1976），雖然在傳記寫作的數量上並不亞於胡適，但他的傳記作品，卻不如胡適的廣受國內讀者的注意。這大概是因為他主要的傳記都是用英文在海外發表，面向英語讀者，在國內的影響遠不如他的小品文。林語堂雖然沒發表過傳記文學理論方面的文字，但他所發表的傳記作品，橫跨古今，風格獨具，是現代中國傳記作家中極重要的一員。更是中國人向英語世界介紹中國人物，最成功最有影響力的作家。

　　無論就理論而言，還是就實際作品而言，胡適的傳記文字都是較偏歷史的；而林語堂的則較偏文學。胡適所提倡的「傳記文學」，其實是「以文為史」，而林語堂則是「文史相容」。他們兩人不同的風格和取向，很可以代表現代中國傳記文學發展的兩個方向。比較兩人有關傳記文學的理論和作品，可以為現代中國的傳記文學的發展理出一些頭緒。

胡適筆下的傳記文學

　　胡適是民國以來，提倡傳記文學最努力的一個人。他從少年時期（1908），就在《競業旬報》上發表了〈中國第一偉人楊斯

盛傳〉,〈姚烈士傳〉,〈顧咸卿〉,〈世界第一女傑貞德傳〉,及
〈中國愛國女傑王昭君傳〉等傳記性的文章,留學期間作〈康南
耳君傳 Ezra Cornell〉,日記中也有討論傳記文學的長段記
錄。[1]1917 年回國之後,更是經常勸人寫傳記,編年譜。他自己
也躬身實踐,寫了數量可觀的傳記性文字,影響最大是 1933 出
版的《四十自述》。1956 年出版的《丁文江的傳記》則是他為傳
記文學做出的最後貢獻。

　　胡適之所以提倡傳記文學,是因為他覺得「傳記是中國文學
裡最不發達的一門」。中國傳統的傳記有許多不能滿人意的地
方,諸如,材料少,篇幅短,忌諱多,語言僵硬等,使傳記缺乏
親切感人的力量。其中尤以忌諱多一項最能阻礙傳記文學的發
展,為尊者諱,為親者諱,為賢者諱的老規矩,使傳記作者處處
掣肘,無從暢所欲言。因此,在胡適看來,「傳記的最重要條件
是紀實傳真」。[2]「給史家做材料,給文學開生路」[3]是他寫《四
十自述》的部分原因。由此,可以看出,胡適提倡傳記文學有雙
重的目的。其一是史學的,其一是文學的。史學方面重在保存材
料,他在許多文字中都再三說明這一點;但所謂「給文學開生
路」,究竟是什麼意思,他自己並未進一步說明。

　　最近出版的有關胡適與傳記文學的論文,往往視胡適為提倡
現代中國傳記文學的第一人。[4]其實,在胡適之前,梁啟超從
1902 年到 1908 年之間,在《新民叢報》上發表了大量傳記作品,

1　《胡適留學日記》,第 2 冊,臺北,商務,1973。頁 415-418。

2　以上這一段,見胡適,〈南通張季直先生傳記序〉,《胡適文存》臺北:遠東,1978,集 3。
　　頁 686-689。另可參看,《傳記文學》,《胡適演講集》,中冊,臺北,胡適紀念館,1970。頁
　　394-417。

3　《四十自述》,臺北,遠東,1982。頁 3。

4　卞兆明,〈胡適最早使用傳記文學名稱的時間定位〉,《蘇州大學學報》(哲學社會科學版),
　　2002 年 10 月,第 4 期,頁 80-81;140。

如〈義大利建國三傑傳〉,〈近世第一女傑羅蘭夫人傳〉,〈明季第一重要人物袁崇煥傳〉,〈祖國大航海家鄭和傳〉等。而此時正是胡適在上海勤讀梁啟超著作的時候,在《四十自述》中,他明白地指出,「梁先生的文章,明白曉暢之中,帶著濃摯的熱情,使讀的人不能不跟著他走,不能不跟著他想。」[5]雖然,胡適在回憶的文字中,並沒有特別提到這幾篇傳記,但推論胡適1908年在《競業旬報》上發表的幾篇傳記多少受了梁啟超的影響,當非大謬。胡適在這幾篇傳記中所提倡的責任感,無私,見義勇為,愛國等觀念,也都是梁氏那幾年在「新民說」中極力鼓吹的。

這一時期,胡適與梁啟超所寫傳記,有一基本不同,梁氏所傳之人,都是他在《南海康先生傳》中所說之「人物」。他為「人物」一詞所下的定義是:「必其生平言論行事,皆影響於全社會,一舉一動,一筆一舌,而全國之人皆注目焉……其人未出現之前,與既出現之後,而社會之面目為之一變,若是者庶可謂之人物也已。」[6]換句話說,梁啟超的傳記,寫的往往是「英雄人物,偉大事蹟。」但胡適的傳記並不特別強調「英雄」與「偉大」,他更注意的是一個平凡人成功的過程,這也就是他在《留學日記》上所說的「人格進化之歷史」(the development of a character)。胡適認為中國傳統傳記往往過分重視結果,而忽略過程。他說,「〔中國〕傳記大抵靜而不動。何謂靜而不動?(靜 static, 動 dynamic.)但寫其人為誰某,而不寫其人之何以得成誰某。」[7]

5　《四十自述》,頁57。
6　《飲冰室文集》之6,頁58。在《飲冰室合集》,卷1,北京:中華書局,1989。
7　《胡適留學日記》,共4冊,冊2,臺北,商務,1973。頁418。

　　胡適提倡傳記文學的原因之一是用「模範人物的傳記」，來作為「少年人的良好教育材料……介紹一點做人的風範。」[8]一個只講結果而不及過程的傳記是只把繡好的鴛鴦給人看，而不把金針度於人。使人覺得無法「尚友其人」，這就失掉了傳記的教育意義。1954 年，胡適為沈宗瀚的《克難苦學記》寫長序，並譽之為：「近二十年來出版的許多自傳之中最有趣味，最能說老實話，最可以鼓勵青年人立志向上的一本自傳。」[9]其原因就在於沈宗瀚著墨最多的並不在他功成名就之後的歲月，而是在他艱難的成學過程。

　　胡適說他自己有「歷史癖」，「考據癖」，兼有「傳記熱」[10]。其實，胡適的「傳記熱」只是「歷史癖」中的一小部分。甚至可以說他的「傳記熱」是為他的「歷史癖」與「考據癖」服務的。傳記無非就是個人的歷史，胡適的興趣在以小窺大，從個人的發展看出世代的變遷，是「知人論世」之學。因此，在胡適看來，所有的傳記都是一種史料。1943 年，胡適在紐約為 Arthur W. Hummel 所主編的《清代名人傳》（*Eminent Chinese of the Ch'ing Period，1644-1912*）寫序，對這套由八百人傳記所組成的大型參考書，大為推崇。特別指出，傳記的研究，可以旁涉政治史，思想史，文學史，藝術史，社會史，乃至於中西交流史。每一篇傳記的意義，絕不只是對傳主的瞭解，更重要的是透過傳主的生平，我們可以看到那個時代的側影。他指出：

　　《清代名人傳》不只是一套傳記字典，也是目前所能找到最

8　〈領袖人才的來源〉，《胡適文存》，4，頁 495。

9　胡適，〈克難苦學記序〉，收入，沈宗瀚，《克難苦學記》，臺北，正中書局，1969。頁 1。

10　「歷史癖」，「考據癖」，見〈水滸傳考證〉，《胡適文存》1 集，505。「傳記熱」，見《四十自述》序。

詳細，最好的過去三百年來中國的歷史。這部歷史是由八百人的傳記所組成的，這一作法是符合中國史學傳統的。

But *Eminent Chinese of the Ch'ing Period* is more than a biographical dictionary. It is the most detailed and the best history of China of the last three hundred years that one can find anywhere today.[11]

在這篇序中，胡適很清楚的將傳記歸入了史學的範疇，並說明傳記是為史學研究服務的。

胡適在〈南通張季直先生傳記序〉中說，「做家傳便是供國史的材料。」[12]這種對傳記的態度和章學誠在《韓柳二先生年譜書後》中所說「年譜之體，仿於宋人，考次前人撰著，因而譜其生平時事，與其人之出處進退，而知其所以為言，是亦論世知人之學也。文集者，一人之史也。家史，國史，與一代之史，亦將取以證焉，不可不致慎也。」[13]是相通的。胡適將這段話錄於《章實齋先生年譜》之首頁，可見他是深表同意的。胡適對傳記的看法，基本上是「以文為史」，不難找出章學誠的影子。

1922 年 2 月 26 日，胡適接到商務印書館寄來的《章實齋年譜》，他在日記中有如下一段文字：

此書是我的一種玩意兒，但這也可見對於一個人作詳細研究的不容易。我費了半年的閒空功夫，方才真正瞭解一個章學誠。作學史真不容易！

---

11 Hu Shih, "Preface", in Arthur Hummel ed. *Eminent Chinese of the Ch'ing Period, 1644-1912,* Taipei, Cheng-wen Publishing Co., 1970, p. v.

12 胡適，〈南通張季直先生傳記序〉，《胡適文存》臺北：遠東，1978，集 3。頁 689。

13 章學誠，〈韓柳二先生年譜書後〉，收入《韓柳年譜》，香港，龍門書店，1969。頁 71。

　　胡適把寫哲學史比喻為「大刀闊斧」,「開山辟地」的功夫,而編年譜是用「繡花針」做細活兒。編年譜是寫哲學史之前的準備工作。所以他說「作學史真不容易!」[14]同樣的比喻也出現在〈南通張季直先生傳記序〉中,並指出,寫傳記是「大學的史學教授和學生」的「實地訓練」,是「實際的史學工夫」。此處特別值得注意的是,寫傳記,在胡適看來,是史學,而不是文學。

　　在近人所寫的傳記中,就「知人論世」這一點而言,蔣夢麟1947 年由耶魯大學出版的英文自傳《西潮》(*Tides From the West— A Chinese Autobiography*)和馮友蘭 1981 年完稿的〈三松堂自序〉,堪稱傳記文學中的上品。《西潮》一書所呈現的絕不止是蔣夢麟個人的生平,而是中國社會自 1842 年鴉片戰爭到 1941 年日本偷襲珍珠港百年之間的城鄉變遷,這本傳記為中國這百年來的外交史,政治史和學術史提供了一個清晰的縮影。尤其值得一提的是《西潮》中的許多篇章段落出之以極優美的文學筆調,如〈迷人的北京〉(Enchanted City of Peking)一節是頗帶有詩歌韻味的精美散文。[15]

　　馮友蘭(1895-1990)出生在甲午的次年,死在改革開放之後十年,他的一生經歷了晚清,辛亥革命,軍閥割據,抗戰,國共內戰,人民共和國的成立,反右,文革,改革開放這些中國近現代史上的大事,是個名副其實的「世紀老人」。他晚年的回憶錄除了記錄他一生的坎坷浮沉,和一個知識份子在中國這樣特殊的政治環境中,如何依違逢迎,以求苟全於亂世的曲折歷程,全書也為中國百年來的學術史提供了絕好的見證與材料。這兩本傳記

14　《胡適日記全集》,冊 3,臺北:聯經,2004,頁 446。

15　Chiang Monlin, *Tides From the West—A Chinese Autobiography*. New Haven: Yale University Press, 1947. "Enchanted City of Peking,"pp. 175-181. 馮友蘭,〈三松堂自序〉在《三松堂全集》,第 1 冊,河南人民出版社,1985。

是「知人論世」的典範作品，符合胡適「以文為史」的傳記取向。

胡適所說的「傳記文學」，其文學的部分並非著重在文辭或文采，而是偏重在剪裁。換言之，「傳記文學」是復活一個人物，而不是創造一個人物。他在〈黃轂仙論文審查報告〉中對年譜和傳記有過分別，他說：

> 中國傳記舊體，以「年譜」為最詳。其實「年譜」只是編排材料時的分檔草稿，還不是「傳記」。編「年譜」時，凡有年代可考的材料，細大都不可捐棄，皆須分年編排。但作「傳記」時，當著重「剪裁」，當抓住傳主的最大事業，最要主張，最熱鬧或最有代表性的事件，其餘的細碎瑣事，無論如何艱難得來，無論考定如何費力，都不妨忍痛捨棄。其不在捨棄之列者，必是因為此種細碎瑣事有可以描寫或渲染傳主的功用。[16]

當然，我們不能把這段話瞭解成「年譜」全不需剪裁，只是相對來說，「年譜」側重在求全，而「傳記」則較需剪裁。把「剪裁」瞭解為一種文學的手段，應該符合胡適的原意。類似的意見，胡適在 1958 年〈梁任公年譜長篇〉序中說道「年譜不過是傳記的『長編』而已；不過是傳記的原料依照年月的先後編排著，準備為寫傳記之用。」在胡適看來，「正因為這是一部沒有經過刪削的『長編初稿』，所以是最可寶貴的史料，最值得保存，最值得印行。」[17]對胡適來說，將「長編初稿」之年譜形式，

---

16 〈黃轂仙論文審查報告〉，收入耿雲志編，《胡適遺稿及秘藏書信》，冊 5，頁 678-679。

17 胡適，〈梁任公先生年譜長編初稿序〉，在丁文江編《梁任公先生年譜長編初稿》，臺北，世界書局，1988，頁 1-4。

改寫成傳記，就史料之保存而言，毋寧是件可惜的事。

1960 年，胡適寫信給沈亦雲，此信收入《亦雲回憶錄》為序。他強調史料的發表與保存有同等的重要性，僅僅保存而不能發表，則歷史的真實依舊不能大白于人世。保存史料，並繼之以發表，方盡史家之全功。他說：

> 我看了您的幾卷稿本之後，我的感想是：亦雲夫人這部《回憶》的第一貢獻在於顯示保存史料的重要，第二貢獻在於建立一種有勇氣發表真實的現代史料的精神。保存了真實史料而沒有機會發表，或沒有勇氣發表，那豈不是孤（案：手稿作此）負了史料？豈不是埋沒了原來保存史料的一番苦心？[18]

當然，能不能出版史料，是一個言論自由的問題。沒有言論自由，真實的史料保存的再多，也不過是圖書館裡的一堆資料而已。

在新文體的提倡上，胡適最為人所知的是新詩或白話詩的創作。他的《嘗試集》和「兩個黃蝴蝶，雙雙飛上天」的詩句，已經成了中國現代文學的經典和里程碑。和新詩相比，胡適所提倡的「傳記文學」並沒有受到文學史家同等的重視。這一方面因為多年來，始終沒有出現過可以為大家所認可的「新體傳記」。1933 年，胡適寫《四十自述》的序，表明他曾有意用「小說式的文字」來寫自述，這就是第一章〈序幕：我的母親的訂婚〉。但胡適接著說，「我究竟是一個受史學訓練深於文學訓練的人，

---

18 沈亦雲，亦雲回憶，上冊，（臺北：傳記文學出版社，1971），頁 3-4。

寫完了第一篇，寫到了自己的幼年生活，就不知不覺的拋棄了小說的體裁，回到了謹嚴的歷史敘述的老路上去了。」[19]我們可以把《四十自述》看作是胡適在傳記文學上的「嘗試集」。但他只是「淺嘗」，而「嘗試」的結果，並沒有清楚地界定什麼是「傳記文學」，卻反而模糊了文學和史學的界限。

小說體的傳記，絕非胡適之所長。也不是他一向所提倡的「傳記文學」。這種小說體的傳記，寫得最成功的是魯迅《朝花夕拾》中的幾篇回憶性的文字，如〈從百草園到三味書屋〉，〈父親的病〉，〈藤野先生〉，〈范愛農〉等。其實，《彷徨》裡的〈弟兄〉，《野草》中的〈風箏〉也都屬於胡適所說的小說式的傳記，也正符合胡適認為，「（遇必要時）用假的人名地名描寫一些太親切的情緒方面的生活。」[20]魯迅寫到他和周作人的關係時，用的正是這個法子。但這樣的寫法，讓人分不清究竟是虛構還是歷史，這和胡適「以文為史」，「紀實傳真」的原則是相違背的。因此，我們可以說，學術性的歷史傳記，是胡適所說「傳記文學」的「正格」，小說式的傳記只是他一時興起的一個小嘗試，是胡適傳記文字中的「變體」。

從現有的材料來看，胡適對傳記「真實」的要求，遠遠超過他對「文學」的嚮往，他在〈南通張季直先生傳記序〉中所說，「傳記寫所傳的人最要能寫出他的實在身份，實在神情，實在口吻，要使讀者如見其人。」[21]他之所以讚賞沈宗瀚的《克難苦學記》，全在於作者「肯說老實話」。[22]但過分地要求「真實」，無

19　《四十自述》，頁3。
20　《四十自述》，頁3。
21　《胡適文存》，3，頁687。
22　沈宗瀚，《克難苦學記》，頁11。

形之中，阻礙了傳記「文學化」的可能。而所謂真實，也只能有相對的真實，而不能有絕對的真實。

就傳記文學而言，真實性最高的，當推日記和家書。1927年，魯迅發表〈怎麼寫〉一文，很深刻的指出了這種真假之間的微妙關係，《板橋家書》和《越縵堂日記》，應屬傳記文學中的上品。但魯迅讀後，卻讓他感到「真中見假」，既名之為「家書」，「為什麼刻了出來給許多人看的呢？」至於《越縵堂日記》，魯迅覺得「從中看不見李慈銘的心，卻時時看到一些做作，彷彿受了欺騙。翻翻一部小說，雖是很荒唐，淺陋，不合理，倒從來不起這樣的感覺的。」所以「幻滅之來，多不在假中見真，而在真中見假。」在文章末了，魯迅筆鋒一轉，指向胡適的日記。[23]雖未明言，但也難逃魯迅「真中見假，有幻滅之感」的嘲諷。

魯迅此處所說的「胡適日記」，應指胡適的留學日記。部分的留學日記，許怡蓀曾以〈藏暉室箚記〉之篇名在 1916 年 12 月出版的《新青年》第二卷第四號上開始選刊連載，但遲至 1939年才由商務印書館正式出版。胡適生前僅有這部分日記行世，其他日記之正式出版都在他死後了。日記是胡適傳記材料中極重要的一部分。胡適的日記在中國傳記文學史上，可以說獨樹一幟，從日常生活，到所思，所感，所學，真是無所不包。除此以外，文稿，書牘，剪報也都保留在日記中。胡適將「留學日記」初名「箚記」，其實是更符合其內容的。我每讀胡適日記，都讓我想起顧炎武的《日知錄》。胡適的日記是「日知錄」和「起居注」的總合。這和魯迅的日記無論在內容上，還是風格上都是截然不

---

23 魯迅，《怎麼寫》，《魯迅全集》，北京，人民文學，1981。頁24。

同的。魯迅的日記是記帳式的，將一日之行事，按先後記下。他很少談自己內心之所感，所思。

在《留學日記》的自序中，胡適把寫日記看作是「做自己思想的草稿。」[24]「這種工作是求知識學問的一種幫助，也是思想的一種幫助。」他把 17 卷的《留學日記》看成是「絕好的自傳。寫的是一個中國青年學生五七年的私人生活，內心生活，思想演變的赤裸裸的歷史。」[25]在短短的一篇自序中，胡適用了兩次「赤裸裸」，主要是說明，在這批材料中無所隱瞞，也無所廻避。他寫日記從來沒有「秘不示人」的用心。1942 年 5 月 19 日，胡適任駐美大使去職之前不久，在日記中記下了宋子文擅權霸道的作風，在末尾加了一句，「記此一事，為後人留一點史料而已。」[26]這句話最能說明：胡適寫日記，不只是給自己看的，也是給天下人看的。與其說他是寫日記，不如說他「修史」，用他自己的話說，就是「給史家做材料」。他在 1941 年日記的首頁有如下一段話：

> 我的日記時時有停頓，但就我保存的日記看來，我的日記頗有不少歷史材料，至少可以幫助我自己記憶過去的事實。所以我現在買這 1941 年日記，決心繼續記下去。[27]

從這段話最可以看出，胡適自己是很清楚他日記的歷史價值的。他之所以決定「繼續記下去」，也就是決定繼續為保存史料

24 《胡適留學日記》，冊 1，頁 4。

25 同上，頁 5。

26 《胡適日記全集》，冊 8，頁 125。

27 《胡適日記全集》，冊 8，頁 86。這段話是 1940 年，12 月 23 日記的。

而努力。余英時先生在《胡適日記全集》序中，稱許胡適的日記是自晚清以來最有史料價值的日記，「〔胡適〕日記所折射的不僅僅是他一個人的生活世界，而是整個時代的一個縮影。」[28]

魯迅對日記的瞭解，似乎還始終停留在「隱私」的範圍，因此，不免「真中見假，有幻滅之感」。但對胡適而言，日記中並非沒有隱私，但隱私絕非胡適日記的主要內容。對隱私的處理，胡適也有他的手法。胡適的《留學日記》，初名《藏暉室箚記》，1939 年，由上海商務印書館出版。出版後，胡適寄了一套給他的美國女友韋蓮司（Edith Clifford Williams）。韋蓮司收到後頗有些顧慮，擔心日記的發表，公開了她與胡適之間的戀情。胡適在 1939 年 6 月 10 日的一封回信中，對此事作了解釋：

> 日記中提到你的部分都是無關個人的，也是抽象的──經常是一些對大議題嚴肅的討論。那幾首詩也是無關個人的──都沒有主語；三首詩中的一首，我很花了點心思來說明這首詩和個人無關。
>
> The "references" to you in the diary are all of the "impersonal" and "abstract" kind—being usually serious discussions on great issues. The poems were also impersonal in reference—no mentioning of subject; in the case of one of the three poems, I took pain to say that it had no personal reference.[29]

這是胡適日記中有意的一點「障眼法」。但實在不足詬病。

---

28 余英時，〈從日記看胡適的一生〉，《胡適日記全集》，第 1 冊，臺北，聯經，2004，頁 1。

29 見周質平，《胡適與韋蓮司──深情五十年》。北京大學出版社，1998。頁 143。英文原文見《胡適全集》，冊 40，頁 420。

　　1953 年胡適在一次題為〈傳記文學〉的演講中，提倡「赤裸裸的寫一個人」。「赤裸裸」這三個字很形象地說明了「紀實傳真」所代表的不掩飾，不避諱。但需要指出的是：傳記或日記中「一絲不掛」，未必就比「衣冠整齊」來得更高明。在不需要「赤裸裸」的場合，卻剝個精光赤條，既無必要，也未必更能取信於人。郭沫若在自傳中，說到自己少年時期喜好手淫，「差不多一天有兩三次。」，又如說到自己少年時期有一定同性戀的傾向，對另一男子的容貌，皮膚雙手進行相當細緻的描述。[30]這樣的「赤裸裸」，在我看來，是相當廉價的，甚至於有嘩眾媚俗之嫌。這就如同，我們不把「曝露狂」稱之為「坦誠見人」是同樣的道理。在不需要「赤裸裸」的時候「赤裸裸」，未必能增加傳記的真實性。若企圖借此來增加真實性，這樣的手法，未必高明。

　　胡適的傳記文學，名為「文學」，而實為「史學」。文學「史學化」，文學為史學服務，是胡適治文學一貫的取向。他的小說考證大多是研究版本和作者的身世及其時代，對作品本身的結構或文學價值則甚少措意。最好的例子莫如近代「紅學」的奠基之作，1921 年出版的《紅樓夢考證》。正是在這樣的基礎上，胡適在《克難苦學記》的序中，明白的指出：「這本自傳在社會史料同社會學史料上的大貢獻，也就是這本自傳在傳記文學上的大成功。」[31] 換句話說，傳記文學的成功必須體現在對史料的保存和史學研究的貢獻上。

30　《郭沫若自傳》，上冊，安徽文藝出版社，1997。頁 68；73。
31　《克難苦學記》，頁 6。

比較胡適與林語堂的傳記文學：

　　在現代中國傳記文學的研究上，林語堂往往是個被忽略的傳記作者。1932 年，陳獨秀在上海被捕，林語堂發表題為〈陳，胡，錢，劉〉的短文，建議：「現在陳先生已逮捕，殺他不忍，我們覺得最好把他關在湯山，給他筆墨，限一年內做成一本自傳。」胡適也曾勸過陳獨秀寫自傳，這倒是有趣的巧合。[32]

　　在林語堂傳記作品中，最受爭議的是 1928 年在《奔流》發表的《子見南子》獨幕劇，此劇在山東省立第二師範演出後，曾引起官司。這齣獨幕劇發表之後，引起的討論大多集中在對孔子敬不敬這一點上，據我所知，還沒有從傳記文學的角度來討論過。就文學形式而言，用話劇來刻畫一個古人，這還是創舉。話劇利用場景，服裝，對話等種種手段來復活一個古人，能帶給觀眾許多傳記所做不到的「臨場感」。但這樣的臨場感是增加了還是減低了傳記的真實性，卻是大可討論的一個話題。當然，利用對話，場景來寫傳記，是古已有之的。司馬遷《項羽本紀》中的「鴻門宴」一段，就是千古以來，中國傳記文學的典範作品。但從今日嚴謹的學術角度來看，這樣的傳記手法也許不免過分「繪聲繪影」，作者給讀者的感覺，似乎人在現場，親眼目睹。就胡適所發表有關傳記文學的理論來看，這樣的傳記手法，並不是他所能首肯的。在我看來，這也是他寫《四十自述》，在寫完第一章之後，「回到了嚴謹的歷史敘述的老路」的真正原因。

　　1936 年，林語堂將《子見南子》翻譯成英文，*Confucius Saw*

32　《林語堂文集》，第 2 冊。臺北，開明，1978，頁 338。胡適勸陳獨秀寫自傳，見《四十自述》序。

Nancy，與其他英文小品合為一集，由上海商務印書館出版。[33] 即使不看內容，這個英文題目已充滿了幽默。這是林語堂借用孔子來提倡幽默的一個趣例。

1932 年，胡適在《獨立評論》第 12 號上發表〈領袖人才的來源〉一文，慨歎中國領袖人才之缺乏，原因之一是中國傳記文學太不發達，歷史上可供作為典型的模範人物太少。因此，胡適提倡傳記文學，是帶著一定教育的動機的。他所寫的傳記多少是想為年輕人樹立一些可以學習或模仿的對象。我們姑且把這樣的傳記文學稱作「載道的傳記」。林語堂寫傳記的時候，這種載道的習氣就淡得多了。從《子見南子》的獨幕劇，到《蘇東坡傳》，《武則天傳》，《八十自述》。樹立榜樣，供人學習模仿，似乎並非林語堂寫這些傳記的初衷。

林語堂擇定某一人作為傳記的對象，與其說是出於教育的動機，不如說是出於興趣或遊戲，「載道」的氣息沒有胡適那麼重。林語堂之所以寫傳記，和「領袖人才的來源」是扯不上關係的。他寫《子見南子》，主要還是提倡他的幽默；他寫蘇東坡，則是心儀這位宋代吟嘯自如的天才詩人，與其說林語堂要把東坡立為典型，做為榜樣，不如說是把東坡做為一個欣賞的對象。至於他寫武則天，主要是著眼在她充滿傳奇的一生，是個絕好的故事。一方面可以娛己，一方面可以娛人。林語堂在《蘇東坡傳》的序中，開宗明義的說道，他之所以要為東坡立傳：

> 我寫蘇東坡傳並沒有什麼特別理由，只是以此為樂而已。多年來，一直想給他寫本傳記。1936 年，我舉家遷美。行篋

33　Lin Yutang, *Confucius Saw Nancy and Essays About Nothing.* Shanghai: Commercial Press, 1936.

中帶著慎選的袖珍本的中文基本參考書和幾本有關東坡的和東坡自著的珍本古籍⋯⋯那時，我希望能寫一本關於東坡的書，或翻譯一些他的詩文，即使不能如願，我要東坡長伴我在海外的歲月。像蘇東坡這樣富有創造力，這樣剛正不阿，這樣放任不羈，這樣令人萬分傾倒而又望塵莫及的高士，有他的作品擺在書架上，就讓人覺得有了豐富的精神食糧。現在我能全力的來寫這本傳記，自然是一大樂事，此外，無需任何其他理由了。

There is really no reason for my writing the life of Su Tungpo except that I want to do it. For years the writing of his biography has been at the back of my mind. In 1936, when I came to the United States with my family, I brought with me, along with a carefully selected collection of basic Chinese reference books in compact editions, also a few very rare and ancient editions of works by and about this poet... I had hoped then to be able to write a book about him, or translate some of his poems and prose, and even if I could not do so, I wanted him to be with me while I was living abroad. It was a matter of sustenance of the spirit to have on one's shelves the works of a man with great charm, originality, and integrity of purpose, an *enfant terrible*, a great original mind that could not conform. Now that I am able to apply myself to this task, I am happy, and this should be an all-sufficient reason.[34]

借用周作人 1932 年在〈中國新文學的源流〉一文中的二分

34　Lin Yutang, *The Gay Genius—The Life and Times of Su Tungpo*. New York: The John Day Company, 1947. p. vii. 翻譯採用了張振玉譯，《蘇東坡傳》，北京，作家出版社，1995，頁 5。有部分改動。

法，[35]將中國文學傳統分為「載道」與「言志」兩類。胡適所提倡的傳記文學較近「載道」，而林語堂所寫傳記，其動機則較近「言志」。當然，這只是比較相對而言，不可過分拘泥。

在胡適提倡和寫作傳記的過程中，他所遇到的一個難題是如何用文學的筆調來敘述歷史。在「文史相容的」這一點上，林語堂的傳記顯然比胡適的更有成績。他在《武則天傳》的序中說明他的寫作原則：

> 由於武氏難以令人置信並近乎離奇的際遇，我有必要指出：書中所有的人物和事件，甚至於絕大部分的對話，都是嚴格的依據唐代的歷史。所有的情節是根據兩種官修的唐代歷史，《舊唐書》（十世紀）和《新唐書》（十一世紀）。
>
> Because of the incredible and bizarre adventures of Lady Wu, it is necessary to state here that all the characters and incidents, even most of the dialogue, are strictly based on Tang history. The facts are based on the two official Tang histories, the *Old Tangshu*（10th century) and the New *Tangshu*（11th century）.[36]

接著，林語堂比較了《舊唐書》和《新唐書》的異同，並極有信心的指出，在這樣龐大的資料中，重構武后一生行徑是有可能的。（It is possible to reconstruct a clear picture of the doings of this strange woman.）[37]

---

35 周作人，〈中國文學的變遷〉，在〈中國新文學的源流〉，收入周作人全集，冊 5，頁 327-336。臺北，藍燈，1992。

36 Lin Yutang, *Lady Wu*, New York: G. P. Putnam's Sons, 1965. p. 10.

37 *Ibid.*, p. 11. 林語堂寫孔子這一段，參看，周質平，〈在革命與懷舊之間─中國現代思想史上的林語堂〉，收入《跨越與前進：從林語堂研究看文化的相融／相涵國際學術研討會論文集》，臺北，林語堂故居，2007。頁 23-25。

　　林語堂在《蘇東坡傳》和《武則天傳》中，都有生動的對話，蘇東坡在杭州任太守的那段歲月，林語堂還有許多優美的文字描繪西湖的景致。[38] 類似的處理，在胡適所寫的傳記中是少有的。由於林語堂的歷史傳記都以英文寫作，在對話的處理上，反而有其便利之處，因為漢英對譯，英語讀者不易察覺，除了英漢語言上的不同之外，還有古語今語的不同。這只要一讀《蘇東坡傳》和《武則天傳》的中譯，就能了然。一個唐代宋代的古人，在對話中出之以流利的現代漢語，還是讓人有格格不入之感。換言之，如何讓文學的美不減低歷史的真，是傳記作者都需要面對的難題。朱東潤在《張居正大傳》的序中，對此有極中肯的說明：

> 因為傳敘文學是史，所以在記載方面，應當追求真相，和小說家那一番憑空結構的作風，絕不相同。這一點沒有看清，便會把傳敘文學引入一個令人不能置信的境地；文字也許生動一些，但是出的代價太大，究竟是不甚合算的事。[39]

　　用這段話來評量胡適與林語堂所寫的傳記，我們可以清楚的看出，胡適所寫的傳記基本上是史學，而林語堂所寫的則「以文入史，文史相容」。透過史學的真實，可以「曉之以理」，讓我們瞭解一個人，一個時代；透過文學的美，可以「動之以情」，讓我們感受一個人，一個時代。林語堂在他《八十自敘》的結尾，引用了 1935 年《吾國吾民》（*My Country and My People*）一書〈結語〉（Epilogue）中「早秋精神」的兩段話，使這篇短短的晚

38　Linyutang , Chapter 11 "Poets, Courtesans, and Poets", *The Gay Genius*, pp. 141-165.
39　朱東潤，《張居正大傳》，湖北人民出版社，1957。頁 11。

年自敘，給讀者以深沉的迴響和共鳴：

> 無論國家和個人的生命，都會達到一個早秋精神瀰漫的時
> 期，翠綠夾著黃褐，悲哀夾著歡樂，希望夾著追憶。到了生
> 命的某一個時期，春日的純真已成回憶，夏日的繁茂餘音嫋
> 嫋，我們瞻望生命，問題已不在於如何成長，而在於如何真
> 誠度日，不在於拼命奮鬥，而在於享受僅餘的寶貴光陰，不
> 在於如何花費精力，而在於如何儲藏，等待眼前的冬
> 天。……一陣清早的山風吹過來，落葉隨風飛舞，你不知道
> 落葉之歌是笑歌還是挽歌。因為早秋精神正是寧靜，智慧和
> 成熟的精神。[40]

　　類似這樣一段話，既不提供史料，也不說明任何事實。但我
們能體會到林語堂晚歲面臨老境和死亡的態度和心境。讀者的這
種認識是感性的，但「感性的」未必是「不真實的」。它可能是
超越理性而更深刻的，更持久的。文學的筆觸有時也能帶來一種
哲學的感悟，這種感悟，就更不是胡適所一再強調的「史料」所
能提供的了。

　　胡適在《四十自述》中，寫到他的母親，也偶有動情之筆，
但還是較近於「平鋪直敘」，少了一些曲折和微妙。丁文江是胡
適一生的摯友，他在《丁文江的傳記》中，記他死前一個月的行
止，極為詳細，有關病情的發展，幾乎有逐日的紀錄。[41]顯然，

40　《八十自敘》，頁 71-72。英文原文，見 Lin Yutang, *My Country and My People*, New York: John Day, 1935, pp. 347-348. 又見，Lin Yutang, "A Memoirs of An Octogenarian", in 《華崗學報》，第 9 期，pp. 263-324.

41　胡適，《丁文江的傳記》，《中央研究院院刊》第 3 輯，《中央研究院故總幹事丁文江先生逝世 20 周年紀念刊》，抽印本，1956。頁 107-120。

他是有意的在「給史家做材料」[42]，但我們始終看不到他的悲痛。在全傳的結尾，胡適發了幾句感謂：

> 在君是為了求知死的，是為了國家的備戰工作死的，是為了工作不避勞苦而死的。他的最適當的墓誌銘應該是他最喜歡的句子：
> 明天就死又何妨！
> 只拼命做工，
> 就像你永永不會死一樣！[43]

以胡適和丁文江一生的交誼，胡適作為丁傳的作者，在傳記中稍示哀思，絕不至於不合適。但胡適還是謹守著史家的客觀之筆。1957年4月9日，胡適在寫給陳之藩的信中，說到他寫《丁文江的傳記》的經過：「我決定用嚴格的方法，完全用原料，非萬不得已，不用 second hand sources.」他把整個丁傳寫作的過程和方法，總結為「述學的工作」。陳之藩希望胡適「能放開筆」，寫一點他的「理想與失望」，「悲哀與快樂」。胡適直截了當的回答，「這大概是不可能的了。」他同時指出：「在四十年前，我還妄想我可以兼做科學的歷史考據與文學的創作。但我久已不做此夢想了。」[44]有趣的是：丁文江覺得胡適小說體的〈我的母親的訂婚〉這篇文字，在胡適的文存裡「應該考第一。」[45]隨著年齡

---

42 胡適，《四十自述》，頁3。類似的話又見1953年演講，〈傳記文學〉，《胡適演講集》，中冊，臺北，胡適紀念館，1970。頁394。

43 《丁文江的傳記》，頁120。最後的墓誌銘是英文"Think as if you live forever. Work as if you will die tomorrow." 的中譯。見胡適1946年5月28日日記。

44 耿雲志、歐陽哲生編，《胡適書信集》，下，北京大學出版社，1996，頁1299-1300。

45 《丁文江的傳記》，頁75-76。

的增長，胡適的「傳記文學」越來越朝著嚴謹述學的方向走去了，早年在《四十自述》中稍露頭角的「文學」嫩芽，終究沒有開花結果。胡適所寫的傳記，一如他的新詩，依舊是「說理有餘，深情不足」。文章風格，有關個人性情，是不能強求的。

胡適也用英文寫過幾篇中國人的傳記，篇幅較長的如 1928 年發表的〈王莽，一千九百年以前社會主義的皇帝〉（Wang Mang, The Socialist Emperor of Nineteen Centuries Ago）[46]，1944 年的〈現代中國的奠基者孫中山〉（Maker of Modern China, The Story of Sun Yat-sen）[47]和 1946 年的〈張伯苓傳〉（Chang Poling, A Biographical Tribute）.[48] 和胡適中文傳記相比，這三篇文字，在行文上比較輕鬆，尤其是《張伯苓傳》，其中採用了不少對話。〈孫中山〉一文則嚴格遵守了傳記的客觀性，在介紹孫中山思想時，只是說明其內容，而不加以任何批評。作者完全隱沒在傳主的背後。胡適對孫中山「知難行易」的學說是很不以為然的，他在 1929 年，發表《知難，行亦不易》，就是對孫文學說針鋒相對的批評。但在孫傳中，胡適除了說明「知難行易」的主旨外，未作任何評論。

最有趣的是英文的《王莽傳》，和 1922 年所寫中文的《王莽——一千九百年前的一個社會主義者—》[49]相比較，英文傳記反更可讀，更易瞭解。這和林語堂的《武則天傳》和《蘇東坡傳》有異曲同工之妙。中文的〈王莽〉一文，有許多極為艱深的古文

---

46 Hu Shih, "Wang Mang, The Socialist Emperor of Nineteen Centuries Ago", *Journal of The North-China Branch, Royal Asiatic Society*, Vol. LIX, 1928. pp. 218-230.

47 Hu Shih, "Maker of Modern China, The Story of Sun Yat-sen", *Into the Eighth Year*, prepared by the London Office of the Chinese Ministry of Information, 1944. pp. 17-28.

48 Hu Shi, "Chang Poling, A Biographical Tribute", *China Magazine*, June 1946. pp. 14-26.

49 《胡適文存》，2 集，頁 20-27。

引文，一個沒有相當古漢語訓練的讀者，要讀懂全文，並不容易。譯文則是平鋪直敘的英文，一般英文讀者讀起來並不費力。換句話說，在英譯的過程中，讓艱深的古漢語「現代化」也口語化了。這是用英文寫中國古人傳記，意想不到的「便宜」。

7

林語堂與小品文

提倡小品文的背景和動機

林語堂文字的風格

提倡小品文的背景和動機

　　1932 年，周作人在《中國新文學的源流》中，將中國文學的發展視為「載道」和「言志」兩股潮流的互相消長。[1]就大處言，這個二分法是可以概括一個時代文學的精神和內涵的。我們如果將這個二分法移用到自晚清至二十世紀三十年代文學的發展，顯然，「載道」是這五、六十年中，文學發展的主流和基本方向。

　　從清末反映政治黑幕的譴責小說，到白話文運動的興起，以至於三十年代左派作家大量小說和詩歌的創作。這段期間，文人作家大多自覺地感到有強烈的社會責任，而自認為是個為社會探病處方的醫師。換言之，他們很少甘於只做一個作家，他們都同時要兼為社會改革者。

　　從劉鶚的《老殘遊記》到梁啟超《論小說與群治之關係》，到胡適的《文學改良芻議》，到魯迅的《吶喊》、《彷徨》，以至於巴金的《家》，矛盾的《子夜》，我們可以清楚地看出：知識份子大多將文學視為一種達到另一目的的工具。此時所謂的目的，固然已不是傳統儒學的倫理或道統，但文學為另一目的服務的基本態度，卻是十足的「載道」。

　　這時文學所載的「道」，可能是「啟蒙」，可能是「救亡」，也可能是「工農兵」。魯迅在〈吶喊·自序〉中，就清楚地指出，他之所以由醫學改學文學，是希望用文學來喚醒沉睡中的中國人。[2]他的每篇小說都是中國社會的病狀診斷書。

　　與這股「載道」的潮流相激盪的則是「國故」與「舊學」的

1　參見周作人，《中國新文學的源流》（北平：人文書店，1934）。

2　魯迅，〈吶喊·自序〉，《魯迅全集》，冊1（北京：人民文學，1981，共16冊），頁 415–420。

復興，這個復興，是透過「整理國故」、「疑古」和「古史辨」這三個階段來進行的。這三個運動的基本精神，雖然都是對古典的批判，或對舊傳統的「重新估定一切價值」，[3]但「批判」也好，「重新估定其價值」也好，都必須回到故紙堆中去做一番鑽研。

隨著胡適 1919 年《中國哲學史大綱》卷上的完成和 1921 年《紅樓夢考證》的出版，[4]孔子與老子先後的爭論，和明清小說的考證，都一時成為「顯學」。連胡適自己也不得不承認：「現在一班少年人跟著我們向故紙堆去亂鑽，這是最可悲歎的現狀。」[5]這個復古的現象絕非當時新文化運動領袖們有意的提倡，他們只是想借著對舊學的研究，來展現科學的治學方法。但結果「科學」成了「有意栽花花不發」，而「復古」和「考證」卻是「無心插柳柳成蔭」了。

從 1917 年胡適發表〈文學改良芻議〉，到 1926 年《古史辨》第一冊的結集出版，可以視為新文學或新文化運動的頭十年。在這十年之中，固然充滿著新氣象、新思想。但骨子裡，就文學的發展而言是「載道」的，就學術研究而言，則有嚴重「復古」的傾向。

作家文人的使命感和救亡圖存的迫切，隨著 1931 年「九一八」的發生而達到了另一個高峰。在不知不覺之間，知識份子心甘情願地將文學變成了政治的宣傳。

在這樣的潮流下，作家個人的哀樂、嗜好、癖性都受到了相當的忽略，甚至於壓抑和卑視。一種純粹表現個人感情或個性的文字，很有被視為「無病呻吟」的危險。

3　這句話見胡適〈新思潮的意義〉，《胡適文存》，冊 1（臺北：遠東，1968，共 4 冊），頁 728。

4　胡適，《紅樓夢考證》，同上，頁 575–620。

5　胡適，〈治學的方法與材料〉，《胡適文存》，冊 3，頁 22。

自由的火種
胡適 ❷ 林語堂

　　然而，人終究不能整天板著臉，只講救亡圖存的國家大事，一個人也需要吐露一些情思悲喜，說些身邊瑣事。林語堂正是有鑑於此，才拈出「性靈」二字，[6]來提倡寫幽默趣味的小品文。

　　林語堂也是在社會主義思潮席捲中國，無數的學者作家都為了一個懸想的烏托邦，而樂為之所用的三十年代，提倡個人自由，並追求一種富有情趣韻味的悠閒生活。

　　我們很容易把這樣的作為解釋為「逃避」或「脫離現實」，其實不然，從思想史的角度來看，這何嘗不是一種特立獨行的叛逆。隨著「五四」而來的「打倒孔家店」，到了三十年代，在「孝道」和「貞節」這兩點上確是有了較新的詮釋，但那種「憂國憂民」、「天下興亡匹夫有責」的使命感，卻依然是十足的孔記標誌。倒是林語堂純粹的個人風格，在反孔的眾多意見中，獨樹一幟。他要提倡的是「浴乎沂，風乎舞雩」的曾點作風，而不是「得君行道」的孔門正傳。[7]他在《有不為齋叢書序》中，有如下一段話，很可以體現這個思想：

　　　東家是個普羅，西家是個法西，洒家則看不上這些玩意兒，
　　　一定要說什麼主義，咱只會說是想做人罷。[8]

　　在林語堂看來，「做人」比「救國」重要，「做人」也比「作文」重要。在做不成人的情形下，「救國」、「作文」都成了妄想空談。

6　「性靈」二字，林語堂借自袁宏道在《敘小修詩》中「獨抒性靈，不拘格套」二語，參看《袁中郎全集》（臺北：世界，1964），《文鈔》，頁5。有關晚明公安派的文學理論，參看周質平，《公安派的文學批評及其發展》（臺北：商務，1986），頁3–79。

7　林語堂，〈有不為齋叢書序〉，《有不為齋隨筆》（臺北：德華，1986），頁3。

8　同上，頁2。

林語堂對動輒以「救國」自命的人，有一種特別的嫌惡。他將這種集道學與虛偽於一身的習氣，呼之為「方巾氣」，在他的文集中，嘲諷「方巾氣」的文字是不少見的。如他在〈方巾氣之研究〉一文中，尖銳地指出「救國」氾濫的弊病：

> 在我創辦《論語》時，我就認定方巾氣道學氣是幽默之魔敵。……今天有人雖寫白話，實則在潛意識上中道學之毒甚深，動輒任何小事，必以「救國」「亡國」掛在頭上，於是用國貨牙刷也是救國，賣香水也是救國，弄得人家一舉一動打一個噴嚏也不得安閒。[9]

在〈今文八弊〉中，又列「方巾作祟，豬肉薰人」為「八弊」之首，林語堂痛切地指出：

> 中國文章最常見「救國」字樣，而中國國事比任何國糊塗；中國政客最關心民瘼，而中國國民創傷比任何國劇痛。[10]

看了這兩段引文，也許我們覺得林語堂是沒有「方巾氣」是不講「救國」的了。其實未必盡然，他自己坦承他的「方巾氣」正是要大家減少一點「方巾氣」；而他的「救國」正是要大家少談一點「救國」。[11]

作這樣的反面文章，林語堂所要爭取的，在我看來，還是言論自由。他所一再強調，一再表明的是：即使國難當前，我有不

9　林語堂，〈方巾氣之研究〉，《魯迅之死》（臺北：德華，1976），頁130。

10　林語堂，〈今文八弊〉，《一夕話》（臺北：德華，1976），頁78。

11　林語堂，〈方巾氣之研究〉，頁133。

談救國的自由；即使國難當前，我還要有做我自己的自由。

這種態度體現了「民主」的最高境界，也是個人主義的精華，他不僅要向一個政權爭取言論自由，他也要向輿論爭取言論自由。他敢於說自己確信但不合時宜的話；他也敢於說自己確信但不得體的話。

用美國時下流行的話來說：林語堂是不顧「政治上的正確」（Political Correctness）的。我只說我要說的話，至於政治上正確不正確，非我所計也。

所謂「政治上的正確」正是借著輿論的力量來壓迫言論自由，這種壓迫雖是無形的，但卻往往比政治上或法律上的壓迫更無所不在，更讓人不敢輕犯其鋒。

林語堂在當時是冒著「有閒階級」、「高級華人」、「布爾喬亞」、「戀古懷舊」、「不知民間疾苦」等種種惡名來提倡幽默和小品的。

國且將亡，談的竟是明季山人雅士的生活和山水小品，這絕非當務之急。然而，林語堂所要表明的是：是否為當務之急，我自定。國若不亡，則不因我之談小品而亡；國若將亡，也絕不因我之不談小品而不亡。

向輿論爭言論自由，往往比向政權爭言論自由更需要一些膽識。向政權爭言論自由，一般來說，是可以得到群眾同情和支持的，甚至於是嘩眾的。但向輿論爭自由，卻是犯眾怒的，是成不了英雄的。

從這一點來論林語堂提倡幽默和小品之用心，也許有些「過譽」林語堂，他若地下有知，說不定還會來一句：「提倡幽默和小品，只是洒家興趣所在，不關爭言論自由鳥事。」說他爭言論自由不免又犯了「冷豬肉」和「方巾氣」襲人的大忌。然則，若

說當時他完全沒有受到輿論的壓力，也是未得事理之平。

即使退一步說，爭言論自由並不是林語堂提倡幽默和小品的動機，但其結果確是發揮了這樣的作用。

就大處言，林語堂提倡幽默和小品，起了爭言論自由的作用；就小處言，他要求保有一片自己的小天地。在這片小天地裡，他要有「做我自己的自由和敢做我自己的膽量」。[12]他可以盡情地追求自己理想的生活。這種生活有一部分體現在《浮生六記》之中，有一部分則描畫在李清照《金石錄後序》中，更有一部分則表現在晚明文人的山水小品和尺牘之中。

林語堂所提倡的小品文是「以自我為中心」的，這一點，在他看來，正是「個人筆調及性靈文學之命脈」所在。[13]而他所強調的乃在一「真」字。這樣的文章，直寫性情，而不為浮詞濫調。也就是袁中郎所說的「大抵物真則貴，貴則我面不能同君面，而況古人之面貌乎？」[14]

「詩文不貴無病」，[15]但處處需有個「我」在。這樣的文章「寧使見者聞者切齒咬牙，欲殺欲割，而終不忍藏於名山，投之水火」。[16]這樣的作品也就是周作人所說「即興的文學」，而非「賦得的文學」；「言志的文學」，而非「載道的文學」。[17]這種作品除了為作者自己的信念服務以外，是沒有任何其他服務的對象的。

這就是林語堂提倡小品文的精神所在。

---

12 林語堂，〈言志篇〉，《魯迅之死》，頁 227。
13 林語堂，〈說自我〉，《諷頌集》（臺北：志文，1966），頁 220。
14 袁宏道，〈丘長儒〉，《袁中郎全集》，《尺牘》，頁 19。
15 語見袁中道，〈江進之傳〉，《珂雪齋近集》，卷 3（上海：中央，1936），頁 67。
16 李贄，〈雜說〉，《焚書》（臺北：河洛，1974），頁 97。
17 參見周作人，〈新文學的源流〉，頁 72–73。

林語堂文字的風格

林語堂在三十年代提倡小品文，就文學史的角度來看，反映了他對當時白話文形式單調和內容貧乏的不滿。他要求內容的多樣化，所謂「宇宙之大，蒼蠅之微」無不可以入文；至於形式上，他要求進一步的解放。他提出晚明袁中郎（名宏道，1568–1610）「獨抒性靈，不拘格套」的口號，來作為小品文寫作的原則。「獨抒性靈」正是就內容言；而「不拘格套」則是就形式言。胡適的「八不」，[18]在林語堂看來，就不免是「畫地自限」了。

在語言上，林語堂主張，白話應該吸收中國文言傳統，將「中國文字傳統中鍛煉出來之成語」融入白話，這不但可以提高文字的「潔淨」，也可以增進「達意」的功能。[19]

林語堂曾不止一次地表示：他「深惡白話之文，而好文言之白」。[20]這句話乍看似乎有些故弄玄虛，但仔細推敲，卻是很有深意。「白話之文」指的是「文言的白話」；而「文言之白」則是「白話的文言」。

「文言的白話」是一種看似口語，而實際上卻是惡性西化的書面文字，既不上口，也不容易聽懂。寫的雖是方塊字，但結構卻是英文的。林語堂給的例子是：「一顆受了重創而殘破的心靈是永久的蘊藏在他的懷抱。」[21]我相信，許多人看了這個句子都會有會心的微笑。

---

18 見胡適，〈文學改良芻議〉，《胡適文存》，冊 1，頁 5–17。

19 林語堂，〈怎樣洗煉白話入文〉，《金聖歎之生理學》（臺北：德華，1981），頁 296。

20 同上，頁 294。

21 同上。

「白話的文言」則是淺近的書面文字，明白曉暢，不冗遝，不囉嗦，沒有排比，沒有典故，但卻典雅靈動，達到了雅中見俗而俗中帶雅的境界。我且舉袁中郎《尺牘》中的一段文字來作為例子，相信去林語堂理想中「白話的文言」不遠：

> 有一分，樂一分；有一錢，樂一錢。不必預為福先。兒在此隨分度日，亦自受用，若有一毫要還債，要潤家，要買好服飾心事，豈能閒脫如此耶？田宅尤不必買，他年若得休致，但乞白門一畝閒地，茅屋三間，兒願足矣。家中數畝，自留與妻子度日，我不管他，他亦照管不得我也。人生事如此而已矣，多憂復何為哉！[22]

套用袁中郎的長兄袁宗道在《論文》中的一句話：白話的文言是「期於達」；而「文言的白話」則是「期於不達」。[23]「達」與「不達」是三袁論文優劣的標準。林語堂的文論多少受了袁氏兄弟的影響。

林語堂能就「白話的文言」這一點來論文字之「達」，是他已不斤斤於白話必須反映口語，而看到了白話文的發展必須突破口語局限的這個事實。有些民初學者將白話文嚴格界定在「口語」的範圍之內，使白話流於冗遝，不簡潔，這正是林語堂想極力避免的。

許多人對白話文都有一個誤解，以為越口語越清楚，其實不然，口語到了一定的程度就反而不清楚了。有些白話小說用了過多的方言俚語，使我們辨讀為難，這就是口語未必就能達意的最

22 袁宏道，〈家報〉，《袁中郎全集》，《尺牘》，頁11。
23 袁宗道，《論文上》，《白蘇齋類集》（臺北：偉文，1976），頁623。

好說明。

　　林語堂有鑑於此，提倡「語錄體」，主張「洗煉白話入文」。從一方面看，林氏的文體拉遠了書面和口語的距離，造成了一種不文不白的文體；但就另一方面來說，拉大書面和口語的距離，對我們這個多方言的國家而言，正是擴大書面文字的可讀性和可懂性。這是符合胡適「國語的文學，文學的國語」這個口號的，[24]是屬於白話的正格。倒是極力提倡寫語體白話的人，表面上看來，擁護白話，但在不知不覺之間卻容易誤入「方言」的窄路。

　　中國方塊字是一種表義的文字，它與拼音文字最大的不同就在表義文字無法忠實而全面地反映口語。換言之，在中國語文中，「有音無字」的可能遠遠大過英文。因此，中文書面和口語的距離與方塊字表義的內涵有著不可分割的關係。而這個距離的存在，既是不可避免的，也是必要的。林語堂提倡「語錄體」，是符合方塊字的這個內涵的。

　　傳統文言文的問題，是書面和口語的距離過大，使書面文字失掉了口語的滋養，因而成了胡適筆下的「死文字」；但趙元任細分「嗎」、「嘛」、「啦」、「嘍」的白話，[25]以及企圖用方塊字來反映方言的地方報紙，或在臺灣到處可見的「俗俗賣」、「呷免驚」之類的廣告文字，卻又是無視方塊字為表義文字的這個事實。

　　林語堂提倡寫「白話的文言」，很可能讓人誤以為他反對白話，不主張將口語入文。其實不然，他曾一再稱讚《紅樓夢》文字之佳，把第三十回中鳳姐向寶玉、黛玉說的一段話引為文章正則。但他同時指出：「吾理想中之白話文，乃是多加入最好京語

24　見胡適，〈建設的文學革命論〉，《胡適文存》，冊1，頁55–73。

25　參見 Yuen-Ren Chao, *Mandarin Primer* (Cambridge, MA: Harvard University Press, 1948).

的色彩之普通話也。」[26]並特別拈出李笠翁曲話中「少用方言」一條引為作家戒約。[27]

今日我們在臺灣重讀林語堂當年的議論，依然有他的時代意義。白話文而脫離普通話是畫地自限，自願地縮小他的聽眾和讀者。這樣的文字對大多數以普通話為語文工具的中國人而言，一樣地是「死文字」。

文字的死活，不當以時間的先後論，更不當以文白分。文字的死活體現在「達」與「不達」上。「達」的文字即使再古、再文，它依舊是活的，而「不達」的文字即使再新、再白，它依舊是死的。因此，我們覺得「輾轉反側」、「投桃報李」是活的，「床前明月光，疑是地上霜」是活的，宋明的語錄是活的，《水滸傳》、《紅樓夢》是活的。

然而，「在狂暴森冷的夜雨中，一顆沉重、憂鬱、破碎、飽經世故而又熱切的心，正在快速地墮向那地獄邊緣，不可知的深淵。」[28]卻是死的。

前者不以其古、其文，而礙其為「活」；後者卻又不以其新、其白、其洋，而免於不「死」。前者是林語堂所說「白話的文言」，而後者則是「文言的白話」。

林語堂在〈怎樣洗煉白話入文〉中，對文白之辨，有極獨到的說明：

> 文白之爭，要點不在之與乎了嗎，而在文中是今語抑是陳言。文中是今語，借之乎也者以穿插之，亦不礙事。文中是

---

26 林語堂，〈怎樣洗煉白話入文〉，《金聖歎之生理學》（臺北，德華，1981），頁303。

27 參看李漁，〈詞曲部〉，《閒情偶寄》（上海：古籍，2000），頁70–72。

28 這個例子是我杜撰的。

> 陳言，雖借了嗎呢吧以穿插之，亦是鬼話。此其中所不同
> 者，一真切，一浮泛耳。故吾謂寧可寫白話的文言，不可寫
> 文言的白話。[29]

從語言的角度來說，「白話的文言」是來自口語，而又能超越口語；而「文言的白話」則是未經脫胎換骨的西化結構，或看似口語，而實際上是扭捏造作的書面文字。因此，相形之下「白話的文言」離口語反比「文言的白話」近。

胡適雖然提出了「文學的國語，國語的文學」這個口號，但有時因提倡口語的心太切，不免說些言不由衷的話。1925 年，他寫〈吳歌甲集序〉，說到《阿 Q 正傳》：

> 假如魯迅先生的《阿 Q 正傳》是用紹興土話作的，那篇小
> 說要增添多少生氣呵！[30]

我認為這是胡適一時失言，有誤導白話文發展走上方言的危險。《阿 Q 正傳》之所以能成為白話小說的經典，並受到廣大中國人民的喜愛，正因為魯迅用的不是紹興土話，而是普通話。如果魯迅真以紹興土話寫阿 Q，魯迅絕成不了日後之「文學宗匠」。

同樣，沈從文之所以成為重要的現代文學作家，也正因為他是以普通話寫湘西景物，湘西人事。如他徑用湘西土話來寫《邊城》，怕沈從文早已「身與名俱滅」了。

老舍以善用方言詞彙入其作品而著稱，但老舍的「鄉音」正

---

29 林語堂，〈怎樣洗煉白話入文〉，《金聖歎之生理學》（臺北，德華，1981），頁 305。
30 胡適，〈吳歌甲集序〉，《胡適文存》，冊 3，頁 660。

是普通話據以為准的「京調」，與其說他用的是方言，不如說他
用的是「京調」的普通話。

徐志摩當年曾試著用硤石土話寫過幾首新詩，試問而今還有
幾人記得？

口語入文與方言入文是兩回事。將普通話的口語寫入文中，
若是高手，則能得本色靈動之美，所謂「雅中見俗，俗中帶雅」
正是意味著口語入文的最高境界。但若勉強將有聲無字的方言
「漢字化」，則不免是走上了不通的死路。

當然，「京調的普通話」也是一種方言，但「京調的普通話」
之不同於吳語、粵語、閩語也是顯而易見而不容爭執的。林語堂
以閩人而能發如此議論，視今日斤斤於「漢字台語化」之臺灣作
家，其相去為何如也！

林語堂提出寫白話的文言，為許多鄉音不是「京調」的作
家，開了無數方便法門。如果白話文真是「怎麼說，就怎麼
寫」，那麼許多鄉音不是京調的南方佬，豈不一輩子無緣成為全
國性的作家了嗎？

然而，放眼看看中國近代史上影響一時的重要白話作家，從
「筆鋒常帶感情」的梁啟超，到「文學革命的急先鋒」胡適，以
至於周氏兄弟、林語堂、巴金、茅盾、丁玲、沈從文，哪一個不
是「南蠻鴃舌」？「南人」而能為「白話」，而「白話」又能為
廣大中國人民所接受，這還不足以說明：好的白話是不反映方言
的這個事實嗎？

「鄉土」、「鄉音」誠然都是很值得珍惜的祖宗遺產，但如鄉
土和鄉音只能透過「幹伊娘」或「阮去迌迌」之類來表現，那是
鄉土文學的末路、絕路和死路。「鄉土」不但不會因此以傳，反
而會因此而自絕於國人。我們要走的是死路還是活路，端看此刻

了。

　　細看從晚清到民初白話文的發展，我們不得不說：在這二、三十年之中，是白話文「文」化的過程，是白話文脫離俗話口語而走向書面的過程，也是白話文漸漸脫離「引車賣漿者流」而走向「小資產階級」的過程。這個過程，我們只要一讀晚清的白話報和民初的《新青年》，就能了然它的不同。

　　晚清的白話報如陳獨秀主編的《安徽俗話報》和胡適主編過的《競業旬報》，其辦報宗旨大多是「教育大眾」，因此，在文字上力求其「淺」、其「白」、其「俗」。結果，歷史證明：這種過分淺俗的文字並不「大眾」，倒是後來趙元任認為不夠「白」的「白話文」[31]在短短的幾年之內取代了文言文。換言之，取代文言文的不是《安徽俗話報》或《競業旬報》上的「俗話」或「口語」，而是《新青年》上的「書面文字」——用林語堂的話來說，也就是「白話的文言」。

　　在了然這一段白話文的發展史之後，再來看林語堂所提倡的「語錄體」或「白話的文言」，就更能看出他這個主張的精義和獨具隻眼處。他所主張的白話，減少了文言與白話之間斷層的現象，加深了白話文歷史的縱深和對文言的繫聯。也正因為如此，白話文才能來自方言，而又超越方言，使這個文體維持了它的「普遍性」和「可懂性」。從這一點來看林語堂在三十年代所提倡的小品文，才能看出他所代表的歷史意義。

31　趙元任常對胡適說：「適之呀！你的白話文不夠白。」參看《胡適演講集》，中冊（臺北：胡適紀念館，1970），頁442。

8

胡適英文筆下
的中國文化

前言

　　最近二十年來，海峽兩岸整理出版了大量胡適的著作和有關的材料，使胡適研究有了相當的提高和普及。但是胡適的英文著作卻始終沒有受到應有的重視。

　　胡適從 1912 年起，即以英文發表，在往後五十年間，他的英文著作包括專書、論文、演講及書評等。這批為數可觀的材料除少數已譯成中文以外，絕大部分仍未經學者分析研究[1]。要想對胡適思想作全面而且深入的瞭解，他的英文著作是必不可少的材料。胡適在中美外交史上所扮演的角色，他對國際局勢的分析，以及他對中國文化一種獨特的偏愛，若不透過英文材料是看不到全貌的。

　　胡適在中英文兩種著作中，對中國文化的態度有著一些微妙的不同。一般說來，胡適在英文著作中對中國文化少了一些批評，多了一些同情和廻護。這點同情和廻護正反映了胡適在《留學日記》上所說的「國界與是非」的矛盾[2]。他希望自己能超越國界來論斷是非，這種超越國界的是非，在論斷外交事務和軍事衝突時，是比較容易做到的。但在評論祖國文化時，這個超然而且客觀的態度，就很不容易維持了。

　　早在 1912 年 10 月的《留學日記》中，胡適打算著一部名為《中國社會風俗真詮》的書。此書的英文書名則為 *In Defense of the*

1　現有的胡適研究，有兩本英文專著，使用了較多的胡適英文著作：Jerome B. Grieder, *Hu Shih and the Chinese Renaissance* (Cambridge: Harvard University Press, 1970); Min-chih Chou, *Hu Shih and Intellectual Choice in Modern China* (Ann Arbor: The University of Michigan Press, 1984).

2　見胡適，《留學日記》(上海：商務，1947)，共 4 冊，冊 1，頁 232-233。有關「國界與是非」的討論，參看周質平，〈胡適早期思想中的愛國〉、〈超越不了國界的是非〉，周質平編，《胡適早年文存》(臺北：遠流，1995)，頁 6-37。

Chinese Social Institutions，直譯是「為中國社會制度辯護」。其子目可細分為「祖先崇拜」、「家族制度」、「婚姻」、「守舊主義」、「婦女之地位」、「社會倫理」、「孔子之倫理哲學」、「中國之語言文字」及「新中國」等[3]。細看這些子目，大多是胡適回國後，指為「迷信」、「無知」、「落後」、「不人道」種種的惡俗，何嘗有過任何辯護？但當他身在異國，卻情不自禁的想為他日後所口誅筆伐的惡俗作辯護的工作。這也正是胡適在「執筆報國」時，「為宗國諱」最好的寫照[4]。往後胡適在英文著作中談到中國文化時所體現的同情和迴護，也正是這種為祖國文化辯護心理的折射和繼續。

胡適在中文著作中對中國文化的態度是批判多於辯護的。他在 1930 年所寫〈介紹我自己的思想〉一文中，直接了當的指出，中國唯一的「一條生路」，是「我們自己要認錯」。他很沉痛的說：

> 我們必須承認我們自己百事不如人，不但物質機械上不如人，不但政治制度不如人，並且道德不如人，知識不如人，文學不如人，音樂不如人，藝術不如人，身體不如人[5]。

他甚至說過：「中國不亡是無天理」的痛語[6]。這種對中國文化通盤否定的態度在胡適的英文著作中是沒有的。

在中文著作中，胡適筆下的中國文化多少是和現代的西方文

3　胡適，《留學日記》，第 1 冊，頁 103-104。

4　同上，第 2 冊，頁 315。

5　胡適，〈介紹我自己的思想〉，《胡適文存》(臺北：遠東，1968，共 4 集)，第 4 集，頁 617-18。

6　胡適，〈信心與反省〉，《胡適文存》，第 4 集，頁 463。

明脫節的。一些慣用的二分法，諸如中國文化是消極的，退縮的，懶惰的，靜的，而西方文明則是積極的，進取的，勤奮的，動的，也都一定程度反映在胡適論中西文化的著作中。他在 1926 年所寫的名篇，〈我們對於近代西洋文明的態度〉就是顯例。在 1930 年所寫〈漫遊的雜感〉中，胡適乾脆把東西洋文明的界線，簡化成了只是「人力車文明」與「摩托車文明」的不同。換言之，在中文著作中，胡適往往是側重中西文化的不同，而中國人則必須努力縮小兩者之間的差距，這個努力的過程，可以稱之為「西化」、「現代化」，或「世界化」。

細讀胡適英文著作中論及中西文化的篇章，我們不難看出，胡適的側重由中西文化之異，轉向兩者之同。他有意的為科學，民主，自由這些自晚清以來即為中國進步的知識份子所追求的西方價值觀念找尋中國的根。胡適反覆論證，這些看似外來的觀念，在固有的中國文化中，並非完全「無跡可求」，而固有的中國文化也並不排斥這些來自西方的概念。

胡適從先秦哲學懷疑的精神中，找到了中國民主思想的根源，從清代學者的考證學上，看到了近代科學的治學方法，從科舉制度中，尋獲了中國平民化的渠道，在監察和諫官的制度裡，看到了容忍和言論自由的歷史基礎[7]。這在在都說明，胡適在向西方人介紹中國這個古老的文明時，有意的為這個古文明的一些哲學概念和政治制度與近代的價值系統作些調和與聯繫。這樣的調和，在一定的程度上，是把中國文化「比附」在西方的價值觀念上。這種「比附」可以視之為兩種文化的比較研究，但胡適的方法終不免是用西方的標準來衡量中國的文化。胡適這種作法，

7　詳細資料出處，見以下本文。

一方面是向西洋人說法時的權宜之計——如此，可使西洋人易於瞭解中國文化；另一方面，則多少是出於為中國文化「裝點門面」的心理。

從邏輯到科學

從 1915 年 9 月到 1917 年 4 月，胡適在紐約哥倫比亞大學寫了他的博士論文〈古代中國邏輯方法的發展〉（*The Development of the Logical Method in Ancient China*，即《先秦名學史》）[8]，這是他第一次有系統的用英文來整理中國的哲學史。在〈前言〉中，他清楚的表明他之所以寫這篇論文是要為古代的中國哲學建構出一套方法的演進史。因為他相信：

> 哲學是受它的方法制約的，而哲學的發展則有賴於邏輯方法的發展，這在東西方的哲學史上，都能找到充分的例證。歐陸和英國的近代哲學都是從《方法論》和《新工具》開始的。
> That philosophy is conditioned by its method, and that the development of philosophy is dependent upon the development of the logical method, are facts which find abundant illustrations in the history of philosophy both of the West and of the East. Modern philosophy in Continental Europe and in England began with a *Discourse on Method and a Novum Organum*[9].

8　胡適，《先秦名學史》(安徽教育出版社翻譯本，1990)，無譯者名。

9　Hu Shih (Suh Hu)，*The Development of the Logical Method in Ancient China* (Shanghai: The Oriental Book

　　胡適寫這篇論文多少是為了證明「中國哲學也是由方法論發端的」這一假設，因此，中國哲學並不屏除於世界哲學之外。

　　在這篇前言中，胡適一方面說他絕不是一個以中國固有文化中某些概念的形成早於西方而自豪的人，但他卻又忍不住的指出在許多被視為是當今西方哲學中的重要貢獻，如反教條主義和反唯理性主義，以及科學方法的發展等，在先秦諸子哲學中這些概念的形成都遠早於西方[10]。在此，可以看出胡適一個有趣的心理轉折：即一方面以西方哲學史的架構（哲學的發展都從方法論開始）來寫中國古代哲學史，另一方面，則又不甘將中國哲學淪為西方哲學的附庸。這樣曲折的心理在他的英文著作中是不難察覺的。1919 年 2 月胡適出版《中國哲學史大綱卷上》，基本上是他博士論文的改寫，但這篇前言卻未收入。顯然，同樣的著作，由於中英文的不同，胡適在內容的處理上，是有出入的。

　　用近代西方的學理來解釋中國古代的哲學是胡適在他的博士論文中常用的一個方法，最明顯的例子是第四章〈進化與邏輯〉（Evolution and Logic），第一節〈自然進化的理論〉（Theories of Natural Evolution）。在這一節裡，胡適試著用達爾文生物進化的理論來解釋《列子》和《莊子》中的一些片段。在引了〈列子・天瑞篇〉中的一段話之後，胡適極肯定的說：

> 如此解釋這段話，應該不算錯誤，即所有的動植物都是由極細微的「機」，或可稱之為細菌，發展而來。經過不同形式的演化，低級的生物終於演進為人類。

> It seems safe to say that this passage contains a theory which

---

　　　Company，1928)，p. 1.

10　*Ibid.*，p.9.

conceives of all species of plants and animals as forming one continuous order beginning with *ki* or germ, passing through the various forms of lower organism and culminating in man[11].

這一說法幾乎原封不動的改寫成了《中國哲學史大綱卷上》中的第九篇，這一節〈莊子時代的生物進化論〉，並總結道〈莊子・寓言篇〉中「『萬物皆種也，以不同形相禪』，這十一個字竟是一篇《物種由來》」。1958 年，胡適寫〈中國古代哲學史臺北版自記〉，對青年時代自己如此輕率的引用西洋學理解釋《莊子》和《列子》的作法有很嚴厲的自責，他說：「這真是一個年輕人的謬妄議論，真是侮辱了《物種由來》那部不朽的大著作了。」[12]

胡適能在晚年誠懇的指出自己少作的「謬妄」，這是他的胸襟。但是，我認為，他的「謬妄」與其說是侮辱了《物種由來》，不如說是誇大了《莊子》和《列子》的科學內容。這種企圖將先秦子書比附於近代學術的心理，在〈墨子〉這一章也有比較明白的呈現[13]。

1933 年，胡適在芝加哥大學講〈孔教與現代科學思想〉，他指出：中國的儒學傳統不但不阻礙現代科學的發展，而且還為現代科學的發展提供良好的條件：

說到現代科學思想與孔教的關係，我要指出：孔教，如果能得到正確的闡釋，絕無任何與現代科學思想相衝突的地方。

11　*Ibid.*，p.137.

12　胡適，〈中國古代哲學史臺北版自記〉，《中國古代哲學史》（臺北：商務，1968），頁 3。

13　See Hu Shih, *The Development of the Logical Method in Ancient China*, pp.53-108.

我不但認為孔教能為現代科學思想提供一片沃壤，而且相信，孔教的許多傳統對現代科學的精神與態度是有利的。

... Concerning the relationship between modern scientific thinking and Confucianism, I wish to point out that Confucianism, if correctly interpreted, will be in no sense adverse to modern scientific thinking. Not only is it my opinion that Confucianism will furnish very fertile soil on which to cultivate modern scientific thinking but Confucianism has many traditions which are quite favorable to the spirit and attitude of modern science[14].

接著胡適指出宋代理學家用《大學》格物致知來作為治學的方法，其精神與現代科學是完全一致的。所以，在十九世紀科學傳入中國時，最初 science 的翻譯是「格致」，也就是「格物致知」的縮寫。他認為「格致」這個詞遠比「科學」更能體現「science」這個字的本義[15]。

1959 年，胡適在夏威夷大學舉辦的第三屆東西哲學研討會上，發表〈中國哲學中的科學精神與方法〉（The Scientific Spirit and Method in Chinese Philosophy）[16]。這篇論文主要是為了回答現代科學是不是西方文明所特有的產物，並反駁諾斯羅普教授（Prof. Northrop）的論點：「一個僅僅包容來自直覺概念的文化，自然會阻止西方式的科學發展，這一發展很難超越最初級的，歸納法的，自然史的階段。」（A culture which admits only concepts

---

14 Hu Shih，"Confucianism and Modern Scientific Thinking"，in A. Eustace Haydon ed., *Modern Trends in World-Religions* (Chicago: The University of Chicago Press，1934), p.46.

15 *Ibid.*，p.48.

16 Hu Shih，"The Scientific Spirit and Method in Chinese Philosophy，"in Charles A Moore ed.，*The Chinese Mind: Essentials of Chinese Philosophy and Culture* (Honolulu: University of Hawaii Press 1962)，pp.104-131.

by intuition is automatically prevented from developing science of the Western type beyond the most elementary, inductive, natural history stage.）[17]

胡適對諾斯羅普所說：「東方文化中的學理是由直覺造成的，而西方文化中的學理則是由假設得來的概念造成的。」（… the East used doctrine built out of concepts by intuition, whereas Western doctrine has tended to be constructed out of concepts by postulation.）[18]這一說法尤其不能同意。胡適認為這樣的二分法，就東方的思想史而言，是不符合歷史事實的。在此所謂東方，實際上就是中國。

胡適從先秦諸子到乾嘉諸老，反復論證指出：懷疑的精神和實證的考據方法，是中國三千年學術史上所固有的。這樣的精神和方法與近代西洋的科學基本上是相通的。胡適有意的不談科學的內容，因為他認為科學的精神和方法遠比內容重要的多[19]。在結論中他指出，自朱熹提出治學需從懷疑入手以來，後來的學者敢於對神聖的經典表示懷疑，這一傳統使現代中國人在面對科學時，有賓至如歸之感。他說：

> 正是因為這些人都是畢生研究神聖經典的大學者，他們必須
> 站在堅實的基礎上說話：他們必須有證據才能懷疑，他們也

17　*Ibid.*，p.104.

18　*Ibid.*，p.105.

19　*Ibid.*，p.107.
　　I have deliberately left out the scientific content of Chinese Philosophy, not merely for the obvious reason that that content seems so insignificant compared with the achievement of Western science in the last four centuries, but also because I am of the opinion that, in the historical development of science, the scientific spirit or attitude of mind and the scientific method are of far more importance than any practical or empirical results of the astronomer, the calendar-reformer, the alchemist, the physician, or the horticulturist.

必須有證據才能解決懷疑。這，在我看來，可以為一個了不起的事實，作出歷史的解釋。那就是，這些偉大的學者，雖然他們研究的材料不出書本，文字，和文獻，但卻能成功的留給後人一個冷靜而有嚴格訓練的科學傳統，嚴格的依靠證據思想和探索的傳統，一個大膽假設，小心求證的傳統——這個科學精神和方法的偉大傳統使今日的中華兒女，在當今的科學時代裡，不但不致茫然無所措，反而有賓至如歸之感。

Precisely because they were all their lives dealing with the great books of the Sacred Canon, they were forced always to stand on solid ground: they had to learn to doubt with evidence and to resolve doubt with evidence. That, I think, is the historical explanation of the remarkable fact that those great men working with only"books, words, and documents"have actually succeeded in leaving to posterity a scientific tradition of dispassionate and disciplined inquiry, of rigorous evidential thinking and investigation, of boldness in doubt and hypotheses coupled with meticulous care in seeking verification—a great heritage of scientific spirit and method which makes us, sons and daughters of present-day China, feel not entirely at sea, but rather at home, in the new age of modern science[20].

　　這樣的結論幾乎讓讀者感到：受過中國文化薰陶的中華兒女也都受過嚴格現代科學的訓練，並在這個科學的時代裡，優遊自

20　*Ibid.*，p.130-131.

得。在此，我們可以清楚的看出，胡適有意的把先秦的老子、孔、孟，漢代的王充、宋代的二程，以及朱熹的懷疑精神和清代朴學大師的實證方法「比附」在現代的「科學」定義之下。

將胡適晚年所寫的這篇英文論文與 1928 年所寫〈治學的方法與材料〉對看，可以看出胡適在中文著作中，少了許多比附的心理。在〈治學的方法與材料〉一文中，胡適指出方法固然重要，但研究的材料才是決定研究內容的最後因素，他指出，從清代的朴學到顧頡剛的《古史辨》，章炳麟的《文始》「方法雖是科學的，材料卻始終是文字的。科學的方法居然能使故紙堆大放光明，然而故紙的材料終究限死了科學的方法，故這三百年的學術也只不過是文字的學術，三百年的光明也只不過是故紙堆的火焰而已。」他更進一步的指出材料的重要：

> 不但材料規定了學術的範圍，材料並且可以大大地影響方法的本身。文字的材料是死的，故考證學只能跟著材料走，雖然不能不搜求材料，卻不能捏造材料。從文字的校勘以至歷史的考據，都只能尊重證據，卻不能創造證據[21]。

接著，胡適指出了考證方法的局限和危險：

> 我們的考證學的方法儘管精密，只因為始終不接近實物的材料，只因為始終不曾走上實驗的大路上去，所以我們的三百年最高的成績終不過幾部古書的整理，於人生有何益處？於國家的治亂安危有何裨補？雖然做學問的人不應該用太狹義

---

21 胡適，〈治學的方法與材料〉，《胡適文存》，第 3 集，頁 111-116。

的實利主義來評判學術的價值，然而學問若完全拋棄了功用的標準，便會走上很荒謬的路上去，變成枉費精力的廢物[22]。

在英文〈中國哲學中的科學精神與方法〉一文中，胡適幾乎完全忽略了材料在研究中的重要地位，而只是一味的強調精神與方法。在此，可以看出胡適的一番苦心，對中國讀者，他說：故紙堆裡，是鑽不出自然科學來的，研究自然科學和技術是條活路，鑽故紙堆是條死路[23]。但正因為中國的自然科學是如此的貧乏，胡適在對外國人介紹中國文化時，就往往避重就輕，只談科學方法，科學精神，而不及科學內容了。

民主與自由

胡適在英文著作中講到中國文化，經常強調的另一特點是民主與自由。早在 1912 年，他就提出民主這個概念是中國所固有的。他在康乃爾大學刊物 *Cornell Era* 上發表〈給中國一個共和國〉（A Republic for China）的文章。他首先糾正西洋人對中國的一個錯誤觀念，即民主是不合乎中國國情的。他說：「雖然中國受帝制統治了幾千年，但在帝制和貴族的後面，始終有一個安靜的，平和的，東方式的民主。」（ ... though China has been under monarchical government for thousands of years, still, behind the

---

22 同上，頁 119。
23 同上，頁 121-122。

monarchs and the aristocrats there has been dominating in China, a quiet, peaceful, oriental form of democracy.）[24]接著，他引了《書經》「民為邦本，本固邦寧」的話，又引了《孟子》「民貴君輕」的思想。這些，在胡適看來，都是中國本土民主的根。在這樣論證的基礎上，他說：「中國統治者的權力是受到約束的，這個約束不是來自憲法，而是來自我們聖賢的倫理教訓。」（The power of the Chinese rulers has always been limited, not so much by constitutionalism as by the ethical teachings of our sages.）[25]胡適在文章的結論中很肯定的指出：中國選擇民主是正確而且聰明的，是有歷史基礎的，也是合乎世界潮流的。這個胡適在二十一歲形成的看法，成了他往後五十年終生不渝的信念。

胡適出任駐美大使四年期間（1938-1942），他多次以中國民主為題發表英文論文或演說。當然，在抗日戰爭進入最艱困的時期，以中國駐美大使的身分，談中國文化中的民主與自由，在當時或許有一定外交和政治上的意義。但在細讀有關的文字之後，我可以肯定的說，胡適絕不只是在作政治宣傳，基本上，還是嚴肅的學術研究。

1941 年，胡適發表英文論文〈民主中國的歷史基礎〉（Historical Foundations for a Democratic China），在文首他指出：中國當時是同盟國的一員，研究比較政治學的專家和學生很自然的會問，中國是不是一個民主國家？中國這個共和國或民主制度有沒有歷史的基礎？胡適的回答不提當時的中國是不是一個民主國家，他從社會學和史學的角度來說明「民主」這個概念對中國人並不是全然陌生的，它有一定本土的根，他特別提出三點作為

---

24 Suh Hu，"A Republic for China"，*The Cornell Era*, January 1912，p.240.

25 *Ibid.*

民主的歷史基礎：
　（1）徹底平民化的社會結構；
　（2）兩千年來客觀的考試任官制度；
　（3）歷代的政府創立了一種來自本身的批評和監察的制度。

　　First, a thoroughly democratized social structure; secondly，2000 years of an objective and competitive system of examinations for civil service; and thirdly, the historic institution of the government creating its own"opposition"and censorial control[26]。

　　胡適提出的三點是否能視為中國民主的基礎容或有可以商榷的地方[27]，但胡適希望為民主找到一個中國思想的根，這個用心是顯而易見的。

　　1942 年，胡適在《亞洲》（*Asia*）雜誌上，以〈中國思想〉（Chinese Thought）為題，發表論文。在這篇三頁的文章裡，胡適將三千年的中國思想史劃分為三段，大約各占一千年。先秦諸子為往後兩千多年的中國思想奠立了三塊基石，即人本主義，理性主義和自由的精神（humanism, rationalism, and the spirit of freedom）。這個傳統不僅是中國思想的泉源，而且也為任何外來過分迷信和不人道的思想起了防毒和解毒的功效。

　　胡適稱許儒家剛健弘毅的人生觀，而孟子是人類歷史上最早和最偉大的民主政治哲學家（the earliest and probably the greatest philosopher of political democracy in human history）。胡適的基調，依舊是 1912 年的老調，亦即現代的民主思想，對中國人而言，

---

26 Hu Shih，"Historical Foundations for a Democratic China，"in Edmund J. James, *Lectures on Government: Second Series* (Urbana: University of Illinois Press，1941)，pp. 1-12.收入《胡適英文文存》，冊 2，頁 867-878。(應刪)

27 有關對這三點的討論，參看周質平，〈胡適對民主的闡釋〉，收入《胡適叢論》(臺北：三民，1992)，頁 35-62。

絕不陌生[28]。

　　當然，此時的立論，比之當年，更見圓融周到了。

　　在同年發表題為〈在歷史上中國如何爭取思想自由〉（The Struggle for Intellectual Freedom in Historic China）的文章中，胡適指出爭取言論自由和信仰自由，是自先秦以來，中國固有的傳統。這種精神是敢於說出實情，即使說出實情，對現有的道德，傳統，權威造成傷害，也在所不惜。這種精神和易卜生（Ibsen）在他的名劇《人民公敵》（*An Enemy of the People*）中斯鐸曼醫生（Dr. Stockmann）的精神是相同的。他以王充的《論衡》和韓愈反佛的言論作為例子。並引了明代呂坤《呻吟語》中論理與勢的一段話：

> 天地間惟理與勢為最尊，雖然理又尊之尊也。廟堂之上，言理則天子不得以勢相奪。即相奪焉，而理則常伸於天下萬世[29]。

　　胡適認為這段話充分的表現了中國知識份子爭取言論自由和批評自由的精神。他將清代的樸學解釋為用科學的方法推翻具有權威的經典注釋，這是爭取思想自由的另一種形式。在文章結尾處，胡適以吳稚暉為例，提出「實事求是，莫做調人」這種不妥協，追求真理的態度是中國人爭取思想自由的真精神。胡適這篇文章的主旨是：言論自由是民主最重要的組成部分，而中國固有的思想中是不缺這個要素的。

28　Hu Shih，"Chinese Thought，"*Asia*, vol. 42，no.10(Oct.，1942)，pp. 582-584.

29　Hu Shih，"The Struggle for Intellectual Freedom in Historic China，"*World Affairs*, vol. 105，no. 3 (Sept，1942)，pp. 170-173. 呂坤，《呻吟語》(臺北：正大，1975)，卷 1，14，頁 12 上。

自由的火種
胡適🔘林語堂

1951 年，胡適在自然法學會第五屆年會（The Fifth Convocation of the Natural Law Institute）上，發表了一篇題為〈中國傳統中的自然法〉（The Natural Law in the Chinese Tradition）的英文論文。在文首他明白的指出，他之所以寫這篇論文，是要在中國悠長的歷史中，在道德上和法律上，找出一些與西方自然法類似的概念[30]。在中文著作中，胡適從未用過「自然法」這三個字來解釋中國哲學中的「天志」、「天意」或「天道」。

胡適將漢代《五經》的建立，也解釋成為「自然法」的另一個形式。他說：

> 我建議將儒家經典至高無上的權威，看作是與自然法相當的另一個中國概念……這個至高無上的權威是高於絕對的皇權，法令和政府的。
>
> Another Chinese concept I propose to take up is that of the supreme authority of the Canon (ching) or Canonical Scripture of Confucianism... with supreme authority above the absolute monarch and his laws and government.[31]

胡適接著指出：《五經》的權威相當於基督教國家的聖經[32]，是社會上的基本法，即使最不擇手段的獨裁者也不敢輕易向《五經》的權威挑戰（even the most unscrupulous despot never quite

---

30 Hu Shih，"The Natural Law in the Chinese Tradition，"in Edward F. Barrett ed.，*Natural Law Institute Proceedings* (Notre Dame: University of Notre Dame Press，1953)，vol. 5，pp.119-153，"The subject for our present inquiry is，--Did China in her long history develop any moral or juridical concept or concepts which maybe compared with what has been known as'Natural Law'or'the Law of Nature'in the European, and particularly the Anglo-Saxon juristic and constitutional tradition？"(p. 119)

31 *Ibid.*，pp. 133-134.

32 *Ibid.*，p.138.

dared to challenge）[33]。胡適這樣解釋《五經》，不但賦予了《五經》以崇高的宗教地位，也給了《五經》無可比擬的法律地位。在胡適的中文著作中，不曾這樣的推崇過《五經》的社會功能。

胡適不同意 Joseph Needham 將中國「禮」的概念等同於西方的「自然法」的說法，因為古代中國的禮過分繁瑣，靡費，絕非一般人所能執行，如三年喪並非通喪。胡適指出另一個和西方自然法相當的中國概念是「理」。胡適在中文著作中提到「理」時，往往是貶多於褒，是「殺人以理」的「理」，代表的是一種不近人情的武斷和不容忍[34]。但在〈自然法〉的這篇論文中，胡適強調的是「天理」和「公理」之「理」這就成了抵禦獨裁和強權的另一個有力的武器了[35]。

從這個例子，可以看出，胡適在英文著作中往往突出中國文化中積極的一面。在〈自然法〉這篇論文中，胡適對三代禪讓之說，賦予了一個帶有革命色彩的新解釋：

> 三代禪讓之說並非捏造歷史，而是應用一種烏托邦的思想對皇室世襲的罪惡加以申討，並在暗地裡鼓吹一個選賢與能激進的制度。

> They were not deliberately fabricating history, but were merely using their utopian ideals to voice their own criticism of the evils of the hereditary monarchy and were covertly advocating a new and radical system of the selection of the worthiest men to be the

---

33 *Ibid.*，p.141.

34 參閱胡適，《戴東原的哲學》（臺北：商務，1967），頁 50-80。

35 "Natural Law，"pp.142-153.

rulers[36].

不拘泥於史實的真偽，而給予遠古的傳說這樣的新意義，這在胡適的中文著作中是不多見的。

胡適用西方「自然法」的概念來解釋《老子》的「道」，《墨子》的「天志」，《五經》的權威，他要說明的是：在中國思想史上並不缺乏約束獨裁者無限權力的最高的規範[37]。

婦女問題

在胡適對中國文化的批評中，中國婦女所受到不平等，不人道的待遇，是讓他最感痛心的。1928 年，他在〈祝賀女青年會〉的講稿中指出：

> 中國所以糟到這步田地，都是因為我們的老祖宗太對不住了我們的婦女……。「把女人當牛馬」，這句話還不夠形容我們中國人待女人的殘忍與慘酷。我們把女人當牛馬，套了牛軛，上了鞍韁，還不放心，還要砍去一隻牛蹄，剁去兩隻馬腳，然後趕他們去做苦工！
>
> 全世界的人類裡，尋不出第二個國家有這樣的野蠻制度[38]！

---

36 *Ibid.*，p.124.

37 *Ibid.*，p.122.
"In short, the most significant historical role of the concepts of Natural Law and Natural Rights has been that of a fighting weapon in Man's struggle against the tyranny of unlimited power and authority."

38 胡適，〈祝賀女青年會〉，《胡適文存》，第 3 集，頁 737。

在胡適的英文著作中，對中國婦女的遭遇卻少有這樣沉痛的呼號。在他兩篇專論中國婦女的英文論文裡，1924年發表的〈中國女權的宣言書〉（A Chinese Declaration of the Rights of Women）和1931年的講演〈中國歷史上的婦女地位〉（Woman's Place in Chinese History）中，胡適是從另一個角度來說明中國婦女問題的。這兩篇文章給讀者的印象是，中國婦女的問題歷來受到知識份子的注意，而中國女子在歷史上的地位，並非悲慘不堪，有許多歷史上出色的女子，她們的歷史地位，即使男人也是望塵莫及的。

英文〈中國女權的宣言書〉一文是根據胡適1923年完稿的〈鏡花緣的引論〉中的第4節，〈鏡花緣是一部討論婦女問題的書〉改寫翻譯而成的。在〈引論〉中，胡適固然也很推崇《鏡花緣》的作者李汝珍在婦女問題上的特識，但他畢竟沒有把《鏡花緣》視為「中國女權的宣言書」[39]。胡適這樣抬高《鏡花緣》的地位，多少是要英文的讀者知道，中國歷史上，並不缺像李汝珍這樣的明白人。這和他在〈信心與反省〉中所說：「講了七八百年的理學，沒有一個理學聖賢起來指出裹小腳是不人道的野蠻行為。」[40]的態度是截然不同的。尤其值得注意的是胡適在〈宣言書〉一文的末尾，加了如下這段話：

> 我要附加說明，《鏡花緣》是1828年出版的，也就是維多利亞女皇登基之前九年，這個事實可以澄清許多人懷疑李汝珍的看法是受了外國的影響才形成的。
>
> I may add that the Flower in the Mirror was published in 1828，

---

39 胡適，〈鏡花緣的引論〉，《胡適文存》，第2集，頁400-433。
40 胡適，〈信心與反省〉，《胡適文存》，第4集，頁462。

nine years before Queen Victoria came to the throne--a fact which may help to clear any doubt as to any possible foreign influence in shaping the ideas of Li Ju-chen[41].

胡適在中文〈鏡花緣的引論〉中並沒有這段話，這是特意為英文讀者加的。這段話多少展露一些胡適民族主義的情緒——別以為男女平等，婦女解放的觀念都是外來的，李汝珍的特識卻是徹頭徹尾的本土產物。

1931 年，胡適發表〈中國歷史上的婦女地位〉，在文首他清楚的表明，他之所以寫這篇文章是要說明中國婦女即使在傳統的壓迫之下，還是享有相當崇高的地位：

一般的印象是中國婦女在社會上的地位非常低。這篇文章的目的卻是要述說一個不同的事實，並進而說明，即使在傳統的壓迫之下，中國婦女還是為她們自己建立了，在我們看來，相當崇高的地位。如果這個事實包含著一個道德教訓，這個教訓就是女人是不可能受到壓迫的——即使是在中國。

There is a general impression that the Chinese woman has always occupied a very low place in Chinese society. The object of this paper, however, is to try to tell a different story, to show that, in spite of the traditional oppression, the Chinese woman has been able to establish herself a position which we must regard as a fairly exalted one. If there is a moral to this story, it is that it is simply

---

41　Hu Shih，"A Chinese Declaration of the Rights of Women，"*The Chinese Social and Political Science Review*, April 1924，p.109.

impossible to suppress women，--even in China[42].

這段話裡的最後兩句，「女人是不可能受到壓迫的——即使是在中國。」是很值得玩味的。這兩句話體現了一定的揶揄和幽默：即使情況惡劣如中國，女人豈是輕易能受到壓迫的？如果認真推敲，幾乎可以得出胡適否認中國女人受過壓迫的歷史事實。這和胡適在中文著作中，不斷為中國婦女呼號的態度是截然異趣的。

接著胡適在文章中列舉了在政治上發生過重大影響的女子，從亡周的褒姒，到漢朝的呂后，竇太后，唐朝的武則天，對她們的事蹟都作了扼要的敘述。並總結道：「中國女子並不曾被排斥在政治舞臺之外，在中國悠長的歷史上，她們扮演了不算太差的角色。」（The Chinese woman was not excluded from political life and that she has played no mean role in the long history of the country.）[43]

在第二小節的開端，胡適寫道：在非政治的領域裡，中國女子也有非凡的成就（In the non-political spheres of life, the Chinese woman, too, has achieved positions of honor and distinction.）他所舉的例子包括西漢救父的淳于緹縈，因為她的努力，文帝在西元前一百六十七年，廢掉了殘酷的肉刑，完成《漢書》的班昭，宋代的詞人李清照。在說到李清照的生平和事蹟之後，胡適引了她在〈金石錄後序〉中敘述婚後與夫婿趙明誠一段安閒甜蜜的家居生活，並加評論道：

> 這是十二世紀初期，一副美麗的家居生活圖，我們看到了絕

42　Hu Shih，"Woman's Place in Chinese History，"a pamphlet published by Trans-Pacific News Service, Inc.p.3，or, see Chih-ping Chou, ed.，*A Collection of Hu Shih's English Writings*(3 vols. Taipei: Yuan-liu，1995)，vol.1，p.417.

43　*Ibid.*，p.8.

對的平等，知識上的伴侶和合作，我們也看到了一個自足快
樂的小世界。

Here is this beautiful picture of the domestic life in the early years
of the 12th century, we see absolute equality, intellectual
companionship and cooperation, and a little world of contented
happiness[44].

雖然胡適同意，像〈金石錄後序〉中所描繪的生活，無論在
中外都美好到了不真實，但他同時指出，〈金石錄後序〉至少告
訴我們，在中國歷史上，有些女人享受過連現代男人都羨慕不已
的生活[45]。

在文章的第三節中，胡適提出了，在傳統的中國社會裡，多
少女子曾接受過教育的問題。他用 1929 年所寫〈三百年中的女
作家〉一文的資料來回答這個問題，但在語氣上卻與中文文章大
有出入。在英文稿中，他給讀者的印象是：過去三百年來，中國
有不少婦女受過良好的教育，她們能寫詩填詞，甚至將作品集印
成冊。雖然這些作品大多局限於文學，但在數量上是可觀的。任
何人如果只看胡適的英文文章，大概不免覺得女子教育在傳統中
國並非罕見。

反觀胡適在〈三百年中的女作家〉一文中，在同樣資料的基
礎上，他的態度卻是嚴厲批評的。他認為「這三百年中女作家的
人數雖多，但她們的成績都實在可憐的很。她們的作品絕大多數
是毫無價值的。」他更進一步的指出：

44　*Ibid.*，p.11. 李清照，〈金石錄後序〉，《李清照集》(上海：中華，1962)，頁 71-75。

45　Hu Shih，"Woman's Place in Chinese History，"p.11.

這兩千多女子所以還能做幾句詩，填幾首詞者，只因為這個
畸形社會向來把女子當作玩物，玩物而能做詩填詞，豈不更
可誇炫於人？豈不更加玩物主人的光寵？所以一般稍通文墨
的丈夫都希望有「才女」做他們的玩物，替他們的老婆刻集
子送人，要人知道他們的豔福[46]。

　　胡適在中文文章中，不但沒有為過去三百多年來，中國能有
兩千多個女作家的歷史事實，說過一句好話，甚至還將此作為歧
視女子的另一種特殊形式，他只看到這是一個畸形社會的畸形產
物。然而，他在英文文章中卻指出，這樣傳統的文學教育「雖不
能領導中國婦女走上解放或革命的道路，但還是讓她們成了比較
好的妻子和母親。所謂少量的知識是危險的說法是不確切的。少
量的知識比完全沒有知識要好的多。」（[Literary education] may
not lead to emancipation or revolution, probably made them better
wives and better mothers. It is not always true that "a little knowledge is
a dangerous thing" A little knowledge is much better than no knowledge
at all.）[47] 胡適指出這樣的文學教育能使婦女成為孩子更好的老
師。這是婦女受教育的意義所在。

　　在全文的結論中，胡適極肯定的說道：

在種種桎梏的壓制下，中國婦女為她們自己在家庭裡，在社
會上，在歷史上贏得了相當的地位。她們掌握了男人，統治
了帝國；她們為文學和藝術作出了巨大的貢獻；而最大的貢
獻則在教育她們的兒子，並把他們塑造成現在的樣子。要是

46　胡適，〈三百年中的女作家〉，《胡適文存》，第 3 集，頁 680。
47　*Ibid.*，p.14.

她們沒能作出更大的貢獻，那也許是因為中國虧待了她們。
Against all shackles and fetters, the Chinese woman has exerted
herself and achieved for herself a place in the family, in society, and
in history. She has managed men and governed empires; she has
contributed abundantly to literature and the fine arts; and above all
she has taught and molded her sons to be what they have been. If
she has not contributed more, it was probably because China,
which certainly has treated her ill, has not deserved more of her[48].

　　要是我們只看胡適英文著作中有關中國婦女問題的文章，我
們幾乎會誤以為在女權的問題上，中國一向是個開明的社會。當
然，胡適在〈中國歷史上的婦女地位〉一文中所提出來的都是歷
史事實，在中國三四千年悠長的歷史上，是不乏有傑出成就的女
政治家和文學家，但套用一句胡適自己的話：「但那十幾顆星兒
終究照不亮那滿天的黑暗。」[49]然而，胡適在英文著作中談到中
國婦女問題時，卻不免讓人覺得，他似乎正是想用那少數的幾顆
星來照亮那滿天的黑暗！
　　胡適除了為中國的女權有過一番解釋之外，在英文文章中，
對中國的婚制也作過熱烈的辯護。胡適從少年時代起就在《競業
旬報》上發表文章極力批評早婚及近親結婚等中國惡俗[50]。他自
己的婚姻，也正是中國婚制下的一個犧牲。但他出國之後，在康
乃爾大學留學期間，竟為這樣一個不合理的制度演講寫文章，曲
意迴護。他在 1914 年 6 月出版的 *Cornell Era* 上發表〈中國之婚

48　胡適，〈再論信心與反省〉，《胡適文存》，第 4 集，頁 471。原文是「但那幾十顆星兒……」
49　*Ibid.*，p.15.
50　參看，周質平，〈超越不了國界的是非──胡適對中國婚俗的態度：由批判到辯護〉，在周質
　　平編，《胡適早年文存》，頁 27-37。

俗〉（Marriage Customs in China），中國人由父母主持的早婚，在胡適英文文章中，幾乎成了良風美俗了。他說早訂婚有兩大好處：

> 這可以保證青年男女的終身伴侶，因此，他們就不必為了找尋配偶這樣重大的問題而焦慮，而這也正是西方年輕人所經常面對的難題。早訂婚也可以給年輕人以一種責任感，要他們經常保持忠實而且純潔。
>
> Early engagement has two great advantages. It assures the young man and young woman of their life companions, hence they need not worry about the all-important task of seeking a helpmate, which constantly confronts the young people of the western world. Moreover, it imposes upon the young people a duty to be constant, faithful and pure[51].

類似的議論胡適在《留學日記》中也有記載，如 1914 年 1 月 4 日，有〈吾國女子所處地位高於西方女子〉一條，同月 27 日，又有〈演說吾國婚制〉一條，皆可參看。

中國在進步

胡適在英文著作中談到中國，多少有些隱惡揚善的心理。中

51　Suh Hu, "Marriage Customs in China, "*Cornell Era*, June 1914, pp.610-611. Included in Chih-ping Chou, ed., *A Collection of Hu Shih's English Writings*, vol.1, pp.24-25.

國固有的文化中，不但隱含著近代科學與民主的精神，而且婦女
也有相當崇高的歷史地位。至於說到中國的改變，他強調中國是
在進步的，而不是停滯不前的。

1926 年 11 月 11 日，胡適在英國劍橋大學作了一個演說，題
目是〈過去一千年來，中國是停滯不前的嗎？〉（Has China
Remained Stationary During the Last Thousand Years？）這個演講
是為了反駁威爾斯（H. G. Wells）在《世界史綱》（*Outline of
History*）中說到中國文化在七世紀已達到巔峰，唐代是中國文化
的黃金時代，此後千餘年，中國在文化發展上是停滯不前的。

胡適在演講中指出，唐代只是中國文化高度發展的開始，而
非巔峰。宋代活字印刷的發明，使大規模知識的流傳變得可能。
這在文化發展上所造成的重大影響是不能估量的。唐代文學的成
就，主要只是在詩的創作上，散文的成績並不理想，至於戲劇和
小說則更談不上。第一個偉大的劇本出現在十三世紀，而傑出的
小說則更遲至十六、十七世紀才完成。至於在哲學上，唐代缺乏
第一流的思想家。禪學和理學的興起為中國思想界帶來了空前的
繁榮，朱熹和王陽明的成就都邁越前代。清代的學術則更足以壓
倒千古[52]。

類似的看法在胡適 1921 年 7 月 3 日和 1922 年 5 月 19 日的
日記裡有過零星的記錄，但都沒有這篇演講論證的翔實[53]。

唐代以後千餘年的中國固然是進步的，二十世紀以後的中國
也並非停滯不前。為了要說明這一點，胡適在英文著作中多次肯
定辛亥革命的歷史意義。早在他回國之前，他在哥倫比亞大學刊

---

52 Hu Shih"Has China Remained Stationary During the Last Thousand Years? "in *The Promotion of Closer Cultural Relations between China and Great Britain* (London: The Universities China Committee，1926)，pp.6-9.

53 胡適，《胡適的日記》，（香港：中華，1985），頁 124-125：356-357。

物 *Columbia Spectator* 上發表文章，力斥袁世凱恢復帝制之非。他
說：滿清帝制的最大罪惡，在為中國建立了一個世襲的無能而又
腐敗的官僚體系。辛亥革命最大的貢獻就在推翻這個官僚體系，
即此一點，其貢獻已無可估量[54]。

1939 年 10 月 10 日，紐約世界博覽會將這一天定為中國日，
胡適以駐美大使的身分在博覽會上發表雙十節意義的演說。他指
出辛亥革命有兩重意義，第一是推翻異族統治的種族革命，第二
是推翻帝制，建立共和的政治革命。辛亥革命在人們心中造成的
印象是：連皇帝都得走，還有什麼舊制度是可以不變的呢？這樣
一個開放而又自由的氣氛為五四以後，社會上和學術上各方面的
改革，奠定了基礎[55]。

1941 年 10 月 10 日，胡適再次肯定辛亥革命在社會和文化大
解放上，所起的積極作用[56]。

肯定辛亥革命的進步意義，也就是肯定近代中國是進步的。

將這兩篇論辛亥革命意義的英文文章，和 1934 年所寫，發
表在《獨立評論》上的〈雙十節的感想〉對看，雖然在內容上沒
有基本的不同，但在語氣上卻有微妙的出入。〈雙十節的感想〉
固然也肯定辛亥革命的雙重意義，但也同時指出，滿清的覆滅與
民國的建立幾乎是歷史的必然。滿清的覆滅，與其說是革命黨人
的貢獻，不如說是內部的腐化，已經到了不得不滅的時日。在緒
論中，胡適檢討了辛亥革命以來二十三年的成績，認為中國人太
不努力，二十三年來的一點建樹，不足以酬先烈們所流的血。他

---

54 Suh Hu，"Analysis of the Monarchical Restoration in China，*"Columbia Spectator*, January 14，
   1916，p.7.

55 Hu Shih，"The Meaning of October Tenth，*"The Chinese Christian Student*, vol.30，no.1-2 (Oct./
   Nov.1939). p.4.

56 Hu Shih，"Soul of the Chinese Revolution，*"Sphere*, vol.28，No.5 (Nov.1941)，pp.9 10，35.

感慨的說道：「二十三年過去了，我們還只是抬不起頭來的三等國家。」[57]這樣的感慨，在胡適的英文著作中是見不到的。

1939 年 2 月，《世界傳教士評論》（*The Missionary Review of the World*）雜誌上，摘錄了胡適的一篇演講，題目是〈論中國的進步〉（On China's Progress）。胡適指出自 1917 到 1937，這二十年之間，中國在知識，道德，社會風俗，政治組織，以至於民族的尊榮上，都有長足的進步。他特別提出以下五點作為代表：（1）專制政權的推翻；（2）教育制度的改良；（3）家庭制度，婚姻制度的改變和婦女地位的提高，胡適把這一點譽之為「五千年來最偉大的改良」（the greatest reform of the last five thousand years）；（4）社會風俗的改良；（5）政治組織的新發展，胡適將這一點稱之為「無血的革命」（a "bloodless revolution"）。

在文章的末尾，胡適指出近代的領袖人物在知識和人品上都超越前代。他說：孫中山思想上的勇邁，人格上的偉大，行動上的無懼（courage of thought, greatness of personality, and fearless action）都超過曾國藩。在胡適中文著作中，如此熱情肯定近代中國的文字是不多見的。

將這幾篇英文文章與 1918 年發表的〈歸國雜感〉對看，可以清楚的看出，胡適在中英文著作中不同的態度。在〈歸國雜感〉中，他對當時中國的戲劇、文學、出版界、教育事業，以至於人們的生活習慣都有極嚴厲的批評。去國七年，他看不到任何進步。他覺得「真可以放聲大哭」，「幾乎要羞死」[58]。這和他在英文著作中大談中國的進步，形成了有趣的對比。

1933 年，胡適在芝加哥大學（University of Chicago）作赫斯

---

57 胡適，〈雙十節的感想〉，《獨立評論》，122 號(1934 年 10 月 14 日)，頁 4。

58 胡適，〈歸國雜感〉，《胡適文存》，第 1 集，頁 621-628。

克爾講座（Haskell Lectures）時，對中日現代化的問題，提出過一套獨特的分析[59]，這套分析胡適在不同的場合曾多次引用，可以視之為胡適談現代化議題時一個重要的理論[60]。在胡適這個理論基礎上，就現代化而言，中國在深度和廣度上，都超越日本。胡適的用心多少是為中國緩慢停滯的現代化，作出一個合理而又體面的解釋。

胡適提出兩個問題：在現代化的過程中，何以日本能在明治維新之後，在短時期之內，獲大成功，而中國則長時期的停滯不前？但從另一方面來看，日本現代化的成功主要只是在工業和軍事上，至於一般人的日常生活和信仰，改變是極為有限的。然而，中國的情形卻是日本的反面，在工業和軍事上，中國的成績實在乏善可陳，但一般人的生活和信仰，卻因為與西方文化接觸而有了實質的改變。胡適為這個表面上看來矛盾的現象提出了分析。

胡適將文化轉型分為兩類，中央控制式（centralized control）和漸進穿透吸收式（gradual and diffused penetration and assimilation）。日本的現代化屬於第一類，而中國則屬於第二類。第一類文化轉型的優點是快速，有效，而且目標明確；其缺點則是，主其事的統治階級往往眼光短淺，急功近利。以日本來說，統治階級企圖用現代化的船堅炮利來鞏固日本固有的價值系統，其結果是日本在軍事上固然很成功，但在現代化的程度上，毋寧是膚淺而且片面的。如日本人的宗教信仰和婦女地位，在明

---

59 Hu Shih，"Types of Cultural Response，"in *The Chinese Renaissance*(Chicago: University of Chicago，1934；Rpt. Paragon Book Reprint Corp.，1963)，pp.1-9.

60 See Hu Shih，"The Westernization of China and Japan，"*Amerasia*, vol.2. no.5(June 1938)，pp.243-247；Hu Shih，"The Modernization of China and Japan，"in Ruth Nanda Anshen, ed.，*Freedom: Its Meaning*(New York: Harcourt, Brace and Co.，1940)，pp.114-122. Also in C. F. Ware ed.，*Cultural Approach to History* (New York: Columbia University Press，1940)，pp.243-251.

治維新之後，並沒有基本的改變。

反觀中國，自從 2100 年前，封建制度崩壞之後，中國社會已完全民主化了，社會上缺乏一個有效的統治階級，所有現代化的主張都是由少數個人提出，一般人則自願的跟進。加上 1911 年帝制推翻之後，中國幾乎沒有任何制度和任何價值，可以免於現代化的影響，可以免于知識份子的批評。這種在五四運動前後所建立起來的批評精神和風氣，開拓了中國人的眼界和胸襟。其結果則是：在工業和軍事上的現代化極為有限，但是從口紅到文學革命，從鞋子到推翻帝制無一逃過了現代化的影響，在工業和軍事上缺乏建樹的中國現代化，其深度和廣度是遠遠超過日本的[61]。

胡適之所以多次提到這個問題，他多少是希望在這樣分析的基礎上，能論證出就一般生活和意識形態而言，中國的現代化比日本更為徹底，更為深入。因此，中國是一個比日本更現代，也更民主的國家。

結論

1960 年，中美學術合作會議（Sino-American Conference on Intellectual Cooperation）在西雅圖華盛頓大學召開，胡適發表了題為〈中國的傳統與將來〉（The Chinese Tradition and the Future）的論文。在文中，胡適扼要的總結了自己對中國文化發展的看

---

61 See *ibid.*

法。他指出，孔子人文主義和老子的自然主義哲學是中國哲學的基礎，中國文化在受到非理性的迷信和宗教入侵時，都是靠著人文主義和自然主義的力量，將中國文化從非理性的深淵中拯救出來。他把宋代理學的興起，解釋為中國人文主義與自然主義哲學掙脫一千多年印度佛教影響的反抗。理學的興起把中國人從非理性的宗教中，拉回到以儒家倫理為基準的價值系統中來。

在英文著作中胡適對宋代理學的興起所一再強調的是，經過一千年印度化狂瀾的衝擊之後，中國本土哲學中人文主義與自然主義持續的抵抗力與頑強的生命力。他說：

> 理學的興起是個自覺的運動，這個運動是為了恢復佛教〔傳入中國〕之前，中國的本土文化，用這個本土文化來取代中世紀的佛教和道教。它的主要目的是重建，並重新解釋孔子與孟子的倫理和政治哲學，並以之取代自私，反社會和出世的佛教哲學。
>
> Neo-Confucianism was a conscious movement for the revival of the pre-Buddhist culture of indigenous China to take the place of the medieval religions of Buddhism and Taoism. Its main object was to restore and re-interpret the moral and political philosophy of Confucius and Mencius as a substitute for the selfish, anti-social, and other-worldly philosophy of the Buddhist religion[62].

這點和他在中文著作中提到理學時，其不同的側重是很顯然

---

62 Hu Shih，"The Chinese Tradition and the Future，"*Sino-American Conference on Intellectual Cooperation, Report and Preceedings*, University of Washington Department of Publication and Printing, p.17，or, see Chih-ping Chou, ed.，*A Collection of Hu Shih's English Writings*, vol.3，p.1753.

的。在中文著作中，胡適常常引用「餓死事極小，失節事極大」，來凸顯理學在天理和人欲衝突時，舍人欲，而就天理，造成對人欲極大的抑制，終而成為「吃人的禮教」。胡適在《戴東原的哲學》中極沉痛的指出：「八百年來，一個理字遂漸漸成了父母壓兒子，公婆壓媳婦，男子壓女子，君主壓百姓的唯一武器；漸漸造成了一個不人道，不近人情，沒有生氣的中國。」[63] 胡適在中文著作中也談理字的積極意義，但他總不忘提醒中國讀者，一種過度嚴苛的理學，則又成了「以理殺人」的劊子手。

胡適這點態度和解釋上的不同，不應被理解為思想上的不一致，或前後矛盾。而是在面對不同聽眾時，他有不同的著重，在表述時，中英文有其不同的取向。

正因為固有的中國文化中並不缺科學，民主，自由這些近代的價值觀念，在胡適英文著作中，「西化」或「現代化」並不是他的主要議題。「西化」或「現代化」只是中西文化接觸之後，一個自然的結果，而不是努力強求之後，外爍於中國固有文化之上的一層外殼。

1933 年，胡適在《中國的文藝復興》（*The Chinese Renaissance*）書序中提到，他在全書中的理論架構是，即使在缺乏有效領導和中央控制的情況下，大規模的文化變遷正在中國發生。雖然舊體制在受到衝擊之後出現了崩潰的現象，但這正是讓舊文化新生，必不可少的過程。他說：

> 緩慢的，悄悄的，然而毫無可疑的，中國的文藝復興正在變成一個事實。這個再生的文化看似西方的。但只要刮去它的

---

[63] 胡適，《戴東原的哲學》，頁 55-56。參看，胡適，〈信心與反省〉。《胡適文存》，第 4 集，頁 462。

表層，你就能看到基本上是中國的基底，這個基底在飽經風雨的侵蝕之後，卻顯得更清楚了，那是人文主義與理性主義的中國在受到新世界科學與民主觸發之後的一個新生。

Slowly, quietly, but unmistakably, the Chinese Renaissance is becoming a reality. The product of this rebirth looks suspiciously occidental. But, scratch its surface and you will find that the stuff of which it is made is essentially the Chinese bedrock which much weathering and corrosion have only made stand out more clearly— the humanistic and rationalistic China resurrected by the touch of the scientific and democratic civilization of the new world[64].

這樣情況下的文化再生，與其說是外爍的，不如說是內發的。這一段話最能說明胡適在英文著作中對中國西化的態度。其中最值得注意的是「觸發」（by the touch of）這兩個字，既是「觸發」，則「西化」只是個「水到渠成」的事。

在中文著作中，讀者和聽眾都是同胞，胡適少了許多「體面」的顧慮，所謂愛之深，責之切。他寫作的目的，往往是為了指出病痛所在，進而激發中國人奮發向上。他強調不宜將文明強分精神與物質，而以一種優越的態度自居於所謂精神文明，而鄙視物質文明。沒有物質基礎的精神文明，怕不免只是落後和貧窮的遮羞布，並終將成為物質的奴隸。這番意思在〈我們對於近代

---

64 Hu Shih，"Preface，"*The Chinese Renaissance.*
"If I have any thesis to present, I want my readers to understand that cultural changes of tremendous significance have taken place and are taking place in China, in spite of the absence of effective leadership and centralized control by a ruling class, and in spite of the deplorable necessity of much undermining and erosion before anything could be changed. What pessimistic observers have lamented as the collapse of Chinese civilization, is exactly the necessary undermining and erosion without which there could not have been the rejuvenation of an old civilization."

西洋文明的態度〉一文中說的最清楚[65]。將這篇文章和胡適的英文文章〈東西文明〉（The Civilization of the East and the West）對看，我們不難發現，雖然，後者基本上是前者的翻譯，但在英文文章中，他還是忍不住的把格物致知與十七世紀考證的方法，與近代的科學方法做了一定的聯繫[66]。

在英文著作中，胡適對中國文化是充滿信心的。他所一再要表明的是，中國這個古文明，並不缺與西方文明接軌的「現代性」。這個現代性的主要成分是民主與科學。然而，胡適有生之年，在中國既沒有看到一個真正的民主制度，也沒有看到科學的生根茁長，所以他只能回到歷史上的中國，到先秦，到兩漢，到唐宋，到明清，去找他的科學精神與民主基礎了。胡適在古代的思想制度中，去尋中國的民主，科學，這一方面維持了他知識上的誠實，一方面又顧全了中華民族與中國文化的體面。讀胡適論中國文化的英文著作，不能不深體他這番不得已的苦衷[67]。

65　胡適，〈我們對於近代西洋文明的態度〉，《胡適文存》，第 3 集，頁 1-15。

66　Hu Shih，"Civilization of the East and the West，"in Charles A Beard, ed.，*Whither Mankind: A Panorama of Modern Civilization*(New York: Lingmans, Green and Co.，1928)，pp.25-41. For the mentioned paragraph, see p.32.

67　有關胡適英文著作中對中國文化的態度，參看 Min-chih Chou，"Attitude toward Chinese Culture，"in *Hu Shih and Intellectual Choice in Modern China* (Ann Arbor. The University of Michigan Press，1984)，pp.166-188.

9

自由主義的薪傳：
從胡適到余英時

引言

　　1962 年，胡適逝世之後，梁實秋以〈但恨不見替人〉為題，撰文悼念老友。[1]半個世紀過去了，今日回看，不得不說，梁實秋「不見替人」之「恨」，說得有些過早，也有些悲觀。2012 年是胡適逝世五十周年，2016 年則是胡適出生一百二十五周年及〈文學改良芻議〉發表百年紀念，兩岸的學術界都舉行了隆重的國際研討會來紀念這位「但開風氣不為師」的五四新文化運動領袖。只要到北京的各大書店看看，就不難發現，胡適的著作，正以驚人的速度，翻版重印。

　　2013 年 8 月 18 日，北京外文出版社在當年北大紅樓，舉行《胡適文存》，《胡適論學近著》和《獨秀文存》，影印版首發式。這兩套在中國現代思想史上發生過重大影響的著作，又得以當年原貌示諸國人。1953 年，正當批判胡適思想進入高潮的時候，胡適曾以「野火燒不盡，春風吹又生」來描述胡適思想批判運動的必然失敗。[2]我也曾說：「封閉與獨裁是滋生胡適思想最肥沃的土壤，也是胡適思想始終不過時最好的保證」。[3]只要當道繼續否認民主，自由，人權的普世價值，關閉網路頻道，繼續「不講」「憲政」，「司法獨立」，「學術獨立」，就會有千千萬萬胡適思想的信從者從全國各地，像雨後春筍一樣的冒出來。胡適思想後繼有人！

1　梁實秋，〈但恨不見替人〉，《梁實秋懷人叢錄》（北京：中國廣播電視出版社，1991），頁 70-71。

2　胡適，〈同情淪陷鐵幕的知識份子—對大陸文化教育界人士廣播〉，《胡適作品集》（臺北：遠流，1986），冊 26，頁 210。

3　周質平，〈自序〉，《光焰不熄》（北京：九州，2012），頁 5。

梁實秋悼文中的「替人」，或許並不是我上面所說，胡適思想的信從者，而是指一個可以接替胡適在學術界，思想界的領袖人物。

今天的大陸當然已不是五四時期的中國，蔡元培，陳獨秀，胡適這批學者，能在短時期之內，鼓動風潮，開創新局，這需要有特定的時代和社會的條件，而這樣的客觀條件是不可能複製，也不可能複現的。胡適的「替人」當然也就無從產生了。更何況1949 年的變局把原已「邊緣化」[4]了的知識份子，打進了社會的底層，成了罪孽深重，受到黨國唾棄的「臭老九」。能苟全不死，已屬萬幸，何敢更有「引領風騷」之想。從這個意義上來說，胡適的「替人」斷無可能出現在今日中國的土地上。然而，陳寅恪所標榜的「獨立的精神」，「自由的思想」[5]是可以傳承的。胡適的替人，當就這一點來探索。《莊子.養生主》所說：「指（脂）窮於為薪，而火傳也，不知其盡也。」脂膏有窮，而火傳無盡。自由主義的火炬並不會因為個人形體的消亡，而與之俱滅。

2004 年 10 月 25 日，顧思齊在《南方都市報》上發表題為〈在沒有胡適之的時代讀余英時〉的書評，對余著《重尋胡適歷程》推崇備至。我相信，下面這一段文字代表了多數當代中國知識人對余先生的評價：

> 余氏仍兼具學院知識份子，公共知識份子之長，其治學不以文獻的堆砌及方面的駁雜取勝，而以歷史的通觀及分析的精闢見長。識見之通達，觀察之犀利，表達之明晰，在在有胡

4　參看，余英時，〈中國知識份子的邊緣化〉，《中國文化與現代變遷》（臺北：三民，1992），頁 33-50。

5　陳寅恪，〈清華大學王觀堂先生紀念碑銘〉，〈金明館叢稿二編〉，《陳寅恪先生文集二》（臺北：裡仁書局，1981），頁 218。

> 適遺風。我們應當慶幸，在沒有胡適的時代，至少還有余英
> 時……由胡適看現代中國，是切入現代中國史的捷徑；而由
> 余英時看胡適，又是深入胡適思想的方便法門。

由最後兩句話可以看出，大陸有不少人是透過余英時的胡適
研究來瞭解胡適的。在這些人眼裡，余不但是胡的「替人」，也
是胡的「化身」。這篇書評在網上流傳很廣，這一說法是有一定
的「群眾基礎」的。胡適和余英時都是「學院精英」而兼為「公
共知識份子」，他們都有各自學術上的專業研究，但也有「忍不
住的」社會關懷。

1991 年，胡適百歲紀念，他的母校康奈爾大學（Cornell
University）東亞研究項目（East Asia Program）成立胡適基金（Hu
Shih Endowment），並聘請余英時為第一任「胡適訪問教授」（Hu
Shih Visiting Professor in Chinese Studies at Cornell）[6]。胡、余兩人
在思想上的承繼關係，海內外似乎有一定的「共識」。

胡適在今日中國大陸捲土重來，並受到廣大知識人的注意。
主要是他以「公共知識份子」的身份所發表的政論時評，而不是
他以「學院精英」所出版的學術專著，受到社會的關注。胡適的
言論在今天能引起多數讀者興趣的，絕不是他的《中國古代哲學
史》，也不是他的《白話文學史》，更不是他的禪宗研究或《水
經注》考證。而是他的政論，如 1919 年和李大釗「問題與主義」
的辯論，1929 年發表在《新月》，而後收入《人權論集》，批評
國民黨和孫中山的文字，1930 年《我們走那條路》，抗戰前夕發
表在《獨立評論》上數十篇的時評，如〈信心與反省〉等。這一

6　East Asia Program, Cornell University, *Newsletter*, Spring 1992. p. 1.

現象印證了余英時在 1980 年代初，對當時中國社科院院長胡繩所說的話：「胡適的學術研究早已被後來的人超過了，因為後浪推前浪，這是無可避免的；但胡適的政治主張因為自五四以來在中國根本未曾落實過，因此還是新鮮的，並沒有發生『過了時』的問題。」[7]

1991 年，余英時寫〈胡適與中國的民主運動〉作為胡適百歲的紀念文字，強調胡適思想對當代中國社會的意義在「民主，自由，人權」的提倡上。特別推崇胡適能在 1947 年 8 月，共產黨席捲大陸的前夕，發表〈我們必須選擇我們的方向〉，此時，他依舊深信「民主自由」是「世界文化的趨向」，而「反自由，反民主的集團專制」只是「一個小小的波折，一個小小的逆流」。[8]

1947 年 3 月，也就是胡適發表〈眼前世界文化的趨向〉前五個月，儲安平在《觀察》雜誌上發表〈中國的政局〉，已經清楚的指出：「『自由』，在國民黨統治下，是一個『多』『少』的問題；而在共產黨統治之下，就成了一個『有』『無』的問題了」。儲安平是支持「民主」，同情「自由主義」的。他認為自由主義者雖有相當的影響，但散漫而缺乏組織。他們的力量，「只是一種潛在的力量，而非表面的力量；只是一種道德權威的力量，而非政治權力的力量；只是一種限於思想影響和言論影響的力量，而非一種政治行動的力量」。這正是當時以胡適為首的自由主義者在中國的處境。但是我們不能小看這種力量，因為「凡是道德

7　這是 2011 年，12 月 17 日，余英時接受《東方早報》的一篇訪談，收入《學思答問—余英時訪談集》（北京大學出版社，2013），頁 188-189。與胡繩的那段對話，又見陳致，《余英時訪談錄》，頁 74。

8　余英時，〈胡適與中國的民主運動〉，《民主與兩岸動向》（臺北：三民，1993），頁 237-247；胡適，〈眼前世界文化的趨向〉，《我們必須選擇我們的方向》（香港：自由中國出版社，1950），頁 5-17。

的力量，常常是無形的，看不見，抓不著，但其所發生的力量，則深入而能垂久。這股力量在社會上有根，在人心裡有根。」[9]儲安平的分析是持平而中肯的。

「自由主義」絕非如許多人心目中想像的弱不禁風，如果「自由主義」真是不堪一擊，則又何勞共產黨在五十年代發動全國各階層對胡適思想進行長時期的批判和肅清呢？要知道批判和肅清的背後，往往是巨大的恐懼！而這種恐懼正是來自：自由主義的思想「在社會上有根，在人心裡有根」。「根」在表面上看不到，摸不著，但它深入地裡，從岩縫裡，在烈日下，依然能生長茁壯。1917 年胡適回國後致力文化建設，而不走政治運動的方向，正是著眼於這個「根」的建立。正如余英時在〈脊樑—中國三代自由知識份子評傳序〉中所說：「我們所看到的並不是中國人追求自由的失敗與挫折，而是自由所展示的無盡潛力。」[10]

2011 年 12 月 17 日是胡適誕辰一百二十周年紀念，余英時接受香港《東方早報》的採訪，暢談胡適在學術，社會，政治各方面的影響，極為肯定的指出：「胡適是二十世紀影響力最大也最長久的學者和思想家」，[11]他在五四時期所提倡的科學，民主，自由等普世價值至今有引領中國人向前的意義。至於 1950 年代初期對胡適思想的批判，「今天從思想史的角度看，正是對他最高的敬禮。」余英時認為「創造了現代中國的公共輿論」[12]是胡適重要的貢獻之一，而這也正是胡適「對於他的政治理想的一種實踐。他全力宣導言論自由，思想自由，出版自由，便是為了爭

---

9 儲安平，〈中國的政局〉，《觀察》，2 卷 2 期（1947，3，8），頁 6，7，8。

10 余英時，〈脊樑—中國三代自由知識份子評傳序〉，《會友集》（香港：明報，2008），頁 287。

11 彭國翔編，《學思答問—余英時訪談集》（北京大學出版社，2013），頁 180。

12 《學思答問》，頁 188。

取人民有批評執政黨及政府的合法權利。」[13]在此，余英時扼要的說明了胡適自由主義的精義。

胡適苦心經營了三十年的民主自由，1949 年，一夕之間，摧毀殆盡。樂觀如胡適，1948 年的除夕，與傅斯年在南京度歲，也不免相對淒然了。[14]然而，自由主義，並沒有因暴力的摧殘而消亡。1949 年的變局讓許多中國知識份子和年輕的學生流落港臺，海外。臺灣的雷震，殷海光和胡適有直接的聯繫，《自由中國》雜誌的出版《宗旨》就是胡適的手筆。1960 年雷震入獄，《自由中國》停刊，一般都把這個結局看作自由主義在臺灣的挫敗。但臺灣在八十年代開放黨禁，報禁，並實行直接民選。胡適、雷震和《自由中國》的貢獻是不能抹殺的。這段歷史已經受到學者的注意和承認。[15]相對於臺灣的情況而言，中國知識份子五十年代在香港「反共抗暴」的努力還沒有受到學界足夠的注意。

飛鳥之影，似亡實在

1949 年之後，美國學界，在費正清（John King Fairbank, 1907-1991）長時期領導下的現當代中國研究，左傾是主流，就如余英時在〈費正清與中國〉一文中指出：多數美國研究中國問題的專家都相信「中共的『新秩序』代表了中國人的集體意志和

---

13 同上。

14 參看，胡頌平，《胡適之先生年譜長編初稿》（臺北：聯經，1984），冊 6，頁 2065-2066。

15 如范泓，《雷震傳—民主在風雨中前行》（廣西師範大學出版社，2013），此書在臺灣更名《雷震傳—民主的銅像》，2013 年，由獨立作家出版社出版。

歷史傳統」。[16]一直到今天，斯諾（Edgar Snow, 1905-1972）1937年出版的《紅星照耀中國》（*Red Star Over China*）還是許多研究現代中國學生的必讀書。中共立國後的頭十年，正是美國學者對這一新政權充滿浪漫幻想的蜜月期。1956 年 11 月 18 日，胡適在寫給趙元任的信中提到：「在許多大學裡主持東方學的人，他們的政治傾向往往同我有點『隔教』。」[17]所謂「隔教」，也就是胡適反共，而他們親共。胡適在這十年之中，發表了一系列反共的文章，有的從歷史的角度來說明共產黨的得勢，並非所謂「農民起義」，在一夜之間擊潰了國民黨，而是共產黨借抗戰之名，行坐大之實；[18]有的從思想史的角度來說明，對權威的懷疑，是傳統中國思想中固有的權利；更多的則是對當時共產黨的鉗制思想，做赤裸裸的揭露和控訴。[19]胡適是二十世紀五十年代海外反共最有影響的一個學者。

　　1950 年代初期，正當胡適在紐約發表反共宏論的時候，一位流亡在香港的小同鄉，安徽潛山的余英時，正就讀於剛成立的新亞書院。在課餘，負責編輯一份名叫《中國學生週報》和《自由陣線》的週刊，並以筆名「艾群」發表了一系列時評和論學的文字，其主旨則是鮮明的反共。形成了美港兩地有趣的反共「唱和」。胡適長余英時三十九歲，幾乎相隔兩代。1930 年余英時出生時，胡適已名滿天下，這樣的隔海「唱和」，當然不是刻意的安排，而是兩代最優秀的中國知識人，隔著太平洋，對中國落入共產黨統治，不期然而然地表示出深切的憂憤。余英時的名字在

16　余英時，〈費正清與中國〉，《中國文化與現代變遷》（臺北：三民，1992），頁 163。

17　胡適，《致趙元任夫婦》，耿雲志、歐陽哲生，《胡適書信集》，下冊（北京大學出版社，1996），頁 1291。

18　Hu Shih, "China in Stalin's Grand Strategy,"*Foreign Affairs*, Vol. 29, No. 1(October 1950), pp. 11-40.

19　有關胡適的反共思想，參看，周質平，〈胡適的反共思想〉，已收入本書。

胡適的著作中，出現過一次。1958 年 1 月 16 日，胡適在日記中
有如下一條：

> 潛山餘協中來訪。他是用 Refugee Act 來美國居留的，現住
> Cambridge. 他說起他的兒子余英時，說 Harvard 的朋友都說
> 他了不得的聰明，說他的前途未可限量。
> 我對協中說：我常常為我的青年朋友講那個烏龜和兔子賽跑
> 的寓言，我常說：凡在歷史上有學術上大貢獻的人，都是有
> 兔子的天才，加上烏龜的功力。如朱子，如顧亭林，如戴東
> 原，如錢大昕，皆是這樣的，單靠天才，是不夠的。[20]

　　胡適和餘協中是舊識，也是安徽同鄉。當時，胡適寓居紐
約，計畫 4 月動身回臺北就任中央研究院院長。1958 年，余英
時二十八歲，到哈佛已兩年多，正師從楊聯陞讀中國史博士。胡
適常用龜兔賽跑的故事勉勵年輕的學者，1936 年 10 月 30 日給吳
健雄的信裡也提到此一寓言，他說：「龜兔之喻是勉勵中人以下
之語，也是警惕天才之語。」[21]胡適日記中的這段話當然是意在
「警惕天才」。錢穆在 1956 年寫給余英時的信中，也有類似勉勵
的話：「學問之事，非畢生悉力以赴，則人之聰明，不相上下，
豈能立不朽之盛績乎！」[22]
　　細看胡適的這段日記，似乎他相信余英時絕頂聰明，至於是
否在學術上能有大成則不可言之過早，需視往後努力而定。當
然，現在證明，余英時不但有「兔子的天才」，也有「烏龜的功

20　曹伯言整理，《胡適日記全集》，9，（臺北：聯經，2004），頁 332-333。
21　耿雲志、歐陽哲生編，《胡適書信集》（北京大學出版社，1996）冊 2，頁 706。
22　錢穆〈致余英時書〉，《素書樓餘瀋》（北京：九州出版社，2011），頁 339。

力」。胡適提到的四位兼有天才和功力的歷史人物，其中朱熹和戴震，余英時都有邁越前人研究成果的專著。[23]

普林斯頓大學，葛斯德東方圖書館（Gest Oriental Library）藏有一本 1954 年 3 月香港自由出版社印行的余英時著的《民主革命論》，書首有作者的親筆簽名，上書：「適之先生教正，後學余英時敬贈，1954，3，26」書中還夾了一張雷震寫給胡適的便條：

適之先生：

　　送上香港寄來書一冊，敬祈詧收。肅此

　　道安

弟雷震上　四三（案：1954），三，廿九

2013 年 9 月 9 日，我向余先生請教贈書的事。他回憶說，1954 年，他在香港，在報上看到為選舉總統，副總統事，胡適回台參加國民大會第二次會議，此時，《民主革命論》剛出版，他就寄了一本到臺北《自由中國》雜誌社，請他們轉交給胡適。由雷震所寫的便條，可以看出，他在 3 月 29 日，把書轉交給了胡適。

從 1950 到 1952，胡適曾任葛斯德圖書館館長兩年，他對這個圖書館是有特殊感情的。在他 1958 年回台任中央研究院院長之前，曾把部分藏書捐給葛斯德圖書館，[24]《民主革命論》或許就是其中一本。我之所以細述贈書的這段往事，因為這很可能是

23　余英時，《論戴震與章學誠》（臺北：三民，1996），《朱熹的歷史世界》2 冊（臺北：允晨，2003）。

24　有關胡適在葛斯德圖書館的兩年生活，參看，周質平，〈胡適的黯淡歲月〉，《光焰不熄──胡適思想與現代中國》（北京：九州，2012），頁 375-395。

胡余兩人交往的唯一文字記錄了。

余英時雖然從未見過胡適，[25]但據他在《回憶錄》中提到，抗戰時期，他在家鄉，安徽潛山官莊鄉，過了九年（1937-1946）農村山居的日子，他「第一次聽到陳獨秀的名字，也第一次接觸到胡適的白話詩」，大概在他「十一二歲的時候」。[26]余家藏有胡適送給余協中的一紙條幅，上面是胡適 1917 年據墨子「影不徙」的哲理所寫的一首小詩：

> 飛鳥過江來，投影在江水。
> 鳥逝水長流，此影何嘗徙？
> 風過鏡平湖，湖面生輕皺。
> 湖更鏡平時，畢竟難如舊。
> 為他起一念，十年終不改。
> 有召即重來，若亡而實在。[27]

至今，這首詩，余先生還能朗朗上口。胡適對他的影響，幾十年來，有如飛鳥之影，似亡而實在。余先生知道我喜歡讀胡適著作，承他手書此詩贈我，詩後，有一小跋：「右錄胡適〈景不徙〉篇。七十餘年前，在潛山官莊鄉初見適之先生為先君協中公所書條幅即此詩也。至今尚在記憶中。」

1946 年，余英時回到了城市，《胡適文存》是他最早讀到的

25 余英時：「我和適之先生從無一面之雅」。見《中國近代思想史上的胡適》，在胡頌平編，《胡適之先生年譜長編初稿》（臺北：聯經，1984），冊 1，頁 5。

26 余英時，〈余英時回憶錄（一）一安徽潛山的鄉村生活〉《二十一世紀雙月刊》，2017 年 2 月號，總第 159 期。頁 103.

27 此詩最早收入《藏暉室箚記》卷 15 即《胡適留學日記》（上海：商務，1947），頁 1106。

「課外書」[28]。少年時期所讀過的胡適著作像一粒小小的種子，成年後生根發芽，為他往後在接觸共產主義的宣傳中，起了相當「免疫」和「抗暴防腐」的作用。這為胡適「社會的不朽」論，又增添了一個有趣和有力的佐證。

在余英時早年的著作中，很容易看出胡適的影響，他一向以自由主義者自任，[29]並毫不諱言他的反共立場。1953 年，余英時在為自己的集子《到思維之路》寫的序言中，對 1949 年中國政局的變遷，所帶來的獨裁和思想上的鉗制，表示了最深切的憤慨，他明確的指出，1949 年的變局「剷除了中國舊有的一切思想的根基，也摧毀了西方學術界所傳佈過來的一切思想的幼苗；而它所帶來的卻不是任何新思想體系的創見，恰恰相反，乃是極權統治者的教條束縛了全中國人民的智慧」。[30]這是余英時二十三歲時所說的話，六十多年過去了，他的反共情懷隨著年齡的增長，變得更深刻，更全面也更堅定了。在序文的末尾，他引用了胡適 1930 年在〈介紹我自己的思想〉一文中的話，表達了他「內心的願望」：

> 從前禪宗和尚曾說：「菩提達摩東來，只要尋一個不受人惑的人。」我這裡千言萬語也只要教人一個不受人惑的方法。被孔丘，朱熹牽著鼻子走，固然不算高明；被馬克思，列寧，史達林牽著鼻子走，也算不得好漢。我自己決不想牽著誰的鼻子走。我只希望盡我的微薄的能力，教我的少年朋友

28　余英時在〈余英時回憶錄（一）—安徽潛山的鄉村生活〉中說到：「二戰結束以後，回到城市，我最早讀到的課外書是《胡適文存》」。並提到「我最早接觸到的胡適則是通過他的詩和書法。」《二十一世紀雙月刊》，2017 年 2 月號，總第 159 期。頁 103；105。

29　《我是一名自由主義者》，在彭國翔編，《學思答問—余英時訪談集》，頁 111。

30　余英時，《到思維之路》（台中：漢新出版社，1984），頁 1。感謝葛兆光先生提供此書複印。

們學一點防身的本領，努力做一個不受惑的人！[31]

　　寫到此處，我們不難看出，青年的余英時多少有點以胡適的後繼者自任，企圖在 1950 年代初期，香港遭受馬列主義狂潮衝擊的時候，做一些「挽狂瀾於既倒」的工作。在 1981 年同書的再版自序中，余英時說他自己「當時深受五四以來的自由主義傳統的影響：在政治上嚮往民主，在思想上尊重理性和容忍。」[32]這幾句話的背後，都有胡適的影子。在這篇序言的結尾處，余英時引用了周亮工《因樹屋書影》中「鸚鵡救火」的故事：

　　昔有鸚鵡飛集陀山，乃山中大火，鸚鵡遙見，入水濡羽，飛而灑之。天神言：「爾雖有志意，何足云也？」對曰：「常喬居是山，不忍見耳！」天神嘉感，即為滅火。[33]

　　余英時接著說道：「我當時並不敢奢望可以感動天神來滅火，但是我的確覺得自己是曾經僑居陀山的鸚鵡，不能不在故山大火之際盡一點心意。所以五十年代初期我在香港所寫的一些不成熟的東西都可以看作鸚鵡羽翼上所濡的水點」。[34]

　　余英時也曾以「常喬居是山，不忍見耳」為題，談自己的「中國情懷」。[35]「鸚鵡救火」是「知其不可而為之」的極致表現，也是對故土一種最深切的關愛。1929 年胡適也曾把「鸚鵡救火」

31　余英時，《到思維之路》，頁 4。原文見胡適，〈介紹我自己的思想〉，《胡適文存》，第 4 集（臺北：遠東，1968），頁 623-634。

32　余英時，《到思維之路》，頁 1。

33　原文見周亮工，《書影》（臺北：漢京文化事業有限公司，2004），頁 44。

34　余英時，《到思維之路》，頁 2-3。

35　余英時，〈常喬居是山，不忍見耳—談我的中國情懷〉，《文化評論與中國情懷》（臺北：允晨，1988），頁 375-381。

的故事引用在他所寫《人權論集》的序中。並加了一段案語：

> 今日正是大火的時候，我們骨頭燒成灰終究是中國人，實在
> 不忍袖手旁觀。我們明知小小的翅膀上滴下的水滴未必能救
> 火，我們不過盡我們的一點微弱的力量，減少一點良心上的
> 譴責而已。[36]

　　胡適當時批評的重點是國民黨假「訓政」之名，行專制之
實，遲遲不頒佈憲法，老百姓沒有言論出版的自由，國民黨在胡
適的筆下，成了一個在政治上獨裁，在文化上反動的政黨。[37]余
英時特別重視胡適這一段和國民黨的衝突，認為是胡適「生命史
上應該特筆大書的關鍵時刻」，因為「胡適的自由主義立場是在
1929 年與執政國民黨的激烈爭執中才獲得明確而具體的展現」。[38]
換句話說，這也就是「以道抗勢」[39]的具體行動。

　　余英時所說的「大火」則是 1949 年之後，共產黨對傳統的
中國文化和社會結構進行最徹底的破壞和剷除。全國人民在新政
權的統治之下，完全喪失了獨立自主的人格和思想言論的自由。
兩個人所面對的「大火」容或有不同，但所表現出來的社會關懷
則初無二致。胡適說：「我們的骨頭燒成灰終究是中國人」，這
一點，余英時也是有同感的。1998 年，去國近五十年之後，他
在《論士衡史》的序中，是這樣描述自己的：

---

36 胡適等，《人權論集》（上海：新月書店，1930），頁 2。
37 參看，胡適，〈我們什麼時候才可以有憲法〉，〈新文化運動與國民黨〉，在《人權論集》（上
　　海：新月，1930），頁 21-32；119-143。
38 余英時，〈從日記看胡適的一生〉，《重尋胡適歷程》（臺北：聯經，2004），頁 22。
39 參看余英時，〈道統與政統之間〉，《士與中國文化》（上海：人民，1987），頁 84-112。

我自問在文化意識上始終是一個中國人。而且我也曾論證過，「中國」自始便是一個文化概念。我在海外生活了差不多半個世紀，但我在自覺的層面上，總覺自己還是一個「中國人」。[40]

「中國」和「中國人」，對余英時來說，始終是個文化概念，而不是政治概念。他在〈美國華僑與中國文化〉一文中，清楚的指出：「『中國人』這個名詞自正式出現在春秋時代以來，便是一個文化概念，而不是政治概念。對中國人而言，文化才是第一序的觀念，國家則是第二序以下的觀念。」[41]對政治概念上的中國，他是抗拒的。過去六十多年來，除了學術研究之外，反共是余英時不懈的使命。其情緒之激昂，意志之堅定，真可以說愈老彌篤。至於中國文化對他而言，則是「安身立命」之所在，也是他「精神上的歸宿」。[42]

胡適居留美國的時間前後近三十年，而余英時則已過六十年，在他們等身的著作中，中國幾乎是他們唯一的關懷。無論是政論也好，時評也好，學術研究也好，美國，這個他們實際生活了幾十年的社會，竟完全無足輕重！倒是萬里外的中國才是他們念茲在茲，不曾須臾離的關懷所在。「身在海外，而心繫中國」。這句話對胡適，余英時而言，絕不是一句空洞的口號，而是每天生活的實際內容。2010 年，余英時又以「情懷中國」為題，輯錄了他多年來較為感性對故土追懷的文字。從「中國情懷」到「情懷中國」，還不足以說明此「情」之深切嗎？ 1978 年 10 月，

40　余英時，《論士衡史》（上海：文藝出版社，1999），頁 1。
41　余英時，〈美國華僑與中國文化〉，《中國文化與現代變遷》（臺北：三民，1992），頁 62。
42　余英時，〈美國華僑與中國文化〉，《中國文化與現代變遷》（臺北：三民，1992），頁 55。

余英時率美國漢代研究代表團訪問中國，寫了兩首詩，志此行之
所感：

> 「鳳泊鸞飄廿九霜，如何未老便還鄉？此行看遍邊關月，不
> 見江南總斷腸。」「一彎殘月渡流沙，訪古歸來興倍賒。留
> 得鄉音皤卻鬢，不知何處是吾家。」[43]

這兩首詩道盡余英時「中國情懷」感性的一面。如果我們將
「中國」這個成分從胡適，余英時這兩個名字中抽離，胡適，余
英時立刻成了虛幻。他們一生的業績，只有在「中國」這個大
前提之下才有意義。

在海外研究中國問題的學者，在國內常被稱為「漢學家」，
漢學（Sinology）這個字在美國基本上已成了歷史名詞，美國各
大學已經沒有以 Sinology 作為系名的了。代之而起的，是中國研
究（Chinese Studies）。名字雖然換了，但老派漢學研究的態度還
相當普遍的瀰漫在美國學界。Sinology 所代表的是把中國做為一
個古文明，所有的中國學問到了這些漢學家的手裡，就像看一把
陶壺，一個鐘鼎，在放大鏡底下，古物纖毫畢呈，但物是物，我
是我。兩者之間，沒有任何有機的聯繫。這樣的研究態度，說得
厚道些，是客觀；說得尖刻些，是不相干。但是身為中國人，作
為一個海外的中國文史研究者，物我之間是很難截然分開的一物
中有我，我中有物。1978 年余英時第一次回到中國，就觀察體
會到他自己的心情與「同行的美國朋友們迥然不同」：

---

43 余英時，〈常僑居是山，不忍見耳〉，《文化評論與中國情懷》（臺北：允晨，1988），頁 378-
379。

他們所全神貫注的是怎樣通過這次訪問來改進他們的專題研
究；或證實或修正他們已有的「工作假設」。中國對於他們
只是一個客觀研究的對象。我雖然也有此客觀的一面，但是
我的心情主要是一個千載後的子孫來憑弔祖先所踏過的足
跡。[44]

余英時在此處所指出的華洋之別，絕不是說，他的中國史研
究不客觀。借用陳寅恪評馮友蘭《中國哲學史》中的話來說，余
英時的態度是一種「瞭解之同情」，「與立說之古人，處於同一
境界」。[45]洋人治中國史，「瞭解」或有之，「同情」則極難，「與
立說之古人，處於同一境界」就幾乎不可能了。這不是孰高孰低
的問題，這正如一個中國人治西洋史，也會有同樣的局限和隔
閡。「千載後的子孫」看祖先的業績，很難完全自外於「所觀」。
這也正是「知識」與「情懷」不同之所在。「知識」是可以傳授，
可以習得的。而「情懷」則「如人飲水，冷暖自知」，非自己親
歷一番，是無從得知的。

44　余英時，〈「常僑居是山，不忍見耳」─談我的中國情懷〉，《文化評論與中國情懷》（臺北：
　　允晨，1988），頁377。

45　陳寅恪，〈馮友蘭中國哲學史上冊審查報告〉，《陳寅恪先生文集2》（臺北：里仁，1981），
　　頁247。

以道抗勢

2009 年 12 月 4 日，傅建中在臺灣《中國時報》上發表了一篇題為〈余英時 vs. 楊振寧〉的短文，指出余楊兩人，在學術上地位相當，分別是當今中國人文和科學界的領袖人物，但在對政治的態度上，則截然異趣，余反共，而楊親共。他語帶幽默的說，有人認為余的反共已到了「病態（pathological）」的程度。如果說，「反共」確是一種「病」，那麼，余英時從不「諱疾」。余英時鄉居在安徽潛山時，對共產黨即有耳聞，並曾目睹一位族兄死于「新四軍」的刀下。他對共產黨從童年起就「產生了一種很深的恐懼感」。[46]看他早年所寫文字，我們可以斷定，他的反共，絕非「新病」，而是「舊疾」。「病情」初發在六十多年前，余英時流亡香港的那幾年。

1950 年初，余英時「避秦」來到香港，到 1955 年秋，進哈佛研究院，在這不到五年的時間裡，他在新亞書院讀書之餘，發表了大量的文章，專著，而反共則是貫穿其間的一個主旨。1952年夏秋之間，他主編了三個月的《中國學生週報》，不具名的寫了二三十篇類似「社論」的短文。1952 年 7 月 25 日出版第一期，題為〈負起時代責任！〉的《創刊詞》就是他的手筆，他用兩句反問的話點出了這份週報的創刊旨趣：「我們能眼看著自己的國家這樣沉淪下去嗎？我們能讓中國的歷史悲劇這樣延續下去嗎？」回答當然是「我們不能！」其實，過去六十多年來，他在學術上的工作，都是在實踐他自己不能坐視中國文化，在暴力極

---

46 余英時，〈余英時回憶錄（二）一共產主義與抗日戰爭〉，《二十一世紀雙月刊》，2017 年 4 月號，總第 160 期。頁 102-103.

權之下受到摧毀的努力。

在 1952 年 8 月 1 日出刊的第 2 期《週報》的〈學壇〉上，余英時以〈為爭取學術自由而奮鬥〉為題，進一步說明了 1949 年的變局為中國所帶來的災難：「極目中國大陸，是一片黑茫茫的統治思想，黨化教育的悲慘景象。我們幾十年辛勤培育出來的一點學術自由的幼苗，已遭到了徹底的摧毀；無數學人正在被迫而『改造思想』，千千萬萬天真純潔的同學，正在不知不覺地被灌輸著可怕的毒素。自由的黯淡，文化的劫難，人類的危機，從未有過於今日者！」

同年 10 月 10 日，余英時在《中國學生週報》第 12 期上，以〈且看明年今日〉為題發表〈中華民國四十一年國慶獻詞〉，慶倖自己能在香港「自由地讀書學習，自由地研究比較」。他對當時大陸的情況是這樣描述的：「目前祖國大陸在中共統治之下，固有文化已被摧毀，西方文化也被隔絕；國內同學們耳聞目睹，唯一可能接觸的只有馬列主義的教條，整個祖國文化已陷入可悲的黑暗世紀。」因此，「未來延續中國固有文化，介紹西方文化的責任，便毫無疑問的放在我們的身上。」這個精神也就是「士不可以不弘毅，任重而道遠」的現代翻版。年輕的余英時也偶有「壯懷激烈」的文字：

> 只有在民主社會中，中國才能獲得自由，和平與繁榮。而建立民主社會的當前最大障礙，就是中國的極權統治。因此，推翻極權統治，為民主社會開闢一條坦途，實是我們中國學生當前義不容辭的任務。[47]

---

47 未具名（余英時），〈且看明年今日〉，《中國學生週報》第 12 期（1952，10，10）。以上所引諸文，經余先生寓目，並確定為其手筆。

這是明目張膽的主張革命了！

1952 年 2 月，正當中共發動大規模批判胡適思想運動的前夕，余英時在香港出版的《自由陣線》第 8 卷第 11 期上，以「艾群」的筆名，發表〈胡適思想的新意義〉，分析中共政權何以容不得胡適思想，胡適思想究竟有哪些成分對共產黨造成了威脅。這篇文章最能體現他早年對胡適思想的理解，和他自己反共思想的形成。這是一篇六十五年前的舊作，目前余英時已出版的各類文集中均未收錄此文，是一篇極有史料價值的文字。[48]

在文章開頭，余英時稱胡適為「自由主義者」，最「值得我們景仰的」，則是他「堅強的反共意志」。余把胡定位為「中國反對共產主義最早期的理論家之一」。胡適的「實驗主義」，「個人主義」和懷疑的態度，和共產黨的辯證法，專制和獨裁是不能兩立的。1955 年，清算胡適思想進入高潮，周揚指控胡適是「中國馬克思主義和社會主義思想的最早的，最堅決的，不可調和的敵人」。[49]這一指控證實了余英時分析的正確。

在〈胡適思想的新意義〉一文中，余英時指出，胡適溫和漸進的改良，其實是充滿革命熱忱的，他說：

> 胡先生今日反共立場的堅決已十足說明了他的革命熱忱，而他對國民黨反民主反自由作風的厭棄又恰恰是他那「自覺改革論」具體表現。溶革命與改良於一爐而又能隨時隨地運用適當，這正是一位偉大的自由主義大師應有的風格。僅此一

---

48 余英時，〈胡適思想的新意義〉，《自由陣線》，8 卷 11 期（1952，2，13），頁 5-7。感謝王汎森，車行健，郭泳希三位先生提供此文。

49 胡適，〈四十年來中國文藝復興運動留下的抗暴消毒力量—中國共產黨清算胡適思想的歷史意義〉，《胡適手稿》（臺北：胡適紀念館，1970），冊 9，頁 493。

點已足使我們敬佩不置了。[50]

　　年輕的余英時對胡適可以說是稱揚備至了。他在文中，兩次以「我們從事民主自由運動的人」自任，並明確的表示胡適的反共事業應該由「我們這一代人」承繼下來。[51]胡適反共的火炬傳到了余英時的手上，並為之發揚光大。

　　1950年代前半，滯港的余英時除了發表大量對中共政權直接的批評之外，對民主主義與極權專制主義之異同與發展，也作了深入的研究，1953年成書的《近代文明的新趨勢》就是這項研究的成果。1955年出版《民主制度之發展》，依舊是這一研究的繼續，此書宗旨，在〈自序〉中有扼要的說明：

> 民主與共產制度最大的區別乃是前者順乎人性而後者違反人性。任何違反人性的制度與思想均不會維持長久，而順乎人性的制度與思想則愈久而基礎愈堅……讀了這本書的人們一方面可以增強本身對民主的信念，一方面可以揭穿共產黨人對民主的無端的誣衊。[52]

　　這兩本書的出版，就一定的意義上來說，是胡適1947年發表的三篇文章─〈兩種根本不同的政黨〉，〈眼前世界文化的趨勢〉，〈我們必須選擇我們的方向〉─的擴大和加深，並提供歷史的證據。胡適在上引三文中，三致其意的表明，民主和集權是根本不同的，民主是「眼前世界文化的趨勢」，而獨裁只是「小

50　余英時，〈胡適思想的新意義〉，《自由陣線》，8卷11期（1952．2．13），頁7。

51　同上，頁6；7。

52　余英時，〈自序〉，《民主制度之發展》（香港：亞洲出版社有限公司，1955）。頁1。

小的逆流」。[53]這也正是余英時在書中所反復強調的。

余英時除了從思想史上來梳理「民主」與「極權」的形成與發展之外，這段時期特別引起他關注的是對「自由」與「平等」這兩個概念的歷史分析和重新界定。1953 年，他翻譯湯姆生教授（Professor David Thomson）的《平等》（*Equality*），由香港人人出版社出版。在〈編者的話〉裡，他指出：「假定，中國知識界早三十年讀到這本書，恐怕就很少人會中共產主義的『經濟平等』之毒，並相信共產國家是存在著平等了。」[54]換句話說，二十世紀，二三十年代共產主義之所以能迷惑許多知識份子，「平等」，尤其是「經濟平等」，起了相當迷幻的作用，其實，沒有政治上的自由，經濟平等只是一個虛幻！為了進一步闡明這一點，1955 年，余英時又有《自由與平等之間》的出版。這是從哲學和邏輯的層面來反共，並揭穿共產主義的虛假本質。他在〈平等的社會涵義〉一章中，明白的指出：

> 一般人都知道極權社會中沒有自由，其實它也同樣沒有絲毫平等。在極權制度對照之下，我們無疑應該更堅決地相信，真正的平等只有求之於具有數百年傳統的近代民主自由制度之更進一步的發展。[55]

1949 年 11 月，傅斯年在《自由中國》的創刊號上發表〈自由與平等〉一文，指出兩者互相依存的關係，在結論中，他說：

---

53 這三篇文章收入，胡適，《我們必須選擇我們的方向》（香港：自由中國出版社，1950），頁 1-17。

54 湯姆生教授著，艾群（余英時）譯，《平等》（香港：人人出版社，1953），序頁 2。

55 余英時，《自由與平等之間》（九龍：自由出版社，1955），頁 103。

> 沒有經濟平等，固然不能達到真正的政治自由，但是沒有政
> 治自由，也決不能達到社會平等……在「自由」「平等」不
> 能理想的達到之前，與其要求絕對的「平等」而受了騙，毋
> 寧保持著相當大量的「自由」，而暫時放棄一部份的經濟平
> 等。這樣將來還有奮鬥的餘地。[56]

余英時對自由平等兩個概念深入的探討，傅斯年的文章未嘗沒有啟發的作用。

1950 年代，胡適寫了一篇題為〈中國為了自由所學到的教訓〉（China's Lesson for Freedom）的英文講稿。分析了何以共產主義能在中國風靡一時的原因：

1. 至今未曾實現過的烏托邦理想的吸引；
2. 對激烈革命過度的憧憬，以為革命可以改正一切的錯誤和不公正；
3. 最後，但絕不意味著最不重要的一點是：一些抽象的，未經清楚界定的名詞發揮了魔幻而神奇的效力。

1. the idealist appeal of a hitherto unrealized Utopia;
2. the emotional appeal of the power of a radical revolution to right all wrongs and redress all injustices, and
3. last, but not least, the magic power of big and undefined words.

這是一篇未經發表過的講演稿。余英時在 1950 年代所發表的許多反共文字，由上述的分析中，可以看出，卻頗有針對性的

---

56 傅斯年，〈自由與平等〉，《自由中國》，1 卷 1 期（1949，11，20），頁 10。

對上述三點進行了分析。所謂「經濟平等」，正是胡適所說的「抽象的，未經清楚界定的名詞」。余英時的研究則是指出「經濟平等」的虛幻和不切實際，使這一迷幻了無數中國知識份子的名詞，顯出它虛假的本質。

在改良與革命的爭論中，余英時對胡適「一點一滴，一尺一寸」的漸進改良主張是深表同情的；對激進暴力的革命則深惡痛絕。他在《民主革命論》的序言中，開宗明義的指出：

> 近百年來我們一直浮沉在革命的浪潮之中：革命洪流的氾濫沖毀了舊中國的堤岸，也淹沒了新中國的禾苗；革命曾給予我們以希望，也加予我們以苦難；革命曾摧垮了腐敗的舊統治者，卻又帶來了兇暴的新統治者……對於我們廣大的善良人民，我們所實際感受到的不是幸福而是災害，不是光明而是黑暗，不是天堂而是地獄！ [57]

這段話結尾處所說的革命，明眼人一看就能瞭解，並非泛指晚清以來的革命，而是直指 1949 年的變局。上引的這段話在 2006 年廣西師範大學所出十卷本的《余英時文集》第 6 卷中遭到刪除。大陸所出余英時的文集數量雖多，但對激烈的反共言論都被「和諧」掉了。使許多鋒芒畢露的言論失去了耀人的光彩，這是不得已，也是深可惋惜的。大陸廣大余著的愛好者在閱讀余文時，還得多個「心眼兒」，「眼見」的未必「真」，也未必「全」。余英時在十卷本文集的序中說：「出版社方面根據既定的編輯原則，曾作了一些必要的處理，基本上仍是尊重原作的，僅

57　余英時，〈建立新的革命精神！〉（代序），《民主革命論》（九龍：自由出版社，1954），頁 1。

僅減少了一些文句而無所增改」。[58]這幾句話說得很婉轉，很客氣，也多少有些勉強。「減少了」的恐怕不僅僅只是文句，也是文章的氣勢，甚至於也是文章的內容。

我所參考的《民主革命論》是文前提到余英時送給胡適的那一本。我看著泛黃的書頁上，余英時的親筆題簽，特別能感到兩代中國最優秀的知識人對國事的關切和憂憤是有著承繼關係的。這種「天下興亡，匹夫有責」的情懷，從范仲淹，顧炎武，下至康有為，梁啟超，陳獨秀，胡適，余英時，一脈相承，不絕如縷，是中國知識人中最可寶貴，最值得景仰，驕傲的品質。這一品質和季羨林生前所一再申說的「祖國即母親」的所謂「愛國」是截然異趣的[59]。胡適，余英時所代表的是中國士人「以道抗勢」的優良傳統。這一傳統在 1949 年之後的中國大陸，蕩然無存，代之而起的是「以道輔勢」或更其不堪的「以道就勢」。[60]

「以道抗勢」之「道」是學術與道德的一個結合，東漢的清議，北宋的太學生，明末的東林，復社，晚清的公車上書，1919 年的五四運動，抗戰前夕的《獨立評論》，以至於 1949 年創刊的《自由中國》，都體現了中國士人對國事的關切，對眾生的悲憫。這也就是梁漱溟所謂的「吾曹不出如蒼生何？」[61]的情懷。梁漱溟此處所謂的「出」，未必是「做官」，甚至於不是「參政」，而只是「議政」，「論政」，是「處士橫議」之「橫議」。是面對「無道」的不忍袖手旁觀！胡適雖然做過中華民國駐美大

58 余英時，十卷本文集序，《民主制度與近代文明》，卷 6（廣西師範大學出版社，2006），頁2。

59 參看，周質平，〈祖國即母親〉，《現代人物與思潮》（臺北：三民，2003），頁 368-376。

60 參看，余英時，〈道統與政統之間—中國知識份子的原始形態〉，《士與中國文化》（上海：人民出版社，1987），頁 84-112。

61 梁漱溟，〈吾曹不出如蒼生何？〉，1917 年作，收入漱溟《卅前文錄》（臺北：文景，1972），頁 39-55。

使，北大校長，中央研究院院長，但我們始終覺得他是「清流」，而非「當道」。這點清流與當道之別也正是「道」與「勢」的分野之所在。

余英時在〈從日記看胡適的一生〉的長文中指出，胡適是二十世紀中國「始終能在知識青年的心目中保持著『偶像』地位的唯一人物」，而最值得注意的是這種「胡適崇拜」（The Hu Shih Cult）現象的造成並不是來自「政治權威」，恰恰相反的，「在很大的程度上象徵了向政治權威挑戰的心理」。[62]這段話是「以道抗勢」最好的現代闡釋。余英時 1978 年之後拒絕回大陸，並在海外發表大量反共文字，也正是他向政治權威挑戰的實踐。

「以道就勢」之「道」，則既非「學術」，更非「道德」，而只是用學術來包裝的政治工具。如馮友蘭之以馬列觀點修訂其《中國哲學史》，如郭沫若對毛赤裸裸之歌功頌德，皆屬此類。改革開放之後，「以道就勢」的手法翻新，用西洋社會學或人類學的理論，為「文革」辯護。似乎中國晚近三十年的發展，幸賴有頭三十年的階級鬥爭，而文革十年的殺人放火，則為「大國崛起」，埋下了浴火重生的種子。千千萬萬中國人的家破人亡，輾轉溝壑，全不在這些人的心中。

在余英時等身的著作中，中國歷代「士」的研究始終是他重點的關懷之一。而他在大陸出版的第一本文集則是《士與中國文化》，這或許並非全出偶然，而是別有深心。在經過共產黨三十多年，對知識份子極權血腥的清算鎮壓之後，他希望在中國改革開放的初期，以傳統中國士人在「天下無道」之時，要有「澄清天下之志」的懷抱來喚醒中國的知識界，要知識份子擔負起「社

---

62 余英時，〈從日記看胡適的一生〉，《重尋胡適歷程—胡適生平與思想的再認識》（臺北：聯經，2004），頁 41。

會良心」的責任。他在〈自序〉中是這樣界定「知識份子」的：

> 所謂知識份子，除了獻身於專業工作之外，同時還必須深切的關懷著國家，社會，以至世界上一切有關公共利害之事，而且這種關懷又必須是超越個人（包括個人所屬的小團體）的私利之上的。所以有人指出，知識份子事實上具有一種宗教承當的精神。[63]

這種「家事，國事，天下事，事事關心」的東林精神才是中國傳統「愛國主義」的正脈！上引所謂的「知識份子」，也就是當下所說的「公共知識份子」。就余英時對知識份子的定義來看，一個知識份子不應自足於僅對自己所處的文化和社會進行解釋，同時也必須進行改造。此處所謂的「解釋」是就理論言，而「改造」則重在行動。[64]余英時在一次訪談中，明確的指出：「二十世紀真能繼承『以道抗勢』的傳統的，他（胡適）是最突出的一個例子。」[65]

1949 年之後，中國成了一個「有勢無道」的社會，知識份子唯恐其「道」之不能為「勢」所用，更不用說「以道抗勢」了。即使堅貞如梁漱溟，陳寅恪，吳宓都不足以自保苟全，更無論一般的知識份子了。全國人民之是非全視黨中央之是非為轉移，而黨中央之是非又以毛澤東一人之是非為最後歸宿，「以道抗勢」已成了歷史陳跡，但誠如呂坤在《呻吟語》中所說：

63　余英時，〈自序〉，《士與中國文化》（上海：人民出版社，1987），頁 2。
64　參看，余英時，〈自序〉，《士與中國文化》（上海：人民出版社，1987），頁 5-6。
65　陳致，《余英時訪談錄》（北京：中華，2012）頁 76。

> 天地間，惟理與勢為最尊。雖然，理又尊之尊也。廟堂之
> 上，言理，則天子不得以勢相奪；即相奪焉，而理常伸于天
> 下萬世。[66]

　　這也就是余英時在訪談時所指出的：「以暴力硬壓的日子終
究維持不了太久。文化生命比任何政治組織都要長的多。」[67]1949
年之後，余英時接下了胡適「以道抗勢」的這一火炬，胡余兩
人，成了二十世紀中國前後輝映的「公知」典範。

66　《明呂坤呻吟語全集》（臺北：正大印書館，1975），卷 1 之 4，頁 12。

67　陳致，《余英時訪談錄》（北京：中華，2012）頁 218。

10

胡適與吳敬恒

在五四運動即將迎來百年紀念的今天，吳敬恒（字稚暉，1865-1953）這位在中國現代思想史上，對宣傳無政府主義，提倡世界語，推動科學發展有過重大影響的人物，1949 年以來，由於在政治立場上堅決反共，在大陸學術界幾乎沒有人提到這位早期的無政府主義者，語文改革家和留法勤工儉學的創始人。本文就胡適筆下的吳敬恒，來審視他在二十世紀初期對中國現代思想發展的影響。

<u>胡適筆下的吳敬恒</u>

在與胡適並時的人物當中，在思想上，人格上最受胡適推崇的是吳敬恒。胡適雖沒有為吳敬恒寫過像丁文江那樣完整的傳記，但在近代思想史的發展上，胡適將吳敬恒視為繼顧炎武（1613-1682），顏元（1635-1704），戴震（1724-1777）之後，當代反理學的代表人物。至於在提倡科學和創造物質文明的見解上，吳敬恒是超越前賢的。1928 年，胡適寫〈幾個反理學的思想家〉，將他視為一個富有革命性和創造性的人物。「吳先生曾從中國舊思想裡打過滾出來，經過了多少次的思想變遷與多年的親身閱歷，他深切感覺中國思想有徹底改革的必要。吳先生是最有歷史眼光的思想家，他對於中國文化演變的歷史有最精明的研究，最有獨到的見解。」[1]

同年，胡適在一封〈致吳稚暉〉的信稿中說「先生是真能刻

1　胡適，〈幾個反理學的思想家〉，《胡適文存》（臺北：遠東，1968）3 集，頁 86-87。

苦的聖人」，胡適行文用字，一向謹慎，「聖人」這樣的字眼絕非信手寫來，而是經過仔細斟酌的。胡適說：

> 吳老先生一生所以大過人者，正在他真能以刻苦律己，而不以刻苦責人；他能自己不享用物質上的享受，而希望人人都能享用物質上的享受。[2]

「以刻苦責人」，猶不免有「以理殺人」之嫌，吳敬恒的人格在胡適的筆下，帶了一些濟世渡人的宗教情操。近于「仁者愛人」，這是對人讚譽的最高境界了。

1934 年，胡適發表〈寫在孔子誕辰紀念之後〉，列舉了四五位近代人物，像孫中山，蔡元培，吳敬恒，張伯苓等。認為「他們的人格都可以上比一切時代的聖賢，不但沒有愧色，往往超越前人。」[3]1953 年，吳敬恒逝世之後，胡適以「自由中國最特立獨行的怪傑，」「一生最有光焰照人的中國大思想家」稱許他。[4]在胡適等身的著作中，我們還找不出第二個與他並時的人物，受到他如此毫無保留的推崇和讚揚。

胡適不僅在中文著作中對吳敬恒推崇備至，在英文著作中也以吳敬恒為當代中國思想界的代表人物。1942 年 10 月，胡適在《亞洲》（*Asia*）雜誌上發表了題為〈中國思想〉（Chinese Thought）的英文論文。在這篇短文裡，胡適特別強調中國思想中由孔孟哲學作為基砥，所發展出來崇尚自由，理性，懷疑和實事求是的精神。在上古時期，胡適以孔孟等先秦諸子作為代表人

2　胡適，〈胡適致吳稚暉〉，《胡適來往書信選》（香港：中華，1983）共 3 冊，上冊，頁 471。

3　胡適，〈寫在孔子誕辰紀念之後〉，《胡適文存》（臺北：遠東，1968），第 4 集，頁 491。

4　胡適，〈追念吳稚暉先生〉，《自由中國》第 10 卷，第 1 期（1954，1），頁 5。

物，中古則舉韓愈，朱熹兩人。近代則僅舉吳敬恒一人作為代表。並特別指出「實事求是，莫作調人」為吳敬恒思想之核心。在結論中胡適寫道：

> 以懷疑的精神來處理每一個議題，實事求是，莫作調人。中國思想家就以這樣的精神，將思想自由的火炬一代一代的傳承下來。也是因為這個精神使中國的思想家在這個新世界新時代裡，不感到陌生。
>
> Approach every subject in the spirit of doubt; seek the truth; do not compromise. That has been the spirit of Chinese thinkers who have kept the torch of intellectual freedom burning through the ages. This is the spirit which has made every Chinese thinker feel at home in this new world and new age。[5]

在這篇英文文章中，胡適把吳敬恒「實事求是，莫作調人」的徹底態度，不僅應用在反理學上，在一定的程度上也是反迷信，反獨裁的代表。

1946 年，胡適在母校康奈爾大學作了六次馬聖革講座 Messenger Lecturers，2 月 15 日，在日記上有條簡單的英文記錄，「『作第六講：Contemporary Chinese Thought'（用吳稚暉做代表）」。[6]1946 年，社會主義思想已彌漫全國，胡適在極為嚴肅的學術講座上，仍以吳敬恒為當代中國思想代表，而不提李大釗，陳獨秀，魯迅。這一方面可以解釋為胡適自 1937 年 9 月，

5　Hu Shih, "Chinese Thought," *Asia* (October, 1942), pp. 582-584.

6　曹伯言整理，《胡適日記全集》（臺北：聯經，2004），共 10 冊，冊 8，頁 218。本文所用《胡適日記》即憑此本，此後引用，只給年月日，不再注出冊數，頁碼。

離開中國之後，在美國九年，對當時中國的思想已有一定的隔閡，並無視於左派力量的蔓延；但另一方面也可以解釋為胡適相信當代中國的思潮隱含著以吳敬恒「實事求是，莫作調人」的精神，所代表追求真理和學術獨立的強韌力量。

評價的改變和提高

1922 年，胡適在《努力週報》第 29 期發表「誰是中國今日的十二個大人物」，擬了一份名單，分為四組，「第一組學者三人，章炳麟，羅振玉，王國維；第二組，影響近二十年的全國青年思想的人，四人：康有為，梁啟超，蔡元培，陳獨秀；第三組影響雖限於較小的區域，而收效很大的，二人：吳敬恒，張謇；第四組，在近二十年的政治史上有很大的勢力的，三人：孫文，段祺瑞，吳佩孚。」

在十二人當中，胡適著墨最多的是吳敬恒，其他人都只三言兩語簡單介紹。胡適推舉吳敬恒的理由是：

吳先生是最早有世界眼光的；他一生的大成績在於提倡留學。他先勸無錫人留學，勸常州人留學，勸江蘇人留學，現在還在那裡勸中國人留學。無錫在人才上，在實業上，所以成為中國的第一個縣份，追溯回去，不能不算他為首功。東西洋留學生今日能有點成績和聲望的，內中有許多人都受過他的影響或幫助。他至今日，還是一個窮書生；他在法國辦勤工儉學的事，很受許多人（包括我在內）的責怪。但我們

> 試問，今日可有第二個人敢去或肯去幹這件「揩末梢」的事？
> 吳稚暉的成績是看不見的，是無名的，但是終久存在的。[7]

　　這是胡適第一次比較全面的評價吳敬恒，值得注意的是胡適把他與清末實業家張謇歸為「影響限於較小的區域，而收效很大的」一類。從胡適的分類來看，可以確定在 1922 年，他沒把吳敬恒歸在第一類的學者中，也沒把他視為影響當時青年思想的重要人物，而獨重他提倡海外留學的影響。

　　胡適一向極重視留學，早在 1914 年就在《留美學生年報》上發表〈非留學篇〉，痛陳留學之利弊，指出留學只是一時權宜之計，是為中國再造文明的手段，而非目的。「留學當以不留學為目的」是他當時的總結。留學生必須痛改輕文史，而重實業的功利短視的態度。對當時中國留學生淺嘗速成的心理，尤其不以為然。他沉痛的指出：「嗚呼！使留學之結果，僅造得此種未窺專門學問堂奧之四年畢業生，則吾國高等教育之前途，終無倖耳。」他希望造成的留學生是「高深之學者，致用之人才，與夫傳播文明之教師。」而不僅僅是一個工程師，一個匠人。[8]

　　胡適對吳敬恒提倡留學的主張是肯定的，但對留法勤工儉學運動，是很有保留的。誠如前段所言，胡適主張的留學是訓練專門的學者，振興國內的教育文化事業，這和當時留法勤工儉學提倡者的用心，是不一致的。胡適 1921 年 7 月 15 日的日記中有如下一段：

7　胡適，〈誰是中國今日的十二個大人物〉，《胡適全集》（合肥：安徽教育出版社，2003，共 44 冊）冊 21，頁 308-309。

8　胡適，〈非留學篇〉，收入周質平，《胡適叢論》（臺北：三民，1992），頁 253-282。

> 留法儉學一個運動真是無意識的盲動，我起初即不贊成，只
> 因為提倡的人如蔡〔元培〕先生，如吳稚暉先生，都是絕好
> 的人，或不致太壞，故我不曾明白的反對此事。去年留法儉
> 學的黑幕已揭穿了，我才動手收集材料，想引起大家注意此
> 事的非計。

胡適本想寫文章揭露留法勤工儉學的問題，後經蔡元培的「關照」，此事才擱置下來。[9]

1922 年，胡適把吳敬恒歸為與張謇同一類的人物，並說明他們的「影響僅限於較小的區域」。次年吳敬恒發表〈箴洋八股化之理學〉與〈一個新信仰的宇宙觀及人生觀〉，此後，胡適對吳敬恒的評價不但有了提高，而且有了轉變。1923 年，胡適為《科學與人生觀》寫序時，吳敬恒在胡適的筆下已經成了科學與玄學論戰中最關鍵的人物了。

1923 年初，中國思想界發生了一場規模較大的科學與玄學的論戰，辯論是由張君勱在清華大學作了題為《人生觀》的演說引起，參加辯論的人包括丁文江，梁啟超，張東蓀，吳敬恒等數十人。這場歷時半年餘，發表文章超過二十五萬字的論戰，表面上看來，似乎只是一場人生觀是否受科學制約的辯論，但從思想史上來看，胡適認為是「擁護理學與排斥理學的歷史的一小段。」[10]也是新文化運動在思想改造上遇到的一個重大挑戰，胡適很重視這次論戰的意義，為論戰的論文集《科學與人生觀》寫了長序。 在序中，胡適對梁啟超在《歐遊心影錄》中所提「科學破產」的說法，是很不以為然的。新文化運動的目的無非是要

9　《胡適日記全集》，冊 3，頁 201。
10　胡適，〈幾個反理學的思想家〉，《胡適文存》，3 集，頁 84。

樹立起人們對科學的信念，以梁啟超當時的聲望，加上他那枝「筆鋒常帶感情」的健筆，高唱「科學破產」，這對當時新文化運動的發展是可以造成相當阻力的。胡適所憂心的絕不只是這次論戰的勝敗，而是由這次論戰所引出反科學保守勢力的抬頭，進而威脅到科學在中國的發展。這次論戰的焦點，與其說是科學與玄學的爭論，不如說是中國人究竟應該如何面對現代西方科技的態度。

　　為了提倡科學，新文化運動早期，胡適所最需要的是一個徹底明快為科學辯護的同志。在所有科玄論戰的參戰者當中，胡適認為只有吳敬恒具體的界定了「科學的人生觀是什麼」，而其他的人都只是「抽象地力爭科學可以解決人生觀的問題」。套用一句陳獨秀在《科學與人生觀》序中的話，絕大部分參加這次論戰的人，都不免是「下筆千言，離題萬里。」[11]在胡適看來，只有吳敬恒一針見血，單刀直入的說明了問題的本質：「他一筆勾銷了上帝，抹煞了靈魂，戳穿了人為萬物之靈的玄秘。這才是真正的挑戰。這樣戰爭的結果，不是科學能不能解決人生的問題了，乃是上帝的有無，鬼神的有無，靈魂的有無，……等等人生切要問題的解答。」[12]在胡適看來，吳敬恒〈一個新信仰的宇宙觀及人生觀〉是整個論戰中精華之所在：「若沒有吳老先生把他的漆黑一團的宇宙觀和人欲橫流的人生觀提出來做個壓陣大將，這一場大戰爭真成了一場混戰，只鬧得一哄散場！」[13]所以胡適無限感慨地說道：「科學與人生觀的戰線上的押陣老將吳老先生要倒

11　陳獨秀，〈科學與人生觀序〉，《科學與人生觀》（山東人民出版社，1997）。頁 2。

12　胡適，〈科學與人生觀序〉，同上，頁 20。

13　同上，頁 16。

轉來做先鋒了！」[14]胡適的這番話充分的肯定了吳敬恒在科玄論戰中扮演了最關鍵的腳色。

就年紀來說，吳敬恒是老輩，但就對科學和西方文明的態度而言，他卻遠比年輕人更激進，更徹底，在中西文化的取捨上，從不含糊其詞，模稜兩可。這是胡適最佩服，最欣賞吳敬恒之所在。

1923 年科學與人生觀的論戰，胡適雖未直接參與，但給了他一個審視當時中國思想界的絕好機會。讓他看到了當時許多知識份子，如梁啟超，張君勱表面上是新人物，但骨子裡有一種反科學的傾向。而這個傾向是不利於新文化運動的。吳敬恒鮮明徹底的態度給了他不少啟發，即在科學與玄學的論爭中，必須旗幟鮮明的支持科學，而不能有任何妥協。1926 年，胡適就是在這樣的基礎上發表了他的名篇，〈我們對於近代西洋文明的態度〉。

1925 年 1 月 1 日，胡適應《朝鮮日報》之請，在該報上發表了題為〈當代中國的思想界〉的文章，在文章中，胡適詳細介紹了吳敬恒的思想，吳氏一人所占的篇幅，超過梁啟超，梁漱溟，張君勱，丁文江等人的總合，將他的思想總結為：「吳氏本是崇拜西洋科學及物質進步的學者，理論家。他確信，真正的，倫理的精神文化是以物質發達為基礎的。」[15]此時，胡適已將吳敬恒視為當代中國思想界中的代表人物了。

1926 年 10 月 11 日，胡適從英國寫了一封七頁手稿的長信給他老師杜威，對自己近年來在思想上的轉變有深刻地剖析，其露骨的程度遠超過我們現在所見到有關的中文材料。在這個轉變的過程中，「科學與人生觀」的論戰和吳敬恒「實事求是，莫作調

14　同上，頁 20。

15　《胡適研究叢刊》第二輯（北京：中國青年出版社，1996），頁 352-361。

人」的態度起了相當推波助瀾的作用。據我所知，這封信還不曾
在任何地方發表過，我將全函翻譯引用，可為胡適思想研究者，
提供一條重要的材料：

我親愛的杜威老師：

　　我很難過聽到杜威夫人身體不適，好在她已好轉。我希望今
年冬天我到紐約的時候，她已完全康復。

　　您的來信到達的時候，我剛從大不列顛愛爾蘭中國學生年會
演講回來。在我的演講中，我指出，1911 年的革命是個失
敗，因為在人們的思想和信仰上沒有真正的改變。中國的悲
劇是對現代世界和文明始終缺乏真切的瞭解。我強調說明我
們需要一個思想上的革命，來真心誠意地接受現代文明。
「我們必須理性化我們的信仰和思想；我們必須人性化和社
會化我們的制度。」在受邀的聽眾當中，有一個牛津大學工
程系的教授，和印度學生會的主席。牛津教授〔在聽了我的
演講之後〕，顯然有些吃驚，他問我，「你們自己已經有了
很高度的文明，為什麼還要這樣的革命？」這並沒有讓我感
到意外。可是那個印度學生跟我說，「當然你能這麼說，我
們印度人可不行。要是我這麼說，明天英國報紙都會引用我
的話，來作為印度人樂意接受西方文明和英國統治的證
明。」

　　一個小時之後，我讀到了您信中對印度哲學家的觀感。您說
的很對，「有地位的印度人總給人一種裝腔作勢之感。」這
就是那個古代寓言作者所說的酸葡萄心理，也就是我們現在
所說的自卑感，（同樣的心理可以解釋您在中國，墨西哥和
土耳其所見到的許多景象）。這並不是知識上的不誠實，這

只是一種自我催眠。許多人，像泰戈爾，也許真誠的相信，您所說的「對深層智慧奇特的東方觀點」的優越性。

在經過一段時日之後，我已徹底的擺脫了「東方主義」的這個階段。在我離開中國前不久，我給了一個演講，〔講稿〕同時在日本和中國發表（質平案：此文即《我們對於西洋近代文明的態度》），在文中我強烈地否認了一般認為來自古老東方文明的精神成分。我問道：「一個婦女纏足超過千年並稱之為美的文明，究竟有什麼精神之可言？」在同一篇文章中，我對現代西方文明給出了自己的評價：「〔現代西方文明〕在充分提供物質需要的同時，能高度滿足人類精神上的需要。」我指出科學所內含的精神成分與人性化，社會化的人生觀將是人類的新宗教。

在同一篇文章中，我試著重新界定「物質文明」與「精神文明。」我說，「一個文明受限於物質的環境，而無法用人類的智力來克服或超越，這是所謂的物質文明。一個文明能充分的利用人類的智力來征服，改善並轉化現有的環境，並為人類所受用，這是高度理想的，也是高度精神的。」

我並非無視于現代文明中的許多缺點，這些缺點和我所界定的現代文明是不一致的。但是，我相信，這些不一致的地方大多是緣於西方世界對它自己的文明缺少一種有意識的批判性的哲學。現代世界的問題在於對自己的文明沒有足夠的自覺。其結果是，一方面，西方文明不能運用足夠的理性控制缺點；另一方面，則是在絕望之餘，回顧過去和東方以尋求精神上的慰藉！

現在您能看出來，我親愛的老師，我已經變得比西方人更西方！這也是我為什麼不願意給西方人演說的原因。他們看到

我們東方人總在尋求某種奇特的帶著「東方意味」的信息。
但是我已完全沒有這樣的信息了。我給不了像泰戈爾那樣的
信息。

雖然如此，在 11 月份，我將很不情願地在十二所英國和愛
爾蘭的大學演說。

我在巴黎的時候，我從伯希和所搜集的敦煌卷子裡有了可喜
的新發現。我發現許多古老的中國手稿對我的禪宗史研究極
有幫助，禪宗史是我中國哲學史第二冊中的一部分。因為這
些文稿我打消了瑞士之行。我現在在大英博物館看斯坦因的
敦煌卷子，這批材料是巴黎所藏的四倍。演說讓我不能待在
博物館裡，這是我痛恨演說的另一個原因。

原諒我這封冗長的信。祝全家好。

胡適

（此信收入 *The Correspondence of John Dewey*, Volume 2, 1919-1939.
First edition, June 2001. General Editor: Larry A Hickman. Editors:
Barbara Levin, Anne Sharpe, Harriet Furst Simon. The Center for
Dewey Studies, Southern Illinois University at Carbondale. 此檔只有電
子檔，可按年月索驥。）

胡適類似的意見在他 1926 年 9 月 5 日從巴黎寫給美國女友
韋蓮司的信中也曾表露過：

當我聽到泰戈爾的演說，我往往為他所謂東方的精神文明而
感到羞恥。我必須承認，我已經遠離了東方文明。有時，我
發現自己竟比歐美的思想家更「西方」。

一個〔東方〕演說者面對美國聽眾時，〔聽眾〕所期望於他

的，是泰戈爾式的信息，那就是批評諷刺物質的西方，而歌頌東方的精神文明。我可沒有這樣的信息。我所給予東方文明的指責，比任何來自西方〔的指責〕更嚴苛，而我對西方現代文明的高度評價，也比西方人自己說的更好。[16]

他這種對所謂東方文明徹底不屑的態度，很有吳敬恒在〈一個新信仰的宇宙觀與人生觀〉中痛貶精神文明的影子，吳敬恒是這樣總結「東方文明」的：「他們只是著衣也不曾著好，吃飯也不像吃飯，走路也不像走路，鼻涕眼淚亂迸，指甲內的污泥積疊。所以他們的總合，道德叫做低淺。」他對西方文明的總結則是：「什麼仁義道德，孝悌忠信，吃飯睡覺無一不較上三族的人，較有作法，較有熱心。講他的總合，道德叫做高明。」[17]胡適是非常認同這番見解的，在〈幾個反理學的思想家〉一文中大段徵引。胡適1930年寫〈介紹我自己的思想〉，沉痛的指出：

我們必須承認我們自己百事不如人，不但物質機械上不如人，不但政治制度不如人，並且道德不如人，知識不如人，文學不如人，音樂不如人，藝術不如人，身體不如人。[18]

把胡適的「百事不如人」和上引吳敬恒的一段話對看，是不難看出一些蛛絲馬跡的。更何況胡適在〈幾個反理學的思想家〉中明白的指出：「吳先生對於物質文明的信仰是很可以叫我們這

16　周質平，《不思量自難忘》（臺北：聯經，1999），頁154。
17　吳敬恒，〈一個新信仰的宇宙觀與人生觀〉，《科學與人生觀》，頁409-410。
18　胡適，〈介紹我自己的思想〉，《胡適文選》（臺北：六藝，1953），頁12。

些信仰薄弱的後生小子奮發鼓舞的」[19]。胡適對東西文明的態度，在 1923 年科玄論戰之後，有過一度快速「激進化」的過程，在這個過程中，吳敬恒的「奮發鼓舞」是起了相當作用的。

胡適對吳敬恒最全面的介紹是 1928 年所寫〈幾個反理學的思想家〉，在這篇文章中，吳敬恒不只是當代中國思想的代表人物，即使在近三百年的中國思想史上也有舉足輕重的地位。以 1968 年，臺北遠東版的《胡適文存》來看，全文共五十五頁，吳敬恒一人獨佔二十六頁，其篇幅之大，幾乎和顧炎武，顏元，戴震三人之總合相當。這樣的處理，難免讓人感到其餘三人，只是在做陪襯，來突出吳敬恒。胡適對吳敬恒的推舉，真可以說是煞費苦心了。這篇文章流傳較廣，並有法文譯本，發送給當時留法的中國學生。吳宓在 1931 年 3 月 23 日為了簽證去中國駐法使館，公使高魯給了他一冊法文譯本，吳宓在日記中有如下記載：「〔高魯〕以胡適所撰中國近世四大思想家之一《吳稚暉先生》一書譯印法文者，贈宓及張鳳舉君各一冊。宓心殊感不適。蓋人之視我與視胡適輩懸殊，世固莫予注意。[20]」沒想到這件事竟讓吳宓大覺「悲憤」。

1933 年，胡適在芝加哥大學作賀司克爾講座（The Haskell Lectures），在〈中國人生活中的宗教〉（Religion in Chinese Life）一講中，胡適以相當篇幅介紹吳敬恒的思想，突出他反宗教的這一點：

> 他（吳敬恒）主張只有科學，而不是宗教，才能使人類更進

19　胡適，〈幾個反理學的思想家〉，《胡適文存》，3 集，頁 100。

20　《吳宓日記》（北京：三聯，1998），第 5 冊，頁 216。胡適 1943 年 8 月 4 日給王重民的信中曾提到這一譯本：「我的吳稚暉一文，曾有法文譯文，不記得是誰譯的。法文拼胡適為 Hou Che，可試向館中一查。此文無英譯本。」（《胡適書信集》，中，頁 909）。

于完善，並提高道德。他嘗試著證明由古代宗教系統或道學
中所表達出來的道德情緒，都只是空言，而無法在實際生活
中實踐。

吳稚暉先生今年已經六十八歲。從他的思想中，我們看到了
知識和理性的人生觀，這種人生觀不只是西方科學影響的結
果，也是中國自然主義與理性主義傳統的最佳結合。

He maintains that no religion, but science alone, will be needed to
make mankind even better and more moral. He tries to prove that
all the moral sentiments expressed in the old religious systems and
moral philosophies were merely empty words without the ability or
the tools to realize them in actual life.

Mr. Wu Chih-hui is now sixty-eight years old. In him we see the
intellectualistic and rationalistic philosophy of life, which is not
merely the result of scientific influence from the West, but is the
happy combination of that influence with the whole naturalistic
and rationalistic tradition of the Chinese people.[21]

胡適在他的講稿中摘譯了部分〈一個新信仰的宇宙觀及人生
觀〉，是胡適英文著作中比較全面的介紹吳敬恒。用吳敬恒的思
想來作為現代中國思潮的代表，這當然不免以偏概全。但胡適把
吳敬恒的思想界定為西方科技與中國傳統自然主義與理性主義的
最佳結合，兼顧了東西，也兼顧了古今。的確是一個理想的人
選。

1943 年 1 月 3 日，胡適在日記中提到他推薦吳敬恒為美國國

21　Hu Shih, *The Chinese Renaissance* (Chicago: The University of Chicago Press, 1933), p. 92-93.

家藝術文學學會（National Institute of Arts and Letters）會員，六天以後（1月9日）在日記上有「此間的 National Institute of Arts and Letters 選舉吳稚暉和我為 Honorary Associate（榮譽會員），今天我收到通知。」1943 年，林語堂在美國已是享譽多年的暢銷書作家，他的《吾國吾民》（*My Country and My People*, 1935）和《生活的藝術》（*The Importance of Living*, 1937），是美國人瞭解當時中國的必讀書。但胡適推薦吳敬恒，而不推薦林語堂，[22]大概還是「儒林」和「文苑」之別，是很可以玩味的。但吳敬恒在胡適心目中的地位也是顯而易見的。為了這次推薦的事，胡適寫了一篇英文的吳敬恒小傳（1943，1，3 日記）。我在胡適的英文遺稿中，發現了這篇一頁的打字稿，上面還有胡適的簽名。我摘譯了一部份：

> 他（吳敬恒）的一生是個革命的思想家，也許可以算作是過去五十年來最激進，最富原創性的思想家。他自幼受到良好的傳統教育，三十多歲時（按：應為三十七歲）赴日留學，而後長期居留法國，英格蘭和蘇格蘭。他是現代西方世界科技文明最熱烈的支持者，在他許多著作中，毫不諱言地痛詆所謂東方的「精神」文明。他最得意的理論是科技的進步大大地提高了人類的道德水準；而人類也從未在任何地方，任何時候達到過當今科技時代所帶來的高水準的道德上的生活。

Through out his life he has been a revolutionary thinker. Probably

---

22　參看，1943 年 1 月 10 日胡適日記：Train 對我說，「有人問林語堂何以不能代表中國作家？」他問我的意見。我說，「前幾天 Charles Merz 對我說，『林語堂好像總不會成熟（mature）。』這話似乎有理。」

he can be considered as the most radical and original thinker of the last fifty years. Brought up and well-trained in the classical tradition, he went to study in Japan in his thirties, and later spent many years in France, England and Scotland. He has been the most ardent admirer of the scientific and technological civilization of the Western world and in most of his writings has frankly condemned the so-called "spiritual" civilization of the East. His favorite thesis has been that the moral life of mankind has greatly improved with the advancement of science and technology; and that man has never achieved a moral life anywhere or at any other time in history which can be proved to be higher than that of the age of science and its machines.

1947 年 5 月 22 日，胡適在日記上記了中央研究院第一屆人文組院士提名的名單，吳敬恒列為哲學門的首位，排在湯用彤，金岳霖之前。同日，在給薩本棟，傅斯年的信中說：「他（吳敬恒）是現存的思想界老前輩，他的思想比一般哲學教授透闢的多。」[23]

1954 年，也就是科玄論戰發生以後三十年，胡適在一篇題為〈一個東方人看西方文明〉An Oriental Looks at the Modern Western Civilization 的英文文章中，回憶這段往事，他說這場論戰「表面上看來是一場科學能否充分解決人生觀問題的學術之爭，但實際上卻是對西方科技文明價值的爭論。」The seemingly academic question whether science and scientific methodology could

---

[23]　《胡適書信集》，中冊，頁 1101。

satisfactorily solve the problems of life. It was in reality a controversy over the worth and desirability of the technological civilization of the West.[24]在文章中，胡適再次提到吳敬恒，並將他引為東西文化論戰中富有遠見（forward-looking）而又熱愛自由（freedom-loving）的同道。[25]

　　1923 年科學與玄學的論戰，發展到後期，成了胡適與陳獨秀之間關於馬克思唯物史觀的爭論。胡適與陳獨秀都是堅決支持科學的，但胡適不接受馬克思將「生產方式」視為歷史發展唯一之因。在這一點上，胡適是很堅持的，他說，

> 我們治史學的人，知道歷史事實的原因往往是多方面的，所以我們雖然極端歡迎「經濟史觀」來做一種重要的史學工具，同時我們也不能不承認思想知識等事也都是「客觀的原因」，也可以「變動社會，解釋歷史，支配人生觀」。[26]

　　這點信念的不同，決定了胡適和陳獨秀後半輩子在政治上不同的取向，也正是因為這點不同，胡適在科玄論戰中極力突出吳敬恒，而不能首肯與他當年共同發起新文化運動的同志陳獨秀。

　　吳敬恒對馬克思是沒有半點敬意的，在一封 1928 年 3 月 4 日致胡適的信中，對將來世界的發展，作了如下的估計：

> 到了二十世紀，還得仗殺人放火，燒殺出一個人類世界來，那世界到底是什麼世界呢？不必物質文明，就是資本主義，

24　Hu Shih, "An Oriental Looks at the Modern Western Civilization，" *Modern Education and Human Values*, University of Pittsburgh Press, 1954. p. 50.

25　*Ibid.,* p. 51.

26　胡適，〈答陳獨秀〉，《科學與人生觀》，頁 26

到底曾造過人類的罪惡麼？資本主義以前的世界，那種坑人
賣奴，是什麼世界？資本主義以後，今日的倫敦，紐約，又
是什麼世界？馬格斯瞎了眼，也不應該放他的狗屁。馬格斯
煽出來那班惡魔，是會歸天的。[27]

此時的胡適雖不能接受馬克思的經濟史觀，但在政治上並沒
有公開的反共。在反共這點上，吳敬恒也是毫不妥協的先行者。
胡適在看了這封信以後，「心有所不安」，在回信中特別提到這
一點：

我以私意揣測先生所以痛恨共產黨，似猶未免有一分以律己
之道律人的意味。即此一分律人的態度便可以養成以理殺人
的冷酷風氣而有餘了。[28]

這時的胡適對吳敬恒堅決的反共是不以為然的，他希望吳敬
恒能多有幾分容忍的態度。這段語重心長的話，當然也是對吳敬
恒在 1927 年 4 月 2 日所發表的〈致中央監察委員會請查辦共產
黨文〉[29]所發起的清黨而寫的。但他這點反共的決心，胡適在
1953 年〈追念吳稚暉先生〉一文中給了極高的評價。

---

27 《胡適來往書信選》，上冊，頁 469-470。

28 同上，頁 471。

29 《吳稚暉先生全集》（臺北：中央文物供應社，1969，共 18 冊），卷 9，頁 809-814。

吳敬恒是個過渡性的人物

　　1923 年，除了科學與玄學的論戰以外，學術界中的另一個小插曲是章士釗在 8 月 21，22 兩天的《上海新聞報》上發表〈評新文化運動〉一文，對已經風行全國的白話文肆意謾罵，引來了吳敬恒〈友喪〉一文，文雖短，但對章士釗極盡其嬉笑怒罵之能事，說道：「章先生近來的反動。竟吃飽了飯，來把幾個同意的冷闢死字去替代了一看便懂的活字，瘋頭獸腦，自命是厘正文體；恐怕便是村學究對著他，也嫌他不合時宜罷。」[30]這是很熱烈地支持白話文了。

　　吳敬恒將 1925 年章士釗《甲寅週刊》在北京復刊看成是1923 年科學與玄學論戰中，反動勢力的繼續，也是繼梁啟超《歐遊心影錄》，梁漱溟《東西文化及其哲學》之後，「反動中必有之離奇。」將章士釗歸入了「玄學鬼」的行列。並進一步譏諷章士釗：「章先生今年思想結晶之全部，就是那篇〈評新文化運動〉。胡適之先生所謂『不值一駁』。章先生憤極，一登再登於《新聞報》及《甲寅續刊》。那篇文章，盡是村學究語，自然不值一駁。做那種文章，簡直是失了邏輯學者的體面。」[31]

　　吳敬恒自己為文不避俗語俗字，方言俚語一概入文，文體恣肆戲謔，是白話文中的另一格。雖與胡適的風格不同調，但在文言白話的過渡中，吳敬恒顯然是站在白話文的一邊。1922 年 3月 11 日，胡適在日記中寫道：「孑民先生來信，他很贊許我的〈五十年的中國文學〉，但他說吳稚暉是新舊文學一個過渡人

30　吳敬恒，〈友喪〉，收入趙家璧編，《中國新文學大系，文學論爭集》，頁 208。

31　吳敬恒，《章士釗，陳獨秀，梁啟超》，同上，頁 240。

物，似可加入。此意甚是。」有趣的是：胡適在〈五十年來中國之文學〉一文中對章士釗是頗有好評的，認為章氏是 1905-1915 這十年之間，政論文章的「代表作家」[32]，而完全沒有提到吳敬恆在文學發展史上的影響。從這一點可以進一步的說明，1923 年科玄論戰中吳敬恆的態度改變了胡適對他的評價。把吳敬恆從地方性小範圍的人物提升到了影響全國思想發展的關鍵人物。

吳敬恆在新舊文學和新舊思想上的過渡性，在胡適日記中有一條有趣的記載，可以看出一個在思想上極端唯物，又極端支持科學的人，在行文用字上，依舊不能盡除舊習。1929 年 3 月 13 日，胡適在日記上剪貼了馮玉祥，吳敬恆之間往來的兩封信，和吳給楊虎的一封信。胡適對吳的兩封信，作了如下評語：

> 稚暉先生這封信可算恭順極了。恭維人也應有個分寸，否則自己失身分。如此信中恭維馮玉祥之身為國家世界社會所托賴，未免叫我們讀了替他難為情。大概古文向多不由衷的客氣話頭，用濫了，人多不覺其崇敬，故非用極端的字眼不足表示崇敬。作者或無甚深意，而讀者便覺刺眼。如前年（1927）七月一日報紙所登稚暉致楊虎的信中，「先生真天人」一句話，在他當時不過是搖筆即來的一句現成話，我前年因此語大生氣，其實似可不必也。

這是胡適筆下對吳敬恆少有的一段批評

---

32 胡適，〈五十年來中國之文學〉，《胡適文存》，2 集，頁 223-224。

吳敬恒筆下的胡適

　　反觀吳敬恒筆下的胡適，至多只是一個與自己意見不甚相左的年輕同道，用他自己 1923 年在〈一個新信仰的宇宙觀及人生觀〉中的話說是：「於我的新信仰，雖無具體的相同，卻也不曾尋出他的異點來」，在他眼裡，胡適是個「中國學者而有西洋思想」。[33] 吳敬恒在〈箴洋八股化之理學〉一文中，對胡適當時所提倡的整理國故是很有保留的。胡適的〈中國哲學史大綱〉發表之後，學術界興起了一陣對中國舊學整理的風氣，吳敬恒很不客氣的指出，這「不是鬧什麼新文化，簡直是復古」。他對《時務報》時期的梁啟超是讚許的，說他的言論如「哥白尼的太陽中天，方才百妖皆息。」但對梁啟超「受了胡適之《中國哲學史大綱》的影響」之後，「忽發整理國故的興會，」所作的許多學術演講，直斥之為「妖言惑眾。」他甚至詛咒說：「他（梁啟超）要造文化學院，隱隱說他若死了，國故便沒有人整理。我一見便願他早點死了。照他那樣的整理起來，不知要葬送多少青年哩。」[34] 由此可見，吳敬恒對所謂「整理國故」深惡痛絕到了什麼程度。這段話表面上是批評梁啟超，但又何嘗不是「項莊舞劍」呢？劍鋒所指，明眼一看便知是胡適，因為胡適是整理國故的「始作俑」者。對於借整理國故之名而出版的著作，吳敬恒有更進一步的批評：

　　現今有許多古學整理的著作，我都拜倒。然而或是考訂的，

33　吳敬恒，〈一個新信仰的宇宙觀及人生觀〉，《科學與人生觀》，頁 346。

34　吳敬恒，〈箴洋八股之理學〉，《科學與人生觀》，頁 308。

或是質疑的，或是撮錄的，價值都大。惟有借了酒杯，澆著塊壘，真叫作下作。

胡先生的〈大綱〉，雜有一部分澆塊壘的話頭，雖用意是要革命，也很是危險，容易發生流弊。果然引出了梁漱溟的文化哲學及梁啟超的學術講演。胡先生所發生的一點革命效果，不夠他們消滅。[35]

在吳敬恒看來，名為「整理國故」，作的卻是「借他人酒杯，澆自己塊壘」的事，也就是利用古人，來達到自己的目的，這是有虧學術誠實的，他斥之為「下作，」而胡適的〈中國哲學史大綱〉就「雜有一部分澆塊壘的話頭，」這是不假辭色，很嚴厲的批評。胡適打算用整理國故，還中國文化一個本來面目，並借此提倡一種科學的治學方法。吳敬恒全不理會胡適的這番用心，對所謂整理國故，作了全盤否定：

這國故的臭東西，他本同小老婆吸鴉片相依為命。小老婆吸鴉片又同升官發財相依為命。國學大盛，政治無不腐敗。因為孔孟老墨便是春秋戰國亂世的產物。非再把他丟在毛廁裡三十年，現今鼓吹成一個乾燥無味的物質文明，人家用機關槍打來，我也用機關槍對打，把中國站住了，再整理什麼國故，毫不嫌遲。[36]

這段話的後半，極得胡適的激賞，在〈幾個反理學的思想家〉及〈追念吳稚暉先生〉等文章中曾多次徵引。換句話說，胡

---

35 《科學與人生觀》，頁309。
36 同上，309-310。

適從這些表面看似反對自己的文字中，看出了吳敬恒骨子裡也是
個支持新文化運動的同志，和自己的主張只有程度上的差異，而
沒有本質上的不同。

胡適何所取於吳敬恒

　　一般人對胡適的批評是「過激」，但這個「過激黨」，在吳
敬恒的眼裡，幾乎成了「反動派」。胡適有所取於吳敬恒的也正
是在這一點上。胡適希望自己在中國思想界樹立起來的是個溫和
理性，而不是激進革命的形象，錢玄同就覺得胡適在許多議題上
不夠「旗幟鮮明」，但胡適則表明，我之所以「立異」，其目的
是為了「求同」，為立異而立異的驚人之語，在胡適看來，往往
只是孤立自己，是起不了作用的[37]。但過激的言論所起的「反襯」
的作用，對胡適推行新文化卻是有利的。這一點魯迅在〈無聲的
中國〉一文中，也曾提及，他認為白話文運動能在短期之內成
功，有一部分要歸功於錢玄同提倡廢滅漢字的激烈主張，喜歡調
和的中國人「便放過了比較的平和的文學革命，而竭力來罵錢玄
同。白話乘了這一機會，居然減去了許多敵人，反而沒有阻礙，
能夠流行了。」[38]

　　在「整理國故」這一議題上，吳敬恒是主張「把線裝書丟進
茅廁三十年」的。這比魯迅要中國青年「少看，或者竟不看中國

37　《胡適來往書信選》，上冊，頁 13-14。
38　魯迅，〈無聲的中國〉，《魯迅全集》，4，頁 13。

書，多看外國書」[39]的建議更為聳動。相形之下，胡適卻提出了〈一個最低限度的國學書目〉[40]，豈不就顯得穩健平和得多了嗎？

吳敬恒在年齡上長胡適二十六歲，是個老輩，在國民黨中又有「元老」的地位，其受尊崇的程度，不下於孫中山，1926年，蔣介石北伐，由吳敬恒授旗，次年清黨，由吳敬恒發動，1946年，他代表制憲國民大會，授中華民國憲法予蔣介石。這樣一位「國之大老」卻始終不就民國官職，因此，在社會上又樹立起了至高之清望。胡適在1928年9月4日的日記中附了兩則剪報，其中一則是蔣介石回答記者問有關吳敬恒的情況：

> 吳先生等為本黨瓔寶，對革命歷史有最深切之關係，全體同志，應絕對尊敬，聽其指導。即使其言論有時偏於感情，不無一二過火之語，但須知此為老同志愛黨深切之表示，且吳先生等之學識經驗，耳聞目見均較我輩為豐富；其所見到之點，往往為吾人所不能見到。故余意愛敬老同志即所以愛黨，必須絕對尊崇之，萬不可蔑視老成，肆意誑謗。[41]

蔣介石對吳敬恒是極為包容，極為尊敬的。

在〈吳敬恒先生百年誕辰致詞〉中，蔣介石是這樣推許吳敬恒的：

> 吳先生是我國當代一位偉大的文學家，哲學家，教育家，書法家，社會改革家，不但是民國革命的先覺，而且是國父孫

39　魯迅，〈青年必讀書〉，《魯迅全集》，3，頁12。

40　胡適，〈一個最低限度的國學書目〉，《胡適文存》2集（《胡適全集》本，安徽，教育，2003）頁112 155。

41　《胡適日記》，冊5，頁336-337。

中山先生所特別推重其是一位革命的聖人。[42]

　　這段話讓我想起毛澤東對魯迅的身後褒獎。可以說都是無以尚之了。

　　這樣一位國之大老在西化議題的見解上卻遠比胡適更為激進，更為徹底。胡適抬出這位老將來打頭陣的這點用心，自己也是承認的。1928 年，胡適就〈幾個反理學的思想家〉一文，就教於吳敬恒，並有長信，在信中，他說明了他何以作此文：

> 作此文的大意，先生是明眼人，定能看出此中總不免有點借刀殺人的動機。這幾年來我和先生的主張漸多具體的相同，故述先生的信仰都是抬出老將軍去打頭陣，好讓我們騰出功夫來多預備一點子彈來給先生助戰。此意與先生所謂澆塊壘者大不同，或不為先生所痛斥罷。[43]

　　1929 年，胡適在〈新文化運動與國民黨〉一文中很清楚的指出：「從新文化運動的立場看來，國民黨是反動的。」無論就白話文的提倡，思想言論自由尺度的放寬，以及在狹隘民族主義的基礎上，對中國固有文化的吹捧和保護，國民黨所代表的都是一種反動勢力。在文中，他不無遺憾又不無指責地說道孫中山在〈三民主義〉中對中國固有文化的回護：「很可以助長頑固思想，養成誇大狂的心理，而阻礙新思想的傳播。」[44]他特別把孫中山和吳稚暉作了一個比較：

42　蔣介石，〈吳敬恒百年誕辰致詞〉，《吳稚暉先生全集》，卷 1，頁 1。

43　《胡適來往書信選》上冊，頁 467。

44　胡適，〈新文化運動與國民黨〉，歐陽哲生編，《胡適文集》（北京大學出版社，1998）冊 5，頁 583。

在這一點上，我們不能不佩服吳稚暉先生的偉大，他老人家在六十歲時還能大膽的地宣言中國人的道德低淺，而西洋人的道德高明。孫中山先生也並非不明白這種事實，不過他正在講民族主義，故不能不繞彎子，爭面子。吳稚暉先生是個世界主義者，沒有衛道的熱心，故他敢老實說西洋人「什麼仁義道德，孝悌忠信，吃飯睡覺，無一不較有作法，較有熱心」。但吳老先生的這種論調是國民黨中的「國粹」分子所不能瞭解的。[45]

在胡適看來，吳敬恒瞭解西方文明長處，並敢於批評中國固有文化中的缺點，代表國民黨內的開明力量，他在科學與玄學論爭中，徹底而堅決的支持科學，在章士釗為文攻擊白話文運動時，毫不猶豫的站出來為白話文辯護。胡適抬出吳敬恒不但為了打頭陣，而且也多少有些掩護的作用，並希望他能成為國民黨中，支持新文化運動的「內應」。

同中有異

胡適有所取於吳敬恒的是他哲學上「漆黑一團的宇宙觀」，「清風明月的吃飯人生觀」和「神工鬼斧的生小孩人生觀」，[46]也就是徹底的無神論和唯物的信仰。他既不談神，也不談上帝，在文明的發展史上，物質是精神的基礎。但在政治觀點上，兩人的

45　同上，頁 584。

46　參看，吳稚暉，〈一個新信仰的宇宙觀及人生觀〉，《科學與人生觀》，頁 332-429。

見解是不一致的。胡適是個自由主義者，相信民主法治是中國應
走的方向，言論自由是基本的人權。1929 年出版的《人權論
集》，所爭的就是批評孫中山和國民黨的權力。在這一點上，吳
敬恒是並不同意的，他曾多次說他自己「燒了灰，還是國民黨的
黨員。」[47]他是孫中山和三民主義忠實的信徒，他主張在國民黨
的領導下，以三民主義為綱領統一全國思想。1930 年 4 月 30
日，胡適在日記中剪存了一則吳敬恒講演的剪報，題目是〈對教
育家思想家的針砭〉，最可以看出兩人在政治觀點上的不同：

> 思想衝突，思想不統一，不是頂好現象。胡適之先生說，中
> 山先生的主義是絕對錯誤，我不是好說笑話，就是到閻王大
> 帝那裡，我也是不能承認的。中山先生貢獻我們的〈三民主
> 義〉，不是無緣無故作的，是中山先生集合古今中外事實需
> 要而作的。他的主義是我們的中心思想，我們應當服從，應
> 當信仰。胡適之先生說「知難行易」不對，卻是他的大錯。
> 他偏偏主張什麼「知難行亦不易」來，這不過是固執他的粗
> 淺的見解罷了。

這是當時記者的筆錄，文字上容或有些出入，但基本的精神
應該是不錯的。

1928 年 6 月 15 日，胡適在日記中詳記了在南京參加大學院
委員會會議的情形，會中就北大復校的事和吳敬恒有比較激烈的
衝突，據胡適記載，吳敬恒曾「直跳起來，離開座次，大聲說，
『你（胡適）本來就是反革命！』」胡適為此憤憤不平，回來後

47　《吳稚暉先生全集》，1，頁 6。

寫了一封信給吳敬恒，請他解釋反革命到底是什麼意思：

> 昨日會議席上，先生曾明對我說，「你就是反革命」。我不
> 願置辯，因為我並不很懂得「反革命」三個字是什麼樣的罪
> 名。我是一個糊塗人，到今天還不很明白今日所謂「革命」
> 是怎麼一回事，所以也就不很明白「反革命」是怎麼一回
> 事。今天從南京回來，就去尋前幾個月公佈的《反革命治罪
> 條例》，想做一點臨時抱佛腳的工夫；不料尋來尋去，這件
> 法令總避不見面。我沒有法子，只好來求先生；倘萬一先生
> 有閒置時間，務請先生顧念一點舊交情，指示我犯的是治罪
> 條例第幾條，使我好早點準備，免得懵懵懂懂地把吃飯傢伙
> 送掉了無法找回來。這是性命交關的事，故敢麻煩先生，千
> 萬請先生原諒。[48]

這封信寫在開會後的次日，表面上看來，似乎有些遊戲筆
墨，但細細推敲起來，胡適還是頗耿耿於懷的。考慮再三，信並
未發出。就胡適的日記來看，這次衝突似肇因於北大是否應該更
名，及校長人選等問題。但胡適從整理國故到自由主義，在政治
上反對一黨專政，提倡民主，都與吳敬恒的主張有相當的出入。
吳敬恒大發脾氣罵胡適反革命，不無借題發揮之嫌。1929 年 4
月以後，胡適在《新月》上發表了一系列強烈批評國民黨的文
字，兩人在政治上主張的不同，就更表面化了。胡適雖曾嚴厲的
批評過國民黨，但在緊要的關頭，他還是站在國民黨的一邊，因
此，這點政治見解上的不同，並沒有影響到兩人之間的友誼，和

48　《胡適來往書信選》，上冊，頁 444-445。

互相的尊重。

最後的敬禮

　　1953 年 10 月 31 日，吳敬恒死在臺北，胡適在 11 月 24 日寫了〈追念吳稚暉先生〉，發表在《自由中國》雜誌，第 10 卷第 1 期上。此文大陸所出各種胡適文集均未錄入，顯然還有一定的忌諱。在文中，胡適重述了他在〈幾個反理學的思想家〉一文中對吳敬恒「實事求是，莫作調人」思想的推崇。全文著重指出吳敬恒徹底的反共思想，和他在 1927 年國民黨清黨運動中所扮演舉足輕重的腳色。吳敬恒對蔣介石的支持，多少影響了胡適對國民黨的態度。

　　1927 年 4 月 12 日，國民黨開始全面清黨，胡適正從西雅圖啟程回國，船到橫濱的時候，胡適接到丁文江的信，勸他在日本暫留，作些考察，待國內政局明朗後，再作歸計。胡適是很有些動心的。加上當時政局的發展，對自己是否在此時回國，是有些疑慮的。但胡適一則因為日本生活耗費過鉅，無法久留。[49] 再則因為國民黨清黨受到蔡元培，吳敬恒等元老的支持，在一定程度上，改變了胡適對國民黨和蔣介石的看法。他當時是這樣回答哈佛大學法學院教授赫貞（Manly O. Hudson）的：

　　　蔣介石將軍清党反共的舉動能得著一班元老的支持。你們外

49　胡適，〈丁文江的傳記〉，《中央研究院院刊第 3 輯抽印本》（臺北，1956），頁 82。

國朋友也許不認得吳敬恒，蔡元培是什麼人，但我知道這幾
個人，很佩服他們的見識與人格。這個新政府能得著這班元
老的支持，是站得住的。[50]

文中特別追憶 1928 年 5 月 18 日吳敬恒說的一段話：「他（即
吳敬恒）總愁共產黨要大得志一番，中國還免不了殺人放火之
劫。我（胡適）卻不這樣想。」二十五年之後，胡適承認「我是
錯了，他的遠慮是很可以佩服的。」[51]

總結前文，吳敬恒思想中最受到胡適推崇的，可以歸納為兩
點：文化上的激進，與政治上的反共。這兩點在胡適的思想上也
是特別突出的。在近現代人物中能兼有這兩個特點的人不多。文
化上激進的人，在政治上往往左傾，像李大釗，陳獨秀，魯迅，
瞿秋白都屬此類。胡適早期對吳敬恒的反共，並不完全同意，但
1949 年之後，他不得不佩服吳敬恒的遠見了。

若以今日學術標準來看吳敬恒，他只是個特立獨行，熱心改
良社會的活動家，在哲學上並不曾提出過深刻而有系統的理論。
他的許多文字，由於過分著意於嬉笑怒罵，兼之文白夾雜，俚語
方言並用，往往顯得冗長拖遝，甚至達不到起碼的通順明白。胡
適對他的推崇，與其說是著眼於他的思想，不如說是佩服他徹底
不妥協的態度，和他在東西文化議題上，讚揚西方文明，積極提
倡科學的立場。

---

50 胡適，〈追念吳稚暉先生〉，《自由中國》，第 10 卷，第 1 期，頁 6。
51 同上。

難進而易退：胡適的大使歲月

前言

　　在胡適（1891-1962）一生之中，駐美大使四年（1938-1942）是極其特殊的一段經歷。他對政治和時局雖然始終保持高度的關切，並主張好人應該積極的參與政治與社會的改良工作[1]，但對實際從政，他是有所保留的。一方面，是愛惜羽毛，另一方面，則是擔心加入政府之後，不免成為「政府的尾巴」，反而失去了他做為一個政府「諍友」的作用和地位[2]。胡適一生追求人格獨立，言論自由，接受大使的任命，就一定的意義來說，是對獨立和自由的妥協。1938 年 9 月 13 日，胡適在接獲大使的任命電報之後，在日記上寫著：「21 年的獨立自由的生活，今日起，為國家犧牲了。」[3]同年 9 月 24 日，在寫給江冬秀的信中，也有類似的表白：「我二十一年作自由的人，不做政府的官，何等自由！但現在國家到這地步，調兵調到我，拉夫拉到我，我沒有法子逃，所以不能不去做一年半年的大使。」[4]

　　接受大使任命，對胡適來說是犧牲個人的自由獨立來為國家服務。這絕非矯情的飾詞，而是真實的內心掙扎。在 1950 年代批胡的高潮時期，無數共產黨的評論家用最惡毒，最下流，最誣蔑的字眼來批評胡適使美的這段歷史。把胡適歪曲成是「御

1　參看，胡適，〈我們的政治主張〉及附錄，《胡適文存》二集（安徽：黃山，1996），頁 297-327。

2　參看 1947，2，6〈胡適致傅斯年〉，收入中國社會科學院近代史研究所中華民國史研究室編，《胡適來往書信選》（香港：中華，1983，共 3 冊），冊 3，頁 175-176；並參看同書，頁 181-82；192-95。

3　曹伯言整理，《胡適日記》《安徽：教育出版社，2001），共 8 冊，冊 7，頁 173。

4　胡適，〈致江冬秀〉，耿雲志，歐陽哲生編《胡適書信集》（北京：北京大學出版社，1996），共 3 冊，冊 2，頁 758。

用」，「走狗」，和「買辦」。[5]這種誣告，除了說明共產黨黨國不分的實質以外，對胡適在中國歷史上的地位是絲毫沒有影響的。在胡適的心目中「黨」之上是有「國」的，他之所以出任駐美大使，是實際的參與救國。他是為國家服務，不是為國民黨，更不是為 介石服務。

1938 年，任命胡適為駐美大使的消息公布之後，他曾對少數朋友有過這樣的表示：「對我來說，進入政府工作，就如同一個矢志做單身漢的人結了婚，雙方都會失去許多自由。對我應該是惋惜，而不是恭喜」。[6]

My entering official life is like a confirmed bachelor getting married. Both will lose a great deal of personal freedom. So for me condolences are in order rather than congratulations.

當然，這樣的說法，有一定的幽默和風趣，不能太過認真，但，這的確是個妙譬。值得注意的是，失去自由的是「雙方」─政府也因此失去了部分自由。個人參加政府工作，失去一些自由，這是意料中事，但政府卻因為這個個人的加入，也失去了部分自由，這是不尋常的。從雙方失去自由的這個比喻上，可以看出：胡適保持了相當的獨立和自由，而國民黨也作到了一定的克制和容忍。

近年來在海內外所出胡適傳記已不下十餘種，對胡適使美四年的成績也都有所評述，但是所用材料，大多僅限於胡適的日記，書信，與國內有關部門往來電稿，及當時國內報刊雜誌的報導。至於美國方面對胡適的反應，則很少有人論及。做為一個中

---

5 例如候外廬，〈揭露美帝國主義奴才胡適的反動面貌〉，北中，（胡適在抗日戰爭前夕是怎樣媚外和幫凶的），分別收入《胡適思想批判》第三輯，頁 17-82；第五輯，頁 85-92。

6 Fan Li, "Hu Shih--Scholar Diplomat," *Chinese Student* (New York City, November 1938). Vol.XXIX, p.1.

華民國駐美全權大使，我們不但要從中國的角度來了解胡適的貢獻，同時也必須審視美國人對他的態度和看法。唯有如此，才能對胡適使美四年有較為全面的了解。

學者大使

論者一般都稱胡適為「學者大使」或「書生大使，」這樣的說法是為了把胡適與所謂「職業大使」或「職業外交家」區別開來。相對於「職業」（career or professional）一詞而言，往往是「業餘」（amateur）[7]。胡適的「本職」是個「學者」，大使只是「旁鶩」，說他是個「業餘外交家」，原無不當，但此處的「業餘」，不宜作「缺乏專業知識」解，而是說，胡適任大使四年期間，改變了大使的專業功能。

一般大使在駐在國所代表的是本國政府，交往的對象在「朝」而不在「野」。胡適駐美期間，在一定程度上改變了大使的官方職能——也就是專業功能。他當時代表的不僅是國民政府，也是中國老百姓。他的影響所及不但改變了二次大戰期間部分美國的亞洲外交政策，也改變了相當美國老百姓對中國的觀感和態度，並增進了美國人對中國文化的了解。胡適駐美四年正是中國對日抗戰進入最艱難的時期，美國老百姓對這個遠在亞洲的戰場，在二戰初期是全無了解，漠不關心，後期則漸漸轉變為同

7　1940 年 5 月 9 日，胡適在紐約經濟俱樂部晚宴的演講中自稱是個「業餘外交家」。
　　"Having been a university professor, having taught ancient philosophy for twenty-one years before coming here as an amateur diploma..." See *Minutes for Dinner Meeling, The Economic Club of New York,* Hotel Astor Noew York, May 9, 1940, p.7.

情與支持，在這個轉變的過程中，胡適四年橫跨美加數萬里的旅行，近百次的演講，幾十篇的文章，[8]是起了相當作用的。從這個角度而言，胡適完成了一個職業外交家所完成不了的工作。在美國人眼里，做為大使的胡適其貢獻也正是在這一點上特別值得稱道。王世杰在 1940 年 8 月 8 日寫給胡適的信稿中，對這點有很公允的評述：

> 我不相信兄是頭等外交人才；我也不相信，美國外交政策是容易被他國外交官轉移的。但是我深信，美國外交政策凡可以設法轉移的，讓兄去做，較任何人為有效。[9]

1941 年 12 月 15 日出版的美國《生活》（*Life*）雜誌，有篇由恩斯特·郝實 Enest O. Hauser 執筆，標題為〈胡適大使〉（Ambassador Hu Shih），副題為〈中國當前最偉大的學者，在與日本鬥智的戰場上贏得勝利〉（China's Greatest Scholar Fights A Winning Battle Of Wits Against Japan）的專題報導，文長十頁。[10]這篇文章很可以代表當時美國媒體對胡適的了解，也為大使時期胡適的生活提供了比較具體可信的記錄。文章是這麼起頭的：

> 三年前，胡適博士以中國大使的身份在華盛頓呈遞到任國書的時候，沒人蠢到問「誰是胡適？」（Who is Hu?）。這位「中

---

8 「有關胡適的旅行的哩數及演購的次數，參看 1938 年 3 月 1 日及 16 日日記。曾伯言整理，《胡適日記》（安徽：教育出版社，2001），共 8 冊，冊 7，頁 48；62。有關胡適這一時期的演講及著作，參看周質平編，《胡適英文文存》（臺北：遠流，1995），共 3 冊，冊 2，頁 699-1049；周質平編，《胡適未刊英文遺稿》（臺北：聯經，2001），頁 63-320。

9 中國社育科學院近代史研究所中華民國史研究室編，胡適來往書信選（香港：中華，1983，共 3 冊），冊 2，頁 472。

10 Emcst O. Hauser,"Ambassador Hu Shih," *Life* (Dec. 15, 1941). Vol. 11, No. 24, pp. 123-133.

華民國駐美全權大使」（他的官方職稱）在太平洋這岸，是最知名的中國人，他是中國最杰出的學者，教育家和史學家，在他做為政府代表之前，早就代表了他的國家和人民。

When, three years ago, Dr. Hu Shih presented his credentials as the Chinese Ambassador in Washington, no one could ask stupidly, "Who is Hu?" The Great Emissary of the Flowery People's-Country of the Middle (his official designation) was already one of the best-known Chinese on this side of the Pacific, where, as China's most distinguished scholar, outstanding educator and historian, he had represented his country and his people long before he came to represent his Government.

由這段話可以看出，1938 年，胡適接任駐美大使時，美國官方和新聞界對胡適是並不陌生的。

在《生活》雜誌的這篇文章中，把胡適刻劃成與其說是個外交大使，不如說是個文化大使：早期做為一個哲學家和語文改革者，胡適的工作是把西方介紹給東方，而今做為一個中國駐美大使，他的工作則是把東方介紹給西方。如果說孫中山是中華民國的創建者，那麼，胡適，在相當的程度上，賦予了這個新生的中國以學術上和語文上的新意義。而胡適在向西方介紹東方時，最大的貢獻是他打破了自十九世紀以來，流行於歐美上層社會中的所謂「東方智慧」，或「東方神秘主義」的迷思。他老實不客氣的指出：中國的落後和苦力非人的生活，絕非來自一種崇高的理想主義，或對超自然的神秘興趣，而是造因於不講求效率與腐

敗。[11]

這篇報導也特別強調了胡適學者的身份和非職業外交家的背景。作者有趣的指出：

華盛頓官員和記者會見胡適的時候，可能以為會聽到一些有關八路軍和廢鐵情況的消息，但想不到的是他們常被捲進關於不朽和孝道的熱烈辯論之中。[12]

Washington officials and correspondents, when they meet Hu Shih, may expect to hear something about the Eight Route Army and the scrap-iron situation. Instead, they often find themselves engrossed in a heated debate on immortality or a discussion of filial piety.

作者認為做為一個大使，胡適的作風是不按著常規來的（unconventional conception of his function），他同時指出：蔣介石在選定駐美大使人選時，並不缺能幹的職業外交家（able career diplomates）。但「當時苦難的中國所需要的是一個不需透過繁瑣的外交禮節，就能直接進入美國人心中的一個人」[13]就這點來說，胡適是上選。

(What suffering China needed, however, was a man who could find the way to the hearts of the American people without the tedious detour of ceremonies and protocol. For this endeavor, Hu Shih looked like a

---

11 *Ibid.* , pp.124-27.這段 的原文如下：
  As a philosopher and literary reformer he had previously specialized in interpreting West to East, and in this he succeeded so well that along with Dr. Sun Yat-sen he can be considered largely responsible for the fact that China, in its present incamation, exists at all.Sun Yat-sen was the political creator of democretic China. Hu Shih, to a considerable extent, supplied both its intellectual basis and the linguistic means where by it came to be aware of its own existence.

12 *Ibid.* , p.123.

13 *Ibid.*

good bet and has proved to be so).

　　這是很恭維胡適的一段話，這種能直接進入美國老百姓心中的聲望，就更不是一般職業大使所能享有的了。

怎麼做宣傳

　　《生活》雜誌記者引述胡適 1937 年赴美之前對蔣介石說的話：「別指望我向人要錢，或要我作宣傳工作」（Don't expect me to beg for money or to carry on propaganda）。文章接著指出：「到目前為止，他（胡）堅持這麼做，有時讓政府感到難堪。有一次，在他大使任內的第一年，重慶外交部寄了六萬美元宣傳費給他。他覺得受到了冒犯，把支票退了回去，並說明：我的演講是足夠的宣傳，並沒有任何花費。」[14]

　　So far, sometimes to the embarrassment of his Government, he has stuck to that. during the first year of his ambassadorship, the Foreign Office in Chungking sent him $60,000 for propaganda purposes. Offended, he returned the check explaining: "My speeches are suffcient propaganda, and they don't cost you anything."

　　1962 年 1 月 1 日，李敖在台北《文星》雜誌上發表〈播種者胡適〉一文，其中曾提到「退回政府送的六萬美金宣傳費」一事[15]，但胡適看了文章以後，寫信否認此事。[16]李敖在文章中並未

14　*Ibid.*

15　李敖，〈播種者胡適〉，收入《胡適研究》（香港：文藝書屋，1968），頁 16。

16　這是一封未經發表，在胡適去世前還沒寫完的信。原件藏胡適紀念館，我將有關的部分引在此處：

注明資料來源，胡適很有可能忘了二十年前美國《生活》雜志上曾報導過這件事。胡適任駐美大使時的秘書傅安明多年後，在一篇冠題〈如沐春風二十年〉的回憶文字裏，對當時大使館的收支有比較詳細的記載，他也提到：在胡任內宣傳款項數萬元未用分文，全部繳還」，最可證明退款是實有其事的。[17]胡適主持大使館館務，據傅安明說，用的是無為而治的辦法，讓各部門的人各司其職，自己向來不親細事。二十年後忘了退款的事，是極有可能的。另一胡適退回宣傳費的直接證據是 1942 年 9 月 14 日發給孔祥熙的電報：「前經管之宣傳費項下，亦尚有餘款，俟將未了各項結束後，當詳報。」[18]就時間上推算，此處所言宣傳費似非《生活》雜誌上所說的六萬美元，但退回宣傳費，是實有其事的。

《生活》雜詩這段報導中所說不做宣傳一事，很可能是 1937 年 8 月 19 日，胡適在南京見蔣時的談話，在當天日記中胡適有「他（蔣）要我即日去美國。我能做什麼呢？」的記載。胡適駐美四年，所做主要工作就是宣傳，何以他卻對蔣說不能指望他做宣傳工作呢？從這句話，可以顯然看出：蔣請胡赴美之前，兩人之間，有過共同的了解，胡出訪美國，並不是去做國民黨的鼓吹手，更不是去做蔣介石個人的辯護士，他之所以接受蔣的托付和

我知道這一個月以來，有不少人稱 你做的〈播種者胡適〉那篇文字，所以我要寫這封信，給你澆幾滴冷水。

我覺得那篇文字有不少的毛病，應該有人替你指點出來。所以我不能不自己擔任這種不受歡迎的工作了。

第一，我要指出此文有不少不夠正確的事實。如說我在紐約。「以望七之年，親自買菜做飯煮茶葉蛋吃」，——其實我就不會「買菜做飯」。如說我「退回政府送的六萬美金宣傳費」，——其實政府就從來沒有過送我六萬美金宣傳費的事。

17 傅安明，〈如沐春風二十年〉，在李又寧編，《回憶胡適之先生文集》，第一集（紐約：天外出版社，1997），頁 53。

18 胡適，〈致孔祥熙電〉，《胡適書信集》（北京：北京大學出版社，1996），共 3 冊，冊 2，頁 874。

任命，是「共赴國難」，而不是為政黨和個人服務。換句話說胡適對「宣傳」的想法和作法，與當時國民黨的了解是有一定的出入的。只有在這個基礎上，上面這段話才有意義。

1937 年 8 月 19 日蔣介石敦促胡適赴美的情形，大約和 1949 年 1 月 8 日兩人會面談話，有若干類似的內容。這次談話胡適在日記中有較為詳細的記載：「蔣公今夜仍勸我去美國。他說：'我不要你做大使，也不要你負什麼使命，例如爭取美援，不要你去做。我只要你出去看看。」[19]

胡適不願做「宣傳」的心情，在他 1937 年 9 月 25 日航向舊金山飛機上寫給美國女友韋蓮司（Miss Edith Clifford Williams, 1885-1971）的信中也曾提及：

> 我必須說：離開每天甚至於每小時都有危險的中國，而住到比較舒服而又完全安全的外國土地上，這是完全違背我的意願的。
>
> 但是我已無法再長期抗拒督促我訪美的壓力。最後，在既沒有外交使命，也不需做宣傳工作的條件下，我決定來美。我來此，只是回答問題，理清誤會，和發表我自己的觀點。[20]
>
> I must say that it was much against my own wishes that I should leave China in the midst of daily and hourly perils and live in comparative comfort and in complete safety in foreign lands.
>
> But it was impossible for me to long resist the pressure to urge me to visit the U.S.A. Finally I decided to come on the condition that I

19　曹伯言整理，《胡適日記》（安徽：教育出版社，2001），共 8 冊，冊 7，頁 732。

20　原件藏胡適紀念館。參看周質平，《胡適與韋蓮司：深情五十年》（臺北：聯經，1998），頁 199-200。

do not carry any diplomatic mission, nor be required to do
"propaganda" work. I am here merely to answer questions, to clear
up misunderstandings, and to present my own viewpoints.

　　當然，這封信是胡適在接任大使之前寫的，接任以後，他一
定會失去一部分的自由。但他的一些原則，他不想做的宣傳，並
不因接任大使而有所改變。在上引的這段話中，值得注意的是
「不做宣傳工作」和「發表我自己」的觀點是他同意出訪美國的
「條件」。胡適還刻意在英文原函 my own（我自己的）兩字下面
劃了線。

　　其實，胡適絕不是不做宣傳，而是不做國民黨要他做的宣
傳。他的演說和發表的文章，許多是和抗戰沒有直接關聯的，他
談中國的歷史，文學，哲學，和分析中日現代化的過程，這在許
多人看來，不但是「急其所不當急」，簡直就是「不務正業」。
胡適在 1940 年 7 月 12 日日記中提到宋子文對他演講過多，就曾
表示不滿：「你莫怪我直言。國內很多人說你演說太多，太不管
事了。你還是多管正事罷」[21]。但是胡適認為談類似「中國文藝
復興」這種「無關戰事的演講比直接的宣傳更為有效。」[22]顯然，
在宣傳這個問題上，胡適和「當道」是有不同意見的。其實，胡
適在對美的宣傳上和他在國內領導新文化運動的策略是一致的。
在社會改革上，他主張從文化的議題入手，而不是直接走政治改
革的道路；在對美的宣傳上，他也經常是文化取向，而不是直接
談軍事和政治的問題。

　　1940 年 10 月 24 日，胡適在紐約市亞斯特爾旅館（The Hotel

21　《胡適日記》，冊 7，頁 396。
22　《胡適日記》，冊 7，頁 91-92。

Astor）為紐約商業人士協會（The Merchants' Association of New York）所作題為〈中國在戰鬥中〉（China Fights On）的演說。他一方面沉痛的指出日本的暴行加諸於中國人民的痛苦，另一方面，從文化和歷史的層面，來說明中國之所以能繼續戰鬥下去：

第一，中國幅員廣大；

第二，中國人口眾多；

第三，中國有悠久的大一統的歷史感。

第一和第二點是無須說明的，胡適對第三點做了進一步的解釋。中國的大一統有二千一百年的歷史，二十一個世紀以來，中國人民基本上是生活在一個帝國，一個政府，一個法律制度，一種書寫文字，一種教育制度，和同一的歷史文化之下。這種在一個統一帝國之下如此綿延不斷的民族生命，在人類歷史上是少有其匹的。外國觀察家在報導中國時往往只著重民國初年割據和分裂的情形，而忽略了即使在政治鬥爭和外國侵略的情況之下，這種大一統的歷史觀念終將獲勝。

除了以上三點以外，另有三點原因能讓中國繼續戰鬥下去。中國缺乏組織而又分散的農村經濟，使空襲難以奏效；中國人民吃苦耐勞，能在最惡劣的環境下繼續生產；第三則是外援的到來。[23]

這篇講稿中最具說服力的一部分，正是胡適對中國現況進行歷史的回顧和分析，得出中國終將獲勝的結論。這樣的演講有別於膚淺的政治宣傳。1942 年 3 月 11 日，胡適在新澤西州東橘市（East Orange, New Jersey），以中國的戰鬥力與戰鬥信心（China's Fighting Strength and Fighting Faith）為題，發表了內容幾乎雷同

---

23 Hu Shih,"China Fights On,"in Chih-ping Chou ed., *A Collection of Hu Shih's Unpublished English Essays and Speeches* (Taipei:Linking. 2001), pp.192- 198.

的演說。[24]這很可以看出胡適任駐美大使期間所作抗日演說的一般內容和風格。

　　胡適有時甚至會做些在中國政府看來是「反宣傳」的宣傳，引起重慶方面很大的不滿。《生活》雜誌上，有一段鮮為人知的報導：

> 即使身為駐美大使，要是他（胡適）認為批評自己的政府是適當的，他是會批評的，而且他經常這麼做。在他任內第一年，他拒絕為中國的軍事情況吹噓，這使他的政府相當難堪。
>
> If he saw fit to criticize his government some more, he would do so, even as an ambassador to the U.S. He does--quite often. During the first year of his mission he frequently embarrassed his government by refusing to paint the military situation in rosy colors.[25]

　　這指的是 1938 年 12 月 4 日，胡適在紐約中國文化協會（Chinese Cultural Society）做的一次題為〈日本侵華戰爭〉（Japan's War in China）的演說，演說是這麼起頭的：「如果你們要我用一句話來概括當前中國的狀況，我會毫不猶豫地說：中國正在大出血中走向死亡」（If I were asked to sum up in one sentence the present conditions in my country, I would not hesitate to say that China is literally bleeding to death）。

24　Hu Shih,"China's Fighting Strength and Fighting Faith," China Monthly (Vol. 3, No.5, April 1942), pp.4-5,

25　Hauser,"Ambassador Hu Shih," p.132.

自由的火種

胡適 ⑪ 林語堂

接著胡適指出：

日本是當前世界上三大海軍之一，也是四五個最強大的軍事力量之一。而中國在過去十六個月里，已經傷亡百萬人，喪失了大片土地。所有沿海和長江流域的重要城鎮都已淪陷：北平，天津，青島，濟南，上海，杭州，南京，蕪湖，九江，廈門，廣州和武漢都已陷入敵手。幾乎所有一般為外界所知的重要城市，包括商業，工業，教育，現代文化，交通和通訊中心，不是受到嚴重破壞，就是受到侵略者的佔領。〔全國〕一百一十一所大專院校之中，三分之二以上或被破壞，或被佔領，或已癱瘓，只有極少數在內地的〔大學〕既無設備，又需冒被轟炸的危險，還在運作。除了戰鬥部隊的重大傷亡之外，六千萬的老百姓被迫離開了已被摧毀的家園，流離失所，沒有房子，沒有醫藥，絕大多數甚至沒有最起碼賴以為生的資源。每天都有上百的無辜老百姓受到日本皇軍轟炸機的殺害。

最嚴重的是，自從十月廣州淪陷之後，中國完全斷絕了海上交通，那也就斷絕了來自海外武器和彈藥的供應⋯⋯

這也表示在輸出和爭取外匯上，面臨了極大的困難。

這就是中國的現況。我說中國正在大出血中死亡，是個誇張的說法嗎？

在廣州和漢口陷落之後，許多人民和政府的領導經過了一段懷疑，彷徨，甚至於絕望的階段。就如我多次向我美國朋友指出，用血肉之軀來對抗高科技的武器是有限度的；在力盡之後，是有崩潰的危險的。所以中國人民經過一段懷疑和彷徨的時期是極自然的，就如新聞報導所說，有過一度和談一那就是認真的考慮過棄守投降一的構想。其實，我們的敵人也很清楚的表示願意

議和。[26]

接著，胡適在演講中，把當時中國的情況和華盛頓所領導的美國獨立戰爭相提並論，堅定的指出，中國的抗日戰爭終將獲得最後的勝利。這個勝利有賴於中國人做出更大的犧牲，進行持久的抗戰；其次則呼吁民主國家對日本實施禁運。

在這篇講稿中，胡適用了不少美國獨立戰爭的歷史，來說明當時中國的處境。這是為了便於美國人理解，至於說出中國的實際情況，則是為了引起美國人的同情，真可以說是用心良苦。但據《生活》雜誌的報導，這篇演講被解釋成是向日本求和，這當然是斷章取義的誤解，但是，重慶方面幾乎將胡適召回述職。[27]凡此種種都可以看出胡適在所謂「宣傳」上與「當道」的矛盾。

《生活》雜誌上報導胡適的專文特別指出胡適對蔣介石的批評：

> 多年來，他一直反對蔣介石的一黨專政，他尖銳的批評發表在由他主編的《獨立評論》上，他絲毫不假辭色，即使在他多次來美訪問的時候，他逢人便說蔣介石是個不擇手段的獨裁者，踐踏人民的權利，並受到一批無能，邪惡，唯唯諾諾的貪官污吏的包圍[28]。
>
> For years, he was opposed to Chiang Kai-shek's one-party government, and his stinging attacks appeared in the columns of the *Independent Critic*, which he edited. He would mince no words,

---

26 Hu Shih, "Japan's War in China," a pamphlet published by Chinese Cultural Society, 1938. See Chih-ping Chou ed. *A Collection of Hu Shih's English Writings,* Vol.2, pp.736-41.

27 Hauser 的原文是這麼寫的：This was interpreted as a bid for peace and nearly caused his recall (p.132)。

28 *Ibid,* p.132.

and even during his frequent trips to America he told everyone in sight that Chiang Kai-shek was an unscrupulous dictator trampling the rights of the people under foot and surrounding himself with incompetent, vicious and corrupt yes-men.

以上這段報導有些失實和誇張，胡適對蔣介石的批評數十年來從未間斷，但在措辭上是極有分寸的。胡適絕不至於「逢人便說蔣介石是個不擇手段的獨裁者。」但是我們可以想象，《生活》雜誌對胡適所做的這篇特報傳回重慶的時候。蔣介石是不可能高興的。從胡適對蔣的批評，不但可以看出胡適的膽識和風骨，也可以看出蔣介石對胡適的寬容。

《生活》雜誌的報導同時提到：

> 至今，胡適拒絕加入國民黨，這在重慶官僚的眼裡，他成了一個叛徒。胡適直截了當的告訴他們要是必須入黨，才能參加政府工作，那麼，中國就不是民主〔政權〕了[29]。
>
> To this day, however, he (Hu Shih) has refused to join the Kuomintang Party-which brands him as a rebel in the eyes of Chungking's bureaucrats. He bluntly tells them that if party membership should ever become a prerequisite for a career in politics, China would cease to be a democracy.

《生活》雜誌的這篇特報對胡適的人品和學識是非常恭維的，對他駐美大使的貢獻也是肯定的。唯一的批評是胡適表面上

29　*Ibid.*

是民主作風，骨子裏對所謂羣眾是保持距離的，並有一定的鄙
視。因此，他在中國城的華僑圈子裏，不是很受歡迎。據文章報
導，中國城的華僑們曾多次請胡適去參加他們的節慶活動，胡適
每次都以「事忙」推辭，改派一個使館裏的秘書做為代表。結
果，胡適在華僑眼中，與「洋鬼子」（foreign devil）無異[30]。我相
信這段報導是有根據的，從現存的胡適日記，書信和其他材料
中，確實找不到胡適駐美大使期間和紐約唐人街，或舊金山中國
城有過太多來往。當然，在胡適看來，僑務也許屬於內政，而非
外交。

日常起居

至於胡適任大使期間的生活起居，中文的記載並不多，下面
這段敘述可以做為參考：

> 做為胡適官邸和大使館的雙橡園，是座維多利亞式的大宅，
> 大使請來訪的客人……喝清香的杭州龍井茶，並且請大家叫
> 他胡博士，不要叫他胡大使。他是個個子清瘦，頭髮灰白的
> 人，臉上沒有皺紋，在他角質鏡框眼鏡的後面有著一對令人
> 感到極其溫暖的眼睛。在康乃爾和哥倫比亞大學接受教育，
> 胡適說一口毫無瑕疵的英文，他說話直截了當，並說到點子
> 上，沒有一般東方人的冗長曖昧……[31]

30　*Ibid.* P.133.
31　*Ibid.* , P.124.

和他在北京鼓樓附近熱鬧的房子比起來，雙橡園就顯得有些
冷清和寂寞了。他和參事劉鍇[32]大使館的秘書游〔建文〕夫
婦同住在這幢大宅裏，說的是普通話，也就是受過教育的
〔中國人〕講的一種北方方言，後來變成了國語。胡適說國
語的時候，帶著清楚的安徽口音，相當于北卡羅來那人慢吞
吞的說〔英文〕。穿的是「洋式」的〔西服〕，為了舒服，
他也偶而穿灰色的或藍綢的中國長衫。大使館裏有幾個美國
傭人，但是，最重要的是有個中國廚子。

胡適最喜歡的菜是徽州鍋：底層墊上肥豬肉，上加一層筍片
再加一層豬肉，一層豆腐，一層雞肉，上面覆以蔬菜。鍋子
封嚴，用一天文火慢煮。胡適的中飯和晚飯一般是中式的，
可是他喜歡美式橙汁，土司和炒蛋的早餐。

胡適起的很遲，游氏夫婦和劉參事沒有等他吃早餐的習慣。
他獨坐看報，到差不多十一點，他去辦公室，這是一幢通風
不良的磚造小樓，座落在維能街（Vernon）和十九街的轉角
處。上午，他回信，接待訪客，也可能坐車到國務院或白
宮。他回到雙橡園，吃個很晚的中飯。下午，他一般在雙橡
園，接待川流不息的訪客。胡適最喜歡的是妙語如珠的座
談，訪客再多，他也不厭倦。許多是美國或國外有名望的學
者，他們覺得到了華盛頓而不能向中國文藝復興之父表示敬
意，華盛頓之旅是不完整的。胡適不喜歡大型的應酬餐會－
他最近為中國外交部長郭泰祺舉辦的七百五十人的大招待會

---

32 胡適和劉鍇後來建立了深厚的友誼，胡適 1942 年 9 月 18 日有如下日記：
「今天早上十一點難開雙擦園，離開華盛頓。
同事諸人都在站送我。劉鍇躲在我房里，我忽然覺悟，他不願人看見他流淚。他送我直到
Baltimore，才回去。我也下淚與他相別。」
《胡適日記》冊 7，頁 479。

是個例外。客人經常抱怨酒備的不夠，大使自己只是淺斟。胡適很受華盛頓仕女們的歡迎，有一次，一個從中西部來的年輕女子問他：「大使先生，您的工作到底包括些什麼？」「啊」，胡適回答道：「百分之九十五是社交。」「真的？」，那個年輕女子邊笑邊說，「那麼，另外百分之五是什麼呢？」「其實，我仔細一想」，大使回答道，「那也是社交」。這是一個他說關於他自己的故事，胡適在說關於胡適大使故事的時候，給他一種自我解嘲的愉快。可是，他所謂的「社交」活動，最近包括了這些事：在紐約商人協會演說，在美國歷史學會做學術報告，在耶魯大學講中國繪畫，在國會圖書館講一個中國書籍收藏家的奇遇，在聯合會俱樂部做晚餐演說，除此之外，還在十幾所大學做各種各樣的演講。儘管他是個學者，胡適也通曉科技上的知識，對那些喜歡帶著哲學意味談二次世界大戰的人，聽胡適講空中堡壘的功能—那種中國能轟炸日本的飛機—那真是少有的享受。[33]

胡適不打高爾夫，也不打網球。在他當教授的年月裏，他麻將打的比一般人好，現在他從不打超過四圈，而不是當年的十圈或十二圈了。至於中國的象棋或西洋棋，他承認他的次子（思杜，時在美）下的比他高明，但他偶而也贏。除了收集火柴盒和榮譽學位以外，胡適別無其它嗜好。[34]

33　"Ambassador Hu Shih", p 131.
34　"Ambassador Hu Shih", p.133.

去職

　　1940 年 9 月，時任燕京大學的教授洪業（1893-1980）出訪
美國，有機會見到胡適，並共吃了一頓晚飯。在他去見胡適之
前，哈佛大學的數學教授喬治．貝爾克夫（George Birkhoff）曾
告訴洪業：自從胡適當了大使之後，臉上總是帶著「僵化的笑
容」（permanent smile）。這讓我想到，在上引的那篇文章中，胡
適自嘲的說，他的工作全是「社交」，這種「僵化的笑容」，想
必有其不得已。洪業在他的回憶中特別提到，晚飯的時候，宋子
文來長途電話，胡適離席去另間接電話，回座時，滿臉不悅。[35]
這段回憶雖然不長，但很可以看出胡適任大使時的一些「苦
趣」。洪業日後在回憶中指出：

> 做大使對胡適是很大的犧牲！國民政府有胡適這樣的人做大
> 使是很幸運的，但偏有小人不要胡適做大使……我幾次想拐
> 彎抹角問胡適這大使是怎麼丟的。但他是絕頂聰明的人，幾
> 次都輕巧地避開話題[36]。

　　胡適大使去職，宋子文是關鍵，從胡適日記中，可以理出一
些脈絡。宋是 1940 年 6 月底到美京華盛頓的。[37]此後，胡適大使

35　參　看 Susan Chan Egan *A Lulterday Confucian--Reminiscences of William Hung (1893- 1980)* (Harvard
University: Harvard East Asian monographs; 131,1987). P.157.
本書有中譯本，對此事記載詳略稍有不同。中譯本上說「胡太太」此時在美，想是洪業誤記
了。胡適任大使時，江冬秀不在美國。參看陳毓賢，《洪業傳》（臺北：聯經，1992），頁
190-191。

36　《洪業傳》，頁 191。

37　參看，胡適，1940 年 7 月 3 日〈致陳介〉云：「子文到此五日」。《胡適書信集》中冊頁

的工作處處受到牽制，胡適在日記中稱宋為「太上大使。」對宋的作風多所不滿，1940 年 8 月 15 日日記中記著，胡適自始不贊成宋子文到美國來：「我當初所以不願意政府派子文來，只是因為我知道子文毫無耐心，又有立功的野心，來了若無大功可立，必大怨望」[38]

1941 年 12 月 24 日，珍珠港事變之後的十七天，重慶通過任命宋子文為外交部長的第二天。胡適在日記上記著他和宋子文說的話：「如果政府要更動駐美使節，也請你千萬不要遲疑。我隨時可走」[39]。胡宋兩人的矛盾，隨著宋子文之出任外交部長，日趨尖銳。[40]

1942 年 5 月 19 日，胡適在日記中刻意的記下了一段宋子文擅權的霸道作風：

自從宋子文做了部長以來，（去年 12 月以來）他從不曾給我看一個國內來的電報。他曾命令本館，凡館中和外部，和政府，往來電報，每日抄送一份給他。但他從不送一份電報給我看。有時蔣先生來電給我和他兩人的，他也不送給我看，就單獨答覆了。（他手下的施植之對人說的。）

昨日我復雪艇一長電，特別抄了送給子文看，並且親筆寫信告訴他，意在問他如何答覆，他今天回我這封短信，說，「I replied much in the same vein」！他竟不把他的電文給我看！

記此一事，為後人留一點史料而已[41]

822。

38 《胡適日記》第七冊，頁 423。

39 *Ibid.*, p.402。

40 《胡適日記》，冊 7，頁 457。

41 同上，頁 478-79。胡適對宋子文真是全無好感可言，1944 年 12 月 4 日日記有如下記載：「下

自由的火種

胡適⬤與林語堂

　　1942 年 9 月 2 日，美國各大報都報導了胡適去職的消息，同時也都提到宋子文也在相當程度上代表中國政府，雖然沒有明言胡宋兩人之間的矛盾，但明眼人當不難看出其中的言外之意。華盛頓郵報（*Washington Post*）對胡適極為推崇：

> 胡適出任駐美大使四年，是有史以來最受歡迎的中國駐美使節。為了戰火中的中國，他不辭勞苦地在全〔美〕國各地演說。去年他旅行超過三萬七千英里，在各主要城市演講。
> 他所獲得的學術和其它方面的榮譽超過駐在美國的任何使節。[42]

> Hu Shih, who has served here for four years as Ambassador, has been one of the most popular Chinese envoys ever accredited here. He has been tireless in his activities on behalf of embattled China and has lectured throughout the country. He traveled in the United States last year more than 37,000 miles on a lecture tour which took to all the principal cities.

　　美國國務卿赫爾（Cordell Hull）在 1942 年 9 月 4 日的新聞發布會上讚揚胡適是華盛頓外交圈裏最能干最有效率的一個公職人員。[43]

午報紙登出宋子文代行行政院長職務。如此自私自利的小人，任此大事，怎麼得了！」（頁567）。1947 年 2 月 6 日，胡適給傅斯年的信中，又說宋子文「完全自私自利」。（《胡適書信集》，中冊，買 1087）。

42　*Washington Post,* September 2, 1942. 並提到：
China is also represented in this country by Dr. T. V. Soong. Foreign Minster of the Nationalist govemment, who is a member of the Pacific War Council and is in charge of lease-lend operations in connection with China's war need.
同一天的 *New York Times* 有類似的報導

43　有關胡適與赫爾在外交上的折沖，參看《赫爾回憶錄》；
Cordell Hull, *The Memoirs of Cordell Hull,* Vol. 2 (New York：Macmillian Co, 1948, 2 Vols.), pp.1069-

The Ambassador, Mr. Hull said, was one of the ablest and most effective public servants this government has had in the foreign diplomatic corps in Washington.

1942 年 10 月 28 日，胡適在日記上摘錄了郭泰祺的一封親筆信。郭在 1941 年 12 月，因《大公報》「指摘其私行不檢」而去職。胡適在 1941 年 12 月 24 日的日記上，對郭表示同情，對一個報館的言論居然可以趕掉一個外交部長深感駭異。[44]現在輪到胡適去職，郭泰祺勸慰胡適道：

> 兄持節四年，譽滿寰瀛，功在國家，一旦去職，中外同深惋惜。其難進（弟所知）易退（亦弟所知）有古人風，尤足為士林矜式。而弟於惋惜之餘，頗有吾道不孤之感，（I feel now I am in good company ！）一笑。
>
> 友好中謂此次之事「其戲劇性不減於去冬12月之事」。弟意二者固不可相提並論，然國人之駭異可見一般矣。
>
> 近閱報載，言美各大學紛紛請兄留美講學。鄙意兄若能勉徇其請，似較即作歸計之為愈。因在目前情況之下，兄果返國，公私兩面或均感覺困難，於公於私，恐無何裨益。[45]

胡適大使之去職，當然有人事上的鬥爭，但就大局來看，1941 年 12 月 7 日，日本偷襲珍珠港之日，已喑伏胡適去職之機。國民政府之所以任命胡適為駐美大使，正是為了借重他的國際聲望，來引發美國人民對中國抗日戰爭之同情，並摒棄中立政

82.
44 《胡適日記》，冊 7，頁 457。
45 《胡適日記》，冊 7，頁 482-83。

策，對苦戰中的中國伸出援手。珍珠港事變之後，美國立即對日宣戰。這正是胡適所主張的「苦撐待變」之「變」的到來，這一國際局勢的轉變已預示了中國抗戰之最後勝利。對胡適個人來說，他在珍珠港事變之後九個月去職，是「功成身退，」一個國民盡了為國服務的責任；對國民黨和蔣介石來說，則不免是兔死狗烹，鳥盡弓藏。

附錄 1

《胡適英文文存》
成書經過

胡適的英文著作，除了他的博士論文，*The Development of the Logical Method in Ancient China*《中國名學史》[1]和他 1933 年在芝加哥大學的赫斯克爾講座 The Haskell Lectures, 集印講稿成書的 *The Chinese Renaissance*《中國的文藝復興》[2]曾以專書的形式出版以外，其他的論文，演說，文章散見在各個學報，雜誌，報刊上。由於時隔久遠，出版的刊物又大多在海外，收集極為困難。

胡適生前就曾計畫收集散見各處的英文論文，整理出版一部份的英文著作。最初倡議此事的是哈佛大學教授楊聯陞。1961 年 2 月 11 日，楊聯陞在一封致胡適的信中提到此事：

> 您在哈佛講中國思想史中的不朽的那篇文章，在神學院刊的單印本，我已經找出來了，本想就給您寄去，不過又一想，您不久要來，也可以面交。還有，我最近想您講宗教史的文章，除此以外，還有哈佛三百年紀念一篇，東西哲學裡講禪宗的一篇（也許還有別的，一時想不起來，中文的不算）似乎可以合印一本論文集，學生看起來很方便，如果您同意，大約第一得打聽打聽哈佛有關方面是否同意（因為我不明白有沒有版權問題）也許問問 Pusey 校長就行，雜誌學報應無問題，第二就是在那裡印的問題，如果您一時沒有地方，我最近答應給一家出版社作編輯顧問，也許可以先同他們初步商討一下，看他們有沒有興趣。說老實話，用英文寫的講中國宗教思想的文字，實在太少，這本書一定會受學生的歡迎。[3]

1　Hu Shih, *The Development of the Logical Method in Ancient China* (Shanghai: The Oriental Book Company, 1928).

2　Hu Shih, *The Chinese Renaissance* (Chicago: The University of Chicago Press, 1934).

3　胡適紀念館編，《論學談詩二十年─胡適楊聯陞往來書箋》（臺北：聯經，1998），頁 390。

胡適收此信時，大病住院，請勞榦 在 3 月 3 日回了一信給楊聯陞，對出版英文著作一事，做了交待：

> 關於印行胡先生的論文集，胡先生是感覺興趣的，吾兄提出那幾篇都很好。此外有關宗教，思想和文化的，還有好幾篇，（見中央研究院史語所胡先生祝壽論文集的附錄英文著作目錄）似乎可以印一個這方面的論文集，現在問題只是那幾篇會有版權方面的問題，因為胡先生在病中，不能一篇一篇的商量，不過只以雜誌和學報為主，大致也差不多了，至於在那裡印，我想不成什麼問題，由吾兄斟酌去辦，胡先生只有謝謝吾兄的幫忙。[4]

楊聯陞於收信後，在 4 月 21 日給胡適寫了信，報告出版英文文集進行的情況：

> 關於您的英文論文集，我同 Beacon Press 的編輯 Karl Hill 初步談過，我給他看了您的 Immortality 同 *Philosophy East and West* 裡登的講禪宗史的那篇文章，並且告訴他，我想至少應該再收 Indianization 同 *JNCBRAS* 講禪宗的那一篇。
> 現在他們的意思，希望範圍再放大些，頁數也可多到大約三百頁左右（或再稍多），他們預備印硬皮裝本，如果稿子一月交，1962 年內可以出版。不知您的意思如何，另外他們非常希望您能為這個選集寫一篇導言，長短隨意。我覺得這也是一件合理的請求。

4　同上，頁 393。

我想您那篇 Natural Law in the Chinese Tradition 應該收入，另外 Authority and Freedom in the Ancient Asiatic World 我尚未見。（如果要特別從 Law 方面充實，您好像有一篇講王〔汪〕輝祖的演講，還有講宋儒與法律的演講，不知能否整理出來？此外應收入多少，請您先指示方略，我再同 Hill 續談。要印哈佛的東西，也許得得校長允准。如果您太忙，請授權與我，我可以代寫一信。[5]

7月29日，楊聯陞又有信給胡適，談出版英文文集的事：

這裡的 Beacon Press 對您的論文集非常有興趣，已經問過我兩次，我說恐怕是胡先生因為健康未全恢復，一時沒有功夫寫導言或序言。我的意思，還是不必限於雜誌學報文字，書（即令是全書都是您寫的，例如在芝加哥講的中國文藝復興）也無妨抽印單章。您覺得如何？我很希望您給我一封英文信，授權我向各方請求關於版權方面的事情，（例如哈佛那兩篇，恐怕就得給 Pusey 校長寫信。）導言或序言，等目錄全定時，您或可一揮而就。[6]

10月12日，楊聯陞再次致函胡適，報告英文文集出版情況，出版社已找好，哈佛大學版權的問題也已解決，只要文章編好，即可與出版社簽約。就現有材料看來，胡適始終不曾為此事親自回過楊聯陞的信。1962年2月24日，胡適心臟病發，猝死於臺北中央研究院。出版英文文集的事也就擱置了下來。

5　同上，頁394。
6　同上，頁395。

　　楊聯陞是胡適遺囑指定遺著整理人之一，1986 年 10 月 20 日，為出版胡適遺著事，有信給當時中央研究院院長吳大猷，胡適紀念館似有意請楊整理胡適 1956 年在加里福尼亞大學所講的中國思想史的十次演講稿。但楊在收到稿件後頗有些顧慮，他說：

> 王志維先生寄來之英文稿，可能是胡先生試寫而未完成之中國思想史稿，與演講稿不同。此稿需要補充加注及 update 之處不少，晚在十年前大病之後 自認無力整理⋯⋯即交與余英時教授請他斟酌辦理，但以今日學問之發展為背景，如何發揮胡著之光彩，大非易事，若只圖簡便，竟以館藏之稿付印，恐與胡先生聲名有損，此事必須慎重。[7]

　　由此可見，到了 1986 年，胡適英文著作始終無人整理。

　　最早有心收集並整理胡適英文著作的是一位鮮為人知的美國人，Eugene Livingston Delafield，2001 年 4 月 6 日在佛羅里達州過世，享年九十六歲。他在 1940 年代曾和胡適同住在紐約東 81 街 104 號公寓大樓裡，當時是一個善本書商，胡適經常請他代購書籍，以是兩人相識。兩人的交往一直維持到胡適 1958 年回台。胡適偶爾也請他搜集一些材料，供作研究寫作。1950 年 10 月 1 日，胡適送了一份他的文章〈史達林雄圖下的中國〉China in Stalin's Grand Strategy 給 Delafield，在封面上寫著：To Eugene Delafield who has been very helpful to me in obtaining the materials I needed in writing this essay. Hu Shih, Oct., 1, 1950（ 送 給 Eugene Delafield，寫此文時他幫我搜集材料，對我幫助很大。）Delafield

---

7　原函藏胡適紀念館。

對 胡適思想學術漸漸有了瞭解，進而大為傾倒，有了要替胡適編英文著作的念頭，並徵得了胡適的同意。從 1940 年代起，他就開始搜集胡適在英文書籍，雜誌，報刊上的文章。據他告訴我，胡適每有演講，也常給他一份講稿，並簽名留念。幾十年下來，他積了為數可觀的胡適演講稿和少數的手稿。為了進一步瞭解胡適的思想，他盡購有關胡適的英文著作，仔細閱讀，並在書首註明頁數。

1957 年袁同禮和 Eugene Delafield 合編了胡適西文著作目錄 Selected Bibliography of Dr. Hu Shi's Writings in Western Languages 發表在《中央研究院歷史語言研究所集刊第 28 本慶祝胡適先生六十五歲論文集》。這個目錄是研究和整理胡適英文著作必不可少的指引。1992 年，我和我的學生 Christopher E. Olofson 重新整理歸類並增添了若干條目。此一目錄附錄在我 1992 年臺北三民書局出版的《胡適叢論》裡。

1993 年，為了搜集胡適英文著作，我曾和 Delafield 有過電話聯繫，1996 年 9 月 20 日，我們在普林斯頓大學第一次會面，我送了他一套由我編輯，1995 年由臺北遠流出版社出版的《胡適英文文存》三冊。1998 年 5 月 27 日，他寫了一封掛號信給我，表示願意將他珍藏了幾十年的胡適演講稿，和與胡適有關的英文著作由我來整理。2001 年臺北聯經出版的《胡適未刊英文遺稿》，部分來自 Delafield 的收藏。

1998 年耶誕節期間，我專程去佛羅里達看 Delafield 夫婦，並致謝忱。我在他面海的高樓公寓裡，聽他細述當年和胡適結識的經過以及他搜集胡著的苦心。在他面積不大的書房裡，櫃子上擺著幾張胡適的照片，和我送他的英文文存三冊。他從塵封多年的紙箱裡，小心翼翼的把胡適簽過字的手稿和講稿放在我手上，

看到他那虔敬的神情，我有一種打自心底的感動。在這位九十三歲老人的口中，胡適是一個好學深思，努力工作，慷慨而又風趣的學者。一個美國人，五十多年來，為了搜集和保存胡適的英文著作而做出了這樣的努力，不僅是我個人，所有愛好胡適思想的人都應該向這位老先生致敬，致謝。

胡適散見各學報，雜誌的英文著作第一次集結成書是由我整理編輯，1995 年由臺北遠流出版社影印出版的《胡適英文文存》三冊，共 1589 頁。此書絕版多年，收購不易。由於直接從學報雜誌上影印翻拍，有些文章漫漶不清。2001 年，臺北聯經出版公司出版了由我編輯的《胡適未刊英文遺稿》，共 677 頁。至此，胡適的英文著作已大致蒐羅整理完全了。2003 年，安徽教育出版社出版《胡適全集》，英文部分基本上還是以《胡適英文文存》和《胡適未刊英文遺稿》作為底本。

2011 年是胡適出生一百二十周年，外語教學與研究出版社吳浩先生倡議從胡適英文著作中，擇其精者，按「中國哲學與思想史，」「中國文學與社會，」及「民族危機與公共外交」三類，分編三冊，這是極有意義的紀念。這次選材，在求其精，而非求其全。但胡適重要而有代表性的英文著作都已收集在這三冊英文文存之中了。為了便於中文讀者研讀此書，吳先生在每篇文章之首，加了精審的中文摘要，勾勒出了每篇文章的主旨和精神。較之 1995 年版的《胡適英文文存》，是一大改進。

2012 年是胡適逝世五十周年，希望這三冊英文文存的出版，對研究胡適思想的提高和普及都能有些許的貢獻。寫此短文，志其成書經過。

周質平　在普林斯頓大學
2012，1，17。

附錄2

漢語教學史上的
趙元任

前言

中文教學界的語體文運動

《國語入門》

語言與文化

聽說法與直接法

古代漢語教學

趙元任怎麼教古漢語

結語

前言

自從改革開開放以來，國際漢語教學是個新興的學科。無論在語言本體還是教學法的研究上都有長足的進步；然而，對外漢語教學史的研究至今沒有受到應有的重視。這可以從國內外各高校課程的設置上得到印證。一個不重視歷史研究的學科是缺乏反省能力的，對自己過往的瞭解是為將來發展指出方向的基礎。

最近二十年來，隨著中國的經濟發展，世界各地興起了漢語熱。學習中文在美國大學校園裡，幾乎成了一個新的時髦。在東西兩岸，有些學校選讀中文的學生人數已躍居全校學習外語學生之冠。自從鴉片戰爭之後，只聽說中國人學習外國話，大量的外國人學習中文，在中國近現代史上，還是一件新聞。

中文教學在美國發展的歷史，和老牌歐洲語言，如西班牙語，法語，德語，義大利語等相比，是個小老弟，但這個小老弟，最近幾年來，頗有超越歐洲老大哥的趨勢。這當然是件令人欣慰的事。回顧近百年來中文教學在美國的發展，趙元任是開拓者也是奠基人，值得我們紀念感懷。

中文教學界的語體文運動

漢學（Sinology）這個詞，在美國學界，已經是一個歷史名詞了。Sinology 的本意是「中國研究」，但當今在美國各大學沒有一個學校是以 Sinology 來作為系名或學科名的。代之而起的是

China Studies. 這兩個名詞的不同，不只是意味著歐美地域和語言上的不同，就美國而言，這毋寧是古今的不同。

在美國，Sinology 不只是一個歷史名詞，而所研究的對象也是古代中國，而非當代中國。所有有關當代中國的研究，舉凡文學，歷史，政治，經濟，社會，金融，教育等等都屬中國研究China Studies, 而非漢學. Sinology 這個詞，就中國人的角度來看，約略相當於二十世紀初期流行一時的「國學」或「國故」一詞。所有中國過往的文史哲，乃至於稱作「小學」的文字，聲韻，訓詁，制度沿革等等都概括在「國故」或「國學」之中。[1]

早期歐美學院中的漢語教學一向是為漢學研究服務的。說的更具體些，學習漢語的目的是為了研讀中國古籍，所以有些學校的初級中文（Elementary Chinese）教的竟是古代漢語，芝加哥大學一直到上世紀六十年代，還維持著這個現在看來有些荒唐的傳統。現任芝加哥大學歷史系教授艾愷（Guy Allito）在一篇悼念他中文老師許文錦女士的文章中特別提到了當時芝大的中文教學情況：

> 當時芝大的中文課程著重文言文，並沒有現代漢語課程。選用的教材均為古代經典。頭一年我們的課本是《孝經》和《論語》，二年級則是《孟子》與《史記》。[2]

艾愷是 1965 年班的學生，也是英文《梁漱溟傳》（*The Last*

1　有關「漢學」的討論，參看，周法高，〈何謂漢學〉，〈論漢學界的代表人物〉，收入 Yuan Ren Chao, *Sayable Chinese* (San Francisco: Asian Language Publications, Inc., 1968), pp. 110-156。有關中國研究轉向的問題，參看，余英時，〈從傳統到現代：中國研究在美國的轉向〉，《讀書》，2014 年 7 月號，頁 90-98。

2　艾愷，〈懷念許文錦女士〉，《傳記文學》553（2008 年 6 月），頁 127。

Confucian: Liang Shu-ming and the Chinese Dilemma of Modernity）的作者[3]。從這段簡短的回憶中，可以看出上世紀五六十年代，美國大學的對外漢語教學，其主要的目的是在培養學生古代漢語的閱讀能力，而非現代漢語的口語能力。而漢語課的教法，主要是通過翻譯的練習。結果是訓練出了一批自稱能閱讀古籍，而不能日常會話的「啞巴」漢學家（艾愷是少數的例外之一，他能說字正腔圓的普通話）。在這個傳統下訓練出來口不能言的中國專家，直到今天，在美國各大學的東亞研究系裡還比比皆是。他們對漢語教學往往都有一個很深的成見：口語能力是「引車賣漿者流」的勾當，非學者所當問。在他們看來，現代漢語和所謂「學問」是完全無關的。從這個角度來看美國的對外漢語教學史，漢語教學在美國也經歷過一次「白話文運動」，這個運動的奠基者是趙元任。

1922年春季，趙元任在哈佛大學開了一門中文課，這是他第一次在美國教中國語言。[4]他在1977年接受加州伯克利大學（University of California, Berkeley) Rosemary Levenson 訪談，作口述自傳時，對當時情況有簡短的回憶：

> 中文課初開時，只有三個學生……他們對語言的各個方面都有興趣。我首先把口語介紹給他們，然後再教書面的文字，最終的目的則是透過漢字閱讀文學作品。
>
> When the course in Chinese first opened, I had three students.....
> They were interested in all aspects of the language. I approached it

---

3　Alitto, Guy. *The Last Confucian: Liang Shu-ming and the Chinese Dilemma of Modernity*.(California, 1979)。

4　趙新那，黃培雲編，《趙元任年譜》（北京：商務，1998），頁116。

in the usual way by introducing them first to the spoken language and then went on the written language, with ultimate object of reading literary form in characters.[5]

在這短短的幾句回憶中，我們已經可以看出趙元任的教學法體現了「聽說領先，讀寫跟進」的原則。趙元任 1924 年離開哈佛，去了耶魯，中文課由梅光迪接任。

1948 年由哈佛大學出版的趙氏《國語入門》*Mandarin Primer*[6] 第一次將口語的（以有別於書面的）現代漢語的語法結構，通過語言學的體系，有系統的介紹給了西方人。在這裡，「口語的」三個字是很重要的，在此之前並非沒有口語的漢語教材，但那些教材大多是為在華的傳教士或商人應付日常生活需要而編寫的。既沒有系統的語法介紹，也沒有嚴格口語的界定。趙元任的《國語入門》開啟了對外現代漢語教學由書面走向口語的新方向。使許多研究中國問題的外國學者由「無聲」轉向「有聲」，使中文由「死文字」變成了「活語言」。

在《國語入門》的序中，趙元任開宗明義的說明了這本書的特點：

> 本書對中國語言特點特別著力表現的是不同語氣詞的使用，像表同意或反對的語氣詞，語調，以及對話中起潤滑作用的字詞，學這些成分最好是透過耳朵聽，而不是透過描述。

For one of the features of spoken Chinese to which this course is

---

5　*Yuen Ren Chao, Chinese Linguist, Phonologist, Composer and Author.* An Interview Conducted by Rosemary Levenson, Regional Oral History Office, The Bancroft Library (Berkeley, CA.: University of California, 1977). Reprinted by 北京：商務，2007，p. 163-164.

6　Yuen Ren Chao, *Mandarin Primer* (Cambridge, MA.: Harvard University Press, 1948).

specially devoted is the use of various stylistic elements of the language, such as interjections of agreement and dissent, sentence intonation, and other lubricants of conversational give and take, and these things should better be learned by ear than from description.[7]

這種例子在《國語入門》中，俯拾即是，我舉第 18 課，〈參觀民生廠〉中的一段對話，作為例子：

甲：勞駕您啊！請問上民生廠是怎麼走的啊？

Laujiah, Nin a! Chiing wenn shanq Minsheng Chaang sh tzeem tzoou d' a?

丙：嗯？你說啥子啊？

Enq? Nii sor sahtz a?

乙：eh, 他不懂你的話，讓我來問他，嗯—我們要上民—我們要到民生廠去，到民生工廠去，不知道—e, 不曉得是怎麼走的？[8]

在這短短的一段對話中，「啊」，「e」，「嗯」這些語氣助詞，及方言雜入對話的實際情況都一一如實記錄。這在當時還是創舉。

為了進一步深化現代漢語的口語教學，趙元任在 1968 年，又出版了三冊《中國話的讀物》*Readings in Sayable Chinese9*，並杜撰

7　Yuen Ren Chao, *Mandarin Primer*, p. v.

8　*Ibid.*, p. 243.

9　Yuen Ren Chao, *Readings in Sayable Chinese*, 3 vols, (San Francisco: Asian Language Publications, Inc. 1968).

了一個英文字 sayable, 亦即「可說的」。由此可見，他是非常有意識的，要把對外漢語教學由書面轉向口語。這一轉向是對外漢語教學現代化的第一步，也是漢語教學脫離漢學研究的「獨立宣言」。在《中國話的讀物》序上，趙元任說明了編寫這套書的目的：

> 編寫《中國話的讀物》的目的是為高年級的學生提供可以實際應用在口語中的書面材料……書面的白話是不能說的，也不是為了實際口語而寫的……我經常發現，尤其是在我最好的學生之中，前一句是很好的中文，接著卻是一句直接從胡適或者魯迅文章中摘錄下來的句子，作者（胡適／魯迅）本人絕不會把這些句子用在他自己的口語上，而且這些文章原本就不是為了口語而寫的。
>
> The purpose of the present series of *Readings in Sayable Chinese* is to supply the advanced student of spoken Chinese with reading matter which he can actually use in his speech. ... But written *bairhuah* is not, nor is it intended to be, sayable in actual speech... I sometimes find, especially among my best students, those who speak perfect Chinese in one sentence and in the next a sentence straight out of Hu Shih or Lu Hsun which the writers would never say in their own speech, nor intended to be sayable.[10]

　　趙元任一再指出「白話文」並不等同於「口語」，是因為許多學習漢語的外國學生誤以為「白話」就是「口語，」於是生吞

10　Yuen Ren Chao, *Readings in Sayable Chinese* Vol. 1, p. IV.

活剝地把胡適和魯迅文章的句子摘錄到自己日常的會話中。其怪異的程度是可以想見的。

1952 年，胡適在臺北中國文藝協會講〈提倡白話文的起因〉，提到趙元任常說：「適之啊！你的白話文不夠白，你要不相信，我可以給你錄音，你自己再聽一遍。」胡適說：「他錄了之後，再放給我聽，覺得真是不夠白。」[11]一般中國人認為白話文典範的胡適文章，在趙元任的眼裡，往往只是「不可說的」（not sayable）書面語。

趙元任寫的白話文是真正「我手寫我口」的語體。他所編寫的漢語教科書，無論是《國語入門》，還是《中國話的讀物》，都儘量做到書面只是口語的記錄，所以學生從書本裡學來的每一句話，都能轉化成口語。趙元任在海外漢語教學界進行的白話文運動，遠比胡適在二十世紀早期提倡的白話文更「白話」，更接近「語體」。

趙元任特別為《中國話的讀物》寫了〈早年回憶〉，來示範他所說的「能說的」白話文究竟是怎麼樣的。我引其中一段作為例子：

> 大概是我五歲住在祁州的時候兒，我們下半天常常兒有點心吃，他們給我留了一碗湯麵在一張條几上。沒人看著。趕我一走到那兒，一個貓在那兒不滴兒不滴而的吃起來了。我就說，「貓雌我的滅！」[12]

在這段話裡，不但保留了北京話的「兒化」，和狀聲詞「不

11　胡適，〈提倡白話文的起因〉，《胡適演講集》，中冊（臺北：胡適紀念館，1970），頁 442。

12　Yuen Ren Chao, *Sayable Chinese*, Vol. 1, Part 2, p. 2.

滴兒，不滴兒」連一個常州小孩把「吃」說成了「雌」，把「面」說成了「滅」，都如實地記錄了下來。（趙元任用國語羅馬字拼寫的課文，連輕讀都一一標出）。拿這段話和魯迅名篇〈風箏〉中的「但心又不竟墮下去而至於斷絕，他只是很重很重的墮著，墮著。」[13]一比，就能了然，什麼樣的白話文是能說的，什麼是不能說的。

趙元任提出「可說的」中文這一概念，在對外漢語教學上的意義是：漢字是為漢語服務的。在《國語入門》中，將「告訴」寫作「告送」，「待了一會兒」，寫作「獃了一會兒」，就是最好的例子。趙元任在他的《通字方案》中，提出許多同音字是可以合併的。[14]這在一般人看來，離提倡寫「白字」已相去不遠了。換句話說，為了讓學生說對，寧可寫白字，以免誤導學生發音錯誤。這一概念轉換到實際教學上，則應該體現在，老師對漢字錯誤的容忍應該擴大，而對發音錯誤則必須嚴格要求。眼下許多對外漢語課的老師則恰恰相反，對洋人學生寫漢字的筆劃、筆順斤斤計較，對洋人說漢語的洋腔洋調則聽若罔聞，一任其氾濫。

《國語入門》

1942 年夏天，趙元任在哈佛大學暑期班開了一門為期十二周的廣東話密集課程，這個課程所用的講義在 1947 年編定為《粵語入門》（*Cantonese Primer*）一書，同年由哈佛大學出版社出

13　魯迅，〈風箏〉，《魯迅全集》（北京：人民，1981，共 16 冊），冊 2，頁 183。

14　趙元任，《通字方案》（北京：商務，1983）。

版。《國語入門》是在《粵語入門》的基礎上改寫改編而成的。[15]
《國語入門》最大的特點是採用了趙元任自己在 1920 年代創發的
國語羅馬字，簡稱「國羅」。這套拼音系統是在 1928 年由國民政
府作為「注音符號第二式」公佈的，但因為拼寫的規則極為複
雜，「國羅」在中國從未普及過。但國羅至今是唯一不用調號，
而以不同拼法拼出四聲的拼音系統。如 tang 湯，tarng 糖，taang
躺，tanq 燙。這套系統在創發之初，是為了推廣國語，作為漢字
發音的輔助工具，與對外漢語教學是不相干的。但趙元任在教學
的過程中發現，國羅是讓外國人掌握中文發音最有效的工具。他
在《國語入門》中寫道：

> 就教學工具而言，能拼出四聲的拼音系統最能讓學生精確而
> 且清楚的掌握發音。
>
> As an instrument of teaching, tonal spelling has proved in practice
> to be a most powerful aid in enabling the student to grasp the
> material with precision and clearness.[16]

對美國學生來說，學習說漢語最困難的部分並不是語法的結
構，而是聲調的掌握，國語羅馬字用不同的拼法來表示不同的聲
調，確實是釜底抽薪之法。《國語入門》在課文之前，特立發音
的基本功（Foundation Work）一章，對四聲，變調，輕讀，兒化
都有細入毫髮的分析，其辨析之詳，講解之精，至今還沒有一本
漢語教科書能出其右。全書不含索引，共 298 頁。基本知識及語
音訓練部分超過全書三分之一，共 119 頁，可見趙元任對語音和

15　Yuen Ren Chao, *Cantonese Primer* (Harvard University Press, 1947)

16　*Mandarin Primer*, p. 11.

語法結構之重視。

　　雖然國語羅馬字並未受到廣泛採用，但趙元任在《國語入門》這本教科書中所體現出來的精神是：要想學好中文，發音準確是基本功，而在準確和流利之間，準確必須是流利的基礎。他在〈外國語的學習跟教學〉的講演中特別強調發音的準確不但要「以百分之百」為目標，而且必須在學習之初打好堅實的基礎。[17]

　　《國語入門》的另一有趣的設計是漢字課文和作業部分另成一冊，作業的答案部分以草書書寫，學生只要有本事看懂草書，大可依樣照抄，這是訓練洋人看草書的好法子。[18]

　　近三十年來，美國外語教學界所流行的幾種教學法，如能力語言教學法（Proficiency Approach），交際法（Communicative Approach），任務型教學法（Task Based Approach）等，大多強調功能而忽略結構，偏重流利而無視準確，認為學習外語，其最終的目的是應用，所以學生只要能達到交際的目的即可。至於發音和語法的準確，是不必太過注意的。這樣的外語教學理念應用在法，德，西班牙等歐洲語言上，或許是行得通的，因為英語和這些歐洲語言同屬印歐語系，無論語音還是語法都有許多共同的地方。把這樣的教學理念應用到中文教學上是極不負責，也是缺乏專業知識的。我們此時重溫趙元任以準確和結構為主的中文教學法，是極有意義的。

　　中國人對聲韻平仄的研究雖有悠久的歷史，但對四聲和變調卻始終缺乏科學的瞭解和敘述，這個缺憾一直到 1922 年商務印書館出版了趙元任的《國語留聲片課本》和留聲片才得到填實。

17　趙元任，〈外國語的學習跟教學〉，《語言問題》（北京：商務，1980），頁 156-157。

18　Yuen Ren Chao, *Character Test for Mandarin Primer*, Cambridge, Massachusetts: Harvard University Press, 1948.

趙元任在這方面的貢獻，有開創性的意義，胡適在〈國語留聲片序〉中，作了清楚的說明。四聲變調的現象到了趙元任才有了科學的總結。胡適說趙元任是「天生的方言學者」，「天生的音樂家」和「科學的語言學者」「無論怎樣雜亂沒有條理的對象，到了他的手裡，都成了系統的分類，都成了有系統的變遷」。胡適推許趙元任說：「如果我們要用留聲片來教學國音，全中國沒有一個人比趙元任先生更配做這件事的了。」[19]胡適的這幾句話也可以移用到對外漢語教學史上來。

趙元任把學習外語的內容分成發音，語法和詞彙三個部分。他認為：「發音的部分最難，也最要緊，因為語言的本身，語言的質地就是發音，發音不對，文法就不對，詞彙就不對。」[20]趙元任用中國人經常把英文的「r」，誤讀成「l」，來說明發音錯誤能影響全局，最好的例子莫如：把「Rice grows near the river.」說成了「Lice glows near the liver.」，結果，把「水稻長在河邊」，說成了」「跳蚤在肝臟附近閃光」。[21]這樣的趣例是令人難忘的。好在，每個語言的音位都是非常有限的，掌握這些音位，雖然很困難，但並非不可能。

在學習語法的過程中，趙元任特別指出「會」和「懂」是兩個不同的概念，「會」的東西，未必「懂」：而「懂」的東西，也未必「會」。提出這一點，對整個外語教學法，起著關鍵性的作用，分開了「知識」（knowledge）和「技能」（skill）的不同。學習外語，與其說是新知識的獲得，不如說是新技能的建立。建立一套新技能，靠的不是講解，而是操練。我們不妨把「會」和

19　胡適，〈趙元任國語留聲片序〉，《胡適文存》二集（臺北：遠東，1968），頁 480-483。
20　《語言問題》，頁 156。
21　同上。

「懂」這兩個字，換成「行」和「知」，外語教學首要的目標，
是要讓學生能「行」，一個「知」而不能「行」的學生，即使他
對語法的瞭解再透徹，但實際上說不出，或說不對一句外國話，
那麼，他依舊是個不「會」那個外國話的人。同樣的道理，對一
個外語教學的老師來說，教學的目的不只是把學生教「懂」，更
重要的是把學生教「會」。換句話說，懂不懂，無所謂；會不
會，才是關鍵。[22]

　　從這個基礎上來瞭解外語學習，那麼外語學習和學游泳，學
騎自行車並沒有太多基本上的不同。想學會游泳，就得跳進水裡
去遊；想學會騎自行車，就得跳上去騎。坐在教室裡，高談游泳
要訣，或怎麼騎自行車，對學的人是沒有多少幫助的。這番話對
國內外語教學，應有一定的啟發意義。

　　《國語入門》出版距今雖已七十年，但趙元任對漢語課程的
規劃和設計還有許多值得我們學習借鑑的地方。已故哈佛大學教
授楊聯陞，也是當年趙元任的助手，對這本書的評價是：

> 這部《國語入門》有一個特色，就是在前 8 課把重要的句法
> 結構都介紹了。不過教的人如果知識不夠，再不照著每課後
> 邊的注解同練習仔仔細細地跟學生一塊兒研究練習，可能會
> 覺著難一點兒，有一個評者說「這是一本天才教授給天才學
> 生寫的教科書」。[23]

　　這種處理句法結構的方式和當下以「任務」為導向的課本恰
恰相反，任務為導向的課本所急於介紹的往往僅是一些詞彙，殊

---

22 同上。
23 楊聯陞，〈趙元任先生與中國語文教學〉，《哈佛遺墨》（北京：商務，2013），頁 28。

不知，研讀沒有句型結構的詞彙，和讀一張詞彙表差別是不大
的。

最近十幾年來，因為選修中文的外國學生急速增加，在教材
編寫和教學法的研究發展上日趨多樣，這當然是件好事。但在多
樣化的過程中，也有幾個偏鋒，值得省思。許多高年級，甚至於
中級的課本，在內容上，由日常生活的對話，和社會一般的介
紹，漸漸的轉向專業。譬如商用中文，科技中文，法律中文，醫
用中文等課本的大量出版，是這個現象最好的說明。這一發展就
好處說，是對外漢語教學的專業化；但就壞處說，其中不無急功
近利，迎合學生要求速成的心理。學好外語是一個循序漸進，漫
長的過程。在表面上看來速成而又切合實用的課本，往往是條歧
路，而不是捷徑。

許多在這個主導思想下編寫出來的初級課本，往往將「問
好」，「購物」，「點菜」，「問路」，等所謂「功能」，作為編寫課
本的主幹，而忽略了漢語在習得的過程中，語法結構是一個更為
根本的問題。許多專業中文教科書，為了突出商業或科技的主
題，課文的內容幾乎成了這方面詞彙的堆積。既缺乏語法結構上
的專業性，也沒有趣味性。在學會日常生活用語之前，先讓學生
學了許多像投資，股票，買家，賣家，紅利，等所謂商業用語，
還要美其名為「實用」。其實，一個連日常生活都無法應付的學
生，如何有可能來使用這些商業用語？

在編寫《國語入門》的同時，趙元任和楊聯陞還編了一本
《國語字典》（*Concise Dictionary of Spoken Chinese*），1947 年由哈佛燕
京學社出版（The Harvard-yenching Institute）。這本字典篇幅雖不
大，但頗具特色，可以視為《國語入門》之姐妹篇。楊聯陞是這
樣總結它的特色的：

每個字的獨用（free）合用（bound），一律注明；虛字嘆詞的解釋特細；字後可加「兒」「子」「頭」等語尾的一律注明；字的雅俗文白儘量用相當題裁的譯文表現或注明；英文注音兼用國語羅馬字與 Wade Giles; 字音在若干方言裡聲母是濁音或收尾有 p, t, k, m 的，一律注明。[24]

　　我且舉一個例子來說明這本字典的特點。第 58 頁，介紹「子」字，其中有這麼一句：「very common noun suffix, as 椅子 a chair. A 3rd –Tone word with this suffix never changes into the 2nd Tone.」（一個非常普通的名詞詞尾，一個第三聲的字，加這個詞尾永遠不會變成第二聲）。這是何等細密的觀察！我相信沒有第二本字典能有如此的說明。換句話說，這是一本給對外漢語老師專用的字典。可惜，這樣一本極有價值的參考書，在海內外漢語教學界，幾已失傳。我建議國內的出版社，設法獲取版權，重印這本字典。

　　趙元任對中國語法研究集大成的著作是 1968 年由加州伯克利大學出版的 *A Grammar of Spoken Chinese* 《中國話的文法》，本書在寫作之初曾申請古根漢研究獎助金（Guggenheim Fellowship），胡適曾為趙元任寫了一封推薦信，1954 年 6 月 1 日，胡適在給楊聯陞的信中提及此事：

　　去年元任請求 Guggenheim Fellowship，他們也因年齡太大，表示遲疑，寫信要我表示意見。我說，元任正在 "The most

---

24　Yuan Ren Chao and Lien Sheng Yang, *Concise Dictionary of Spoken Chinese*. Cambridge, Massachusetts: The Harvard-Yenching Institute, Harvard University Press, 1966 (first published in 1947). 楊聯陞的這段話是《國語字典》〈前言〉(Foreword)的摘譯。見原書，Pp. v-vi. 楊聯陞，《哈佛遺墨》（北京：商務，2013），頁 27。

productive period of his life" and that "his Chinese Grammar, if written, will surely be a classic."最近元任來信,說他已得到 $4,000 的 Guggenheim Fellowship.[25]

《中國話的文法》出版時,趙元任已 75 歲,從胡適寫推薦信到出版,歷時十四年。胡適在信中所說的話是不錯的「此書一旦寫成,他的《中國話文法》必為經典著作。」《中國大百科全書》對此書也有極高的評價:

> 這是一部方法謹嚴、系統分明的大書,有很多創見勝意。這部著作以直接成分分析法作為研究語言的主要方法,顯然受了結構主義語言學的影響,可是作者持論通達,從來不拿事實遷就理論。
> 總之,無論從立論的深度說,還是從影響的廣泛說,《中國話的文法》都是最重要的漢語語法著作之一。[26]

我相信這本書是中國話語法研究者和對外漢語教學的從業工作者,必不可少的參考書。1968 年,趙元任以〈通字方案〉(A Project for General Chinese)的研究計畫獲得美國哲學協會(American Philosophical Society)及古根漢基金會的資助。古根漢基金會在美國學術界極具聲望,趙元任獲獎後,4 月 5 日《伯克利日誌》(Berkeley Daily Gazette)對獲獎教授曾有報導,稱許他們「在過去工作中表現出最高的學術水準和科研能力,或表現出具有很強的創造能力的人才具備獲獎條件。」(Qualification for a

---

25 胡適紀念館編,《論學談詩二十年》,臺北:聯經,1998。頁 204。
26 趙新那、黃培雲編,《趙元任年譜》,頁 437。

grant includes demonstrated capability for the highest scholarly and scientific research as shown by previous contributions in knowledge, or outstanding and demonstrated creative ability in the fine art.）[27]1968年，趙元任以退休教授的身份再度獲獎，這在美國學術界是極罕見的。這也足以說明趙元任在中國語言研究上的成績受到國際學界的肯定。

國內外高校在對外漢語研究生的課程中亟應加開「趙元任研究」，這比泛泛的讀些二語習得等的洋理論，更有助於研究生日後在理論上的發展和實際教學中的應用。

語言與文化

近年來，在對外漢語教學中常見的一個現象是誇大所謂「文化」在外語習得中的重要性。突出許多交際上的困難，歸結為文化上的誤解。所謂「跨文化交際」成了晚近時髦的研究專項。在這一思想指導之下，語言課上講所謂文化，成了一時風尚。結果在課堂上，既不糾正發音，也不操練句型。老師用支離破碎的英語講中國人的節慶風俗，陰陽五行，食補食療，真是無奇不有。這樣的所謂文化課可以總結為「文化氾濫而語言萎縮」。

其實，絕大部分所謂文化上的誤解，歸根結底，還是一個語言問題，一個常識問題。與所謂文化是扯不上什麼關係的。所謂文化課，往往都是突出中西之異，在大同之中，求其小異，並誇

---

27 《趙元任年譜》，頁 437：448。

大其交際上的意義。不提中國文化則已，一提所謂中國文化，不是先秦兩漢的故物，就是明末清初的遺風，和當代中國人很少發生交涉。結果「中國文化」成了「古代文明」的同義詞，把中國人的言行舉止怪異化，古代化。中國真的成了一個「國情特殊」國家。這種「以古代今」「以偏概全」的文化課，是漢語教學課程中的毒瘤，為禍之烈，已不容忽視！

這類文化課的另一特點是避談或不談當代中國，結果外國學生最急切需要瞭解的當前中國反而一無涉及。說來說去無非是舞龍、舞獅、剪紙、中國結、彩帶舞、書法、太極拳、包餃子。對當前中國的戶籍制度、城鄉差異、農民工、媒體壟斷、網路控制、貪污腐化則諱莫如深。

打個比方，這就如中國學生來到美國留學，在「美國文化課」上，既不講美國憲法，也不提共和民主兩黨，至於最能牽動美國人情緒的槍支控制和墮胎等問題，更是一字不提。老師所津津樂道的只是感恩節吃火雞，耶誕節裝燈飾，萬聖節扮鬼臉等節慶民俗。試問這樣的課程內容對中國大學生瞭解美國到底起多少作用？對中國人用英文交際又有多少幫助？當然，這種情況的出現，有我們特殊的歷史和政治背景，責任不全在語言老師的身上。但因襲既久，這樣的所謂「文化課」，已成了對外漢語教程中理所當然的一部份。現在是我們應該認真反思的時候了。

強調語言教學中的文化，似乎暗示語言本身沒有文化，文化必須外加在語言之上。其實，世間哪兒有沒有文化的語言？所謂文化，應當求之於語言之中，而不是在語言之外，別求所謂文化。譬如漢語普通話裡第二人稱「你」有敬格「您」，英語中則無此分別，這說明中國人對長幼尊卑的分別是比較講究的。又如漢語中「天天」、「人人」、「家家」這些表示「每一」概念的詞，

在句子中往往與「都」字並用。如「天天都下雨」,「人人都會說中文」,「家家都有汽車」等,這表明「每一」在中國人看來是個複數而非單數。英文則不然,「每一」屬單數,而非複數,因此,「Everybody speaks Chinese.」,「Every family has a car.」現在式動詞後面的 S 是不可少的。這樣的說明是所謂在語言之中講文化。這樣的文化知識是有益學生交際能力的。

　　所謂「文化」議題,趙元任的處理方式,表面上似乎僅就語言的語法和語用進行分析,而實際上則所謂「文化」涵義已盡在其中。《國語入門》在第三課〈打電話〉中,有句對話是:「Ar?姓什麼?姓王啊?」之後,有條注:

> 警告:在「王」之後,應避免用語助詞「吧」,因「王吧」,與「王八」諧音,而「王八」的意思是「戴綠帽子」,那是一句罵人的話。「吧」也應避免與音節「雞」並用,因為「雞吧」與男人性器諧音。
>
> Warning! After *Wang*, the particle *.ba* "I suppose" should be avoided as *Wang .ba* would be homonymous with *wang.ba* "cuckold," a term of abuse. The same particle should be avoided after the syllable *ji,* because of homophony with the word for "male organ."[28]

　　第 14 課〈跟大夫談話〉中有「大便小便都通」一句話,趙元任為這兩個字所作的注,是融語法、語義與文化為一體的另一個好例子:

28　Ibid., p. 144.

「大便」就是「大的方便」，「小便」就是「小的方便」，這兩個字可以用作名詞（動作和結果）或者不及物的動詞。最初這兩個字雖然是委婉語，現在則是平常說話中常用的字，並無不妥。比較文雅的說法則分別是「出恭」和「解手兒」。「上廁所去」相當於英文的「go to the toilet」比較直率的動詞賓語的說法則是「拉屎」和「撒尿」。

Dahbiann "major convenience," *sheaubiann* "minor convenience," can be used as nouns (action or result) or as intransitive verbs. Although they were originally euphemisms, they are now plain-speaking, though quite proper, words. Somewhat more decorous verb-object forms are *chu-gong* and *jiee-shooul*, respectively. *Shanq tsehsuoo.chiuh* is equivalent to "go to the toilet". The blunt verb-object forms are *lha-shyy* and *sa-niaw*.

從這兩個例子，最可以說明如何就語言本身來講文化，而不是在語言之外，藉著文化之名，進行穿鑿附會式的「文化講座」。當然，從這兩個例子也可以看出趙元任對語言觀察之細密，和他所特有的幽默。胡適在〈趙元任國語留聲片序〉中也提出這一點：

> 趙先生在他許多特長之外，又是一個滑稽的人，生平最喜歡詼諧的風味，最不愛拉長了面孔整天說規矩話……本來教發音是最枯燥無趣的事，有了趙先生的詼諧材料，讀的人可以減輕多少枯窘的悶境。[29]

---

29 胡適，〈趙元任國語留聲片序〉，頁483。

　　趙元任的幽默和詼諧來自個人的天性和學養，充分地表現在他編寫的教科書和嚴肅的學術論文中。胡適把這一特點稱作「玩世的放肆」[30]。趙元任在學術之中夾以詼諧的這一寶貴特點，在今天學界，幾成絕響。他在教語音時的許多趣例，即使在今天依然可以在課堂上應用。1922 年由商務印書館出版的《國語留聲片課本》中的陰陽上去入的例子如：「方才你正哭，君愁我倒不」、「葷油炒麵吃，偷嚐兩塊肉」、「中華好大國，共和也過節」，對陰陽上去入的總結則是「高揚起降促，中原語練熟」。

　　1943-1944 兩年，趙元任在哈佛大學主持陸軍特別訓練班（詳下文），召集了當時在哈佛、麻省理工學院的一班年輕中國留學生教中文，共同想出了許多可以表明現代漢語四聲特點「千錘百煉」的「驚人好句」。例如：「山窮水盡」，「風斜雨細」，「雕蟲小技，師承有自」，「瓜田李下」，「他憐你愛」，「山盟海誓」，「顛鸞倒鳳」，「高朋滿座」，「歡迎指正」等。出自趙氏手筆的則有「發行彩票」，「跟您請假」，「蝦仁炒麵」，「通靈寶玉」，「風狂雨大」，「說完想賴」，「都來找事」，「優柔寡斷」。同聲詞句則有：「豈有此理」，「農民銀行」，「最後勝利」等。也有不止四個字的例子如：「做夢看見大霧下降」。[31]用這樣又有趣味又有內容，而且可以在日常會話中應用的例子來給中高級的學生練習四聲發音，比「媽麻馬罵」的單調操練要有趣有效得多。但這樣的例子絕不是可以信手拈來的，前輩的匠心巧思，不但應該繼承，而且應予發揚光大。

　　趙元任之所以如此不憚其煩地在一本初級中文課本中分析語

30　同上。

31　參看胡適，〈趙元任國語留聲片序〉，《胡適文存》，2，480-484；楊聯陞，〈趙元任先生與中國語文教學〉，《哈佛遺墨》，23。

音語法，因為他相信，語言的功能必須建立在語法的結構上。一個學生如果不能在語音和語法的準確上打下堅實的基礎，日後即使說的很流利，但錯誤百出，也算不得是個成功的例子。至於所謂文化上的得體也必須以字正腔圓為基礎，沒有字不正腔不圓，而能達到所謂「文化上面面俱到」（cultural proficiency）的境界.

聽說法與直接法

　　美國政府開始重視現代漢語口語教學，與其說是出於學術的動機，不如說是出於政治和軍事的考量。1943 年 8 月，珍珠港事變之後不到兩年，美國陸軍委託許多大學舉辦中文和日文培訓班訓練美國軍人，稱之為陸軍專業培訓項目 Army Specialized Training Program 簡稱 ASTP. 第一期有中日文學員各五十人。這年趙元任受聘為哈佛中文語言講師（Lecturer in Chinese Language），負責培訓班的教學工作。《趙元任年譜》對培訓工作的進行，有一段簡略的記載：

> 元任在哈佛大學，Redcliffe College 和麻省理工學院的中國留學生及家屬中，選說北京話的人做助教（informants），並通過哈佛大學聘請。教材的編寫，課文的錄音，大班課的講授由元任擔任。小班（9-10 人一班）語言訓練由助教擔任，元任指導。在教學上則採用聽說法和直接法，想方設法讓學生跟所學語言多接觸，多聽多說。元任主持的 ASTP 班每天只有一小時用英文講解的大班課，餘下時間則讓學員聽課文錄

音，或分成小班，由助教採用直接法訓練學員的聽說能力。[32]

　　這個由趙元任為美國軍方所主持的中文速成班中，後來出了幾位有名的學者，其中影響最大的是在第一班中，以第一名卒業的牟復禮（Frederick W. Mote 1922-2005）。[33]牟復禮是知名的元明史學專家，1945 年到中國，二戰結束之後，進南京大學歷史系，1956 年受聘為普林斯頓大學教授，成立了東亞系，普大過去五十多年來，在初級中文教學上，無論是教材還是方法，都採用趙元任模式，並大力推廣。

　　牟復禮夫人，效蘭女士，在 2010 年整理出版了牟復禮的回憶錄，牟復禮從一個學生的角度對 1943 年在哈佛的 ASTP 中文語言培訓班有比較詳細的記錄，可補《年譜》的不足，是美國中文教學史上，難得的史料，也可視為往後密集語言培訓班的濫觴。我摘要翻譯一部分：

　　　哈佛大學陸軍專業培訓班是個成就非凡的項目，這個語言培
　　　訓班在戰時倉促組織起來，結合所有參與者最佳的努力。中
　　　文學校的主任是極著名的語言學家趙元任教授。趙教授投注
　　　了他多方面的天才在這個工作上，讓我們全力迎向他為我們
　　　設定的挑戰。

　　　The Harvard ASTP was a remarkable place, a language training

---

32 趙新那，黃培雲編《趙元任年譜》（北京：商務，1998），頁 268-269。參看，楊步偉，《雜記趙家》（臺北：傳記文學，1985），頁 136。

33 *Yuen Ren Chao, Chinese Linguist, Phonologist, Composer & Author.* An Interview Conducted by Rosemary Levenson, Regional Oral History Office, The Bancroft Library (Berkeley, CA.: University of California, 1977). Reprinted by 北京：商務，2007，p. 205.

program hastily created under wartime exigencies that succeeded in bring out the best in all the people involved. The director of the Chinese school was the preeminent linguist, Professor Zhao Yuanren (Yuen Ren Chao, Y. R. Chao）. Professor Zhao devoted the full measure of his multifaceted genius to the work, keeping us all intent on meeting the challenges he set for us.

接著，他進一步說明了培訓班運作的部分細節，可補年譜簡略敘述的不足。

趙教授特別為我們設計了一門課程（也就是後來由哈佛大學出版社出版的《國語入門》）。我們每天上午第一個小時聽趙教授講解語音和語法，接下來兩小時則由他指導和訓練出來的中國老師進行小班操練，這批老師大多是當時在美國的中國留學生。其中之一，就是後來任哈佛大學教授的楊聯陞。我們每天也花兩小時在語言實習室裡，聽由趙教授，他的家人和小班操練老師所共同錄製的課文和對話的錄音帶，這些對話設計的錯綜複雜，可以繼續不斷的談下去。

Professor Zhao devised a course especially for us (later published by Harvard University Press as his *Mandarin Primer*）. We spent the first hour of each morning in his lectures on phonetics and grammar and two subsequent hours each day in small drill groups taught by native speakers specially trained and supervised by him, most recruited from the ranks of Chinese graduate students then studying in this country. One of those was Yang Liansheng (Lien Sheng Yang, L. S. Yang）, later professor at Harvard. We also spent a scheduled two hours each day in the language laboratory listening to records specially recorded by Professor Zhao, his family, and his drill masters, including the lesson materials and an unending series of intricately devised conversation drills. [34]

趙元任當時的助手楊聯陞在 1963 年寫了一篇〈趙元任先生與中國語文教學〉，對這個美國陸軍特訓班有親切的回憶：

> 1943 到 1944 年……那時候哈佛大學開辦陸軍特別訓練班，中文部有音佛們（informants）約二十人，我也在內。趙先生對我另眼看待，叫我給學生用中文講文法，並且給我要了個音似抓可脫（instructor）頭銜。音佛們大多數是哈佛跟麻省理工學院的研究生，戲稱哈麻（蛤蟆）隊。[35]

這個培訓班除了密集的語言教學以外，也為學員安排了有關中國文史的系列演講，受邀講演者有胡適，費孝通，魏復古（Karl A. Wittfogel）等著名學者。胡適在 1943 年 10 月 3 日的日記上有「十二點上車去 Cambridge, Mass. 赴 'The School of Overseas Administration at Harvard' 的邀請，去做六次講演，講 'The Historical Culture of China'」一條，可以參證。[36]

北大教授周一良在他的自傳《畢竟是書生》中，對趙元任所主持的美國陸軍特訓班也有回憶的文字，他的妻子鄧懿也是趙元任的助教之一。周一良說：「ASTP 開辦以後，趙先生全力以赴，

34　Frederick W. Mote, *China and the Vocation of History in the Twentieth Century* (Princeton University Press, 2010), pp. 2-3.

35　楊聯陞，〈趙元任先生與中國語文教學〉，《哈佛遺墨》（北京：商務，2013），頁 22-23。

36　《胡適日記全集》（臺北：聯經，2004，共 10 冊），冊 8，頁 176。

實現了他多年來關於漢語語音語法教學的設想，推廣了他創造的中文拼音法。對於美國的漢語教學和研究起了重要促進作用。」[37] 趙元任在 1920 年代研發的國語羅馬字，在國內沒有推廣的機會，美國陸軍特訓班為他的國語羅馬字，教學法和教材提供了一個實驗的場地，而《國語入門》的編寫則為他往後中國話語法的研究打下了堅實的基礎。

二戰期間，由美國政府籌辦的密集外語教學（intensive foreign language training），在當時還是一件新事物。胡適在 1944 年 1 月 27 日去紐約州 Rye 參加 American Council of Learned Societies 的年會，下午討論語言教學，胡適在日記中有如下記錄：

> 此次戰事引起各大學為政府實施 Intensive Language Program, 其法大要為：精通語言學原理者主持一種語言之教授，而用此語言之本國人為 informants, 其術甚平常，而功效甚速。[38]

這種由美國政府與各大學合作的密集語言教學項目，對美國外語教學的影響十分深遠，多所美國大學的中文教學也都以這一形式進行，耶魯大學就是一個很好的例子，耶魯在上世紀五六十年代是美國中文教學的重鎮，出版了系列的教科書。1966 年由普林斯頓大學主導，在維蒙特州 Vermont 明德大學 Middlebury College 成立的明德暑期中文學校 Middlebury Chinese Summer School, 基本上仍舊沿用趙元任的密集教學法。

此處所說的「聽說法」，趙元任早在 1922 年〈國語留聲片課

---

37 周一良，《畢竟是書生》，《周一良集》，第 5 卷（遼寧教育出版社，1998），頁 359。
38 《胡適日記全集》（臺北：聯經，2004，共 10 冊），冊 8，頁 193。

本自序〉中即已提出：

> 人說「耳聞不如目見」。我說未必盡然。就比如說學國語這件事情：看了無數的教科書，記了無數的注音的拼法，總不如自己親耳聽聽，到底哪個字是那個音，哪句話是哪種口氣，才會真明白。但是耳朵聽了，未必口就能說，必定要自己讀出聲音來，和耳朵所聽到的比較起來，才能知道學的對不對，才能有長進的機會。所以學語言的，第一樣要記得的就是「耳聞不如口讀」。假如能照這兩句實行起來，就勝過看十本教科書，看一百段說明，看一千遍序了。[39]

趙元任的聽說法和直接法可以歸納成兩句口號：「目見不如耳聞，耳聞不如口讀」。

趙元任在 1943 年所建立起來的中文語言教學模式，直到今天，還為許多美國大學所採用。半個多世紀過去了，但趙元任當年所用的這些方法卻一點兒都不過時。無論是能力法，交際法，任務法都必須在口耳並用的基礎上，才能有所發展。相對于芝加哥大學到了六十年代，還在初級漢語課中，讀《孝經》《論語》的情形，趙元任真是開風氣之先了。

二次大戰期間，趙元任對美國漢語教學最大的貢獻，是把中文教學與當時最前沿的語言學知識和理論結合在一起，使「有文無語」的傳統中文教學法逐漸的轉向為「先語後文」；而「有語無文」的時間大約是一學期，也就是對初學者而言，第一學期只教國語羅馬字拼寫的對話，到第二學期才教漢字，這個方法的優

39　《趙元任年譜》，頁 119。

點是羣固發音的準確，讓洋學生先會說話，再學讀寫。但其缺
點則是強化了學生對漢字的畏難心理，並在初學階段，讓學生產
生一種漢字可有可無的錯誤導向。

1982 年，楊聯陞在〈與呂叔湘先生筆談語文常談〉一文中，
特別欣賞呂叔湘「語言文字要兩條腿走路」的提法，並對趙元任
當年「先語後文」的教法法提出了一些修正：

> 我們在國外教洋人中國語文，總是要先教語，後教文，趙元
> 任先生後悔他當年教中國語文大約在第二學期（或至少在第
> 一學期末數周）才教漢字，是晚了些。我個人也是過來人，
> 認為外國學生在能說幾百句中國話，發音不太壞時（約十星
> 期後）就教漢字，也可以。[40]

這一段回憶和反思是很重要的。顯然趙元任後來對四十年代
中期在陸軍特訓班初級中文的教法，有所修正，亦即縮短「有語
無文」的初始階段，提前介紹漢字。我們在普大的初級中文課
裡，也做了一些改變。

普大的初級中文課是由牟復禮教授在 1957 年秋季開始的，
用的就是趙元任的《國語入門》。[41]我在 1979 年加入普大東亞系
時，初級中文課前三個星期，只教國語羅馬字，這個傳統一直延
續到了 2008 年林培瑞（Perry Link）教授從普大退休。現在我們
也教中文拼音，基本上採取「語言文字要兩條腿走路」，也就是
「語文並進」的方式。除了頭三天介紹中文拼音之外，第四天就

40　楊聯陞，《哈佛遺墨》，130。

41　Frederick W. Mote, *China and the Vocation of History in the Twentieth Century*, Princeton University Press, 2010, pp. 244-245.

開始拼音與漢字同時並進。幾年試驗下來，學生的口語能力似乎並不比以前的學生差，但對漢字的接受程度，則有較明顯的提升。

古代漢語教學

趙元任在現代漢語的教學上，由書面走向口語；在古漢語的教學上，則結合聽說的訓練，使文言文不再僅僅是「死文字」，而學習的過程也不再僅僅止於讀寫。

古漢語在歐美大學大多被視為「古典語言」，其地位與拉丁文略同，也就是古漢語是一種已死的古代書面語言，與現代漢語絲毫不相干。在這一理論指導下，一個沒有任何現代漢語訓練的學生，固然能學文言文；而沒有任何現代漢語口語能力和訓練的老師也一樣能教古漢語。由於學生和老師都不通白話，文言文的課，當然只能以英語來進行了。結果，程度最高的中文課，授課的語言卻是英文。這種現象的出現，是當年師資有限，學生口語能力不足情況下的權宜之計。是一種「不得已」，而不是一種較為可取的教學法。

在美國，學習古漢語的學生，就其動機而言，大略可以分為兩類：一類是為了增進漢語水準，希望在聽，說，讀，寫四方面都能更上層樓，這些學生大多能循序漸進，在學了三，四年現代漢語之後，改學古漢語。正因為他們的動機是全面提升漢語水平，所以他們歡迎用現代漢語教古漢語。

另一類學生其學習的動機往往是為了滿足研究生的外語要

求，聲稱他們所需要的只是閱讀能力，與口語無關。這類學生大多以為，古漢語可以速成，可以在一兩年之內看懂中國古籍。這類學生因為現代漢語水平很低，甚至於沒有口語能力，因此，大多希望用英文來教古漢語。

古漢語究竟應該用英語教還是用現代漢語教至今還在爭論，這個問題存在的本身就有一定的荒謬。我們只要把古漢語換成古英語，就立刻能看出它的荒誕。如果洋學生學古漢語最好透過英語，那麼，中國學生學古英語，如莎士比亞的戲劇，最好是透過中文來教了。這當然是荒謬透頂的說法，一個連現代英語都說不好，看不懂的人，是無從學古代英語的。透過中文翻譯學莎士比亞戲劇，那只是學莎翁的戲劇，與英文無關。同樣的道理，透過英文翻譯來學《論語》，《孟子》，那只是學孔孟的思想，與學古漢語無關。

所謂「古代漢語」，也就是習稱的「文言文」，而「現代漢語」則是「白話文」。這兩種文體，經過二十世紀初期的白話文運動之後，「文言文」往往被視為是古人的「死文字」，而白話文則被看作是今人的活語言。為了提倡白話文，有時就不得不「抹黑」文言文，把文言文說成了是「封建」，「禮教」，「守舊」的同義詞。而白話文則被描繪成了生動，活潑，富有本色靈動之美的文體。在這樣價值取向之下，經過近百年的提倡白話，打擊文言，其結果是不當的誇大了這兩種文體的不同，似乎兩者之間，互不相容。

其實，文言文絕非完全的「死文字」，而白話文也未必就是今人的活語言。這兩種文體，如血肉相連，是很難劃分清楚的。所謂「你中有我，我中有你」，最能體現這兩種文體互相依存的關係。

　　《史記。陳涉世家》有「夥頤！勝之為王沉沉者」一句，這句話之所以有勞《索隱》，《集解》諸家之注釋，並不在其「古」，而是在其「今」，並不在其「文」，而是在其為「楚語」。司馬遷當年如果用的是「雅言」，而非土語，就不勞後世注家紛紛猜測了。《史記》當然是文言文的經典作品，但其中夾用口語的例子並不罕見，這只是廣為人知的一例。至於詞曲之中，文白雜出的例子，更是多不勝舉。

　　白話之中，文言的詞彙，比比皆是，諸如「投桃報李」（《詩經。大雅。抑》：「投我以桃，報之以李」），「輾轉反側」（《詩經。周南。關雎》），「刻舟求劍」（《呂氏春秋。察今》），「緣木求魚」（《孟子。梁惠王上》），「守株待兔」（《韓非子。五蠹》）等等，這些活用在我們日常語言中的成語，許多都來自先秦典籍，有兩三千年的歷史。

　　詞彙上的古漢語成分是我們比較容易察覺的。一般人較易忽略的是：即使日用語言文字中的句子結構，也有許多襲用古漢語的痕跡。如：

　　「今天我們所講的以政治為主。」

　　這句話中的「所」字和「以…為…」都是文言結構。

　　又如：「學中文學生之所以快速增加，其原因在於中國經濟之蓬勃發展。」

　　這句話從表面上看來，是結構嚴謹，用詞精煉的「白話文」，但只要稍加推敲就不難發現，這句二十六個字的句子，其虛詞的部分，幾乎全是古漢語：「之所以」，「其」，「在於」，「之」這幾個字，就意義上言，是「虛詞」，但就結構上看，卻是「骨幹」。這樣的骨幹是「古語」，也是「今言」。這種例子，俯拾即是。

　　自從二十世紀初期提倡白話文以來，提倡者為了達到「棄文從白」的目的，過分誇大文白之異，而忽略了這兩種文體有互相依存，不可偏廢的一面。這種依存關係往往隨著語文水平的提高而增加。胡適所謂文言文是「死文字」，與其把「死」字解釋成「死亡」或「沒有生命」，不如把「死」字理解為「固定不變」。換句話說，文言詞彙和結構經數千年而少有變化。這種穩定性正是古漢語生命之所自來。

趙元任怎麼教古漢語

　　1939 年，趙元任在夏威夷大學試驗一種新的方法來教古漢語。在他的英語日記上是這麼記的：

　　"...tried an experiment of teaching classical Chinese as if it were a living language...", "read everything aloud and write exercises and answer questions aloud in class instead of merely translating the text into English."

　　從這段日記上，我們可以看出：趙元任「拿文言文當作白話文那麼教，教學生大聲朗讀課文，並使用文言作練習和回答問題，而不是簡單地作中譯英的翻譯，目的是要學生會用，學得活，在課堂上要使學生更多的聽所學的語言，而不是總聽自己的

母語。」[42] 在他的口述自傳中，對這一段教學經驗有更進一步的說明：「即使你不用文言交談，至少應該強調用聽說法來學習古漢語，並且讓學生用古漢語習作，而不是僅僅把中文翻譯成英文。」

> If you don't talk it [in classical Chinese], at least I would still emphasize the audio-lingual approach in studying classical Chinese, and also make students compose in it, rather than merely translating the Chinese into English.[43]

中國人文言文的習得過程都是由朗讀背誦開始。中國人從不把文言文當作是無聲的死文字，恰恰相反的是在文言文課上，朗讀背誦的分量遠遠超過白話文。趙元任教洋人古漢語的這個方法其實是很接近中國人學習文言文的模式。

趙元任這種教文言文的方法還是他「聽說法」和「直接法」的擴展和應用，是符合他自己外語教學的基本原則的。他在《語言問題》一書中，對這一原則有進一步的闡釋：

> 普通人說，我只要能夠看看書就行了，能夠得一個所謂叫 reading knowledge. 可是多數人學了兩三年外國語啊，他得的不是 reading knowledge, 只是查字典的 knowledge.[44]

透過英語來教古漢語，老師和學生都以為是在培養閱讀能力

---

42 趙新那，黃培雲編，《趙元任年譜》（北京：商務，1998），頁 238。

43 *Yuen Ren Chao, Chinese Linguist, Phonologist, Composer and Author (Oral History)*, p. 191.

44 趙元任，《語言問題》（北京：商務，1980），頁 152。

（reading），其實，那只是破譯電碼的能力（decoding）．破譯電碼的能力是不能轉移的，換句話說，破譯了第一篇之後，不能用既有的知識或經驗去破譯第二篇，而閱讀能力至少有相當的成分是可以轉移的。所謂「破譯電碼」的能力，大多是透過查字典得來，靠這樣的訓練來讀中國的古籍是非常危險的。字典只能顯示出個別字或詞的意思，並不能就上下文來進行分析，對文言文瞭解之所以錯誤百出，其原因正在此。許多所謂只教閱讀能力的古漢語課，除去查字典以外，所剩真是無幾了。這種課，與其說是一門「語言課」，倒不如說是「中國古籍英譯」課，這種課和語言訓練是扯不上太多關係的。

在語言習得的過程中，有所謂主動的知識（active knowledge）和被動的知識（passive knowledge），主動的知識一般指說和寫的能力，而被動的知識則指聽和讀的能力。這兩種知識是否能截然分開，各家有個家的說法。趙元任認為：

> 平常人說，你只要個被動的知識就夠了，可是沒有充分的主動的知識，就沒有被動的知識；我們可以說：Without an active knowledge there is no passive knowledge. 所以說：「熟讀唐詩三百首，不會吟詩也會吟」，就是說被動的知識到了某一個程度，就不會沒有主動的知識。如果完全沒有主動的知識，就是連被動的知識本來也沒有。[45]

這正是趙元任在夏威夷大學實驗他文言文新教法的理論根據。

45　趙元任，《語言問題》，頁 154。

　　趙元任認為，不但研究現代文學，需要口語的知識，即使研究古代文學，口語的知識一樣是不可缺少的：

> 那麼要是學外國文學，那口語更要緊了。如果要是研究現代
> 文學，那當然更不用說。即使研究古代文學，也得對現代的
> 語言熟悉了，才能體會到古之所以為古……總而言之，學外
> 國文學，縱然目標只是在欣賞跟批評，而不在創作，也是得
> 從能說能寫起頭的。[46]

　　古今是個相對的概念，一個沒有現代漢語知識的人，如何有可能體會到古代漢語之所以為古？沒有古代漢語知識，還有可能把現代漢語學到一定的水準；但沒有現代漢語訓練的人，則絕無可能學好古代漢語。在美國大學裡，學古漢語的學生，有的連最簡單的日常會話都說不好，竟也學起古漢語來了。這是要一個連爬都不會的嬰兒做連跑帶跳的事，老師即使有萬般能耐，也只能徒呼奈何！這種做法，真是誤盡天下有志於學好古漢語的洋人！

　　趙元任沒有編過古漢語讀本，但是他的「得力助手」[47]楊聯陞（蓮生）在 1953 年編了一本《中文文言白話教材選讀》*Selected Chinese Texts in the Classical and Colloquial Styles* (Cambridge, Mass.: Harvard-Yenching Institute, Harvard University Press, 1953）。我相信這本書是能體現一部分趙元任的教學理念的。

　　《中文文言白話教材選讀》共選白話文六篇，計：胡適，〈介紹我自己的思想〉；馮友蘭的〈辨城鄉〉，〈說家國〉，〈談兒女〉；

46　同上，頁 153-154。

47　周一良，在〈紀念楊聯陞教授〉一文中是這樣介紹楊聯陞的：「蓮生協助中文班主任趙元任
　　先生教中文，他在教學上初露才華，以鑽研語法受到趙先生賞識，成為趙先生的得力助手。」
　　《周一良集》，頁 255。

梁啟超的〈中國歷史研究法補編,總論〉,及〈文物的專史〉。文言文十四篇,計:韓愈,〈祭十二郎文〉,〈雜說四〉;歐陽修,〈朋黨論〉;朱熹,〈開阡陌辨〉;歸有光,〈先妣事略〉;黃宗羲,〈原君〉;施耐庵(或金人瑞)〈水滸傳自序〉;朱用純,〈治家格言〉;陸次雲,〈費宮人傳〉;魏禧,〈大鐵椎傳〉;袁枚,〈祭妹文〉;劉鶚,〈老殘遊記自序〉;梁啟超,〈清代學術概論〉節選;章行嚴等,〈農國與工國之辯〉。

從這個簡單目錄可以看出,楊聯陞在編這本教材時,將文言與白話「合為一爐以治之」,他在序中說道: 此書是為當時在哈佛上過兩年「普通班」和一年「強化班」中文課的學生編寫的(It is intended for students who have studied the Chinese language at the regular three-hour-a-week pace for two years and those who have taken an intensive one-year course such as the one given at Harvard University.)換言之,這是一本三年級的教材,到了這個水平,在楊聯陞看來,已不須強分文言/白話。這種文白不分的處理方式是符合中文實際的,至於是不是合得太早,或許還可以商榷。但不把古今漢語對立為兩種語言是極有見地的。

選文的標準,在白話文的選擇上,主要是針對對中國文化史感興趣的學生,而在文言文的選擇上,則主要考慮文本內容的趣味性,和文本語言的實用性(In making the selection, I have followed a few criteria. Since most students of Chinese have an interest in Chinese cultural history, texts which bear directly on this subject naturally constitute the bulk of the selection. This is especially true for the selections in the colloquial style. Texts in the classical style are selected when the contents are sufficiently interesting and when the grammar is on the whole still in use")。

這本教材並沒有類似我們今天教材的生詞表，也沒有什麼英文的語法說明，在實際授課的過程中，學生有必要做大量課前預習。楊聯陞也提到了部分文言選文已有了現成的英文翻譯，但是他特別提醒學生對這些英譯應當保持懷疑的態度，必要時可自行翻譯。[48]

結語

回顧二戰以來美國中文教學的歷史，從四十年代趙元任和楊聯陞在哈佛大學的合作，到五十年代牟復禮在普林斯頓大學創立東亞系。楊和牟都是知名的史學家，但他們早年都親自參與漢語教學工作，楊在語言文字上的研究有突出的成績，[49] 他和胡適二十年書信往返，語法和虛詞的討論是主要的論題之一。[50] 在當時東亞系中，文史教授兼教語言是一件常見的事。牟在他的回憶錄中特別指出這一點：

〔東亞〕系〔聘任語言老師〕的哲學是：語言教學不應被降格為只是「母語者」或「科學的語言學家」的工作，理想的情況是由合格的教授兼教語言。

...... the departmental philosophy being that language teaching

---

48　Lien-sheng Yang compiled, *Selected Chinese Texts in the Classical and Colloquial Styles* (Cambridge, Mass.: Harvard-Yenching Institute, Harvard University Press, 1953), p. v-vi.

49　參看，楊聯陞，《中國語文箚記》，北京：中國人民大學出版社，2006。頁 156-218。
　　"The Concept of 'Free' and 'Bond' in Spoken Chinese" in *HJAS* 12(1949), pp.462-469, included in Lien-sheng Yang, *Excursions in Sinology*. Harvard University Press, 1969, pp.44-51.

50　參看，胡適紀念館編，《論學談詩二十年—胡適楊聯陞往來書箚》。

should not be relegated solely to "native informants" or to "scientific linguists" but ideally should be taught by fully qualified professors who would also teach other subjects.[51]

　　這樣的教學理念，不把語言課和所謂文史的「內容課」（content courses）打成兩橛，語言和文史是融為一體的。這是這一設置的苦心。但其中對「母語者」和「科學的語言學家」似乎還是語含輕蔑，卻也呼之欲出。

　　八十年代之後，漢語教學界在師資隊伍的建設上有極可觀的成績，國內稍具規模的高校幾乎都成立了漢語學院，訓練了大批對外漢語教學的碩士、博士。這個趨向可以說是專業化，但在專業化的同時，也是知識背景的窄化。許多學校在聘任老師時，只認「語言學」、「二語習得」、「教學法」、或「對外漢語」專業為「正途出身」，視文史專業的學生為「旁門左道」而不予考慮。這樣的一個用人標準造成了美國各高校東亞系的中文教學，快速的工具化，技術化，匠人化，與文史學科漸行漸遠。在幾所知名的常春藤盟校中，以文史教授而兼教語言的，幾已無存。

　　近年來，學習中文學生人數的邊增似乎並沒有提高海外漢語老師的學術地位。形成了人多而勢不眾的獨特現象。這個現象的形成有多方面的原因，但語言老師在將自己的研究範圍局限于二語習得或教學法，為這個現象的形成起了推波助瀾的作用，卻也是不爭的事實。

　　最近三十年來，美國中文教學界所不缺的是二語習得和教學法的研究和出版，時下最時髦的則是所謂「實證研究」，找十幾

51　Frederick W. Mote, *China and the Vocation of History in the Twentieth Century*, p. 244.

二十個學生，填幾份似是而非的問卷，作成幾個色彩鮮明的圖表，列上一些看似精確的百分比，再加上一段洋理論，幾個洋術語，這就完成了一個「項目」。這種研究，貌似「科學」而實為「玄學」，研究的結果絲毫無補實際教學。在這樣的風氣下，講語法、語用幾乎成了落伍保守。類似這樣的研究如何能引起別人對我們這一界的敬重？

　和其他文史學界相比，對外漢語教學，就從業人數而言，並不算多，但「門戶」卻不少。有的講「任務」（Task-based），有的講「交際（Communicative），有的則講「能力」（Proficiency），各有各的一套「主義」，各有各的一套是非。只見大家談五花八門的「主義」，而很少談具體的發音、語法、句型的問題。談抽象的理論是很容易的，而談具體的問題則須要確實的研究。

　學術上的討論，理想的情況是門戶不可有，而主見不可無。但對外漢語教學界卻是門戶不少而主見不多，因此「一窩蜂」的現象就特別嚴重，八十年代，所謂「能力語言教學法」初起，於是大家都用菜單、火車時刻表，「公園遊客須知」等作為教材，美其名曰「真實的語料」，殊不知點中國菜，莫說初學入門的洋人點不了，即使一個中國老饕也未必能面面俱到，中國人的三珍八寶，龍肝鳳爪，跟語言能力不很相干，點菜何嘗只是「存活能力」（survival skill）？九十年代以後交際、任務二法唱入雲霄，於是原本好好的操練課不上了，而代之以三三兩兩鬧哄哄的所謂「課堂活動」。寶貴的上課時間全在胡鬧嬉戲中輕輕放過。即使許多有多年教學經驗的老師，似乎也擋不住這種在洋理論指導下形形色色的教學法。操練發音句型，改正學生錯誤，是語言課堂中，必不可少的活動。趙元任在語言教學上，正是強調這些基本功，因此，他在對外漢語教學上的貢獻是超越門戶的，無論是

437

「任務法」,「交際法」還是「能力法」,都缺少不了字正腔圓的發音和準確的語法結構。

對漢語老師來說,語法是為語言教學服務的。語言是「體」,語法是「用」,語言是「主」,語法是「從」。一種在實際教學上起不了作用的語法研究,對語言老師來說,是一種奢侈和困惑,不但無補于教學,有時甚至對教學造成困擾。趙元任自己有多年漢語教學的經驗,他在語音和語法上的觀察都可以應用在實際的教學上。

最近三十年來,對外漢語教學,在方法上,受到各種各樣西洋理論的影響,有不少「邯鄲學步」,「削足適履」的作法。此時回顧趙元任在對外漢語教學上的貢獻和影響,是有助於我們認清正確方向的。

國家圖書館出版品預行編目資料

自由的火種：胡適與林語堂 / 周質平著.
-- 初版. -- 臺北市：允晨文化, 2018.04
面；　公分. -- (允晨叢刊；157)
ISBN 978-986-96222-1-9(平裝)

1.胡適 2.林語堂 3.臺灣傳記

783.3186　　　　　　　　107002504

允晨叢刊 157

自由的火種—胡適與林語堂

作　　者：周質平

發 行 人：廖志峰

執行編輯：簡慧明

美術編輯：劉寶榮

法律顧問：邱賢德律師

出　　版：允晨文化實業股份有限公司

地　　址：台北市南京東路三段21號6樓

網　　址：http://www.asianculture.com.tw

e－mail：ycwh1982@gmail.com

服務電話：(02)2507-2606

傳真專線：(02)2507-4260

劃撥帳號：0554566-1

印　　刷：欣佑彩色製版印刷股份有限公司

裝　　訂：聿成裝訂股份有限公司

初版日期：2018年4月